中部大学春日丘高等学校

〈収録内容〉

2024 年度 …………………… 一般（数・英・理・社・国）

2023 年度 …………………… 一般（数・英・理・社・国）

2022 年度 …………………… 一般（数・英・理・社・国）

2021 年度 …………………… 一般（数・英・理・社・国）

2020 年度 …………………… 一般（数・英・理・社・国）

DL 2019 年度 …………………… 一般（数・英・理・社）

DL 平成 30 年度 …………………… 一般（数・英・理・社）

便利な DL コンテンツは右の QR コードから

解答用紙　過去年度　リスニング ⇒

※データのダウンロードは 2025 年 3 月末日まで。
※データへのアクセスには、右記のパスワードの入力が必要となります。 ⇒ 873331

〈合格最低点〉

※学校からの合格最低点の発表はありません。

本書の特長

実戦力がつく入試過去問題集

- 問題 …………… 実際の入試問題を見やすく再編集。
- 解答用紙 …… 実戦対応仕様で収録。
- 解答解説 …… 詳しくわかりやすい解説には、難易度の目安がわかる「基本・重要・やや難」の分類マークつき（下記参照）。各科末尾には合格へと導く「ワンポイントアドバイス」を配置。採点に便利な配点つき。

入試に役立つ分類マーク

基本 確実な得点源！
受験生の90%以上が正解できるような基礎的、かつ平易な問題。
何度もくり返して学習し、ケアレスミスも防げるようにしておこう。

重要 受験生なら何としても正解したい！
入試では典型的な問題で、長年にわたり、多くの学校でよく出題される問題。
各単元の内容理解を深めるのにも役立てよう。

やや難 これが解ければ合格に近づく！
受験生にとっては、かなり手ごたえのある問題。
合格者の正解率が低い場合もあるので、あきらめずにじっくりと取り組んでみよう。

合格への対策、実力錬成のための内容が充実

- 各科目の出題傾向の分析、合否を分けた問題の確認で、入試対策を強化！
- その他、学校紹介、過去問の効果的な使い方など、学習意欲を高める要素が満載！

解答用紙ダウンロード	解答用紙はプリントアウトしてご利用いただけます。弊社ＨＰの商品詳細ページよりダウンロードしてください。トビラのＱＲコードからアクセス可。
リスニング音声ダウンロード	英語のリスニング問題については、弊社オリジナル作成により音声を再現。弊社ＨＰの商品詳細ページで配信対応しております。トビラのＱＲコードからアクセス可。
UD FONT	見やすく読みまちがえにくいユニバーサルデザインフォントを採用しています。

中部大学春日丘高等学校

▶交通　ＪＲ中央本線「神領」駅下車
スクールバス約10分

〒487-8501　愛知県春日井市松本町1105
☎0568-51-1131

沿　革

1965年に中部工業大学附属高等学校を開校。1983年，中部工業大学附属春日丘高等学校と改称し，男女共学となる。翌年，中部大学附属春日丘高等学校と改称。1990年に春日丘高等学校と改称した。2016年，中部大学春日丘高等学校と改称した。

建学の精神　「不言実行」「あてになる人間」

教育方針

●**グリッド育成教育**

興味を持って，主体的に行動する力，努力を継続してやり抜く力，社会との接点を意識して思考する力の育成。

●**リベラルアーツ教育**

総合的な教養を身につけようとする力，グローバルな視座を持って世界を見る力，１つのテーマを深く探究しようとする力の育成。

●**アカデミック教育**

成長する意欲を持ち自己肯定感を育む力，高度な知的好奇心をもとに論理的に思考する力，学び続ける自己の将来像を持ち，進路実現をする力の育成。

教育課程

●**普通科**

①進学コース

中部大学との連携と部活動への取り組みの中心的コース。全国大会を目指して部活動に励む生徒，様々な進路希望をもった生徒が集まっています。国公立大学進学を希望する生徒には選抜クラスで学習をサポートします。中部大学への近道であり，勉強と部活動の両立を目指す生徒に最適です。

②創進コース

創進とは，新しいものを創り出し，前進していくという意味です。このコースのキーワードはアドバンストとグローバル。これまで以上にＡＩやインターネットに依拠する，これからの時代に対応できる能力を養い，グローバル社会で活躍できる力を育みます。難関大(医歯薬系を含む)受験や海外の大学受験に対応する選択型カリキュラムが特色です。

③啓明コース

中部大学春日丘中学校からの６年一貫コース。高校からの募集はありません。

クラブ活動

●運動クラブ

剣道，硬式テニス，卓球，硬式野球，ラグビー，サッカー，バスケットボール，バレーボール，陸上，ハンドボール，ゴルフ，少林寺拳法，水泳，バドミントン，チアリーディング，ソフトボール

ラグビー部

●文化クラブ

美術，吹奏楽，写真，放送，HESS，生け花，インターアクト，パソコン，アート文芸，書道，軽音楽，自然探究

吹奏楽部

年間行事

5月　球技大会
7月　夏季講座
8月　夏季講座，インドネシア研修，第１回学校説明会(体験入学)
9月　文化祭
10月　修学旅行，体育祭，第２回学校説明会(入試説明会)
12月　学園創立記念日，冬季講座
1月　開校記念日，冬季講座
3月　グローバルミーティング，オーストラリア短期留学、ベトナム研修

進　路

中部大学の併設校として，高大連携入学制度や併設校推薦制度もある。また，国公立大学や難関私立大学へ多数が現役で進学している。さらに，医・薬学部へ多数合格している。

●主な合格大学

〈国公立大学〉(過去３年)

東京大，東京工業大，名古屋大，大阪大，東北大，筑波大，東京外国語大，金沢大，信州大，名古屋工業大，愛知教育大，岐阜大，三重大，静岡大，広島大，名古屋市立大，愛知県立大など

〈私立大学〉

中部大，南山大，名城大，愛知大，愛知医科大，中京大，愛知淑徳大，金城学院大，名古屋外国語大，藤田医科大，早稲田大，日本大，青山学院大，明治大，中央大，法政大，東京理科大，関西学院大，同志社大，立命館大　など

中部大学

◎2024年度入試状況◎

学　　科	普通科
募　集　数	533
応募者数	1018 / 1284
受験者数	1010 / 1282
合格者数	891 / 1197
実質倍率	1.1 / 1.1

※人数は創進コース / 進学コース
※募集数は，内部進学者（99名）を含む。
※実質倍率は，内部進学者（99名）を除く450名に対する倍率。

過去問の効果的な使い方

① **はじめに**　入学試験対策に的を絞った学習をする場合に効果的に活用したいのが「過去問」です。なぜならば，志望校別の出題傾向や出題構成，出題数などを知ることによって学習計画が立てやすくなるからです。入学試験に合格するという目的を達成するためには，各教科ともに「何を」「いつまでに」やるかを決めて計画的に学習することが必要です。目標を定めて効率よく学習を進めるために過去問を大いに活用してください。また，塾に通われていたり，家庭教師のもとで学習されていたりする場合は，それぞれのカリキュラムによって，どの段階で，どのように過去問を活用するのかが異なるので，その先生方の指示にしたがって「過去問」を活用してください。

② **目的**　過去問学習の目的は，言うまでもなく，志望校に合格することです。どのような分野の問題が出題されているか，どのレベルか，出題の数は多めか，といった概要をまず把握し，それを基に学習計画を立ててください。また，近年の出題傾向を把握することによって，入学試験に対する自分なりの感触をつかむこともできます。

過去問に取り組むことで，実際の試験をイメージすることもできます。制限時間内にどの程度までできるか，今の段階でどのくらいの得点を得られるかということも確かめられます。それによって必要な学習量も見えてきますし，過去問に取り組む体験は試験当日の緊張を和らげることにも役立つでしょう。

③ **開始時期**　過去問への取り組みは，全分野の学習に目安のつく時期，つまり，9月以降に始めるのが一般的です。しかし，全体的な傾向をつかみたい場合や，学習進度が早くて，夏前におおよその学習を終えている場合には，7月，8月頃から始めてもかまいません。もちろん，受験間際に模擬テストのつもりでやってみるのもよいでしょう。ただ，どの時期に行うにせよ，取り組むときには，集中的に徹底して取り組むようにしましょう。

④ **活用法**　各年度の入試問題を全問マスターしようと思う必要はありません。できる限り多くの問題にあたって自信をつけることは必要ですが，重要なのは，志望校に合格するためには，どの問題が解けなければいけないのかを知ることです。問題を制限時間内にやってみる。解答で答え合わせをしてみる。間違えたりできなかったりしたところについては，解説をじっくり読んでみる。そうすることによって，本校の入試問題に取り組むことが今の自分にとって適当かどうかが，はっきりします。出題傾向を研究し，合否のポイントとなる重要な部分を見極めて，入学試験に必要な力を効率よく身につけてください。

数学

各都道府県の公立高校の入学試験問題は，中学数学のすべての分野から幅広く出題されます。内容的にも，基本的・典型的なものから思考力・応用力を必要とするものまでバランスよく構成されています。私立・国立高校では，中学数学のすべての分野から出題されることには変わりはありませんが，出題形式，難易度などに差があり，また，年度によっての出題分野の偏りもあります。公立高校を含め，ほとんどの学校で，前半は広い範囲からの基本的な小問群，後半はあるテーマに沿っての数問の小問を集めた大問という形での出題となっています。

まずは，単年度の問題を制限時間内にやってみてください。その後で，解答の答え合わせ，解説での研究に時間をかけて取り組んでください。前半の小問群，後半の大問の一部を合わせて50%以上の正解が得られそうなら多年度のものにも順次挑戦してみるとよいでしょう。

英語

英語の志望校対策としては，まず志望校の出題形式をしっかり把握しておくことが重要です。英語の問題は，大きく分けて，リスニング，発音・アクセント，文法，読解，英作文の5種類に分けられます。リスニング問題の有無(出題されるならば，どのような形式で出題されるか)，発音・アクセント問題の形式，文法問題の形式(語句補充，語句整序，正誤問題など)，英作文の有無(出題されるならば，和文英訳か，条件作文か，自由作文か) など，細かく具体的につかみましょう。読解問題では，物語文，エッセイ，論理的な文章，会話文などのジャンルのほかに，文章の長さも知っておきましょう。また，読解問題でも，文法を問う問題が多いか，内容を問う問題が多く出題されるか，といった傾向をおさえておくことも重要です。志望校で出題される問題の形式に慣れておけば，本番ですんなり問題に対応することができますし，読解問題で出題される文章の内容や量をつかんでおけば，読解問題対策の勉強として，どのような読解問題を多くこなせばよいかの指針になります。

最後に，英語の入試問題では，なんと言っても読解問題でどれだけ得点できるかが最大のポイントとなります。初めて見る長い文章をすらすらと読み解くのはたいへんなことですが，そのような力を身につけるには，リスニングも含めて，総合的に英語に慣れていくことが必要です。「急がば回れ」ということわざの通り，志望校対策を進める一方で，英語という言語の基本的な学習を地道に続けることも忘れないでください。

国語

国語は，出題文の種類，解答形式をまず確認しましょう。論理的な文章と文学的な文章のどちらが中心となっているか，あるいは，どちらも同じ比重で出題されているか，韻文(和歌・短歌・俳句・詩・漢詩)は出題されているか，独立問題として古文の出題はあるか，といった，文章の種類を確認し，学習の方向性を決めましょう。また，解答形式は，記号選択のみか，記述解答はどの程度あるか，記述は書き抜き程度か，要約や説明はあるか，といった点を確認し，記述力重視の傾向にある場合は，文章力に磨きをかけることを意識するとよいでしょう。さらに，知識問題はどの程度出題されているか，語句(ことわざ・慣用句など)，文法，文学史など，特に出題頻度の高い分野はないか，といったことを確認しましょう。出題頻度の高い分野については，集中的に学習することが必要です。読解問題の出題傾向については，脱語補充問題が多い，書き抜きで解答する言い換えの問題が多い，自分の言葉で説明する問題が多い，選択肢がよく練られている，といった傾向を把握したうえで，これらを意識して取り組むと解答力を高めることができます。「漢字」「語句・文法」「文学史」「現代文の読解問題」「古文」「韻文」と，出題ジャンルを分類して取り組むとよいでしょう。毎年出題されているジャンルがあるとわかった場合は，必ず正解できる力をつけられるよう意識して取り組み，得点力を高めましょう。

数学

出題傾向の分析と合格への対策

●出題傾向と内容

出題数は，大問数が6題，解答マーク数は39問で，昨年と同様の問題数であった。

本年度の出題内容は，〔1〕が数・式の計算，平方根，確率，統計，〔2〕は1次・2次方程式，正負の数の利用，〔3〕は関数の利用，〔4〕は図形と関数・グラフの融合問題，〔5〕は平面図形，〔6〕は空間図形であった。

問題のレベルは，年度によってはやや難しいと思われるものや，ちょっとしたひらめきが必要なものもあるが，全体としては標準的なものが中心となっている。

✔学習のポイント

基礎的な知識や解法を身につけることは言うまでもないが，計算を速く正確にできるようにしておこう。

●2025年度の予想と対策

来年度も，出題の量・質とも今まで同様の傾向が続くと思われる。標準レベルのものであれば，どの単元の問題でも解けるようにしておきたい。

特に，関数とグラフでは，直線や放物線の式，交点の座標，座標上の線分の長さや交点を結んでできる図形の面積などの基本的な事項はしっかりマスターするとよい。図形や確率は，教科書範囲の問題が解けるようにしておきたい。

時間配分に気をつけ，解ける問題から速やかに解き，特にマークシート形式には十分慣れておくことが大切である。

▼年度別出題内容分類表 ……

出題内容			2020年	2021年	2022年	2023年	2024年
数と式		数の性質					
		数・式の計算	○	○	○	○	○
		因数分解					
		平方根	○			○	○
方程式・不等式		一次方程式	○	○	○	○	○
		二次方程式	○	○	○	○	○
		不等式					
		方程式・不等式の応用	○		○	○	○
関数		一次関数	○	○	○	○	○
		二乗に比例する関数	○	○	○	○	○
		比例関数					
		関数とグラフ	○	○	○	○	○
		グラフの作成					
図形	平面図形	角度	○	○	○	○	○
		合同・相似	○	○	○	○	○
		三平方の定理	○				○
		円の性質	○	○	○	○	○
	空間図形	合同・相似	○			○	
		三平方の定理	○			○	○
		切断	○		○		○
	計量	長さ	○		○	○	○
		面積	○	○	○	○	○
		体積	○	○	○	○	
		証明	○	○			
		作図					
		動点		○	○	○	
統計		場合の数					
		確率	○	○	○	○	○
		統計・標本調査	○	○	○	○	○
融合問題		図形と関数・グラフ	○	○	○	○	○
		図形と確率					
		関数・グラフと確率					
		その他					
その他			○	○	○	○	○

中部大学春日丘高等学校

英語

出題傾向の分析と 合格への対策

●出題傾向と内容

本年度の出題は，リスニング問題1題，長文読解問題2題，正誤問題1題，語句選択問題1題，語句整序問題1題の，大問にして計6題という構成で，解答はすべて記号選択形式である。

リスニング問題は，放送される会話文とその内容についての質問文を聞き，その答えを選択肢の中から選ぶ形式であった。

読解問題は，難易度は高くないが，内容に関する問いが多く，確実な内容の理解が要求されている。そのうち1題は設問も英語なので注意が必要だ。

正誤問題・語句選択問題・語句整序問題は基本的な問題が多いが，幅広く確実な文法知識が要求されている。

✔学習のポイント

リスニング・読解・文法をかたよりなく学習し，総合的な英語力を身につけよう。

●2025年度の予想と対策

来年度もリスニング問題が出題されると思われるので，テレビ・ラジオ・CDなどを利用して，自然な速度の英語に十分慣れておこう。

長文読解問題への対策としては，できるだけ多くの英文を読んで，内容を把握する練習をしておくことである。その際，わからない語句はこまめに辞書を引くなど，基礎知識の獲得を目ざすこと。

文法問題は，基本的な事項を完全に理解しようとする姿勢が大切である。教科書の内容をしっかりと理解し，基礎の力が充実したら，少しずつより高度な問題に挑戦してみるのがよいだろう。

▼年度別出題内容分類表 ・・・・・・

	出題内容	2020年	2021年	2022年	2023年	2024年
話し方・聞き方	単語の発音					
	アクセント					
	くぎり・強勢・抑揚					
	聞き取り・書き取り	○	○	○	○	○
語い	単語・熟語・慣用句		○	○	○	○
	同意語・反意語					
	同音異義語					
読解	英文和訳(記述・選択)	○				
	内容吟味	○	○	○	○	○
	要旨把握	○				
	語句解釈	○			○	
	語句補充・選択	○				○
	段落・文整序					
	指示語		○	○		
	会話文					
文法・作文	和文英訳					
	語句補充・選択	○		○	○	○
	語句整序	○		○	○	○
	正誤問題	○	○	○	○	○
	言い換え・書き換え					
	英問英答	○				
	自由・条件英作文					
文法事項	間接疑問文		○		○	○
	進行形	○		○		
	助動詞	○		○	○	
	付加疑問文	○				
	感嘆文					
	不定詞	○	○	○	○	○
	分詞・動名詞	○	○	○	○	○
	比較	○	○	○	○	○
	受動態	○	○	○	○	○
	現在完了	○	○	○	○	○
	前置詞	○	○	○		○
	接続詞	○	○	○	○	○
	関係代名詞	○	○	○		

中部大学春日丘高等学校

理科

出題傾向の分析と 合格への対策

●出題傾向と内容

本年度の解答数は20問で，例年通りである。すべて選択形式の出題であり，バランスよく出題されている。

出題内容としては，基本的な問題がほとんどであるが，一部，難解なものもある。選択肢の中には，正解に近い誤りの選択肢が含まれているので，問題や選択肢をよく読んで，理由・根拠がはっきりわかる選択ができるように，ていねいに問題に取り組む必要がある。

学習のポイント

偏りのない知識を身につけることが大切。化学分野や物理分野での計算問題に慣れておくこと。

●2025年度の予想と対策

解答数，配点においてかたよりがなく，来年度も大きな変化はないと思われる。

日ごろから基本を確認しておくことが望ましい。この数年間にあまり出題されていない分野についても，基本事項についてはしっかり理解しておきたい。教科書に載っている詳しい説明にも目を通しておくことで，初めて見る語句は減ると思われる。

問題は番号順に解く必要はないので，確実に得点できそうな問題から解いていくようにしたい。そのためには，問題の難易度を見抜くことが必要である。普段の勉強で，今まで似た問題を解いたことがあるか，初めて見る問題かを，いつも意識して解くようにしたい。

▼年度別出題内容分類表 ……

	出題内容	2020年	2021年	2022年	2023年	2024年
第一分野	物質とその変化				○	
	気体の発生とその性質				○	
	光と音の性質					
	熱と温度					
	力・圧力			○		
	化学変化と質量	○				○
	原子と分子					
	電流と電圧		○			○
	電力と熱		○			○
	溶液とその性質		○	○	○	○
	電気分解とイオン			○		
	酸とアルカリ・中和			○		
	仕事				○	
	磁界とその変化	○				○
	運動とエネルギー	○			○	
	その他					
第二分野	植物の種類とその生活		○			
	動物の種類とその生活	○		○		
	植物の体のしくみ		○			
	動物の体のしくみ					
	ヒトの体のしくみ			○		○
	生殖と遺伝				○	
	生物の類縁関係と進化					
	生物どうしのつながり					
	地球と太陽系	○			○	○
	天気の変化		○			
	地層と岩石			○		
	大地の動き・地震			○		
	その他					

中部大学春日丘高等学校

社会

出題傾向の分析と合格への対策

●出題傾向と内容

過去の出題をみると，例年問題数は25問で統一されている。本年度は，地理が7問，歴史が6問，公民が7問，各分野総合問題が5問となっていて，全問マークシート方式の選択問題である。

地理は，略地図，雨温図，画像，図表，統計資料などを活用した問題が出題された。歴史は，各史料，歴史地図，画像，説明文などを用いた問題が出題された。公民は，資料をもとに，憲法や政治・経済のしくみなどに関して出題された。

✔学習のポイント

地理：各種資料を分析しよう！
歴史：各時代の特色をおさえよう！
公民：政治経済のしくみを理解しよう！

●2025年度の予想と対策

問題数，出題レベルともに例年と大きな変化はないと思われる。

出題形式は，全分野すべて記号選択式であり，正確な知識が必要とされる問題が多い。短時間では判断しにくい思考力を要する設問もあるので，教科書の基本事項について資料をもとに思考し，正確に説明できる力をつけておこう。

地理は，世界・日本ともに諸地域の特色や地形・気候，産業などを各種資料をもとに理解しよう。

歴史は，史料の読み取り，日本史と世界史の関連，各時代の政治，外交，社会，経済，文化などの特徴をつかんでおこう。

公民では，政治経済のしくみを中心に，憲法などの重要事項を正確におさえよう。また，日ごろからインターネットの報道や内外の主要な情報にも関心をもち，三分野に共通する今日的課題などを分析し正確に理解しておくことが必要不可欠となる。

▼年度別出題内容分類表 ……

出題内容			2020年	2021年	2022年	2023年	2024年
地理的分野	(日本)	地形図					
		地形・気候・人口	○	○	○	○	○
		諸地域の特色	○	○	○	○	○
		産業	○		○	○	
		交通・貿易	○			○	
	(世界)	人々の生活と環境					
		地形・気候・人口	○	○	○	○	○
		諸地域の特色	○	○	○	○	○
		産業		○		○	○
		交通・貿易	○		○	○	
	地理総合						
歴史的分野	(日本史)	各時代の特色	○	○	○	○	○
		政治・外交史	○	○	○	○	○
		社会・経済史	○	○	○	○	○
		文化史	○		○	○	
		日本史総合					
	(世界史)	政治・社会・経済史	○	○	○	○	○
		文化史	○				
		世界史総合					
	日本史と世界史の関連		○	○	○	○	○
	歴史総合						
公民的分野	家族と社会生活						
	経済生活		○	○	○	○	○
	日本経済		○				
	憲法（日本）		○	○	○	○	○
	政治のしくみ		○	○	○	○	○
	国際経済						
	国際政治						
	その他			○	○	○	○
	公民総合						
各分野総合問題				○	○	○	○

中部大学春日丘高等学校

国語

出題傾向の分析と合格への対策

●出題傾向と内容

本年度は，現代文1題と古文1題，国語の基礎知識に関する1題，例を用いた内容吟味の大問4題の構成となっていた。

論説文は，内容吟味，文脈把握，脱文・脱語補充，接続語など，多岐にわたる設問内容である点は例年通り。内容吟味の独立問題は，本文をもとに架空の生徒4人が短文を作るという内容で，本文内容を最も理解している人物を選択させる問題。これも例年通りである。

古文は『紫式部日記』からの出題。現代語訳が完全に付されている点は例年通り。ただ一問，古文単語の知識があると容易に解けた設問があるので，古文単語を覚えなくてよいということはない。

国語の基礎知識に関する問題では，文法，外来語，四字熟語，敬語について出題された。特に文法は高難度。設問数は少ないものの，配点は各3点としっかりあるので侮れない。

学習のポイント

・頻繁に出題される国語知識については，しっかりと対策しておこう。
・古文常識を身につけておこう。高校内容の参考書・問題集にも手を出そう。
・筆者が注目している語とその筆者なりの定義・説明に注意して論説文を読もう。

●2025年度の予想と対策

現代文は，筆者の主張・本文の論点やその根拠，内容の主旨などを正確に読み取る力が試されるだろう。論説文が出題されることが多いが，ジャンルを特定せず，多くの問題にあたっておくとよい。内容の主旨に関しては独立問題でも出題されるので，かなり重要視されているとみえる。対策としては，本文全体や段落ごとの要約を行う習慣をつけることだ。

古文は現代語訳が付されるとはいえ，たまに古文単語知識を問うてくる場合もある。また，和歌の鑑賞が適切にできるかどうかや，古文世界の文化・常識を身につけているかどうかも見られる。

基礎知識の問題では，かなり多岐にわたって出題されるだろう。例年出題されているものはもちろん，これまで出題のない筆順・画数・部首や同義語・対義語，出題の少ない俳句・川柳，表現技法に関しても対策しておきたい。

▼年度別出題内容分類表……

出題内容			2020年	2021年	2022年	2023年	2024年
内容の分類	読解	主題・表題					
		大意・要旨	○		○	○	
		情景・心情	○	○	○	○	○
		内容吟味	○	○	○	○	○
		文脈把握	○	○	○	○	○
		段落・文章構成					
		指示語の問題				○	
		接続語の問題	○	○	○	○	○
		脱文・脱語補充	○	○	○	○	○
	漢字・語句	漢字の読み書き		○	○	○	○
		筆順・画数・部首					
		語句の意味	○	○	○		○
		同義語・対義語					
		熟語	○	○		○	○
		ことわざ・慣用句		○	○	○	
	表現	短文作成					
		作文(自由・課題)					
		その他					
	文法	文と文節					
		品詞・用法	○	○	○		○
		仮名遣い					
		敬語・その他	○	○	○	○	
	古文の口語訳		○	○			
	表現技法						
	文学史		○	○		○	○
問題文の種類	散文	論説文・説明文	○	○	○	○	○
		記録文・報告文					
		小説・物語・伝記					
		随筆・紀行・日記	○				
	韻文	詩					
		和歌(短歌)			○	○	○
		俳句・川柳					
	古文		○	○		○	○
	漢文・漢詩						

中部大学春日丘高等学校

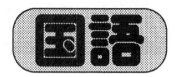

2024年度 合否の鍵はこの問題だ!!

数学 〔3〕

あまり見かけることのない関数のグラフである。頻度は多くないものの問題となることもあるので，練習をしておく必要がある。

(1)　A駅からB駅までの距離は3.2kmであるから，グラフより，大人1人の運賃は180円である。よって，大人3人の運賃は180×3＝540(円)である。

(2)　A駅からC駅までの距離は3.2＋2.4＝5.6(km)であるから，グラフより，大人1人の運賃は210円，子ども1人の運賃は210÷2＝105(円)である。よって，大人3人と子ども1人の運賃は210×3＋105×1＝735(円)である。また，残りの大人7－3＝4(人)と子ども3－1＝2(人)はA駅からD駅まで乗車している。A駅からD駅までの距離は3.2＋2.4＋9.3＝14.9(km)であるから，グラフより，大人1人の運賃は240円，子ども1人の運賃は240÷2＝120(円)である。よって，大人4人と子ども2人の運賃は240×4＋120×2＝1200(円)である。したがって，10人の片道運賃の合計は735＋1200＝1935(円)である。

(3)　(ⅰ)駅から(ⅱ)駅まで乗車したときの大人1人の運賃をx円とすると，子ども1人の運賃は$x\div 2=\frac{1}{2}x$(円)である。大人5人と子ども5人の片道運賃の合計が2250円であるから，$x\times 5+\frac{1}{2}x\times 5=2250$より，$x=300$　グラフより，大人1人の運賃が300円であるのは20kmより長く，25km以下のときである。(2)より，A駅からD駅までは14.9kmで，20km未満であり，A駅からE駅とすると14.9＋10.4＝25.3(km)となり，25kmより長い。A駅より前の駅はないので，(ⅱ)はE駅であることがわかる。また，B駅からE駅までは25.3－3.2＝22.1(km)，C駅からE駅までは22.1－2.4＝19.7(km)となるから，(ⅰ)はB駅である。

英語 〔6〕 29

〔6〕の29は分詞の問題である。分詞には〈動詞の原形＋ ing〉の形をとる現在分詞と，動詞の過去分詞形をとる過去分詞の2種類がある。名詞を修飾する分詞の英文中での基本的な使い方は以下の2通り。

〈A〉　分詞を単独で使う場合　→　名詞の前につける。

〈B〉　分詞に関連する語句(目的語・修飾語など)がついている場合　→　名詞の後につける。

＊関連する語句とは，分詞となっている動詞と意味上の関連があり，まとまりとしてとらえるべき語句のこと。日本語訳で考えるとわかりやすい。

まず，主語が不特定なもので「…がある」という意味を表しているから，〈There ＋be動詞＋数量[a／an]＋名詞～〉の形にする。ここでは「お年寄りがいます」の部分である。

there is an old man　…　①

次に，日本語のまだ英訳していない部分，「川沿いを散歩している」を作る。

taking a walk along the river　…　②

最後に，①，②をつなげて1つの文にするのだが，ここで分詞を含むまとまりである②はどの名詞を修飾するのかを考える。日本語訳を見ると「(川沿いを)散歩しているお年寄り」となっているので「お年寄り」＝ an old man を修飾することがわかる。②で作ったように，分詞 taking は単独ではなく関連する語句 a walk along the river を伴っている。そこで②を名詞 man の後に置き，①の後ろに続ける形にする。

there is an old man ｜ taking a walk along the river
①　②

英語の問題だからといっても英語だけを見るのではなく，日本語訳にも目を向ける姿勢がカギだ。

理科 〔1〕

今年度の本校の問題は，〔1〕で，オームの法則，フレミングの左手の法則，電熱線の発熱に関する問題が出された。また，〔2〕で，銅とマグネシウムの酸化，水溶液の濃度に関する問題が出された。さらに，〔4〕で，北の空の星座，月の満ち欠けに関する問題が出された。

本校においては，このように，物理分野や化学分野においては特に計算問題が多く出されるので，力と圧力や電流回路，化学変化と質量やものの溶け方，運動とエネルギーや仕事などに関して，しっかりとした準備が必要である。

〔1〕の[1]は，電熱線の抵抗の大きさを求める計算問題であった。

また，[2]は，端子のつなぎ方を変えたときに回路に流れる電流の大きさの違いに関する思考力を試す計算問題であった。

[3]は，電流が流れたアルミニウムのパイプが受ける力の向きを求める「フレミングの左手の法則」に関する問題であった。

[4]は，電熱線からの発熱量に関する計算問題であった。電力や発熱量などを正しく求めることができるようにしておきたい。

[5]は，二つの電熱線からの発熱量に関する思考力を試す計算問題であった。ここは，本文の条件をしっかり読み取る必要があった。

社会 〔6〕[19]，〔7〕[22]

〔6〕[19]　公民の三権分立に関わる頻出の問題である。国会(立法権)・内閣(行政権)・裁判所(司法権)の，3つの権力を，それぞれ独立した機関が持ち，相互にチェックし合う制度が三権分立である。これにより，権力の濫用を防ぎ，国民の権利と自由を守ることができる。この均衡と抑制の関係は，例えば，裁判所と内閣について考察すると，内閣は最高裁判所長官の指名権とその他の裁判官の任命権がある。逆に裁判所は，内閣の出す命令・規則・処分の違憲審査権を持っている。三権分立の考え方は，フランスのモンテスキーが『法の精神』の中で提唱したもので，フランス革命にも影響を与えた。地方自治制などほかの政治制度にもこのような権力分立原理はみられる。

〔7〕[22]　歴史の経済史を問う設問であるが，経済原理の方から考察すると時事的要素の強い歴史・公民の融合問題ともいえる。江戸時代の東海道は，日本経済に重大な影響を与えた。それは，江戸時代は鎖国政策下で，国際的交流が制限され，国内での資金と労働力を活用する必要があった。そのような状況下で，東海道は五街道の1つで，江戸から京都への主要な交通路で，ここを通じて必要な資金や労働者を国内で調達し，商人が力を持ち，町が発展して，日本経済の成長を促すことになったのである。そして，当時の経済成長は，戦後の高度経済成長につながる基盤をつくっていった。このように，江戸時代の東海道は，日本経済発展に寄与し，その遺産は現代の日本の経済成長にも影響を与えているのである。

国語 一 問八

「贈与と反対給付義務」という耳慣れない表現について，その真意を理解しているかどうかを問う設問。「給付」の辞書的な意味を知っておくことは必須である。「贈与」はよいとしても「反対給付」が何を表しているのかをはかりかねた受験生も少なくないだろう。むしろ「反対」という語感から，ウは「適切」と判断してしまう可能性もある。ここで重要であったのは，「贈与と反対給付義務」については筆者が「類的な義務」であり，それを覚えるような人間を作り出さなければいけないと主張していることである。妥当に考えれば，「反対給付義務」を覚えた方がよりよい社会になる，ということである。

そう考えると，ウ以外はすべて「もらった(らしい)ものに対して，お返し(のようなこと)を行う」というポジティブな型で共通している。対してウだけはネガティブな型であり，これによって社会がよりよくなるとは考えにくい。このようなことから，ウを選べたかどうかが重要だ。

2024年度

★★★★★★★★★★★★★★★★★★★★★★★★

入　試　問　題

2024年度

中部大学春日丘高等学校入試問題

【数　学】（40分）　＜満点：100点＞

【注意】　解答の記入方法は，たとえば，$\boxed{\text{ア}}$と表示のある問いに対して3と解答する場合には，次のように解答番号アの解答欄にマークしなさい。また，計算結果が分数になる場合はこれ以上約分できない形にして答えなさい。（裏表紙：例にならって練習しなさい）

（例）

解答番号	解　答　欄
ア	⊖ ⊕ ⓪ ① ② ● ④ ⑤ ⑥ ⑦ ⑧ ⑨

次の$\boxed{\text{ア}}$～$\boxed{\text{ラ}}$の中に適する数，符号を1つずつ入れなさい。

〔1〕

(1)　$48 \div \{-1-2\times(3-5)\} = \boxed{\text{アイ}}$

(2)　$\left(-\frac{3}{2}x^2y\right)^3 \div \left(-\frac{9}{4}x^2y^2\right) \times \left(-\frac{y}{x}\right)^2 = \frac{\boxed{\text{ウ}}}{\boxed{\text{エ}}}x^{\boxed{\text{オ}}}y^3$

(3)　$\left(\frac{\sqrt{6}+\sqrt{2}}{2}\right)^2 - \left(\frac{\sqrt{6}-\sqrt{2}}{2}\right)^2 = \boxed{\text{カ}}$である。

$\boxed{\text{カ}}$については，最も適当なものを，次の⓪～⑧のうちから一つ選べ。

⓪　4　　①　-4　　②　8　　③　-8　　④　$2\sqrt{3}$

⑤　$-2\sqrt{3}$　　⑥　$4\sqrt{3}$　　⑦　$-4\sqrt{3}$　　⑧　0

(4)　箱の中に，1から6までの数字を1つずつ記入した6枚のカード$\boxed{1}$，$\boxed{2}$，$\boxed{3}$，$\boxed{4}$，$\boxed{5}$，$\boxed{6}$が入っている。これらをよくかき混ぜてから，2枚のカードを同時に取り出すとき，それぞれのカードに書かれている数の積が奇数になる確率は$\frac{\boxed{\text{キ}}}{\boxed{\text{ク}}}$である。

(5)　あるクラスの10人の生徒に対して，10点満点のテストを実施する予定であったが，テスト当日に1人の生徒が欠席した。テストを受験した生徒9人の結果は以下の通りである。

3，3，3，4，6，6，8，8，9（点）

(ア)　テストを受験した生徒9人について，テストの点数の中央値は$\boxed{\text{ケ}}$点である。

(イ)　翌日，テストを欠席した生徒に対して同様のテストを実施した。このとき，10人の点数の中央値として考えられるのは$\boxed{\text{コ}}$通りである。ただし，テストの点数はすべて整数であるものとする。

〔2〕

(1)　1次方程式$0.8(x-1)-(x+1)=0.3(x-1)$を解くと，$x=\boxed{\text{サシ}}$である。

(2)　連立方程式$\begin{cases} ax-by=14 \\ ax+by=-2 \end{cases}$の解が$x=1$，$y=-2$であるとき，

$a=\boxed{\text{ス}}$，$b=\boxed{\text{セ}}$である。

(3)　2次方程式 $(x-3)^2-6=0$ の2つの解の和は[ソ]である。

(4)　下の表はある週の火曜日から日曜日までのイベント参加人数を記録し，前日との参加人数の差を記録したものである。

曜日	火曜日	水曜日	木曜日	金曜日	土曜日	日曜日
前日との差	／	＋3	－7	＋5	＋12	－14

(ア)　参加人数が最も少なかったのは[タ]である。

[タ]については，最も適当なものを，次の⓪～⑤のうちから一つ選べ。

⓪　火曜日　①　水曜日　②　木曜日　③　金曜日　④　土曜日　⑤　日曜日

また，参加人数が最も少なかった日と多かった日との差は[チ][ツ]人である。

(イ)　この週の火曜日から日曜日までの参加人数の平均が40人であった。このことから，火曜日の参加人数は[テ]人であると考えることができる。

[テ]については，最も適当なものを，次の⓪～⑨のうちから一つ選べ。

⓪　35　①　36　②　37　③　38　④　39

⑤　40　⑥　41　⑦　42　⑧　43　⑨　44

〔3〕　ある鉄道の路線において，A駅からB駅までの距離は3.2km，B駅からC駅までの距離は2.4km，C駅からD駅までの距離は9.3km，D駅からE駅までの距離は10.4kmある。また，グラフはこの路線の乗車距離 x（km）と大人1人の片道運賃 y（円）の関係を表している。ただし，子ども1人の運賃は，大人1人の運賃の半額とする。例えば，大人1人の運賃が150円であったとき，子ども1人の運賃は75円である。

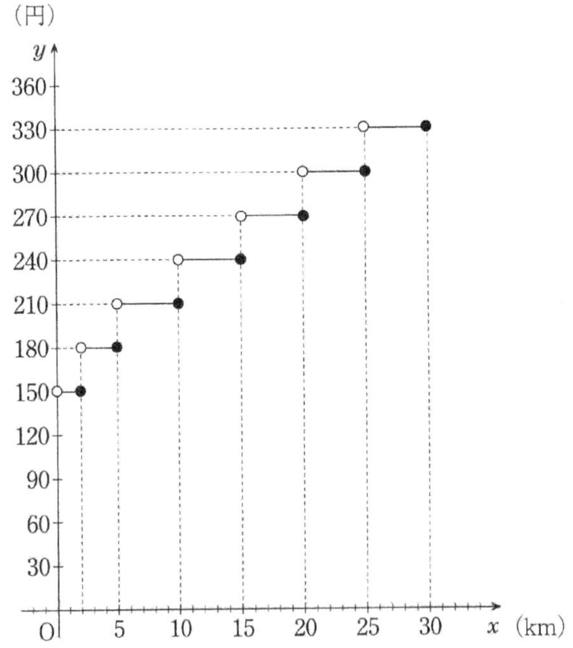

(1)　A駅からB駅までの大人3人の片道運賃は[ト][ナ][ニ]円である。

(2)　A駅で大人７人と子ども３人の合計10人が電車に乗った。そのうち大人３人と子ども１人はC駅で降りて，残りは全員D駅で降りた。この10人の片道運賃の合計は，[ヌ]円である。

[ヌ]については，最も適当なものを，次の⓪～⑤のうちから一つ選べ。

⓪　1900　　①　1930　　②　1935　　③　1940　　④　1945　　⑤　1950

(3)　大人５人，子ども５人のグループ全員が，(i)駅からE駅方面に向かう列車に乗り，(ii)駅で降りた。このグループ全員の片道運賃の合計が2250円であった。

(i)と(ii)については，その組み合わせとして最も適当なものを，次の⓪～⑦のうちから一つ選び，その回答を[ネ]にマークしなさい。

⓪　(i)　A，(ii)　C　　①　(i)　A，(ii)　D　　②　(i)　A，(ii)　E

③　(i)　B，(ii)　D　　④　(i)　B，(ii)　E　　⑤　(i)　C，(ii)　D

⑥　(i)　C，(ii)　E　　⑦　(i)　D，(ii)　E

〔４〕　図のように，放物線 $y=ax^2$ $(a<0)$ と直線 ℓ との交点をA，Bとし，直線 ℓ と y 軸との交点をCとする。また，点Aの座標は $(-6,\ -4)$，点Bの x 座標は正とし，y 座標は -1 である。

【参考図】

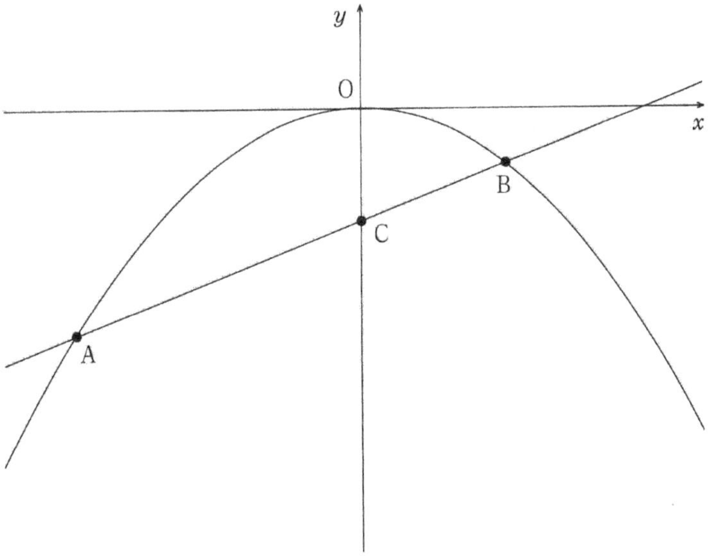

(1)　直線 ℓ の式は $y=\dfrac{\boxed{\text{ノ}}}{\boxed{\text{ハ}}}x-\boxed{\text{ヒ}}$ である。

(2)　△BOCと△AOCの面積比を最も簡単な整数比で表すと，

△BOC：△AOC＝[フ]：[ヘ]となる。

(3)　△APCの面積が△AOBの面積の $\dfrac{2}{3}$ 倍になるように，放物線上に点Pをとる。ただし，点Pの x 座標は $-6<x<0$ とする。このとき，点Pの x 座標は[ホ]である。

[ホ]については，最も適当なものを，次の⓪～⑦のうちから一つ選べ。

⓪　$-\dfrac{1}{3}$　　①　$-\dfrac{1}{2}$　　②　$-\dfrac{2}{3}$　　③　-1

④　$-\dfrac{3}{2}$　　⑤　-2　　⑥　-3　　⑦　-4

〔5〕 (1) 図のように，円周上に4点A，B，C，Dがある。

このとき，$\angle x$＝マミ°である。

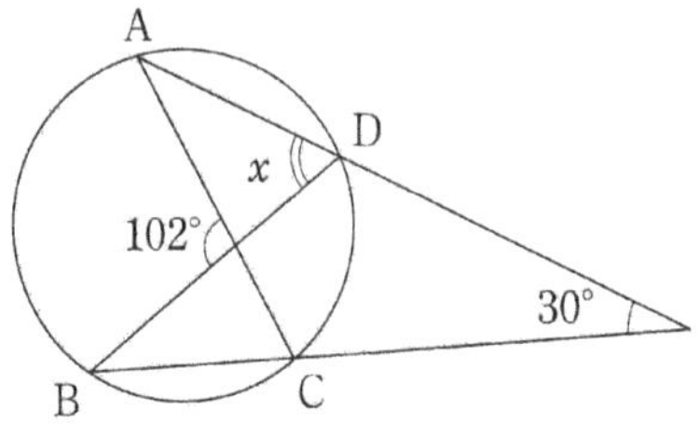

(2) 図のように，AB＝9，BC＝15，∠A＝90°の直角三角形ABCがあり，中心Oの円が各辺に接している。また，線分DEは点Oを通り，辺BCに平行である。

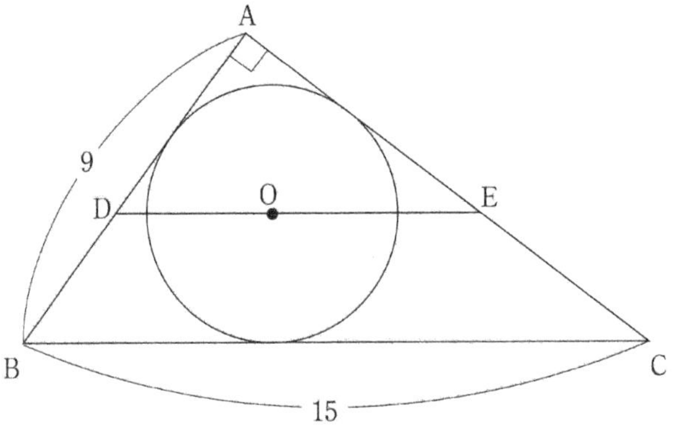

(ア) 三角形ADEの周の長さはムメである。

(イ) 三角形ADEの面積は，三角形ABCの面積のモ倍である。

モについては，最も適当なものを，次の⓪～⑤のうちから一つ選べ。

⓪ $\frac{3}{5}$　① $\frac{7}{12}$　② $\frac{11}{15}$　③ $\frac{9}{25}$　④ $\frac{49}{144}$　⑤ $\frac{121}{225}$

〔6〕 図のように，AE＝2，AB＝4，AD＝8の直方体ABCD－EFGHがある。辺AEの中点をP，辺BFの中点をQとするとき，次の問いに答えよ。

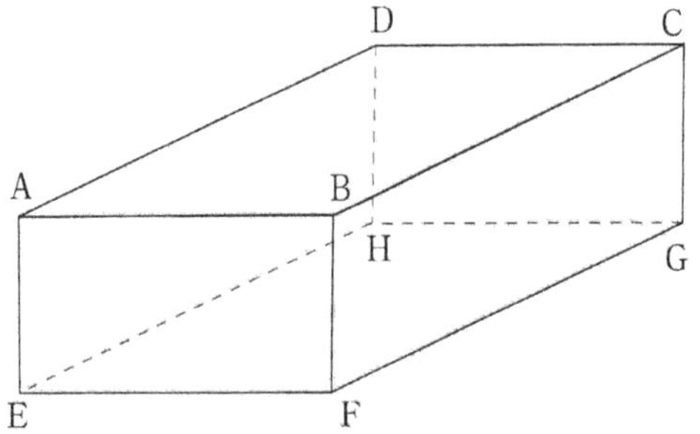

(1) 頂点D，点P，点Qの3点を通る平面で切ったときにできる切り口の図形はヤである。

ヤについては，最も適当なものを，次の⓪～④のうちから一つ選べ。

⓪ 二等辺三角形　① 直角三角形　② 長方形　③ ひし形　④ 五角形

(2) 頂点D，点P，点Qの3点を通る平面で切ったときにできる切り口の図形の面積はユ$\sqrt{ヨラ}$である。

【英　語】（40分）　＜満点：100点＞　※リスニングテストの音声は弊社HPにアクセスの上，音声データをダウンロードしてご利用ください。

（解答番号1～30）

〔1〕 リスニングテスト

A．それぞれの対話についての問いを聞き，答えとして最も適当なものを４つの選択肢ア～エの中からそれぞれ１つ選びなさい。対話と質問文はそれぞれ２回読まれます。

1 Why does Nancy listen to Japanese songs every day?

ア Because her friend bought many CDs of Japanese songs.
イ Because her friend will play the violin in a concert.
ウ Because she can learn Japanese from the songs.
エ Because Masao usually listens to music after dinner.

2 Where and when will they meet next Sunday?

ア In front of the stadium at two.　イ In front of the stadium at noon.
ウ At Cindy's house at two.　エ At Cindy's house at noon.

3 Which is true?

ア Yuichi left Japan with Janet yesterday.
イ Yuichi bought a present for Bob yesterday.
ウ Yuichi practiced tennis with Janet yesterday.
エ Yuichi bought a tennis racket with Bob yesterday.

B．これから流れる英語は，ある授業で先生が生徒たちに伝えた内容です。内容をよく聞き，質問文の答えとして最も適当なものを４つの選択肢ア～エの中から１つ選びなさい。質問は２つあります。内容と質問文はそれぞれ２回読まれます。

4 When will Mike and David come to the school?

ア On September 3rd.　イ On September 4th.
ウ On October 3rd.　エ On October 4th.

5 What do Mike and David want to do?

ア They want to know about Japanese events.
イ They want to enjoy talking with students in English.
ウ They want to teach English words to the students.
エ They want to have a chance to learn Japanese.

〔2〕 次の英文を読んで，設問に答えなさい。

Jimmy was good at opening safes. He was caught by the police and put into prison. One morning, the chief police officer said to Jimmy, "You can leave prison tomorrow morning. This is your chance to change yourself. Stop breaking into safes, and live an honest life." Jimmy said, "I'll work for a restaurant to bake the best bread and cake in the country."

A week after Jimmy left the prison, someone broke into a safe in one city.

Eight thousand dollars was taken. Policeman Ben went to the city to see the broken safe and thought, "Only Jimmy can do such a job. Perhaps (A) <u>Jimmy is in business again</u>." However, it was not true. Jimmy didn't do it. He stopped breaking into safes and was living in the town as an honest man.

In this town, Jimmy was called (B) <u>Josh</u>. People in this town thought that he was kind and honest. The Elmore was the biggest bank in the town. It had a new safe. It was as large as a small room, and it had a special door controlled by a clock. A banker said, "Now it's open, but if you shut it, no one can open it before the planned time." The banker explained it to Josh, but he was not interested in the safe at all. Two little children began to play around the safe.

Suddenly one of the children got into the safe, and the other (C) closed the door. A woman cried out, "My child! Open the door! Please get her out!" All the people around the safe tried hard to open the door, but they could not (D) it. The people by the safe could hear the child's weak voice.

"What should we do?" the banker said. The mother looked very worried. Then, Josh said, "I' ll try. Stand away from the door, all of you," he cried. Then he started to use the tools in his bag and tried to open the door. He forgot that he was Josh. He became Jimmy again.

Ten minutes later, the door of the safe was open. The child was free. Jimmy put on his coat and walked to the entrance of the bank. At the entrance, a police officer was standing. "Hello, Ben!" Jimmy smiled and said, "Well, you've found me finally. OK. I'll go to the police station with you." But Ben smiled at Jimmy and said, "What are you talking about?" Then he turned and slowly walked out of the bank (E).

（注） safe：金庫　prison：刑務所　chief police officer：警察署長

break into safes：金庫を壊して中のものを奪う　honest：正直な　banker：銀行員

（出典）*A REFORMED MAN*；written by O. Henry（一部改訂）

6 下線部(A) <u>Jimmy is in business again.</u> の内容を正しく表しているものをア～エの中から1つ選びなさい。

ア　ジミーが再び刑務所で暮らす生活に戻ったこと。

イ　ジミーが再び警察官として働くことにしたこと。

ウ　ダミーが金庫を破ることを再開したこと。

エ　ジミーがケーキとパンの販売を再開したこと。

7 下線部(B) <u>Josh</u> はどのような人物か。正しく表しているものをア～エの中から1つ選びなさい。

ア　金庫破りをやめて真面目に生活をしている人物

イ　金庫の説明をしている銀行員

ウ　以前金庫破りを捕まえた警察官

エ　金庫を破ることを仕事にしている人物

8 空欄（C）と（D）に入る最も適当な組み合わせをア～エの中から１つ選びなさい。

ア （C） woman （D） close
イ （C） woman （D） open
ウ （C） child （D） close
エ （C） child （D） open

9 空欄（E）に入る最も適当なものをア～エの中から１つ選びなさい。

ア with Josh
イ with Jimmy
ウ together
エ alone

10 本文の内容と一致するものをア～エの中から１つ選びなさい。

ア Jimmy worked for a cake company to bake the best bread and cake in the country.
イ The police officer found Jimmy at the Elmore, but he didn't arrest him.
ウ Ben didn't recognize Jimmy when he walked to the entrance of the bank.
エ The mother of the child in the safe used Jimmy's tools and tried to open the safe.

〔３〕 次の英文を読んで，設問に答えなさい。

Mr. Sukiya is a high school teacher who is in charge of English in Japan. He is good at English conversation and often takes his students to English speaking countries. The students take English lessons at language schools there. Mr. Sukiya likes this job because he can have the opportunity to improve his English speaking skills. He always does a homestay because he thinks that there is no better way to become a better English speaker. He has a good reason to say this.

About 20 years ago, he went to the US alone for a month. The host family were very nice and welcomed him very warmly. Thanks to them, Mr. Sukiya enjoyed a very comfortable stay.

His host parents were running a bakery and were very busy, especially early in the morning. The bread sold at their bakery was very delicious and popular among people. So they had to bake a lot of bread for their customers. Because of their business, his host mother didn't have the time to prepare breakfast for her children. They had cornflakes with milk, by themselves almost every day. Mr. Sukiya did the same.

One Sunday morning, when Mr. Sukiya woke up, he found that his host mother was cooking something in the kitchen. The house was full of good smells. She was preparing bacon and eggs for the family.

After his host mother greeted Mr. Sukiya, she said, "I'm sorry I cannot serve you breakfast every morning. I have no time to do so, but on Sundays our store is closed. So I have enough time to prepare breakfast today. I hope you like bacon and eggs."

That was Mr. Sukiya's favorite which his wife served him every morning. Thanks to the favorite dish his host mother served, he was much more satisfied with the stay. Then he said to his host mother, "Thank you for bringing home the bacon."

When she heard Mr. Sukiya's words, she smiled at him happily and was impressed by his sense of humor. For Mr. Sukiya, his host mother's big smile was impressive and it has been the greatest memory since then. By the way, do you know why Mr. Sukiya's host mother was impressed by his sense of humor? It was because "bringing home the bacon" has two meanings. One is literal and the other is "earning money for life."

Now you understand that Mr. Sukiya was successful in appreciating his host mother's heartwarming delicious breakfast and respecting all her efforts in the job at the same time.

（注） run：店などを経営する　bacon and eggs：ベーコンエッグ　be impressed by ～：～に感心する
impressive：印象的な　appreciate：感謝する

[11] Why does Mr. Sukiya often go to English speaking countries?

ア To take his students to study English at language schools.
イ To become a better English teacher.
ウ To be in charge of teaching Japanese at language schools.
エ To take English lessons with his students.

[12] Why was it possible for Mr. Sukiya to enjoy a comfortable homestay in the US?

ア Because he was going to stay for only one month.
イ Because he was welcomed warmly by his host family.
ウ Because his host parents were running a bakery store.
エ Because his host mother prepared his breakfast on Sundays.

[13] What did Mr. Sukiya have for breakfast during the week in the US?

ア He had bread from his host family's bakery.
イ He had bacon and eggs.
ウ He had cornflakes with milk.
エ He had no breakfast.

[14] Which is true for this story?

ア Mr. Sukiya's host mother never prepared breakfast for her family.
イ The host parents' bakery was famous for its delicious bread.
ウ The bakery owned by the host parents was open seven days a week.
エ Mr. Sukiya's host mother didn't understand the joke Mr. Sukiya made.

15 Which is the best title for the story?
ア The Best Way to Eat Delicious Breakfast during Homestay
イ The Importance of Telling Jokes
ウ How to Stay Comfortably in the US
エ The Best Memory of Mr. Sukiya's Stay in the US

〔4〕 次の各文には，それぞれ明らかに文法的・語法的な誤りが１か所ある。その誤りをア～エの中から１つ選びなさい。

16 If I will(ア) leave(イ) tomorrow, I will be able to(ウ) meet(エ) my cousin in Tokyo.

17 My parents did not let me(ア) to go out(イ) late(ウ) at night(エ).

18 The problem was too(ア) difficult for(イ) him to solve(ウ) it(エ).

19 One of my friends(ア) has(イ) been studying(ウ) very hard for last week(エ).

20 She was(ア) spoken(イ) by a man on(ウ) her way(エ) home.

〔5〕 次の各文の（　）に入る最も適当な語（句）をア～エの中から１つ選びなさい。

21 Can you tell me (　　) I should go to buy the ticket?
ア which　イ who　ウ where　エ what

22 I wish I (　　) as rich as he.
ア were　イ will be　ウ am　エ can be

23 This park is known (　　) its beautiful rose garden.
ア by　イ for　ウ to　エ with

24 Mr. Suzuki is (　　) to buy such an expensive car.
ア so rich　イ so rich that　ウ richer　エ rich enough

25 (　　) student in my class has a smartphone.
ア All the　イ All of the　ウ Every　エ Both

〔6〕 次の各文の日本語に合うように［　］内の語（句）を並べ替えて正しい英文にするとき，(1) と (2) に入る最も適当な語（句）の組み合わせをア～エの中から１つ選びなさい。ただし，文頭に来る語も小文字で表してあります。

26 母に何というべきかわからなかった。
I ＿＿ ＿＿ (1) ＿＿ (2) ＿＿ ＿＿.
［ know / to / to / didn't / what / say / my mother ］
ア (1) to　(2) my mother　イ (1) what　(2) say
ウ (1) to　(2) to　エ (1) what　(2) to

27 彼はクラスの中で一番足が速い。

_____ _____ __(1)__ _____ _____ __(2)__ _____ _____.

〔 is / runner / class / he / his / in / fastest / the 〕

ア (1) the (2) in　イ (1) is (2) in

ウ (1) the (2) his　エ (1) is (2) his

28 もし彼のメールアドレスを知っていたら，彼にｅメールを送るのに。

If _____ _____ __(1)__ mail address, _____ _____ _____ __(2)__ _____ _____.

〔 knew / send / I / would / an e-mail / him / his / I / to 〕

ア (1) his (2) him　イ (1) knew (2) him

ウ (1) his (2) an e-mail　エ (1) knew (2) an e-mail

29 川沿いを散歩しているお年寄りがいます。

_____ _____ __(1)__ _____ _____ _____ _____ __(2)__ _____.

〔 old man / taking / the river / there / along / walk / a / an / is 〕

ア (1) is (2) along　イ (1) an (2) there

ウ (1) is (2) there　エ (1) an (2) along

30 オーストラリアはとても美しかったので来年また行くのが楽しみです。

Australia_____ _____ __(1)__ _____ _____ _____ __(2)__ _____ _____ _____
_____ next year.

〔 looking / so / going / that / was / to / beautiful / there / forward / again / I'm 〕

ア (1) beautiful (2) forward　イ (1) that (2) forward

ウ (1) beautiful (2) to　エ (1) that (2) to

【理　科】（30分）　＜満点：100点＞

（解答番号[1]～[20]）

〔1〕　電流の性質について調べるため，様々な実験を行った。[1]～[5]に答えなさい。

ただし，抵抗器や電熱線の抵抗の大きさは温度によって変化しないものとする。

実験1

①　抵抗（電気抵抗）の大きさが異なる3種類の抵抗器a～cを用意した。

②　図1のような回路をつくり，電源装置で，抵抗器aに加える電圧を0［V］から6.0［V］まで1.0［V］ずつ変化させ，そのときの電流の大きさをそれぞれ測定した。

③　電圧を0［V］に戻し，抵抗器aを抵抗器b，抵抗器cに変えてそれぞれ②と同じ操作を行った。

図2は，測定した結果をグラフに表したものである。

図1

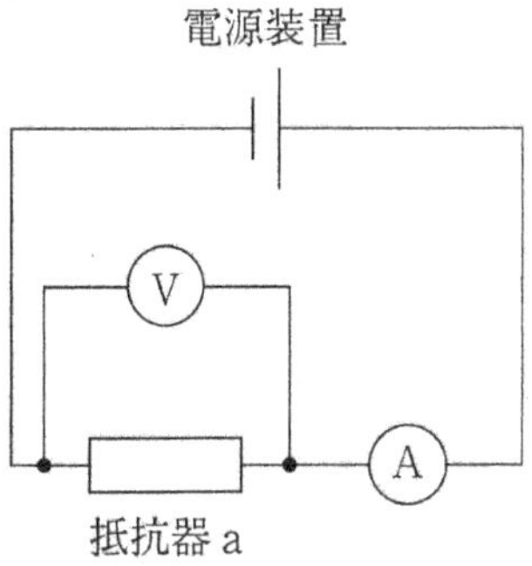

図2

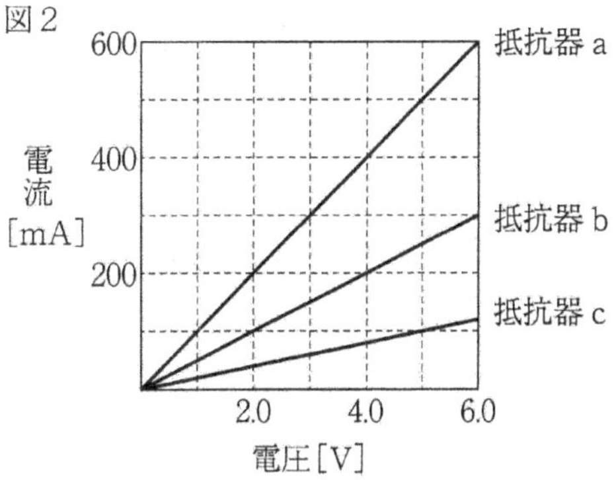

[1]　抵抗器cの抵抗の大きさは何［Ω］か。正しいものを下の(ア)～(オ)の中から1つ選び，記号で答えなさい。

(ア) 0.02［Ω］　(イ) 0.05［Ω］　(ウ) 20［Ω］　(エ) 50［Ω］　(オ) 100［Ω］

実験2

実験1で用いた抵抗器a～cと4つの端子A～Dを何本かの導線でつなぎ，箱の中に入れ，図3のような装置をつくった。この装置の端子A，Bをつなぎ3.0［V］の電圧を加えて電流の大きさを測定したのち，端子C，Dをつなぎ再び3.0［V］の電圧を加え電流の大きさを測定すると，電流の大きさが3倍になることが分かった。

図3

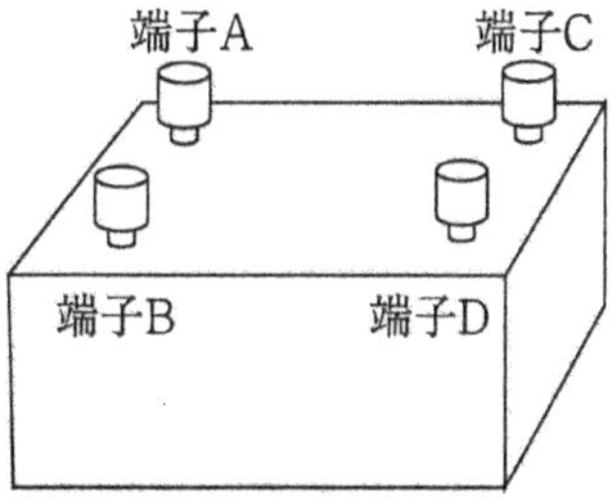

[2]　このとき箱の中の抵抗器a～cはそれぞれ端子A～Dとどのようにつながれているか。箱の中のつなぎ方を表した図として正しいものを次のページの(ア)～(オ)の中から1つ選び，記号で答えなさい。ただし，□は抵抗器a～cを，×は端子A～Dを表している。

（ア）

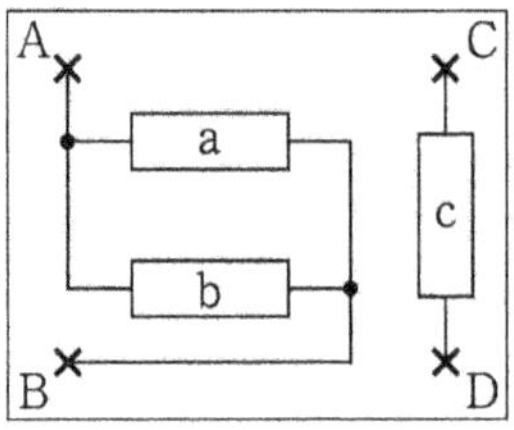

（イ）

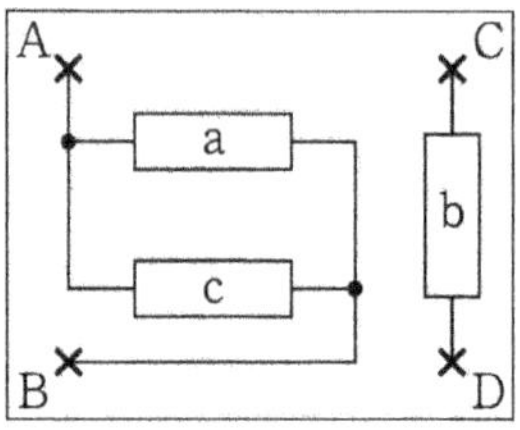

（ウ）

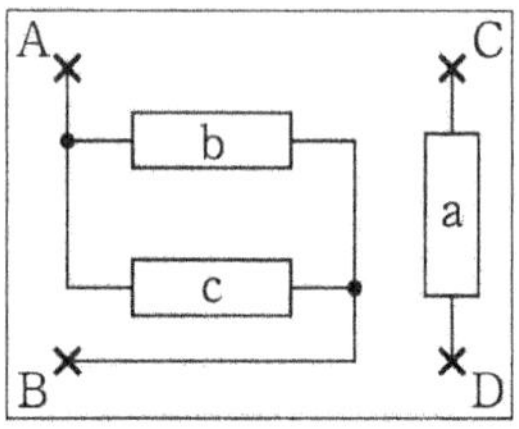

（エ）

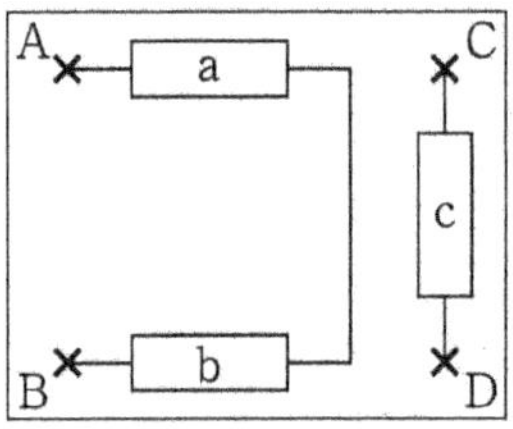

（オ）

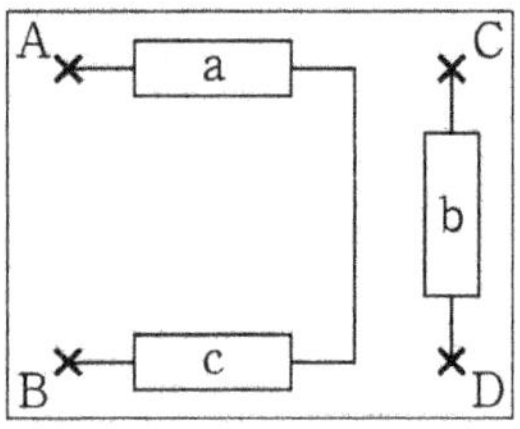

実験 3

以下の手順で，電流の流れる導線が磁界から受ける力の向きを調べる実験を行った。ただし，[　] の中の抵抗以外の部分の電気抵抗の大きさは考えなくてよい。

① 4.0［Ω］の抵抗 d を用いて図 4 のように装置を組みたてた。電源装置の電圧を2.0［V］にして導線に電流を流したところ，導線は図 4 の矢印 X の向きに動いた。

② 導線につないでいる 2 つのクリップをつなぎかえると①と逆向きに導線に電流が流れた。このとき，導線は図 4 の矢印 Y の向きに動いた。

③ 図 5 のように U 字磁石を上下逆さまにしたあと，クリップを図 4 の状態に戻し，①と同じ向きに導線に電流を流したところ，導線は図 4 の矢印 Y の向きに動いた。

図 4

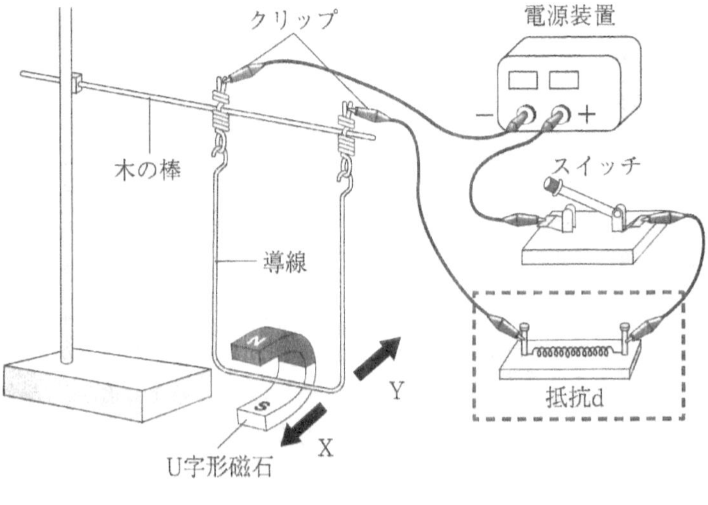

図 5

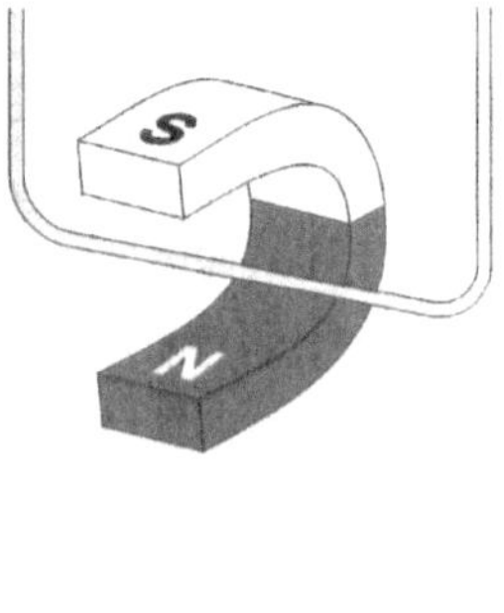

[3] 次の文は実験3の結果から考えられることを述べたものである。文中の [ ] に入る語句の組み合わせとして正しいものを下の(ア)～(オ)の中から1つ選び，記号で答えなさい。

電流の流れる導線は，磁石の磁界から力を受けて動いた。電流の向きと磁界の向きの両方とも実験3の①と逆向きにすると，導線は図4の矢印 [あ] の向きに動くと考えられる。

また，アルミニウムのパイプとレール，磁石を使って図6のような装置（リニアモーター）を作ったとき，電流が流れているアルミニウムのパイプは図6の矢印 [い] の向きに動くと考えられ，電流の向きを逆向きにするとアルミニウムのパイプは図6の矢印 [う] の向きに動くと考えられる。

図6

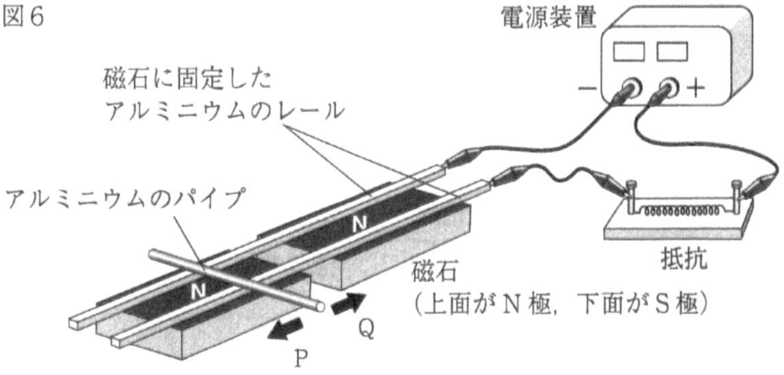

	あ	い	う
(ア)	X	P	Q
(イ)	X	Q	P
(ウ)	X	Q	Q
(エ)	Y	P	Q
(オ)	Y	Q	P

実験4

以下の手順で，電熱線に電圧を加えたときの水温の変化を調べる実験を行った。ただし，電熱線から発生した熱はすべて水の温度上昇に使われるものとする。

① 4つの発泡スチレンのカップに，それぞれ同じ質量の水を入れてしばらく置いた。

② 抵抗の大きさが6.0［Ω］の電熱線ｅと3.0［Ω］の電熱線ｆを使って，図7の装置をつくった。

③ スイッチⅡを切った状態でスイッチⅠを入れ，電圧計の値が3.0［V］になるように電源装置を調整して電流を流し，ときどき水をかき混ぜながら水温を測定した。

④ 次に，カップを①で用意した別のものにとりかえ，③と同様に，スイッチⅡを切った状態でスイッチⅠを入れ，電圧計の値が6.0［V］になるように電源装置を調整して電流を流し，ときどき水をかき混ぜながら水温を測定した。

⑤ ③，④の結果を次の表のようにまとめた。

表

		開始時の水温	5分後の水温	10分後の水温	15分後の水温	20分後の水温
電圧	3.0［V］	16.0℃	16.9℃	17.8℃	18.7℃	19.6℃
	6.0［V］	16.0℃	19.6℃	23.2℃	26.8℃	30.4℃

⑥　次に，図7の回路を用いて，スイッチⅡを切った状態でスイッチⅠを入れて電流を流し，ときどき水をかき混ぜながら水温を測定し，さらに途中でスイッチⅡも入れ，ときどき水をかき混ぜながら水温の測定を続けた。測定中の電圧計の値は常に6.0［V］であった。また，カップは①で用意した別のものを使用し，実験開始時の水温は16.0℃であった。

図7

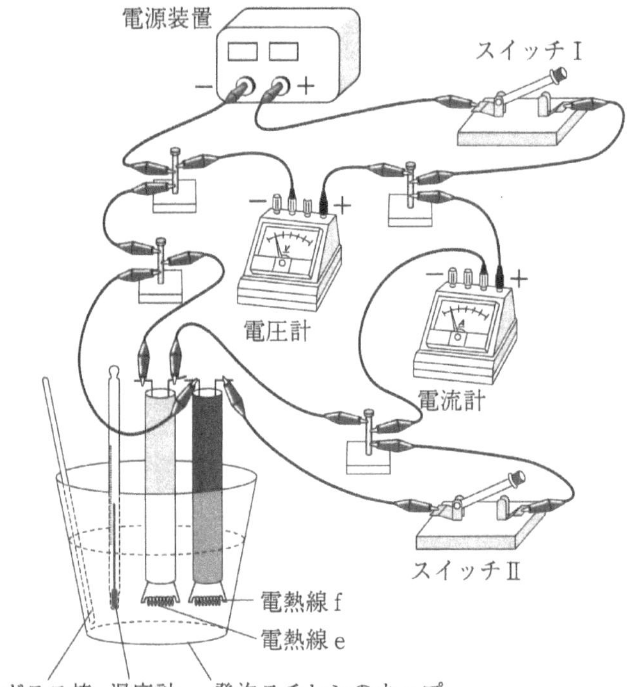

4　実験4の④で，3分間で電熱線eから水が得た熱量は何［J］か。正しいものを下の(ア)～(オ)の中から1つ選び，記号で答えなさい。

(ア) 12［J］　(イ) 360［J］　(ウ) 540［J］　(エ) 1080［J］　(オ) 3240［J］

5　実験4の⑥について，実験開始から30分後の水温が52.0℃になるようにスイッチⅡを入れる。実験開始から何分後にスイッチⅡを入れればよいか。正しいものを下の(ア)～(オ)の中から1つ選び，記号で答えなさい。

(ア) 5分後　(イ) 10分後　(ウ) 15分後　(エ) 20分後　(オ) 25分後

〔2〕 いろいろな質量の銅とマグネシウムの粉末を空気中で十分に加熱した。図8は，加熱した銅の質量と加熱後の物質の質量の関係を表したグラフである。図9は，加熱したマグネシウムの質量

と加熱後の物質の質量の関係を表したグラフである。

図8

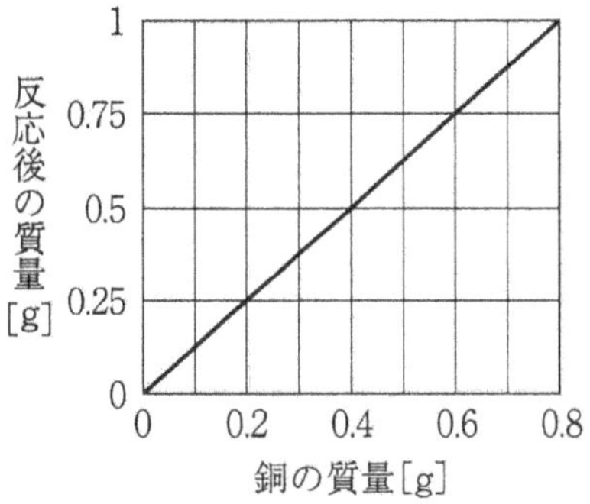

図9

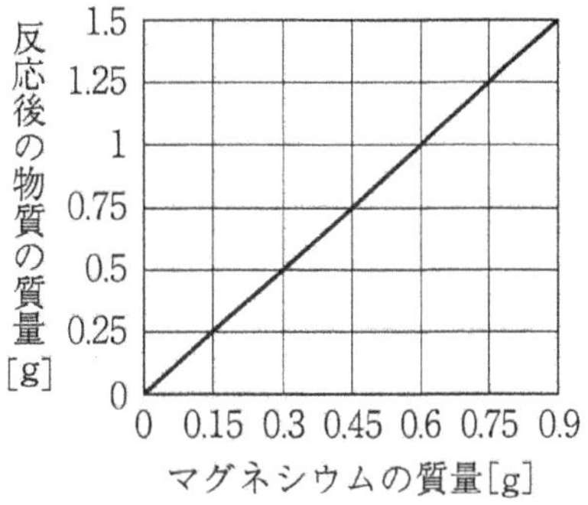

6 銅とマグネシウムを加熱することによって，生成する物質の色について，正しい組み合わせを下の(ア)～(オ)の中から１つ選び，記号で答えなさい。

	銅を加熱したもの	マグネシウムを加熱したもの
(ア)	白色	白色
(イ)	白色	黒色
(ウ)	黒色	白色
(エ)	黒色	黒色
(オ)	赤色	黒色

7 銅の粉末とマグネシウムの粉末が混ざったもの2.1［g］を空気中で加熱したところ，加熱後の質量が3.0［g］となった。加熱前の銅の粉末とマグネシウムの粉末の質量比として最も適当なものを下の(ア)～(オ)の中から１つ選び，記号で答えなさい。

(ア)　5：4　　(イ)　4：5　　(ウ)　4：3　　(エ)　3：5　　(オ)　3：4

8 銅とマグネシウムが，同じ質量の空気中の気体と化合するとき，この気体と化合する銅とマグネシウムの質量比として最も適当なものを下の(ア)～(オ)の中から１つ選び，記号で答えなさい。

(ア)　8：3　　(イ)　5：3　　(ウ)　1：1　　(エ)　3：5　　(オ)　3：8

9 次の文章を読み，(　)に当てはまる語句として正しい組み合わせを次のページの(ア)～(オ)の中から１つ選び，記号で答えなさい。

ある水溶液を飽和水溶液にするには以下の２つがある。

①　溶媒の水を蒸発させる。

②　溶液を冷却して，結晶を析出させる。(ただし，溶媒は凍らない)

①の場合，溶媒の水を蒸発させるほど，水溶液の濃度は（ａ）なる。一定の温度で蒸発させる場合，結晶が析出し始めると，濃度は（ｂ）なる。

②の場合，温度を下げ，溶ける量が小さくなるほど析出する溶質の質量が（ｃ）なり，水溶液の濃度は（ｄ）なる。

	(a)	(b)	(c)	(d)
(ア)	小さく	大きく	多く	変化しなく
(イ)	小さく	小さく	多く	変化しなく
(ウ)	大きく	小さく	少なく	小さく
(エ)	大きく	変化しなく	多く	小さく
(オ)	大きく	変化しなく	少なく	大きく

10 図10は，硝酸カリウムと塩化ナトリウムの100［g］の水に溶ける質量と温度の関係を表したグラフである。溶けている溶質の質量が最も大きいものを下の(ア)～(オ)の中から１つ選び，記号で答えなさい。

図 10

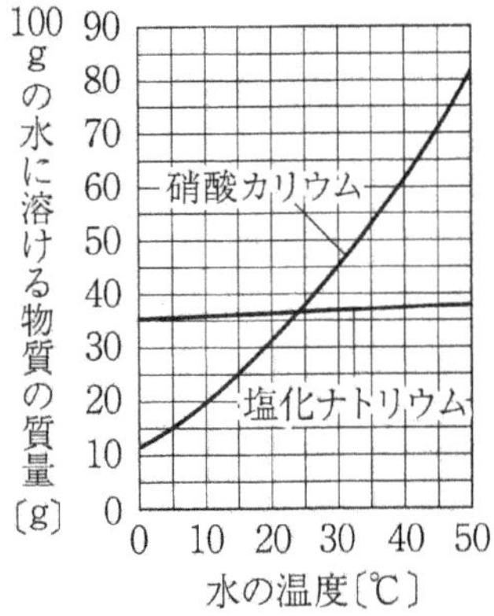

(ア) 10℃ における塩化ナトリウム飽和水溶液270［g］

(イ) 20℃ における，質量パーセント濃度20％の硝酸カリウム水溶液400［g］を加熱して溶媒の水を120［g］蒸発させたのちに，元の温度（20℃）に戻した水溶液

(ウ) 30℃ における硝酸カリウム飽和水溶液290［g］を15℃ まで冷却した水溶液

(エ) 40℃ における質量パーセント濃度10％の塩化ナトリウム水溶液350［g］

(オ) 50℃ における硝酸カリウム飽和水溶液90［g］

〔3〕 次の実験を読み，11～15に答えなさい。

実験

４本の試験管①～④にそれぞれ１％のデンプン水溶液を10［mL］入れた後，その試験管①～④に次のような操作をした。

① 水で５倍に薄めた唾液《だえき》を１［mL］加えた後，その試験管を40℃ に保って10分間置く。

② 水で５倍に薄めた唾液を１［mL］加えた後，その試験管を５℃ に保って10分間置く。

③ 水で５倍に薄めた唾液を煮沸してそれを１［mL］加えた後，その試験管を40℃ に保って10分間置く。

④ 水で５倍に薄めた唾液を煮沸してそれを１［mL］加えた後，その試験管を５℃ に保って10分間置く。

操作が終わった試験管①～④にヨウ素液を数滴加えて，色の変化を観察した。

11 ヨウ素液を加えたときの試験管①～④のそれぞれの色の変化はどのようになるか。正しい組み合わせを下の(ア)～(オ)の中から１つ選び，記号で答えなさい。

	試験管①	試験管②	試験管③	試験管④
(ア)	青紫色になる	青紫色になる	淡黄色になる	青紫色になる
(イ)	淡黄色になる	青紫色になる	青紫色になる	青紫色になる
(ウ)	青紫色になる	青紫色になる	淡黄色になる	変化しない
(エ)	青紫色になる	変化しない	青紫色になる	変化しない
(オ)	淡黄色になる	変化しない	白色ににごる	白色ににごる

12 この実験から判断してどのようなことがいえるか。正しいものを下の（ア）～（オ）の中から１つ選び，記号で答えなさい。

（ア）デンプンは唾液中の消化酵素の働きで麦芽糖に分解される。

（イ）デンプンは唾液中の消化酵素の働きでブドウ糖に分解される。

（ウ）唾液中の消化酵素は温度が40℃のときはよく働くが，5℃のときはほとんど働かない。

（エ）唾液中の消化酵素は温度を５℃に冷やすと分解してしまって働きを失う。

（オ）唾液中の消化酵素は煮沸してもそのはたらきを失うことはない。

13 デンプンを分解する消化酵素は，唾液以外にも含まれている。唾液以外でデンプンを分解する消化酵素が多く含まれるものは何か。正しいものを下の(ア)～(オ)の中から１つ選び，記号で答えなさい。

（ア）胃液　（イ）組織液　（ウ）胆汁　（エ）血液　（オ）すい液

14 デンプンが消化酵素により分解された物質は，最終的に主にどこで吸収されて，どの管に入るか。正しい組み合わせを下の(ア)～(オ)の中から１つ選び，記号で答えなさい。

	どこで吸収されるか	どの管に入るか
(ア)	小腸	血管
(イ)	小腸	リンパ管
(ウ)	胃	血管
(エ)	胃	リンパ管
(オ)	食道	血管

15 デンプンが消化酵素により分解された物質は，主にどこに貯えられるか。正しいものを下の(ア)～(オ)の中から１つ選び，記号で答えなさい。

（ア）脳　（イ）血液　（ウ）筋肉　（エ）すい臓　（オ）肝臓

〔４〕 星座の見え方について，次の16～20に答えなさい。

春日太郎くんは天気が良かったので，２月10日午後８時に星空を見たらオリオン座は図11の（え）の位置で見えた。

また，カシオペア座は図11の（つ）の位置で見えた。図11は，オリオン座とカシオペア座の見え方を示している。

図 11

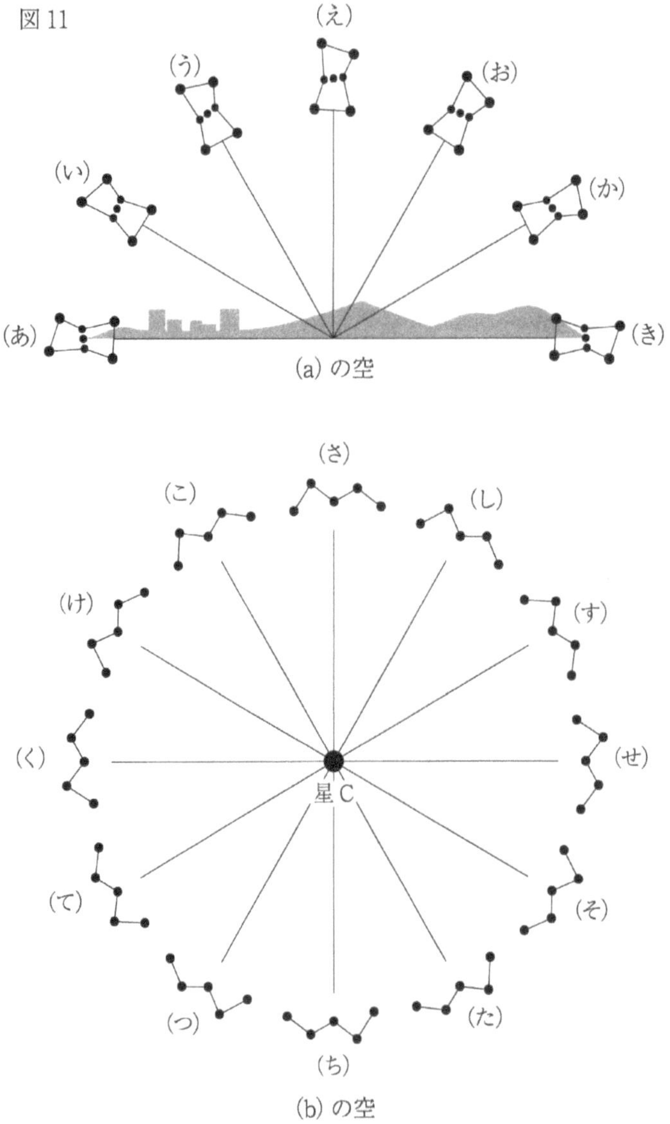

16　図11の(a)と(b)の方向の正しい組み合わせを下の(ア)～(オ)の中から１つ選び，記号で答えなさい。

	(a)	(b)
(ア)	北	東
(イ)	北	西
(ウ)	北	南
(エ)	南	東
(オ)	南	北

17 図11の(a)の空で，12月10日午前２時に見えるオリオン座は，どの位置になるか，正しいものを下の(ア)～(オ)の中から１つ選び，記号で答えなさい。

(ア) 見えない　(イ) (い) の位置　(ウ) (え) の位置

(エ) (お) の位置　(オ) (か) の位置

18 ８月の夜，天気が良ければ，カシオペア座は見ることができるが，オリオン座は見ることができない。その理由として正しいものを下の(ア)～(オ)の中から１つ選び，記号で答えなさい。

(ア) (b)の空は１年中雲がかからず，(a)の空は，常に雲がかかっているため。

(イ) (b)の空は星の動きがなく，(a)の空は，常に星が動いているため。

(ウ) カシオペア座は夜１年中見えるが，オリオン座は８月，太陽の方向にあるため。

(エ) カシオペア座もオリオン座もこの８月だけ特別で，年によってはオリオン座が見える。

(オ) (b)の空は，(a)の空より角度の高いところに星が多くあるので，見えやすい。

19 図11の(b)の空で，8月10日午後10時に見えるカシオペア座はどの位置になるか，正しいものを下の(ア)～(オ)の中から１つ選び，記号で答えなさい。

(ア) (け) の位置　(イ) (さ) の位置　(ウ) (し) の位置

(エ) (た) の位置　(オ) (つ) の位置

20 図11の星Ｃについて誤りを含む文を，下の(ア)～(オ)の中から１つ選び，記号で答えなさい。

(ア) 星Ｃは，北極星といい，現在の地球の地軸のほぼ延長線上にある。

(イ) 星Ｃは，1年中ほぼ位置が変わらず，方角を知る上では大切である。

(ウ) 星Ｃは，おおぐま座の一部である。

(エ) 星Ｃは，二等星である。

(オ) 星Ｃは，南半球では見ることのできる地域はごく限られている。

【社　会】（30分）　＜満点：100点＞

(解答番号[1]～[25])

〔1〕 龍太郎さんは，夏休みに家族でアフリカ旅行に出かけた。このことについて，地図や写真を参考に，あとの[1]～[4]に答えなさい。

地図1

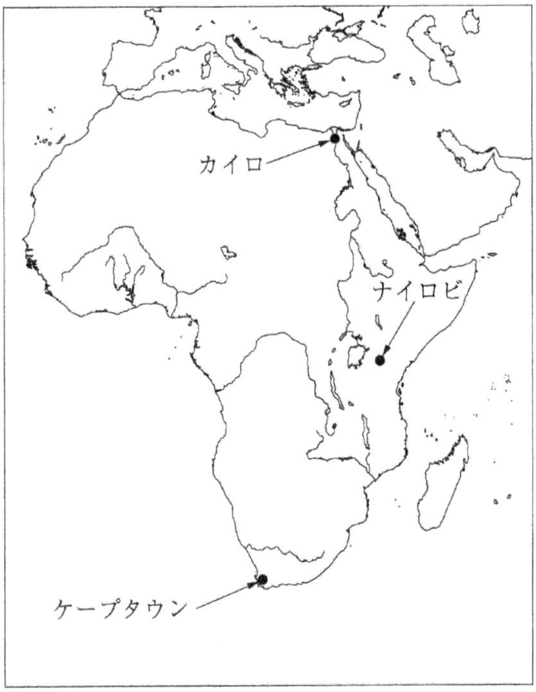

[1] 龍太郎さんは，アフリカの人口構成に関心があったので，旅行前に調べることにした。下の表は，ラテンアメリカ，アフリカ，ヨーロッパ，アジアにおける1950年と2021年の0～14歳，15～64歳，65歳以上の3区分における人口割合である。アフリカに該当するものを，表中の(ア)～(エ)のうちから一つ選びなさい。

	1950年(%)			2021年(%)		
	0～14歳	15～64歳	65歳以上	0～14歳	15～64歳	65歳以上
(ア)	26.4	65.7	7.9	15.8	64.8	19.4
(イ)	37.0	58.8	4.2	23.5	67.1	9.4
(ウ)	41.5	55.1	3.3	40.3	56.2	3.5
(エ)	41.1	55.6	3.2	23.6	67.5	9.0

(『データブック オブ・ザ・ワールド 2023』により作成)

[2] 次の雨温図ａ～ｃは，地図1のケープタウン，ナイロビ，カイロのいずれかである。ａ～ｃと都市名の組み合わせとして正しいものを，次のページの(ア)～(エ)のうちから一つ選びなさい。

a

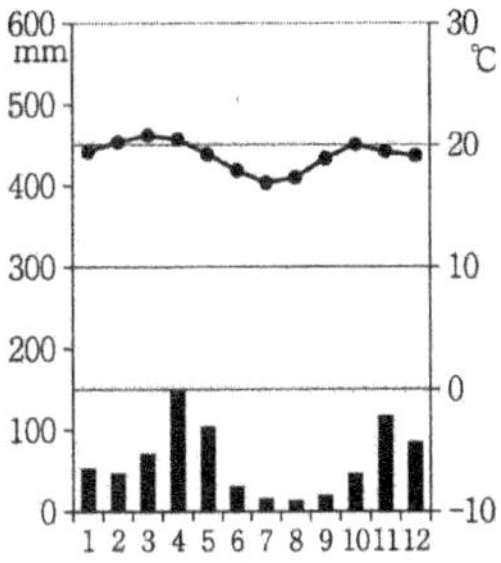

b

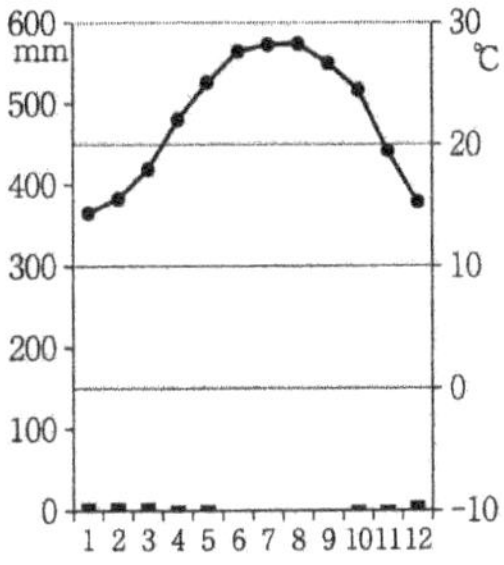

c

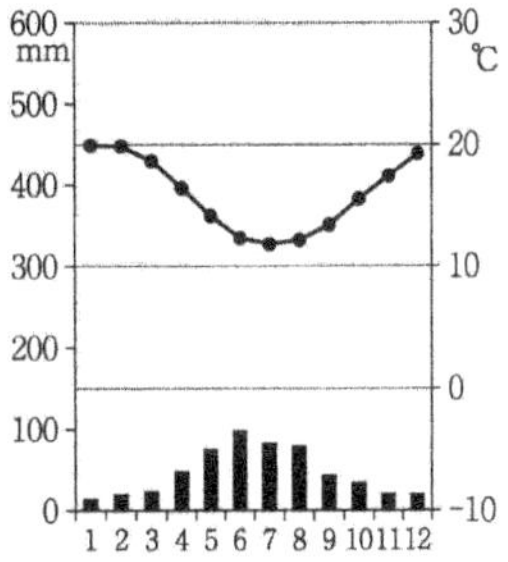

	a	b	c
(ア)	ケープタウン	カイロ	ナイロビ
(イ)	ケープタウン	ナイロビ	カイロ
(ウ)	ナイロビ	ケープタウン	カイロ
(エ)	ナイロビ	カイロ	ケープタウン

3 龍太郎さんは，現在アフリカで問題になっている事柄について下調べをした。次の写真は，この問題に関連するナイロビ市内の様子である。この写真に関する説明文として正しいものを，下の(ア)～(エ)のうちから一つ選びなさい。

(ア) 農村から都市への移住が進み，各国の首都を中心に人口が集中しており，上下水道や道路などの整備が遅れている。

(イ) 都市から農村への移住が進み，各国の農村部に人口が集中しており，上下水道や道路の整備が遅れている。

（ウ）農村から都市への移住が進み，各国の主要都市を中心に人口が集中しており，そのため政治的な分裂を引き起こしている。

（エ）都市から農村への移住が進み，各国の主要都市周辺の農村部に人口が集中しており，そのため政治的な分裂を引き起こしている。

4　龍太郎さんは，旅行後にアフリカの民族や言語・公用語についてのレポートを次のようにまとめた。次のレポートの中の，A・B にあてはまる語句の組み合わせとして正しいものを，下の(ア)～(エ)のうちから一つ選びなさい。

アフリカの民族や言語・公用語について

北アフリカでは A を公用語としている国が多く，北アフリカ以外の国では多くの民族が独自の言語をもっている。同じ国内で互いに言葉が通じないと困るため，現在も英語やフランス語など植民地時代の旧本国の言語を公用語としている国が多い。宗教の面では北アフリカ以外の国では，伝統的な宗教を信仰しているが，植民地時代の影響で B も広がっている。

	A	B
（ア）	アラビア語	イスラム教
（イ）	ヒンディー語	イスラム教
（ウ）	アラビア語	キリスト教
（エ）	ヒンディー語	キリスト教

〔2〕　涼子さんは，冬休みに故郷の九州に帰省した。このことについて，次のページの地図2を参考に，あとの5～7に答えなさい。

5　次のA～Cの説明文は，地図2中のA～Cの火山に関連する説明文である。説明文の □ に入る語句とCの火山の名称の組み合わせとして正しいものを，下の(ア)～(エ)のうちから一つ選びなさい。

A：火山の噴火後にくぼんでできた □ としては，世界最大級のものである。

B：火山周辺の湾は，噴火によってできた □ に水が入り込んだものである。

C：島原半島に位置する火山である。約30年ほど前に火砕流が発生して大きな被害を出した。

	A・Bの空欄	Cの火山の名称
（ア）	カルデラ	開聞岳
（イ）	カルデラ	雲仙岳
（ウ）	デルタ	開聞岳
（エ）	デルタ	雲仙岳

地図２

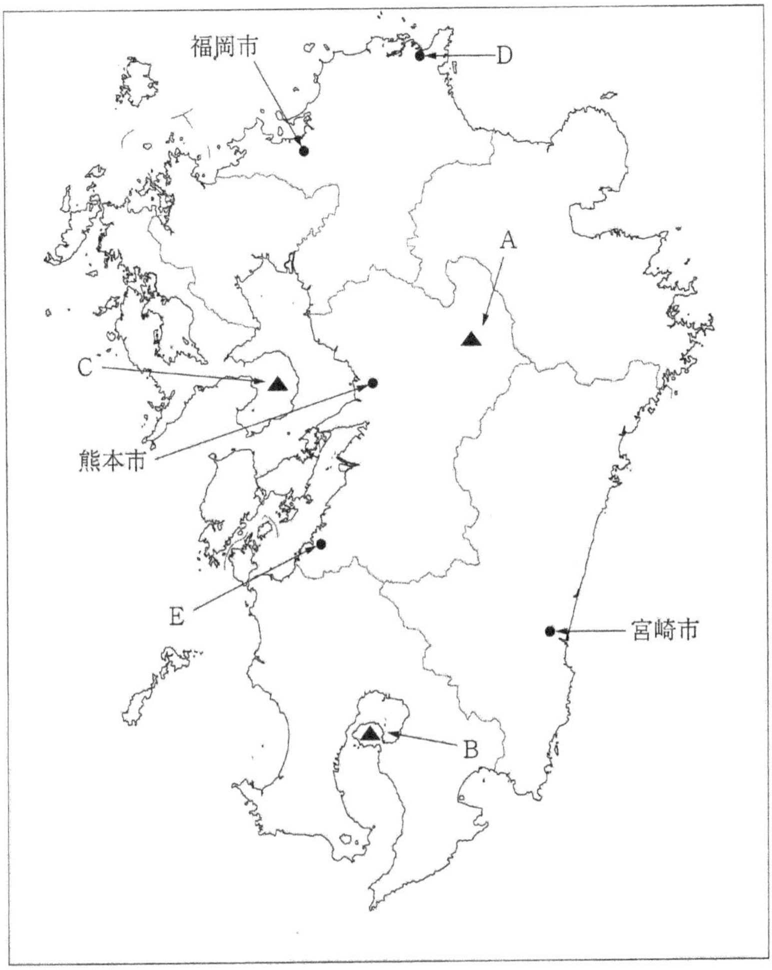

6　地図中のD・Eは環境モデル都市に選定されており，次の文章W～Zは，環境モデル都市に選定されている全国の都市の取り組みに関するものである。地図２に示した都市D・Eと文章W～Zの組み合わせとして正しいものを，次のページの(ア)～(エ)のうちから一つ選びなさい。

W

世界有数の自動車メーカーの本拠地で，産業都市として発展したこの都市は，市域の７割が森林という顔も持ちます。先進環境技術のショーケース・実証実験の場とする「低炭素社会モデル地区」の整備や，次世代エコカーを活用した取り組み等により，未来の新しいライフスタイルを提案し，人と環境と技術が融合する「ハイブリッド・シティとよた」を実現します。

X

製鉄のまちとして日本の高度経済成長を支えたこの都市は，一方で深刻な公害にも苦しみました。市民・企業・行政が一体となって公害に立ち向かい，「死の海」と呼ばれた洞海湾は再生,「七色の煙」がたちこめた空は青さを取り戻しました。この過程で獲得したまちの資産である，環境技術，産学官民の太い絆を糧に，現在は温暖化問題に取り組み，アジア・世界へと取り組みを拡大しています。

Y

かつて甚大な公害の被害を受けたこの都市は，その教訓を活かしたまちづくりを進めるため，1992年に日本で初めて「環境モデル都市づくり宣言」をしました。22種類の分別によるゼロ・ウェイストのまちづくりに加え，レアメタルなど新たな分別・リサイクルも始めています。自然環境や人々の暮らしに目を向け，風土に根ざした環境保全を実現し，市民や企業の力を，環境と地域経済の発展の両立に活かした低炭素都市を創出します。

Z

温暖少雨な瀬戸内式気候であるこの都市は，降水量が少ない反面，年間平均日照時間が全国平均を大きく上回ることから，地域に最も適したエネルギーに太陽エネルギーを位置づけ，導入を推進しています。さらに，「環境首都」として有名なフライルク市(ドイツ)とエコフレンドシップ協定を締結し，将来に向けて子どもたちの環境意識の醸成を図っています。

	都市D	都市E
(ア)	W	Y
(イ)	W	Z
(ウ)	X	Y
(エ)	X	Z

7 次の表は，みかん，トマト，玉ねぎ，大根の収穫量上位5位までの都道府県を示しており，農業のさかんな九州地方の県もこの中に多く含まれている。玉ねぎの収穫量に該当する表を，次の(ア)～(エ)のうちから一つ選びなさい。

(ア)

順位	都道府県名	収穫量(千トン)
1位	和歌山県	167
2位	静岡県	120
3位	愛媛県	113
4位	熊本県	83
5位	長崎県	48

(イ)

順位	都道府県名	収穫量(千トン)
1位	千葉県	148
2位	北海道	147
3位	青森県	116
4位	鹿児島県	86
5位	神奈川県	74

（ウ）

順位	都道府県名	収穫量(千トン)
1位	熊本県	135
2位	北海道	66
3位	愛知県	43
4位	茨城県	42
5位	栃木県	32

（エ）

順位	都道府県名	収穫量(千トン)
1位	北海道	892
2位	佐賀県	125
3位	兵庫県	99
4位	長崎県	33
5位	愛知県	28

（『データブック オブ・ザ・ワールド2023』により作成）

〔3〕 サツキさんは，博物館で「日本と海外の関わりの歴史」という展示を見て，次のⅠ～Ⅲの資料に興味を持った。資料を見て，あとの[8]～[10]に答えなさい。

Ⅰ
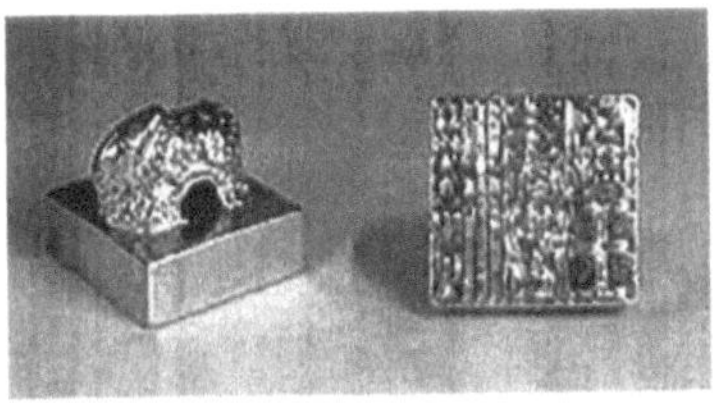
中国から日本にもたらされた金印

Ⅱ
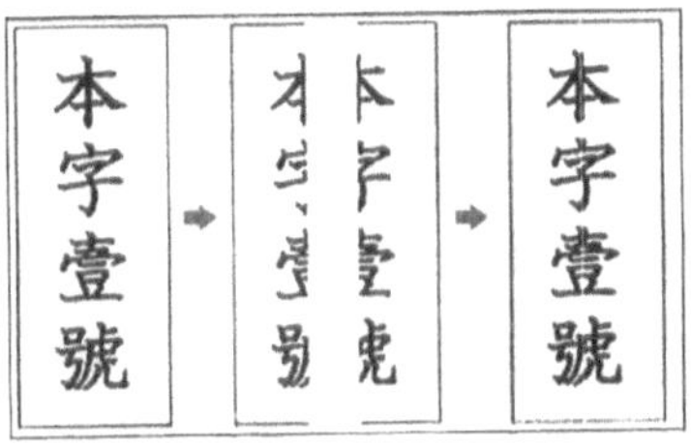

日本と中国との貿易で用いられた割札

Ⅲ

島原・天草一揆の様子を描いた絵

[8] 次の文は資料Ⅰに関する説明文である。文中の(①)・(②)にあてはまる語句の組み合わせとして正しいものを，下の(ア)～(エ)から一つ選びなさい。

> この金印は，漢の光武帝から（ ① ）時代に倭の奴国王にもたらされたとされており，江戸時代に現在の（ ② ）県で発見された。

（ア）①：縄文　②：長崎　　（イ）①：縄文　②：福岡
（ウ）①：弥生　②：長崎　　（エ）①：弥生　②：福岡

[9] 資料Ⅱによる貿易が行われていたころの日本の様子について述べた文として正しいものを，次の(ア)～(エ)から一つ選びなさい。

（ア）商人や手工業者は，株仲間と呼ばれる団体を組織し，営業を独占する権利を獲得した。
（イ）有力な守護大名が管領に任じられ，将軍を補佐した。

（ウ）浄土真宗や臨済宗といった新たな仏教宗派が誕生した。

（エ）この頃の武士は，分割相続を基本としており，女性の地頭も存在した。

10 次の(ア)～(エ)は，資料Ⅰ～Ⅲの間におきたできごとである。これらを古い順に並び変えたとき，3番目になるものを，一つ選びなさい。

（ア）ローマ教皇の呼びかけに応じた西ヨーロッパ諸国の王や貴族が，十字軍を組織してエルサレムを目指した。

（イ）高麗が新羅を滅ぼして，朝鮮半島を統一した。

（ウ）ドイツで，ルターによる宗教改革が行われた。

（エ）預言者ムハンマドによって，イスラム教が始められた。

〔4〕 東アジアを示した次の地図3を見て，あとの11～13に答えなさい。なお，地図中の国境線は現代のものである。

地図3

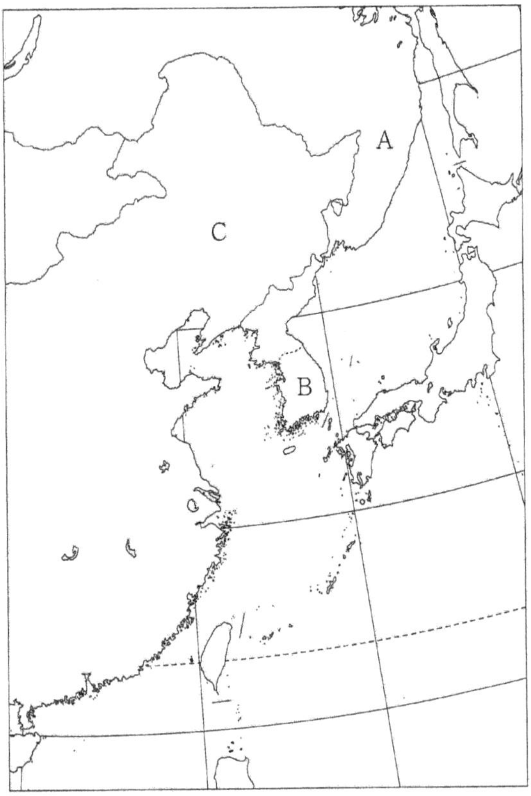

11 次のページの地図Ⅰ～Ⅲは，19世紀から20世紀初めにかけての地図3中のAの国と日本の国境線の変化を示したものである。地図Ⅰ～Ⅲを古い順に並べ替えたとき正しい順序になるものを，下の(ア)～(エ)から一つ選びなさい。なお，地図Ⅱ中の斜線部は，両国の雑居地であることを示している。

（ア） Ⅰ→Ⅱ→Ⅲ　（イ） Ⅱ→Ⅰ→Ⅲ　（ウ） Ⅱ→Ⅲ→Ⅰ　（エ） Ⅲ→Ⅱ→Ⅰ

地図Ⅰ

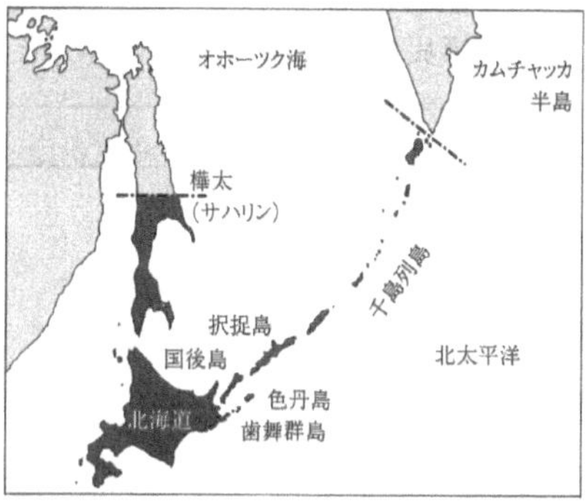

地図Ⅱ

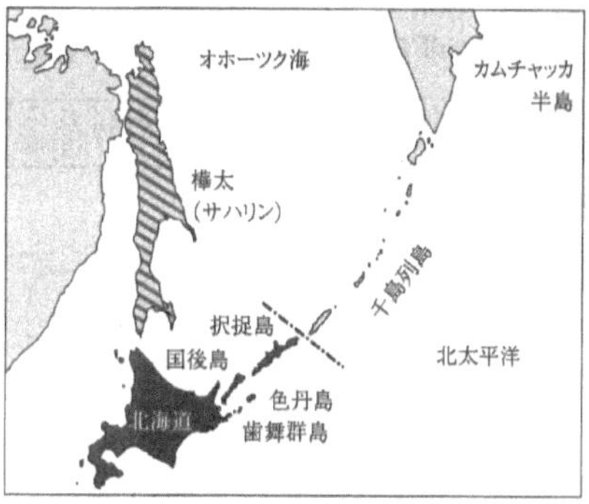

地図Ⅲ

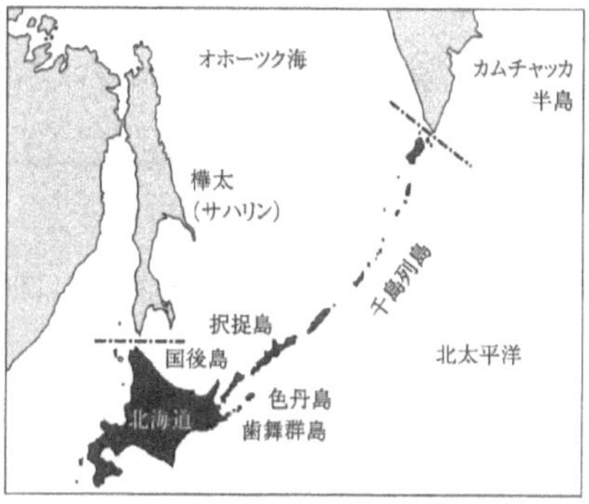

12 次の文は地図3中のBの場所に関する説明文である。文中の(①)・(②)にあてはまる語句の組み合わせとして正しいものを，下の(ア)～(エ)から一つ選びなさい。

日露戦争後，日本は韓国の植民地化を進め，1905年には韓国統監府の初代統監に(　①　)が就任した。その後，1910年に韓国併合を行い，韓国を朝鮮と改めて，朝鮮総督府を設置し，植民地支配を進めた。その後，1919年には，(　②　)と呼ばれる民族運動が起きた。

(ア) ①：伊藤博文　②：三・一独立運動
(イ) ①：岩倉具視　②：三・一独立運動
(ウ) ①：伊藤博文　②：五・四運動
(エ) ①：岩倉具視　②：五・四運動

13 地図3中のCの地域について，1930年代に発生したできごとについて説明した次のX・Yの文の正誤の組み合わせとして正しいものを，下の(ア)～(エ)から一つ選びなさい。

X　清の最後の皇帝であった溥儀を元首とする満州国が建国された。
Y　柳条湖事件をきっかけに，日中戦争が始まった。

(ア) X　正　Y　正
(イ) X　正　Y　誤
(ウ) X　誤　Y　正
(エ) X　誤　Y　誤

〔5〕 中学3年生の春男さんのクラスでは，次のページのような課題探究学習を行った。これをみて，あとの[14]～[17]に答えなさい。

＜課題＞　あなた自身がＨ市の市長となって，Ｈ市の抱える課題の解決をはかろう！

Ｈ市の課題①：歳入が少ない

Ｈ市の課題②：子育て・介護支援

Ｈ市の課題③：環境問題

Ｈ市の課題④：公園の不足

[14] Ｈ市の課題①に関連して，地方財政について述べた文として誤っているものを，次の(ア)～(エ)のうちから一つ選びなさい。

（ア）地方公共団体のあいだの財政の格差をおさえるために国から配分されるものを，地方交付税交付金という。

（イ）教育や道路の整備といった特定の仕事の費用の一部を国が負担するものを，国庫支出金という。

（ウ）地方公共団体に納める地方税には，所得税や相続税があり，これらは間接税に分類される。

（エ）全国的に見れば，地方公共団体の歳入のうち，地方税の割合は4割ほどである。

[15] Ｈ市の課題②に関連して，日本における少子高齢化や社会保障について述べた文として正しいものを，次の(ア)～(エ)のうちから一つ選びなさい。

（ア）介護保険制度では，30歳以上の人の加入が義務付けられている。

（イ）高齢者や障がいのある人々，子どもなど社会の中で弱い立場になりやすい人々を支援する社会福祉は，生活保護法に基づいて行われている。

（ウ）2020年の合計特殊出生率は，2.13で前年よりも上昇した。

（エ）2005年からは死亡数が出生数を上回り，人口の減少が始まっている。

[16] Ｈ市の課題④に関連して，社会資本の整備や公共サービスの提供について述べた文として正しいものを，次の(ア)～(エ)のうちから一つ選びなさい。

（ア）社会資本整備などへの支出を公共投資といい，政府は景気の悪いときは一般に公共投資を増やす。

（イ）利潤を獲得することを目的として，政府は道路や公園，水道などの社会資本を整備している。

（ウ）公共施設の建設について，地方自治では住民投票で住民全体の意見を明らかにする動きがある。この場合，選挙権がない外国人や中学生は参加することができないと法律で決められている。

（エ）公共サービスの提供には，社会保障や教育などがあり，これらはすべて国または地方公共団体により提供されている。

[17] 春男さんは，Ｈ市の抱える課題についての解決策を考えて，次のページようなパネルにまとめた。手続きや考え方，内容に誤りがあるものが含まれているパネルはいくつあるか。その下の

(ア)～(エ)のうちから一つ選びなさい。なお，解決策①～③は，それぞれ課題①～③の解決策である。

> 解決策①
> 　歳入増加をはかるため，市長が条例を制定し，H市独自の税をつくる。

> 解決策②
> 　女性のみを対象とした育児・介護休業法にもとづき，廃校の教室を利用した子育て支援施設を設置する。

> 解決策③
> 　日本国憲法に明文化されている環境権に基づいて，より良い環境で市民が生活できるように，国の規制よりも厳しい基準での規制を行う。

(ア) なし　　(イ) 1つ　　(ウ) 2つ　　(エ) 3つ

〔6〕 次の図と表をみて，あとの[18]～[20]に答えなさい。

図　自由権の分類

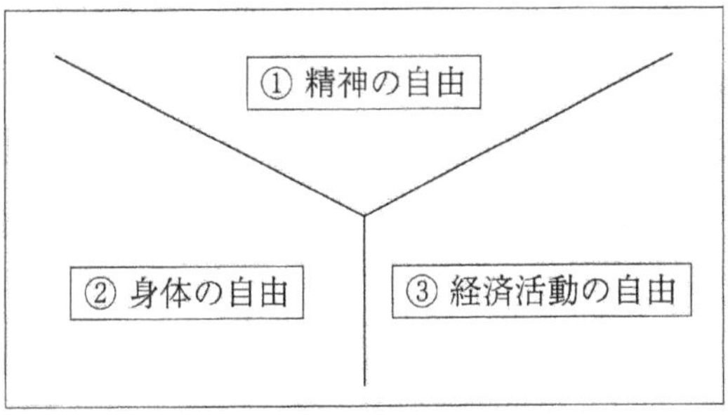

表　全裁判所の新受事件数の推移

	1990年	2000年	2010年	2020年
民事(万件)	171.5	305.2	217.9	135.0
刑事(万人)	169.4	163.8	115.8	85.2
家事(万件)	34.3	56.1	81.5	110.5
少年(万人)	48.3	28.6	16.5	5.3

(『日本国勢図会 2022/2023』より作成)

[18] 次のA～Fの自由について，図のように分類したとき，その組み合わせとして正しいものを，次のページの(ア)～(エ)のうちから一つ選びなさい。

A　住みたいところに住む自由　　B　自分の就きたい職業を選ぶ自由
C　好きな昆虫について学ぶ自由　　D　自分の信じたい宗教を信仰する自由
E　手続きなしに逮捕されない自由　　F　言いたいことを自由に発言する自由

(ア) ①　A・B・C　②　D　③　E・F
(イ) ①　B・C・F　②　A・E　③　D
(ウ) ①　C・D・F　②　E　③　A・B
(エ) ①　D・E・F　②　A・B　③　C

19　裁判所と他の政治機関との関わりについて述べた文として正しいものを，次の(ア)～(エ)のうちから一つ選びなさい。

(ア) 最高裁判所長官の指名と，その他の裁判官の任命を内閣が行う。
(イ) 不適切な行為や違法行為を行った国会議員の裁判を行う弾劾裁判所が，国会に設置される。
(ウ) 裁判所の出した判決について，国会は国政調査権に含まれる再審請求により，裁判のやり直しを命じることができる。
(エ) 国会が制定した法律は，裁判所の違憲審査によって認められたのち，法律として公布される。

20　春男さんは，有名な裁判例について調べ，図や表と関連づけて次のようなレポートにまとめた。しかし，先生から誤りを指摘され，直すところがあったが，一つの段落だけは直す必要はないと言われた。直す必要のない段落を，次の(ア)～(エ)のうちから一つ選びなさい。

段落	レポートの内容
(ア)	まず，朝日訴訟という裁判について調べました。この裁判では図の②に分類される，生存権が問題となった裁判でした。生存権は，健康で文化的な最低限度の生活を営む権利として日本国憲法に規定されています。
(イ)	また，高度経済成長期の日本では，大気汚染や水質汚濁などの公害を発生させた企業の責任を追及する，四大公害裁判が起こされたこともわかりました。その結果，公害対策基本法をはじめ，さまざまな法律が制定され，国や地方公共団体も公害対策を本格的に始めました。
(ウ)	2010年の足利事件のように，有罪が確定したが，再審により無罪となった裁判例もあることが分かりました。このようなえん罪をなくすために，拷問の禁止が規定されており，これは図の①に分類されます。
(エ)	司法制度改革が進んだ結果，アメリカと同じように全ての裁判に国民が参加する裁判員制度が実施されています。表をみると，2000年以降は裁判所が受けた事件はいずれも減少しているので，国民の司法参加もしやすくなったのではないかと思います。

〔7〕　次の資料は，東海道の品川宿について，江戸時代当時と現在の同じ場所を示したものである。この東海道の歴史，そして現在について，あとの21～25に答えなさい。

21　歌川広重によって描かれた浮世絵「東海道五十三次」について述べた文として正しいものを，次の(ア)～(エ)のうちから一つ選びなさい。

(ア)　この絵画は外国からの文化の影響を受けて描かれたものである。

(イ)　この絵画は日本の風景や宿場町の情景を描いたものである。

(ウ)　この絵画は江戸時代には存在せず，明治時代になってから描かれたものである。

(エ)　この絵画は宗教的な意味を持ち，神社や寺院で使用された。

22　東海道が江戸時代の日本経済に与えた影響について述べた文として正しいものを，次の(ア)～(エ)のうちから一つ選びなさい。

(ア)　商人たちが台頭し，町の発展が進んだ。

(イ)　参勤交代によって，藩の収入が増加した。

(ウ)　日本の農業を衰退させるきっかけとなった。

(エ)　外国との貿易が衰退し，国交が断絶した。

23　観光による歴史的，文化的遺産への悪影響を防ぐために適切と考えられるものを，次の(ア)～(エ)のうちから一つ選びなさい。

(ア)　観光地へのアクセスを向上させ，駐車場を整備し，自家用車での来場を促す。

(イ)　観光客が建物や遺跡に近づきすぎないよう，ガイドラインを示す。

(ウ)　観光地の入場料を大幅に引き下げて，より多くの観光客を呼び込む。

(エ)　観光地内に新たな建造物を設けて，観光客の興味を引き付ける。

24　幕末から今日までの品川に関して述べた文として誤っているものを，次の(ア)～(エ)のうちから一つ選びなさい。

(ア)　ペリーが来航し，幕府に開国をせまったことを受けて，品川沖に砲台として台場が設置された。

(イ)　明治維新のころ，日本で初めての鉄道が開設され，新橋から品川を経由して貿易港の横浜を結んだ。

(ウ)　現在，東京都の特別区の一つに品川区があるが，品川区長は東京都知事によって指名される。

(エ)　今日の品川は日本有数のビジネス街として発展し，東海道新幹線の駅が置かれている。また，リニア中央新幹線のターミナル駅の工事が進んでいる。

25　次のＡ～Ｅは，東海道を旅する際に見られる景色である。東京を出発し京都に到着するまでに見られる景色の順番として正しいものを，次のページの(ア)～(エ)のうちから一つ選びなさい。

Ａ　三十三番目の宿場町に到着した。ここは，三河に入る最初の宿場町として有名である。

B　自然豊かな地域で，温泉や景色が楽しめる。関所の跡や芦ノ湖が有名である。

C　茶畑やみかん畑が広がり，色とりどりの農業が展開されている。

D　歴史的な寺院や神社が多くみられる。1000年以上続いた都がここに存在した。

E　繁華街の日本橋を渡る。頭上には，大きな道路が走っている。

（ア）E→A→B→C→D

（イ）D→C→B→A→E

（ウ）D→B→A→C→E

（エ）E→B→C→A→D

聞き手は話し手に興味を持って話を聞いているのではなくて、「自分の未来がどうなるのか」に興味を持って聞いているのです。

　ですから、自己紹介は自分を紹介するのではなく、相手の未来、そして、その未来に自分がどう貢献できるのかについて語らなければならないのです。

（横川裕之『人も仕事もお金も引き寄せる　すごい自己紹介［完全版］』より）

問　本文をもとにして、高校一年生のAさんからDさんまでの四人が自己紹介文を作りました。本文の主張を最もよく反映した自己紹介文を作成した人物を、次のア～エの中から一つ選び、記号で答えなさい。 25

Aさん　私は市内のH中学校の出身です。部活動は、中学ではテニス部に入っていました。高校では新しい部活動にチャレンジしたいと思っています。趣味は漫画を読むことで、今は「文豪ストレイドッグス」にはまっています。高校の授業では中島敦や芥川龍之介の小説を授業で読むそうなので楽しみです。

Bさん　私は、中学一年生の頃からボランティア活動をしています。活動で行っていることは、地域のゴミ拾い活動や、近所の福祉施設を訪問して高齢者の方とお話しすることです。この高校にはボランティア活動を行う部活動があるので、入部して、小中学生に勉強を教える活動に参加してみたいです。そうやって周りの人を手助けできる人になりたいです。

Cさん　私は小学生の頃からラグビーをやっています。ポジションはバックスで、足が速いのを活かしてトライを取りにいくポジションです。出身は長野県ですが、地元の先輩がいるのと、姫野選手に憧れて、この高校に入学しました。高校での目標は花園に出て全国優勝することです。応援してください。

Dさん　私は嵐のファンで特に相葉くんが好きです。最近のジャニーズ事務所のニュースがとても心配です。ギターを自分で練習していて、高校では軽音楽部に入りたいです。将来は起業してお店を経営したいと思っています。そのために高校ではいろんな人と話してコミュニケーション力を身につけたいです。

ア　Aさん　　イ　Bさん　　ウ　Cさん　　エ　Dさん

てもらえないし…」と、準備をせずに臨みます。

一方で、自己紹介が得意な方は、「聞いた人たちが自分のもとに名刺交換を求めてくるように」と逆算して、そのために必要な要素を盛り込んだ自己紹介を考えて臨みます。

自己紹介は「一点突破全面展開」

一点突破全面展開。この言葉は、古くは「孫子の兵法」にあり、現代では、ビジネスにおける「ランチェスター戦略」のキーワードとしても有名です。

一点に集中することによって、とんでもないパワーが出るのです。たとえば、指で手のひらを押しても少し痛いだけです。でも、針で手のひらを押したら、少し力を入れるだけで血が出てきます。それは、一点に力が集中しているからです。ほかにも、黒い紙に虫めがねで太陽光を一点に集中させると紙が燃えたり、道を歩いていると雑草が固いアスファルトを突き抜けていたりするのも同様です。その雑草をさわってみると、別にアスファルトを壊すような固さを持っているわけではありません。でも、現実に雑草はアスファルトを突き抜けて生えているのです。これも、一点集中の結果です。

自己紹介でも、この一点集中のパワーを利用します。

苦手な人に限って、あれもこれも伝えようとしますが、限られた時間で詰め込む必要はまったくありません。**「たった一つ、これだけは伝えることができたら悔いはない」**というものを決めて伝えるのです。

多くの人は、伝わるようにと時間いっぱいに複数の言いたいことを詰め込みがちです。だからこそ、この一点集中の自己紹介は際立つのです。

当然、聞いた人の中には、まったく響かないという人も出てきます。でも、面白いもので、「内容は響かなかったけれど、たった一点に集中するという、その姿勢や態度には惹《ひ》かれた」という人が必ず現れるのです。

自分を紹介してはいけない

これは、前作から私が提唱し続けている自己紹介の概念で、自己紹介は話し手であるあなたと、それを聞いてくれる聞き手がいて成り立つ、ということです。

あなたが聞き手の立場になったとき、どんな人に興味を持つでしょうか？

いろいろな意見が出てくると思いますが、それらをひと言でまとめると、「自分の未来を変えてくれる人」に集約されます。

自己紹介を聞いたあとに「面白そうな人だな」と思ったのであれば、今よりも面白い未来を提供してくれる人になるし、「楽しそうな人だな」と思ったのであれば、今よりも楽しい未来を提供してくれる人になります。

有名人になると、名前を言っただけで自己紹介が終わる人もいます。それでも、その人のまわりにひとが集まるのは、「有名人とつながっている自分」という未来を求めている人が多いからです。これと同じように、外見がいい人のまわりに人が集まるのは、「外見がいい人とつながっている自分」という未来を求めている人がいるからです。

人は何に対して一番興味を持っているでしょうか？それは「自分自身」です。もっというなら、「自分の未来」です。

しい人物と重ねられて強くあこがれている。

問十　本文は『紫式部日記』の一節である。この作品とほぼ同時期に書かれた作品を次のア～エから一つ選び、記号で答えなさい。20

ア　『枕草子』　イ　『竹取物語』

ウ　『平家物語』　エ　『徒然草』

三　次のそれぞれの問いに答えなさい。

問一　傍線部と同じ品詞を次のア～エから一つ選び、記号で答えなさい。21

そのサイトのフォロワーはたかだか二千人が関の山だ。

ア　せいぜい三日もあれば十分だろう

イ　もっともな言い分だと認めよう

ウ　彼はたいした人物だと思う

エ　どちらからいらっしゃったのでしょうか

問二　次の外来語と意味の組み合わせのうち**間違っているもの**を次のア～エから一つ選び、記号で答えなさい。22

ア　アイロニー――皮肉　イ　プロセス――過程

ウ　スタンダード――規格外　エ　コンセンサス――合意

問三　次の四字熟語の中で漢字に**誤りがあるもの**を次のア～エから一つ選び、記号で答えなさい。23

ア　優柔不断　イ　順風満帆　ウ　意心伝心　エ　五里霧中

問四　次の各文の中で傍線部の助動詞「れる」「られる」が、「尊敬」の意味以外で使われているものを次のア～エから一つ選び、記号で答えなさい。24

ア　大臣は、アメリカを公式訪問された。

イ　先生は、今年の夏は故郷に帰られたのですか。

ウ　今日は部活の先輩が休まれたので、私が指示します。

エ　家でのんびりと過ごしていたところに、先輩たちに来られた。

四　次の文章を読み、後の問いに答えなさい。

自己紹介のゴールは？

自己紹介の内容を作る前に必ず考えておかなければならないのは、「自己紹介のゴール」です。自己紹介のゴールとは、「自分が自己紹介をしたら、どういう状況になっているのか？」というイメージです。「自分の思い通りに聞き手を動かす」とも言えます。たとえば、

・話しかけてもらう

・自分の商品やサービスに興味を持ってもらう状態になる

・自己紹介に惹《ひ》かれた人が名刺交換にやってくる

・同じ趣味や出身地の人とつながっている

このようにまずはゴールを決めてください。そのゴールから逆算して、自己紹介の内容を作っていきます。

以前の私もそうでしたが、自己紹介を苦手にしている方は、「ああ、また反応が鈍いんだろうな…」「どうせ、みんな聴いてくれないんだろうな…」というイメージばかり先行してしまっています。一方で、自己紹介が得意な方は、名刺交換の時間になったら、自分の前に名刺交換の行列ができていることをイメージします。

「思考は現実化する」といいますが、自己紹介が苦手な方は、イメージを現実化させるために、「どうせ自分が話したところで、何にも反応し

ウ　女性たちが目の前にいるのに庭の美しい花に目を奪われていては不興を買いそうなので、退散しますよ。

エ　世間話もよいが、女郎花という秋の花ではないけれど、女性たちに飽きられる前に、退散しますよ。

問六　和歌Ⅲの説明として最も適切なものを次のア～エから一つ選び、記号で答えなさい。[16]

ア　白良の浜の小石が、碁石となりさらに大きな岩になっていくように中宮の権威の大きさを祝賀する歌。

イ　白良の浜で拾う碁石が長い月日を経て、大きな岩となるように中宮の御代も末永いという祝賀の歌。

ウ　白良の浜の碁石は、長い年月を経て大きな岩に変化しても中宮の気高い存在は変わらないと称賛する歌。

エ　白良の浜で拾われる小石が、碁石から大きな岩へと成長する長い年月の中宮の生涯と重ねて懐古する歌。

問七　傍線部④の出来事について説明した文として適切なものを次のア～エから一つ選び、記号で答えなさい。[17]

ア　若い人たち読経くらべや今様歌が好きなため、琴や笛の腕はあまり成熟していなかった。

イ　お香を練り丸めていた人々が、おすそわけにあずかろうと、中宮の元に大勢集まっていた。

ウ　中宮は中宮の大夫や左の宰相の中将らと大々的な宴会を行ったが、道長は参加しなかった。

エ　公卿がたや殿上人などが宿直をしたり、長いこと実家に帰っていた女房が訪ねてきたりした。

問八　傍線部⑤の心情として最も適切なものを次のア～エから一つ選び、記号で答えなさい。[18]

ア　物語の姫君のようだとからかわれ、恥ずかしく思って照れている。

イ　物語の姫君のようだと心にもないことを言われ、腹立たしく思っている。

ウ　休んでいるところを急に起こされて、反応が遅れたことに落ち込んでいる。

エ　物語の姫君を夢に見ていたことを言い当てられ、恥ずかしくなっている。

問九　作者が持つ朝の殿（藤原道長）に対しての印象と夕暮れの三位の君（藤原頼通）に対しての印象の違いについて説明したものとして、最も適切なものを次のア～エから一つ選び、記号で答えなさい。[19]

ア　道長には、妙に親しく接してくる様子に戸惑いを感じているが、頼通に対しては、その場での幼さが残っていながら、教養を示すような大人びた言動を聞き驚いている。

イ　道長には、気軽に親しく接してくれることへの敬愛の気持ちを持っており、頼通に対してはその端正な姿を見て、物語に出てくるような理想的な男性だと思っている。

ウ　道長には、その立派な様子にあこがれと敬意を強く持っており、頼通に対しては、まだまだ幼いと思っていたのにいつのまにか、たくましく成長したことに驚きを感じている。

エ　道長には、気さくに接してくれながらも気位の高い様子に不安を感じており、頼通に対しては、その美しさを物語に登場する素晴ら

のを次のア～エから一つ選び、記号で答えなさい。　11

ア　A　殿　B　宰相の君
　C　作者自身　D　上（中宮様）

イ　A　殿　B　殿の三位
　C　作者自身　D　殿

ウ　A　御随身　B　宰相の君
　C　播磨の守　D　殿

エ　A　御随身　B　殿の三位
　C　播磨の守　D　上（中宮様）

問二　傍線部①とあるが、なぜこのようなことをしたのか。最も適切なものを次のア～エから一つ選び、記号で答えなさい。　12

ア　朝顔のように美しい姿を見るにつけ、敵わないと悟ったから。

イ　早く返事を書かなければいけないという強迫観念にとらわれたから。

ウ　道長の言づてを早いうちに記録しておこうと考えたから。

エ　寝起きのままのみっともない姿を見られたくはなかったから。

問三　和歌ⅠとⅡのやり取りの内容として最も適切なものを次のア～エから一つ選び、記号で答えなさい。　13

ア　Ⅰの和歌では、女郎花の露ははかない存在であり作者自身の美しさもはかないものであると嘆いているのに対して、Ⅱの和歌では、道長が、そのはかなさの中に本当の美しさがあるのだと応じている。

イ　Ⅰの和歌では、女郎花の花の露と作者自身の容姿を重ねて美しさを詠んだのに対して、Ⅱの和歌では、道長が、美しさは女郎花の露のようにそのものが輝くことで生まれるものだと応じている。

ウ　Ⅰの和歌では、作者が女郎花の美しさにわが身の衰えを嘆いたのに対して、Ⅱの和歌では、道長が露に関係なく美しくありたいという気持ちが美しさを生むのだと応じている。

エ　Ⅰの和歌では、作者自身の容貌の衰えと女郎花の露の美しさを対比することで老いてゆく悲しみを詠んだのに対して、Ⅱの和歌では、作者の悲しみを理解した道長が、本当の美しさは内面にあると応じている。

問四　傍線部②とあるが、これはどのような話か。最も適切なものを次のア～エから一つ選び、記号で答えなさい。　14

ア　世間の情勢に関する話

イ　男女の間柄についての話

ウ　恥ずかしくない成人になるための話

エ　京に広く伝わっている本に書いてある話

問五　傍線部③は「引き歌」といって古歌の一部を引用することによって、言いたいことをえん曲に表現する技法が使われている。引用されているのは「女郎花おほかる野辺に宿りせばあやなくあだの名をや立ちなむ」という『古今和歌集』の和歌である。ここではどのようなことを言おうとしているのか、最も適切なものを次のア～エから一つ選び、記号で答えなさい。　15

ア　女性たちが大勢いる場所に長居をすると軽薄な浮気者という評判が立ちそうなので、帰ることにしよう。

イ　あまりうちとけてくれない女性たちの間で話をしても無駄な時間になりそうなので、帰ることにしよう。

ひっそりとした夕暮れに、宰相の君と二人で話をしていると、そこへ殿のご子息の三位の君（藤原頼通）が、簾のすそを引き上げたままでお座りになる。お年のわりにはずいぶんと大人びた奥ゆかしい様子で、「女性はやはり気立てがよいということになると、むずかしいことのようだね」などと、その方面の話などをしんみりとしておいでになる様子は、まだ幼いなどと、人々があなどり申しているのはほんとうにいけないことだと、恥ずかしくなるほどご立派に見受けられる。あまりうちとけた話にならない程度のところで、「多かる野辺に」と口ずさんでお立ちになってゆかれたさまは、それこそ物語の中でほめあげている男君そっくりのような気持ちがしました。これぐらいのちょっとしたことで、後々にふと思い出されることもあるし、またその時はおもしろいと思ったことで時が経つと忘れてしまうのもあるのは、いったいどういうわけかしら。

　播磨（今の兵庫県南部）の守が負碁によるもてなしをした日、私はちょっと実家に出て、後日になってその日の御盤のさまなどを見ましたところ、花形の足などとても趣向をこらして作ってあって、洲浜の波打ち際の作り水にはこのような歌が書きまぜてあった。

　紀の国（今の和歌山県と三重県南西部）の白良の浜に拾うというこの小さい碁石こそは、大きな岩ともなってくれよ。こんなときにはつきものの扇なども、風流なのをそのころは女房たちが持っていた。

　八月二十いく日かのころからは、公卿がたや殿上人などで、当然お邸に宿直すべき人々は、みな宿ることが多くなって、橋廊の上や対屋の縁側などにみな仮寝をしては、とりとめもなく管絃の遊びで夜を明かす。琴や笛の音などはあまり成熟していない若い人たちの読経くらべや今様歌なども、こうした場所がらとしてはふさわしく興あるものであった。

　中宮さまは、中宮の大夫や左の宰相の中将、兵衛の督、美濃の少将などと一緒に、音楽に興じられる夜もある。しかし、おもてだった管絃のお遊びは、殿にお考えがあってのことであろうか、お催しにはならない。何年か実家にもどっていた女房たちが、久しい間のごぶさたを思いおこしてはお邸に参り集まってくる様子もさわがしくて、そのころはおちついてしんみりとしたこともない。

　二十六日、御薫物の調合が終わってから、中宮さまは、それを女房たちにもおくばりになる。お香を練り丸めていた人々が、おすそわけにあずかろうと、お前に大勢集まっていた。

　中宮さまのお前からさがって部屋へもどる途中、弁の宰相の君の部屋の戸口をちょっとのぞいてみると、ちょうど昼寝をなさっているときであった。萩や紫苑などとりどりの色目の袿に、濃い紅のとりわけつややかな打衣を上に着て、顔は襟の中へ隠すようにして、硯の箱に頭をのせて横になっておられる、その額のあたりがとてもかわいらしくなよやかで美しい。絵に描いてある物語のお姫さまのように思われたので、その口もとをおおっている袖を引きのけて、「物語の中の女君のような風情をしていらっしゃるのね」というと、ふと目をあけて、「気でもお狂いのようななさりかたね。寝ている人を思いやりもなく起こすなんてあるものですか」といって、すこし起き上がられたその顔が、思わず赤くなっていらっしゃるのなど、ほんとうにかわいらしく美しく思われたことであった。ふだんでも美しい人が、折が折だけに、またとりわけて美しく見えるということであった。

問一　波線部A～Dの主語は誰か。その組み合わせとして最も適切なも播磨《はりま》の守、碁の負けわざしける日、(注五)あからさまにまかでて、のちにぞ御盤のさまなど C見たまへしかば、華足《けそく》などゆゑゆゑしくして、洲浜《すはま》のほとりの水に書き混ぜたり。

〈Ⅲ〉紀の国の白良《しらら》の浜に拾ふてふこの石こそは巌ともなれ

扇どもも、をかしきを、そのころは人びと持たり。

④八月二十余日のほどよりは、上達部《かんだちめ》、(注六)殿上人《てんじやうびと》ども、さるべきは、みな宿直《とのゐ》がちにて、橋の上、対《たい》の簀子《すのこ》などに、みなうたた寝をしつつ、はかなうあそび明かす。琴、笛の音などには、たどたどしき若人《わかうど》たちの、読経《どきやう》あらそひ、今様《いまやう》うたどもも、ところにつけてはをかしかりけり。

宮《みや》の大夫《だいふ》、左《ひだり》の宰相《さいしやう》の中将《ちゆうじやう》、兵衛《ひやうゑ》の督《かみ》、美濃《みの》の少将《せうしやう》などして、あそびたまふ夜もあり。わざとの御あそびは、殿おぼすやうやあらむ、Dせさせたまはず。年ごろ里居《さとゐ》したる人びとの、中絶《なかだ》えを思ひ起こしつつ、まゐりつどふけはひ、騒がしうて、そのころはしめやかなることなし。

二十六日、御薫物《おほんたきもの》あはせ果てて、人びとにも配らせたまふ。まろがしゐたる人びと、あまた集ひゐたり。

上より下るる途《みち》に、弁の宰相の君の戸口をさし覗きたれば、昼寝したまへるほどなりけり。萩《はぎ》、紫苑《しをん》、いろいろの衣に、濃きがうちめ心ことなるを上に着て、顔はひき入れて、硯《すずり》の筥《はこ》に枕して臥《ふ》したまへる額つき、いとらうたげになまめかし。絵に描きたるものの姫君の心地すれば、口おほひを引きやりて、「物語の女の心地もしたまへるかな」といふに、見あけて、「もの狂ほしの御さまや。寝たる人を心なくおどろかすものか」とて、⑤すこし起き上がりたまへる顔の、うち赤みたまへるなど、こまかにをかしうこそはべりしか。おほかたもよき人の、をりからに、又こよなくまさるわざなりけり。

(注一)　○殿＝藤原道長。作者の仕える中宮の父。

(注二)　○遣水＝寝殿造りの屋敷などで、外から水を引き入れて作った流れ。

(注三)　○女郎花＝夏から秋にかけて咲く花。美しい女性の例えとして用いられる。

(注四)　○宰相の君＝作者が仕えている中宮に仕えている同僚の女房の一人。

(注五)　○碁の負けわざ＝碁で負けた際に、何らかのもてなしをすること。

(注六)　○殿上人＝天皇の日常生活の場である清涼殿の殿上間に上ることを許された人。

〔現代語訳〕

渡り廊下の戸口にある部屋から庭の方を眺めやると、うっすらと霧がかった朝の葉先についた露もまだ落ちないころなのに、殿はお庭をお歩きになって、警護の者をお呼びになって遣水のごみをお除かせになる。やがて橋廊の南に咲いている女郎花の真っ盛りなのを一枝お折りになって、それを私の部屋のついたて越しに上から顔をお出しになった、そのお姿の、まことにこちらが恥ずかしくなるほどご立派なのに引きかえて、私の朝方の顔が思い知られるので、「この花の歌、遅くなってはいけないようだ」と、殿がおっしゃるのをよいことにして、硯のそばへにじり寄った。

今が盛りの女郎花の美しい色を見ましたばかりに、露が分けへだてをするこの身の上が、思い知られることでございます。

「おお、早いこと」とにっこりされて、殿は硯をお取り寄せになる。

白露はなにも分けへだてをしているわけではあるまい。女郎花が美しい色に染まっているのは、きっと自分の心からであろうよ。

選び、記号で答えなさい。 8

ア　自然をつかさどる神々に対して、今までの五穀豊穣にお礼をし、今年の豊作への祈りも込めて、米やお酒を供え物として毎年用意している村がある。

イ　発売当時は買うだけで読んでいなかった本を十年後に読んだ読者が感動して、その気持ちを自分のＳＮＳに記した。

ウ　自社が開発した商品を販売する際にノルマが達成できなかった社員は給与の一部を返納するように、社長名義で通達が出された。

エ　内陸部の人が海岸沿いに住む人からもらった貝殻を初めて見て、何だかわからなかったが、有用性を感じて手持ちの木の実と交換した。

問九　空欄Ｙに当てはまる文として最も適切なものを次のア～エの中から一つ選び、記号で答えなさい。 9

ア　繰り返して自問し、自らの価値に磨きをかけなくてはならない

イ　「なんだかわからないもの」の有用性を疑わなければならない

ウ　他者の存在を意識して、生き延びる力を養わなくてはならない

エ　長い時間をかけて、長い距離を旅しなければならない

問十　筆者の主張として**適切ではないもの**を次のア～エの中から一つ選び、記号で答えなさい。 10

ア　インディオやクロマニヨン人はさまざまなものをつなぎ合わせる考え方を身につけている。

イ　人間自体が意味を持つものだと認識できれば、それを取り囲む宇宙の存在意義が作られるようになる。

ウ　現代の社会では目の前のものにとらわれ、利益を上げる方法ばかりを模索しているようだ。

エ　どんな相手であっても、いずれ自分に利をもたらすかもしれないことを思い、感謝の気持ちを持って接することが大切だ。

二　次の『紫式部日記』の原文と現代語訳とを読んで、後の問いに答えなさい。

【原文】

渡殿《わたどの》の戸口の局《つぼね》に見出だせば、ほのうち霧《き》りたる朝の露もまだ落ちぬに、殿(注一)歩かせたまひて、御随身《みずいじん》召して、遣水《やりみづ》(注二)払はせたまふ。橋の南なる女郎花《をみなへし》(注三)のいみじう盛りなるを、一枝Ａ折らせたまひて、几《きち》帳《やう》の上よりさし覗《のぞ》かせたまへる御さまの、いと恥づかしげなるに、我が朝顔の思ひ知らるれば、「これ、遅くてはわろからむ」と①のたまはするにことつけて、硯《すずり》のもとに寄りぬ。

〈Ⅰ〉女郎花盛りの色を見るからに露のわきける身こそ知らるれ

「あな、疾《と》」と、ほほ笑みて、硯召し出づ。

〈Ⅱ〉白露はわきてもおかじ女郎花心からにや色の染むらむ

しめやかなる夕暮に、宰相(注四)の君と二人、物語してゐたるに、殿の三位《さんみ》の君、簾《すだれ》のつま引き上げてゐたまふ。年のほどよりはいと大人しく、心にくきさまして、「人はなほ、心ばへこそ難きものなめれ」など、②世の物語、しめじめとしておはするけはひ、幼しと人のあなづりきこゆるこそ悪しけれと、恥づかしげに見ゆ。うちとけぬほどにて、「③多かる野辺《のべ》に」とうち誦《ず》じて、Ｂ立ちたまひにしさまこそ、物語にほめたる男の心地しはべりしか。かばかりなる事の、うち思ひ出でらるるもあり、その折はをかしきことの、過ぎぬれば忘るるもあるは、いかなるぞ。

要視している点。

ウ　今の段階では価値がないと思うものでも、いつか役に立つことがあると考える点。

エ　採取と狩猟の生活をしていて、豊かな自然の恵みへの感謝をいつも忘れない点。

問四　傍線部②について、このように筆者が考えるのはなぜか。理由として最も適切なものを次のア～エの中から一つ選び、記号で答えなさい。 [4]

ア　資本主義社会では価値のはっきりしない商品の流通がなくなり、直感的にものの価値を見抜く機会がなくなってしまったから。

イ　資本主義社会では商品の流通するスピードが速く、一つ一つの商品の価値をじっくりと見定める余裕がなくなってしまったから。

ウ　資本主義社会では即効性のあるものばかりが求められ、長期的な展望に立って環境に配慮する力が衰えてしまったから。

エ　資本主義社会では均一化したサービスが当たり前になったが、価値がわからないものを扱うマニュアルは存在しないから。

問五　傍線部③はどういう力か。説明として最も適切なものを次のア～エの中から一つ選び、記号で答えなさい。 [5]

ア　目の前に起こることを必然だと捉え、何事にも感謝の意を持ち、それを表現する力。

イ　商品の価値を自らの目で見極め、その価値が実際に生かされる場所を探し出す力。

ウ　「なんだかよくわからないもの」に遭遇する機会を逃さないように、常に周りを観察する力。

エ　既存の価値観にとらわれず、自身の直感をもとに一見無意味なものの意味を見抜く力。

問六　空欄Xに当てはまる文として最も適切なものを次のア～エの中から一つ選び、記号で答えなさい。 [6]

ア　自分の直感は正しい

イ　私は贈与を受けた

ウ　拾っておいてよかった

エ　これは役に立つものだ

問七　傍線部④について、このように筆者が考えるのはなぜか。理由として最も適切なものを次のア～エの中から一つ選び、記号で答えなさい。 [7]

ア　自分とは疎遠な人とも関係を結んでその人から贈与を受けたと思いなし、感謝するところに人間的コミュニケーションの本質が存在しているから。

イ　人間の生きる力が衰弱して、贈与を受けたと思いなす能力を持たない人が増えたのは不十分な家庭教育に原因があると考えられるから。

ウ　自分が被造物であると思いなして世界を創造してくれた絶対的な他者に感謝の意を示すことが重要であるのに、絶対的他者を信じない人が増えたから。

エ　今のメディアで経済活動を語る人たちが、人間を人間的たらしめる能力について説明していても、本質を理解しているとは言えないから。

問八　傍線部⑤の例として**適切ではないもの**を次のア～エの中から一つ

れて、ありがとう」という言葉に尽きるからです。自分が現にここにあること、自分の前に他者たちがいて、世界が拡がっていることを、「当然のこと」ではなく、「絶対的他者からの贈り物」だと考えて、それに対する感謝の言葉から今日一日の営みを始めること、それが信仰ということの実質だと僕は思います。

　人間を人間的たらしめている根本的な能力、それは「贈与を受けたと思いなす」力です。④この能力はたいせつに、組織的に育まなければならない。僕はそう思います。ことあるごとに、「これは私宛ての贈り物だろうか？」と自問し、反対給付義務を覚えるような人間を作り出すこと、それはほとんど「類的(注5)な義務」だろうと僕は思います。

　しかし、今の社会に、こんな言葉づかいで経済活動について語る人間はいません。少なくとも、僕は会ったことがない。今僕たちはメディアのことを問題にしているわけですけれども、メディアについて語る無数の言葉のうちに、⑤「贈与と反対給付義務」という枠組みでメディアを論じているものは見当たりません。ほとんどの人たちは（　4　）「ビジネス」について語っています。財物であるテクストをそれと等価の貨幣と遅滞なく交換する仕組みをどうやって構築するか、もっぱらそれを語っている。そこには、「パスしたもの」がいつか「これは私宛ての贈り物だ」と思いなす人に出会うまで、［Ｙ］という考えの存立する余地はなさそうです。

（内田樹『街場のメディア論』より）

（注1）「マトグロッソ」……ブラジルの中西部に位置する州の名称。
（注2）「レヴィ＝ストロース」……フランスの社会人類学者、民俗学者。
（注3）「ブリコルール」……フランス語で日曜大工の意。手元にあるありあわせのもので、当座の用事を間に合わせてしまう人のこと。
（注4）「度量衡」……長さと容積と重さのこと。
（注5）「類的」……社会的。

問一　二重傍線部ａ「ホショウ」を漢字に直したとき、傍線部に同じ漢字を含むものを次のア～エの中から一つ選び、記号で答えなさい。［1］

ア　先日直したばかりの車がまたコショウした。
イ　コンクールでニュウショウを果たして褒められた。
ウ　交通事故のバイショウ金を払うことになった。
エ　よくケンショウしたところ実験結果に間違いはなかった。

問二　（1）～（4）に入る適語の組合せとして最も適切なものを次のア～エの中から一つ選び、記号で答えなさい。［2］

ア　1　かなり　2　おそらく　3　ひたすら　4　もちろん
イ　1　おそらく　2　かなり　3　もちろん　4　ひたすら
ウ　1　もちろん　2　ひたすら　3　かなり　4　おそらく
エ　1　ひたすら　2　もちろん　3　おそらく　4　かなり

問三　傍線部①について、インディオとクロマニヨン人の考えはどのような点で同じなのか。最も適切なものを次のア～エの中から一つ選び、記号で答えなさい。［3］

ア　環境に対して独特の習慣を持ち、あらゆる自然の産物を交易の材料と考える点。
イ　資源を有効に利用するため、周囲のものを節約して使う習慣を重

【国　語】（四〇分）　〈満点：一〇〇点〉

（解答番号［1］～［25］）

一　次の文章を読み、後の問いに答えなさい。

マトグロッソ(注1)のジャングルの中で採取と狩猟の生活をするインディオの生活をフィールドワーカーとして観察したときに、レヴィ＝ストロース(注2)はインディオたちが限られた資源を最大限に有効利用するために、環境に対して独特の踏み込みをする習慣を持っていることを知りました。ジャングルの中でふと目についたものがあると、彼らはそれを熟視して、こう自問するのです。「こんなものでもそのうち何かの役に立つんじゃないかな？」これこそすぐれてブリコルール(注3)的な問いなのですが、この言葉は（　1　）沈黙交易の起源において、テリトリーのはずれで、「なんだかよくわからないもの」に遭遇して、それを「贈り物」と考えたクロマニヨン人の考えと、①本質的には同型のものだろうと思います。その「なんだかよくわからないもの」がいつ、どのような条件の下で、どんなふうに「役に立つ」ことになるのか、今の段階ではわからない。そもそもその価値や有用性を考量する手持ちの度量衡《どりょうこう》(注4)がないからこそ、それは「なんだかよくわからないもの」と呼ばれているわけです。

　でも、ある種の直感は、それが「いつか役に立つ可能性がある」ことを教えます。そのような直感が活発に働いている人だけが「いつか役に立ったときに、『ああ、あのときに』と思っている自分の感謝の気持ち」を前倒しで感知することができる。だとしたら、それは、さしあたりは意味も有用性もわからないものですが、その人にとっては、すでに「贈り物」なのです。（中略）

　この後期資本主義社会の中で、めまぐるしく商品とサービスが行き交う市場経済の中で、②この「なんだかわからないもの」の価値と有用性を先駆的に感知する感受性は、とことんすり減ってしまいました。

　それもしかたがありません。僕たちの資本主義マーケットでは、値札が貼られ、スペックが明示され、マニュアルもａホショウ書もついている商品以外のものには存在する権利さえ認められないんですから。その結果、環境の中から「自分宛ての贈り物」を見つけ出す力も衰えてしまった。

　けれども、これは（　2　）深刻な事態だと僕は思います。出版不況などというレベルにとどまらない、もっと根源的なところでの③人間の生きる力が衰弱している徴候だと思います。生き延びるチャンスを自分自身で削り減らしている。

　「［X］」と思いなす能力、それは言い換えれば、疎遠であり不毛であるとみなされる環境から、それにもかかわらず自分にとって有用なものを先駆的に直感し、拾い上げる能力のことです。言い換えれば疎遠な環境と親しみ深い関係を取り結ぶ力のことです。同じことは人間同士の関係でも（　3　）起きます。自分にとって疎遠と思われる人、理解も共感も絶した人を、やがて自分に豊かなものをもたらすものと先駆的に直感して、その人のさしあたり「わけのわからない」ふるまいを、自分宛ての贈り物だと思いなして、「ありがとう」と告げること。

　人間的コミュニケーションはその言葉からしか立ち上がらない。

　それは「おのれを被造物であると思いなす」能力が信仰を基礎づけ、宇宙を有意味なものとして分節することを可能にしたのと、成り立ちにおいては変わらないと僕は思います。信仰の基礎は「世界を創造してく

MEMO

大切なことはメモしておこうネ！

2024年度

解　答　と　解　説

《2024年度の配点は解答欄に掲載してあります。》

＜数学解答＞

〔1〕　(1)　ア　1　　イ　6　　(2)　ウ　3　　エ　2　　オ　2　　(3)　カ　4
　　　(4)　キ　1　　ク　5　　(5)　(ア)　ケ　6　　(イ)　コ　3
〔2〕　(1)　サ　－　　シ　3　　(2)　ス　6　　セ　4　　(3)　ソ　6
　　　(4)　(ア)　タ　2　　チ　1　　ツ　7　　(イ)　テ　3
〔3〕　(1)　ト　5　　ナ　4　　ニ　0　　(2)　ヌ　2　　(3)　ネ　4
〔4〕　(1)　ノ　1　　ハ　3　　ヒ　2　　(2)　フ　1　　ヘ　2　　(3)　ホ　6
〔5〕　(1)　マ　6　　ミ　6　　(2)　(ア)　ム　2　　メ　1　　(イ)　モ　4
〔6〕　(1)　ヤ　2　　(2)　ユ　4　　ヨ　6　　ラ　5

○配点○
〔1〕 (5) 各3点×2　他　各5点×4　〔2〕 (4) (ア) 各2点×2　(1)・(3) 各5点×2
他　各3点×3　〔3〕 各5点×3　〔4〕 (1) 5点　他　各4点×2　〔5〕 (1) 5点
他　各4点×2　〔6〕 各5点×2　計100点

＜数学解説＞

〔1〕 (数・式の計算，平方根，確率，資料の活用)

(1)　$48 \div \{-1-2\times(3-5)\}=48\div\{-1-2\times(-2)\}=48\div(-1+4)=48\div3=16$

(2)　$\left(-\frac{3}{2}x^2y\right)^3\div\left(-\frac{9}{4}x^2y^2\right)\times\left(-\frac{y}{x}\right)^2=\left(-\frac{27x^6y^3}{8}\right)\times\left(-\frac{4}{9x^2y^2}\right)\times\frac{y^2}{x^2}=\frac{3}{2}x^2y^3$

(3)　$\frac{\sqrt{6}+\sqrt{2}}{2}=\mathrm{A}$，$\frac{\sqrt{6}-\sqrt{2}}{2}=\mathrm{B}$とおく。乗法公式$x^2-y^2=(x+y)(x-y)$より，$\left(\frac{\sqrt{6}+\sqrt{2}}{2}\right)^2-\left(\frac{\sqrt{6}-\sqrt{2}}{2}\right)^2=\mathrm{A}^2-\mathrm{B}^2=(\mathrm{A}+\mathrm{B})(\mathrm{A}-\mathrm{B})$となる。$\mathrm{A}=\frac{\sqrt{6}+\sqrt{2}}{2}$，$\mathrm{B}=\frac{\sqrt{6}-\sqrt{2}}{2}$を戻して，$(\mathrm{A}+\mathrm{B})(\mathrm{A}-\mathrm{B})=\left(\frac{\sqrt{6}+\sqrt{2}}{2}+\frac{\sqrt{6}-\sqrt{2}}{2}\right)\times\left(\frac{\sqrt{6}+\sqrt{2}}{2}-\frac{\sqrt{6}-\sqrt{2}}{2}\right)=\frac{\sqrt{6}+\sqrt{2}+\sqrt{6}-\sqrt{2}}{2}\times\frac{\sqrt{6}+\sqrt{2}-\sqrt{6}+\sqrt{2}}{2}=\frac{2\sqrt{6}}{2}\times\frac{2\sqrt{2}}{2}=\sqrt{6}\times\sqrt{2}=\sqrt{12}=2\sqrt{3}$

基本　(4)　6枚のカードから2枚のカードを同時に取り出すときの場合の数は6×5÷2＝15(通り)　それぞれのカードに書かれている数の積が奇数になるとき，2枚のカードに書かれている数はともに奇数であるから，3枚の奇数のカードから2枚を取り出すときの場合の数は3×2÷2＝3(通り)　よって，求める確率は$\frac{3}{15}=\frac{1}{5}$である。

基本　(5)　(ア)　生徒9人の中央値は点数の低い方から5人目であるから，6点である。

重要　(イ)　生徒10人の中央値は点数の低い方から5人目と6人目の平均値となる。よって，テストを欠席した生徒の点数によって以下の3つの場合が考えられる。①テストを欠席した生徒の点数が4点以下の場合，点数の低い方から5人目の点数は4点，6人目の点数は6点となるから，中央値は(4＋6)÷2＝10÷2＝5(点)　②テストを欠席した生徒の点数が5点の場合，点数の低い方から5人目の点数は5点，6人目の点数は6点となるから，中央値は$(5+6)\div2=11\div2=5.5$(点)　③テストを欠席した生徒の点数が6点以上の場合，点数の低い方から5人目も6人目も点数は6点となるから，中央値は$(6+6)\div2=12\div2=6$(点)　よって，10人の点数の中央値として考えられるのは3通りである。

〔2〕 (1次方程式，連立方程式，2次方程式，正負の数の利用)

(1) $0.8(x-1)-(x+1)=0.3(x-1)$より，$0.8x-0.8-x-1=0.3x-0.3$　$8x-8-10x-10=3x-3$　$-5x=15$　$x=-3$となる。

基本 (2) $ax-by=14$に$x=1$，$y=-2$を代入して，$a+2b=14$…①　$ax+by=-2$に$x=1$，$y=-2$を代入して，$a-2b=-2$…②　①＋②より，$2a=12$　$a=6$　①に$a=6$を代入して，$6+2b=14$　$2b=8$　$b=4$

基本 (3) $(x-3)^2-6=0$より，$(x-3)^2=6$　$x-3=\pm\sqrt{6}$　$x=3\pm\sqrt{6}$　よって，2つの解は$x=3+\sqrt{6}$，$3-\sqrt{6}$であるから，その和は$(3+\sqrt{6})+(3-\sqrt{6})=3+\sqrt{6}+3-\sqrt{6}=6$となる。

(4) (ア) 火曜日の参加人数をx人とすると，水曜日は$x+3$(人)，木曜日は$x+3-7=x-4$(人)，金曜日は$x-4+5=x+1$(人)，土曜日は$x+1+12=x+13$(人)，日曜日は$x+13-14=x-1$(人)と表せる。よって，参加人数が最も少なかったのは木曜日である。また，参加人数が最も少なかった日と多かった日の差は$(x+13)-(x-4)=x+13-x+4=17$(人)である。

重要 (イ) 火曜日から日曜日までの参加人数の平均が40人であるとき，この6日間の参加人数の合計は$40\times6=240$(人)であるから，$x+(x+3)+(x-4)+(x+1)+(x+13)+(x-1)=240$より，$x+x+3+x-4+x+1+x+13+x-1=240$　$6x=228$　$x=38$　よって，火曜日の参加人数は38人である。

〔3〕 (関数の利用)

(1) A駅からB駅までの距離は3.2kmであるから，グラフより，大人1人の運賃は180円である。よって，大人3人の運賃は$180\times3=540$(円)である。

基本 (2) A駅からC駅までの距離は$3.2+2.4=5.6$(km)であるから，グラフより，大人1人の運賃は210円，子ども1人の運賃は$210\div2=105$(円)である。よって，大人3人と子ども1人の運賃は$210\times3+105\times1=630+105=735$(円)である。また，残りの大人$7-3=4$(人)と子ども$3-1=2$(人)はA駅からD駅まで乗車している。A駅からD駅までの距離は$3.2+2.4+9.3=14.9$(km)であるから，グラフより，大人1人の運賃は240円，子ども1人の運賃は$240\div2=120$(円)である。よって，大人4人と子ども2人の運賃は$240\times4+120\times2=960+240=1200$(円)である。したがって，10人の片道運賃の合計は$735+1200=1935$(円)である。

重要 (3) (ⅰ)駅から(ⅱ)駅まで乗車したときの大人1人の運賃をx円とすると，子ども1人の運賃は$x\div2=\frac{1}{2}x$(円)である。大人5人と子ども5人の片道運賃の合計が2250円であるから，$x\times5+\frac{1}{2}x\times5=2250$より，$5x+\frac{5}{2}x=2250$　$10x+5x=4500$　$15x=4500$　$x=300$　グラフより，大人1人の運賃が300円であるのは20kmより長く，25km以下のときである。(2)より，A駅からD駅までは14.9kmで，20km未満であり，A駅からE駅とすると$14.9+10.4=25.3$(km)となり，25kmより長い。このことから，(ⅱ)はE駅であることがわかる。また，B駅からE駅までは$25.3-3.2=22.1$(km)，C駅からE駅までは$22.1-2.4=19.7$(km)となるから，(ⅰ)はB駅である。

〔4〕 (図形と関数・グラフの融合問題)

基本 (1) $y=ax^2$にA$(-6,\ -4)$を代入すると，$-4=a\times(-6)^2$　$-4=36a$　$-36a=4$　$a=-\frac{1}{9}$

よって，放物線の式は$y=-\frac{1}{9}x^2$となるので，$y=-1$を代入すると，$-1=-\frac{1}{9}x^2$　$\frac{1}{9}x^2=1$　$x^2=9$　$x=\pm3$　点Bのx座標は正であるから，B(3, −1)である。したがって，直線lの傾きは$\frac{(-1)-(-4)}{3-(-6)}=\frac{-1+4}{3+6}=\frac{3}{9}=\frac{1}{3}$であるから，直線$l$の式を$y=\frac{1}{3}x+b$とおいて，B(3, −1)を代入すると，$-1=\frac{1}{3}\times3+b$　$-1=1+b$　$-b=2$　$b=-2$　よって，直線lの式は$y=\frac{1}{3}x-2$である。

基本 (2)　△BOCと△AOCは底辺を辺OCとすると，面積比は高さの比と等しくなる。△BOCにおいて，底辺を辺OCとしたときの高さは頂点Bからy軸に下した垂線で，長さは3，△AOCにおいて，底辺を辺OCとしたときの高さは頂点Aからy軸に下した垂線で長さは6であるから，△BOC：△AOC＝3：6＝1：2となる。

重要 (3)　(1)より，C(0, −2)である。△AOB＝△BOC＋△AOCであるから，△AOB$=\frac{1}{2}\times2\times3+\frac{1}{2}\times2\times6=3+6=9$である。よって，△APC$=\frac{2}{3}$△AOBより，△APC$=\frac{2}{3}\times9=6$となればよい。ここで，△AOC$=\frac{1}{2}\times2\times6=6$であるから，△APC＝△AOCとなる。等積変形の考え方を用いて，△APC＝△AOCとなるとき，PO//ACとなる。平行な直線の傾きは等しいので，直線lの傾きが$\frac{1}{3}$であるから，直線POの傾きも$\frac{1}{3}$である。よって，直線POは$y=\frac{1}{3}x$であるから，$y=-\frac{1}{9}x^2$と$y=\frac{1}{3}x$を連立方程式として解くと，$-\frac{1}{9}x^2=\frac{1}{3}x$　$x^2=-3x$　$x^2+3x=0$　$x(x+3)=0$　$x=0,\ -3$　点Pのx座標は$-6<x<0$であるから，点Pのx座標は$x=-3$である。

［5］（平面図形，角度・長さ・面積の計量）

(1)　円周角の定理より，$\overset{\frown}{\mathrm{CD}}$に対する円周角は等しいので，∠CAD＝∠CBD　四角形AEBFにおいて，内角と外角の関係より，∠CAD＝(102−30)÷2＝72÷2＝36°　△ADEにおいて，内角と外角の関係より，$\angle x=102-36=66°$である。

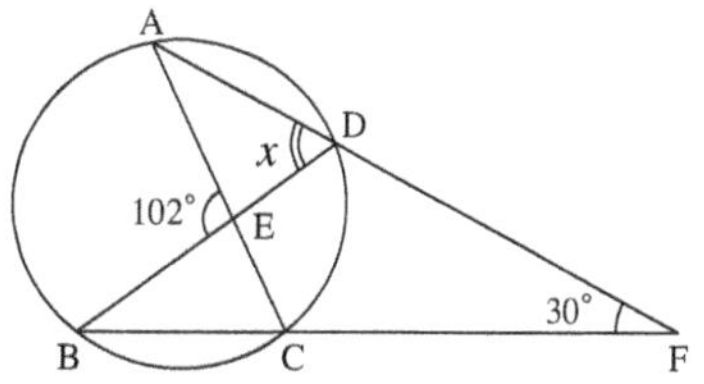

重要 (2)　(ア)　辺AB，BC，CAと円の接点をそれぞれF，G，Hとする。円の半径と接線は接点において垂直に交わるから，OF⊥AB，OG⊥BC，OH⊥CAである。ここで，AB：BC＝9：15＝3：5であるから，三角形ABCにおいて，三平方の定理より，AB：CA：BC＝3：4：5となる。よって，AB：CA＝3：4より，9：CA＝3：4　3CA＝36　CA＝12である。円の半径をrとすると，三角形ABCの面積について，三角形OAB＋三角形OBC＋三角形OCA＝三角形ABCより，$\frac{1}{2}\times9\times r+\frac{1}{2}\times15\times r+\frac{1}{2}\times12\times r=\frac{1}{2}\times9\times12$　$\frac{9}{2}r+\frac{15}{2}r+6r=54$　$18r=54$　$r=3$　よって，OF＝OG＝OH＝3である。また，四角形AFOHは∠FAH＝∠AFO＝∠AHO＝90°であることから，∠FOH＝90°であり，OF＝OH＝3であるので，正方形である。よって，AF＝AH＝3，OF//HA，OH//FAとなる。三角形

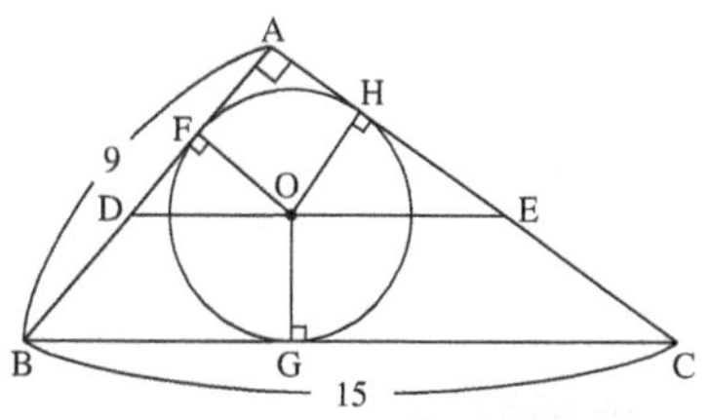

ABCと三角形FDOにおいて，BC//DO，CA//OFであるから，三角形ABC∽三角形FDOである。したがって，FD：OF：DO＝3：4：5となるから，FD：OF＝3：4より，FD：3＝3：4　4FD＝9　FD＝$\frac{9}{4}$，OF：DO＝4：5より，3：DO＝4：5　4DO＝15　DO＝$\frac{15}{4}$である。同様に，三角形ABCと三角形HOEにおいて，AB//HO，BC//OEであるから，三角形ABC∽三角形HOEである。したがって，HO：EH：OE＝3：4：5となり，HO＝3であるから，EH＝4，OE＝5である。よって，三角形ADEの周の長さはAF＋FD＋DO＋OE＋EH＋HA＝3＋$\frac{9}{4}$＋$\frac{15}{4}$＋5＋4＋3＝21である。

基本　(イ)　DE//BCであるから，三角形ADE∽三角形ABCである。相似比はAE：AC＝7：12であるから，面積比は三角形ADE：三角形ABC＝7^2：12^2＝49：144である。よって，三角形ADEの面積は三角形ABCの面積の$\frac{49}{144}$倍である。

基本　〔6〕（直方体の切断）

(1)　空間図形を平面で切断したとき，切断面の向かい合う辺はねじれの位置にはならない。DC//PQ，DP//CQであることから，直方体ABCD－EFGHを頂点D，点P，点Qの3点を通る平面で切ったときにできる切り口は長方形DPQCである。

(2)　点Pは辺AEの中点であるから，AP＝1である。三角形APDにおいて，三平方の定理より，DP＝$\sqrt{8^2+1^2}=\sqrt{64+1}=\sqrt{65}$　よって，長方形DPQCの面積は$\sqrt{65}\times4=4\sqrt{65}$である。

★ワンポイントアドバイス★

基本的な解法ができるかが問われているが，標準レベルの問題の中で思考力を問われる問題も含まれている。1つの問題に時間をかけすぎることなく解いていきたい。

＜英語解答＞

〔1〕	1 ウ	2 エ	3 イ	4 イ	5 エ
〔2〕	6 ウ	7 ア	8 エ	9 エ	10 イ
〔3〕	11 ア	12 イ	13 ウ	14 イ	15 エ
〔4〕	16 ア	17 イ	18 エ	19 エ	20 イ
〔5〕	21 ウ	22 ア	23 イ	24 エ	25 ウ
〔6〕	26 イ	27 ア	28 ウ	29 エ	30 ア

○配点○

〔1〕～〔4〕　各3点×20　　他　各4点×10　　計100点

＜英語解説＞

〔1〕（リスニング問題）

1　Masao : Hi, Nancy. Are you free on Saturday?

Nancy : Yes. I don't have any plans.

Masao : Our friend, Takashi, is going to play the violin in a concert. It will be held in City Hall near the station. Do you want to go there with me?

Nancy : Yes, of course.

Masao : Are you interested in music?

Nancy : Yes. In Canada, I usually enjoyed listening to music after dinner.

Masao : Oh, really? Have you ever listened to Japanese songs?

Nancy : Yes. I borrowed some CDs of Japanese songs from my friend. I listen to them every day at home.

Masao : Every day?

Nancy : That's right, Masao. Listening to Japanese songs is a good way to learn Japanese.

Masao : That's great. I hope you can enjoy the concert.

Nancy : I'm sure, I will. Thank you, Masao.

Masao : You're welcome. See you then.

[2] Jack : Hi, Cindy. I have two tickets for the soccer game at Mizuho Stadium on Sunday. Would you like to come with me?

Cindy : I'd love to. What time does the game start?

Jack : It starts at two.

Cindy : I see. Shall we meet in front of the stadium?

Jack : My mother will take us there by car. Let's eat lunch together and do some shopping first. I'll come to your house two hours before the game starts. Is that OK?

Cindy : That's perfect. I'm looking forward to it. Do you know where my house is?

Jack : Yes. It's near the park, isn't it? The park with a beautiful lake.

Cindy : Yes. Well, see you then.

[3] Janet : Yuichi, I hear Bob is going to leave Japan next month. Did you know?

Yuichi : Yes, Janet. Yesterday I bought a present for him but he doesn't know about it.

Janet : What did you buy?

Yuichi : A tennis racket, because Bob and I are members of the tennis team. We have practiced tennis together for three years.

Janet : That's nice. I hear you and Bob are good friends. Maybe I should give him a present, too.

Yuichi : Well, how about a towel?

Janet : Sounds good. Bob has been so nice to us. I'll miss him.

Yuichi : I'll miss him, too.

[1] マサオ　：やあ，ナンシー。君は土曜日は暇かい？

ナンシー：ええ。私には何の予定もないわ。

マサオ　：僕たちの友だちのタカシがコンサートでバイオリンを弾く予定なんだ。それは駅の近くの市庁舎で開催される予定だ。君は僕と一緒にそこへ行きたいかい？

ナンシー：ええ，もちろん。

マサオ　：君は音楽に興味があるかい？

ナンシー：ええ。カナダでは，私はたいていは夕食後に音楽を聞いて楽しんだわ。

マサオ　：ああ，本当かい。君は日本の曲を聞いたことがあるかい？

ナンシー：ええ。私は私の友だちから日本の曲のCDを借りたの。私は毎日，家でそれらを聞いているわ。

マサオ　：毎日かい。

ナンシー：その通りよ，マサオ。日本の曲を聞くことは日本語を学ぶための良い方法なの。

マサオ　：それはすばらしい。君がコンサートを楽しむことができると良い，と僕は思うよ。
ナンシー：きっとそうなるわ。ありがとう，マサオ。
マサオ　：どういたしまして。その時会おう。
「ナンシーはなぜ毎日，日本語の曲を聞くのか。」 ア 「彼女の友だちが日本の曲のたくさんのCDを買ったから」 イ 「彼女の友だちがコンサートでバイオリンを弾く予定だから」 ウ 「彼女は曲から日本語を学ぶことができるから」 エ 「マサオは夕食後にたいていは音楽を聞くから」

[2] ジャック：やあ，シンディ。僕は日曜日のミズホ競技場でのサッカーの試合のチケットを2枚持っているんだ。君は僕と一緒に来たいかい？
シンディ：私はとても行きたいわ。その試合は何時に始まるの？
ジャック：それは2時に始まるよ。
シンディ：なるほど。競技場の前で落ち合いましょうか。
ジャック：僕の母が僕らを車でそこへ連れていく予定なんだ。まず一緒に昼食をとって，買い物をしよう。僕は試合が始まる2時間前に君の家へ行くつもりだよ。それで良いかい？
シンディ：それは完璧ね。私はそれを楽しみに待っているわ。私の家がどこにあるか，あなたは知っているの？
ジャック：うん。公園の近くだよね。美しい湖のある公園。
シンディ：ええ。それじゃ，その時に会いましょう。
「彼らは次の日曜日にどこでいつ落ち合う予定か」 ア 「2時に競技場の前で」 イ 「正午に競技場の前で」 ウ 「2時にシンディの家で」 エ 「正午にシンディの家で」

[3] ジャネット：ユウイチ，ボブが来月，日本を離れる予定だ，と私は聞いたわ。あなたは知っていた？
ユウイチ　：うん，ジャネット。昨日，僕は彼のためにプレゼントを買ったけれど，彼はそれについて知らないんだ。
ジャネット：あなたは何を買ったの？
ユウイチ　：ボブと僕はテニスチームの一員だから，テニスラケットだよ。僕たちは3年間，一緒にテニスを練習しているんだ。
ジャネット：それは良いわね。あなたとボブは良い友だちだ，と聞いているわ。ひょっとしたら私も彼にプレゼントをあげるべきね。
ユウイチ　：そうだね，タオルはどうだい。
ジャネット：良さそうね。ボブは私たちにとても良くしてくれているわ。私は彼がいなくて寂しく思うでしょうね。
ユウイチ　：僕も彼がいなくて寂しく思うだろうな。
「どれが正しいか」 ア 「ユウイチは昨日，ジャネットと日本を離れた」 イ 「ユウイチは昨日，ボブのためにプレゼントを買った」 ウ 「ユウイチは昨日，ジャネットとテニスを練習した」
エ 「ユウイチは昨日，ボブとテニスラケットを買った」

[4], [5] Listen, everyone. I have great news today. Two boys from Australia will visit this school. They'll come to our city on September 3. The next day, they'll visit our school. Their names are Mike and David. They're as old as you. They'll study with you for four weeks and go back to Australia in October. I hope you'll enjoy talking with them in English. And I hope they'll learn a lot about Japan. They say they want to learn Japanese from you during their stay. Please teach them some useful Japanese words.

[4], [5] 皆さん，聞きなさい。今日はすばらしい知らせがあります。オーストラリア出身の2人の

少年がこの学校を訪れる予定です。彼らは私たちの市に9月3日に来る予定です。その翌日，彼らは私たちの学校を訪れる予定です。彼らの名前はマイクとデイビッドです。彼らはあなた方と同じ年です。彼らはあなた方と一緒に4週間勉強をして，10月にオーストラリアへ帰る予定です。あなた方が英語で彼らと話すことを楽しむと良い，と私は思います。そして，彼らが日本についてたくさん学ぶと良い，と私は思います。彼らの滞在の間，彼らはあなた方から日本語を学びたい，と彼らは言います。有用な日本語の言葉を彼らに教えてください。

④ 「マイクとデイビッドはいつ学校へ来る予定か」 ア 「9月3日に」 イ 「9月4日に」 ウ 「10月3日に」 エ 「10月4日に」

⑤ 「マイクとデイビッドは何をしたいか」 ア 「彼らは日本の行事について知りたい」 イ 「彼らは英語で生徒たちと話すことを楽しみたい」 ウ 「彼らは生徒たちに英語の言葉を教えたい」 エ 「彼らは日本語を学ぶ機会を持ちたい」

〔2〕 **(長文読解・物語文：内容吟味・語句補充)**

(全訳) ジミーは金庫を開けるのが得意だった。彼は警察官に捕まり，刑務所に入れられた。ある朝，警察署長がジミーに言った。「あなたは明日の朝，刑務所を去ることができます。これはあなたがあなた自身を変える機会です。金庫を壊して中のものを奪うのをやめなさい，そうすれば正直な生活を送れます」ジミーは言った。「私はレストランで働いて，この国で最高のパンとケーキを焼くつもりです」

ジミーが刑務所を去った1週間後，誰かがある都市の金庫を壊して中のものを奪った。8千ドルがとられた。警察官のベンは壊された金庫を見るためにその都市へ行き，「そんな仕事をすることができるのはジミーだけだ。もしかしたら(A)ジミーがまた仕事をしているかもしれない」と思った。しかしながら，それは真実ではなかった。ジミーはそれをしなかった。彼は金庫を壊して中のものを奪うのをやめ，正直な男として町で暮らしていた。

この町で，ジミーは(B)ジョシュと呼ばれた。この町の人々は，彼は親切で正直だと思った。エルモアはその町で最大の銀行だった。それには新しい金庫があった。それは小さい部屋と同じくらいの大きさで，鍵によって制御された特別な扉があった。銀行員は言った。「今それを開けますが，もしあなたがそれを閉めれば，計画された時間の前には誰もそれを開けることはできません」銀行員はジョシュにそれを説明したが，彼はその金庫に全く興味がなかった。2人の幼い子どもたちがその金庫の周りで遊びはじめた。

突然，子どもたちの1人がその金庫の中に入り，もう1人の(C)子どもがその扉を閉めた。1人の女性が大声で叫んだ。「私の子どもよ。扉を開けて。彼女を外に出して」金庫の周りの全ての人々は一生懸命にその扉を開けようとしたが，それを(D)開けることはできなかった。金庫のそばの人々には子どもの弱々しい声が聞こえていた。

「私たちは何をするべきでしょうか」と銀行員は言った。その母親はとても心配しているように見えた。その時，ジョシュは言った。「私がやってみましょう。あなた方みんな，その扉から離れて」と彼は叫んだ。それから，彼は彼のカバンの中の道具を使い，その扉を開けようとした。彼は自分がジョシュだと忘れた。彼はまたジミーになった。

10分後，金庫の扉が開いた。その子どもは自由の身になった。ジミーは彼のコートを着て銀行の入り口へ歩いた。入り口には警察官が立っていた。「こんにちは，ベン」とジミーは微笑んで言った。「さあ，あなたはついに私を見つけてしまいました。良いですよ。私はあなたと一緒に警察署へ行きましょう」しかし，ベンはジミーに微笑んで言った。「あなたは何の話をしているんですか」それから，彼は向きを変え，(E)1人でゆっくりと銀行を歩いて出た。

⑥ 「仕事」とは「そんな仕事」(下線部(A)の直前の1文)のことであり，「金庫を壊して中のものを

奪った」(第2段落第1文)ことである。

⑦ 「この町で，ジミーはジョシュと呼ばれ」ていた(第3段落第1文)のだから，ジョシュとジミーは同一人物である。そのジミーは「金庫を壊して中のものを奪うのをやめ，正直な男として町で暮らしていた」(第2段落最終文)のである。

⑧ (C) one ~ the other … で「(2つあるうちの)1つは～残りの1つは…」の意味。下線部(C)を含む1文の2語目に one of children とある。 (D) (D)の1文には「その扉を開けようとした」の後に，それに対して予期される結果(ここでは，開いた，という結果)の現れないことを示す逆接の接続詞 but があるから，「開けることはできなかった」のだと，考えるのが適切。

⑨ ア 「ジョシュと一緒に」(×) イ 「ジミーと一緒に」(×) ウ 「一緒に」(×) エ 「1人で」 第6段落参照。「あなたと一緒に警察署へ行きましょう」(最後から3文目)と言うジミーに対し，「あなたは何の話をしているんですか」(最後から2文目)とベンが答えている。これは，ジミーには警察署に行く理由はない，とベンが伝えるための発言であるから，ベンはジミーを伴わず「1人で」出たのだ，と考えるのが適切。(○)

⑩ ア 「ジミーはその国で最高のパンとケーキを焼くために，ケーキ会社で働いた」 第1段落最終文参照。レストランで働くつもりだったのである。(×) イ 「警察官はエルモアでジミーを見つけたが，彼を逮捕しなかった」 最終段落最後から3文目・2文目参照。(○) ウ 「銀行の入り口へ歩いたとき，ベンはジミーだとわからなかった」 最終段落最後から2文目参照。わかったからこそ微笑んだのである。(×) エ 「金庫の中の子どもの母親はジミーの道具を使ってその金庫を開けようとした」 第5段落第5文参照。ジミーの道具を使ったのはジミーである。(×)

［3］ (長文読解・物語文：内容吟味)

(全訳) スキヤ先生は日本で英語の責任者をしている先生だ。彼は英会話が得意で，しばしば彼の生徒たちを英語を話す国へ連れていく。生徒たちはそこの語学学校で英語の授業を受ける。スキヤ先生は彼の英語を話す技能を改善する機会を持つことができるので，この仕事が好きだ。より良い英語話者になるためのより良い方法はない，と思うので，彼はいつもホームステイをする。彼にはこれを言うのにふさわしい理由がある。

約20年前，彼は1ヵ月間1人でアメリカへ行った。ホストファミリーはとても親切で，とても温かく彼を出迎えた。彼らのお陰で，スキヤ先生はとても快適な滞在を楽しんだ。

彼のホストペアレントはパン店を経営していて，特に早朝はとても忙しかった。彼らのパン店で売られるパンはとてもおいしくて，人々の間で人気があった。それで，彼らは彼らの客のためにたくさんのパンを焼かなくてはならなかった。彼らの仕事のせいで，彼のホストマザーは彼女の子どもたちのために朝食を準備する時間がなかった。彼らはほとんど毎日，自分で牛乳入りのコーンフレークを食べた。スキヤ先生は同じことをした。

ある日曜日の朝，スキヤ先生が目覚めたとき，彼のホストマザーが台所で何かを調理しているとわかった。家は良いにおいでいっぱいだった。彼女は家族のためにベーコンエッグを準備していた。

彼のホストマザーは彼にあいさつした後，言った。「毎朝あなたに朝食を出すことができなくてごめんなさい。私にはそうする時間がないけれど，日曜日は私たちの店は閉まっているの。それで，今日は私には朝食を準備する十分な時間がある。あなたがベーコンエッグが好きだと良いな」

それは彼の妻が毎朝彼に出すスキヤ先生のお気に入りだった。彼のホストマザーが出した彼のお気に入り料理のお陰で，彼は彼の滞在により満足した。それから彼は彼のホストマザーに言った。「家にベーコンを持ってきてくれてありがとうございます」

スキヤ先生の言葉を聞いたとき，彼女は幸せそうに彼に微笑んで，彼のユーモアの感覚に感心した。スキヤ先生にとって，彼のホストマザーの満面の笑みは印象的で，それはそれ以来すばらしい思い出になっている。ところで，スキヤ先生のホストマザーはなぜ彼のユーモアの感覚に感心したのか。それは，「bringing home the bacon」には2つの意味があるからだ。1つは文字通りで，もう1つは「生活のためのお金を稼ぐこと」だ。

こうなると，スキヤ先生が，彼のホストマザーの心暖まるおいしい朝食に感謝し，同時に仕事における彼女の努力を尊敬することに成功した，とわかる。

11 「スキヤ先生はなぜしばしば英語を話す国へ行くのか」 ア 「語学学校で英語を勉強するために彼の生徒を連れていくため」 第1段落第1文・第2文参照。(○) イ 「より良い英語の先生になるため」(×) ウ 「語学学校で日本語を教える責任者になるため」(×) エ 「彼の生徒と英語の授業を受けるため」(×)

12 「スキヤ先生がアメリカで快適な滞在を楽しむことが可能だったのはなぜか」 ア 「彼は1ヵ月間だけ滞在する予定だったから」(×) イ 「彼は彼のホストファミリーに温かく出迎えられたから」 第2段落第2文・最終文参照。(○) ウ 「彼のホストペアレントはパン店を経営していたから」(×) エ 「彼のホストマザーは日曜日に彼の朝食を準備したから」(×)

13 「スキヤ先生はアメリカで平日の間，朝食に何を食べたか」 ア 「彼は彼のホストファミリーのパン店のパンを食べた」(×) イ 「彼はベーコンエッグを食べた」(×) ウ 「彼は牛乳入りのコーンフレークを食べた」 第3段落最後から2文目・最終文参照。(○) エ 「彼は朝食を食べなかった」(×)

14 「この物語についてどれが正しいか」 ア 「スキヤ先生のホストマザーは彼女の家族のために決して朝食を準備しなかった」 第4段落第1文参照。日曜日にはベーコンエッグを作ったのである。(×) イ 「ホストペアレントのパン店はそのおいしいパンで有名だった」 第3段落第1文・第2文参照。(○) ウ 「ホストペアレントが所有するパン店は週に7日開いていた」 第5段落第2文参照。日曜日には閉まっているのである。(×) エ 「スキヤ先生のホストマザーはスキヤ先生が言った冗談を理解しなかった」 第7段落第1文参照。感心したのである。(×)

15 「この物語の最も良い題名はどれか」 ア 「ホームステイの間においしい朝食を食べる最良の方法」(×) イ 「冗談を言うことの重要性」(×) ウ 「アメリカに快適に滞在する方法」(×) エ 「スキヤ先生のアメリカでの滞在の最良の思い出」 題名は筆者の最も言いたいことを表し，それは文の始めや終わりの部分にかかれることが多い。ここでは「ホストマザーの心暖まるおいしい朝食に感謝し」「彼女の努力を尊敬」した(最終段落)ことで，「ホストマザーの満面の笑み」を見ることができ，それが「すばらしい思い出になっ」たことである。(○)

〔4〕 **(正誤問題：接続詞，不定詞，現在完了，受動態)**

16 if 以下は条件を示す副詞節なので，未来の内容でも中の動詞は現在時制を使う。ただし，主節には未来形を用いる。will が不要。

17 let は使役動詞で，普通，〈使役動詞＋目的語＋原形不定詞〉の形をとり，〈(目的語)に～させる〉の意味。to go out ではなく go out とするのが適切。

18 「～すぎて(Aには)…できない」の意味の〈too ～ (for A) to ＋動詞の原形〉で，〈to ＋動詞の原形〉の目的語が文頭の主語と同じ場合には，目的語を表現しない。it が不要。

19 現在完了の「ずっと～している」の意味の継続用法で，「～の間」というときは for を，「～以来」というときは since を用いる。for last week ではなく since last week とするのが適切。

20 複数の単語からなる群動詞を用いた文は，群動詞に含まれる前置詞もまとめて受動態にする。「～に話しかける」の意味になるのは speak to ～ で群動詞。spoken ではなく spoken to とするのが適切。

〔5〕（語句補充：間接疑問文，仮定法，前置詞，受動態，不定詞，語い）

21 「私はチケットを買いに行くべきか」という疑問文だから，疑問詞は where「どこに」を用いるのが適切。Can you tell me? と Where should I go to buy the ticket? を1つにした間接疑問文にする。疑問詞以降は平叙文の語順になる。

やや難 22 現在の内容についてのありえない仮定をする時に使う，仮定法過去の文。〈I wish ＋主語＋過去形の動詞[could ＋動詞の原形]～〉の形で「(主語)が～すれば[できれば]なあ」の意味になる。過去形の動詞がbe動詞の場合，be動詞は主語に関係なく were を用いる。

23 for ～ は原因・理由を表し「～で」の意味。なお，be known to ～ は「～に知られている」の意味である。

24 〈形容詞[副詞]＋ enough to ＋動詞の原形〉で「～できるくらい(十分に)…(形容詞／副詞)」の意味。

25 後に単数名詞の student があるから，原則として単数扱いの every を用いる。

〔6〕（語句整序：不定詞，比較，仮定法，文型，分詞，接続詞，語い）

26 (I) didn't know what to say to my mother(.)　〈what to ＋動詞の原形〉で「何を～する(べき)か」の意味。

基本 27 He is the fastest runner in his class(.)　「～の中で一番…だ」という意味になるのは〈(the)＋形容詞[副詞]の最上級＋ in[of]～〉の形の最上級の文。fastest は fast「速い」の最上級である。

やや難 28 (If) I knew his (mail address,) I would send an e-mail to him(.)　現在の内容についてのありえない仮定をする時に使う，仮定法過去の文。仮定法過去は〈If ＋主語A＋過去形の動詞～，主語B＋過去の助動詞＋動詞の原形…〉の形で，「もしAが～ならば，Bは…だろう」の意味。〈send ＋B＋ to A〉「AにBを送る」

重要 29 There is an old man taking a walk along the river(.)　主語が不特定なもので「…がある」という意味を表す場合，〈There ＋be動詞＋数量[a／an]＋名詞～〉の形にする。an old man を修飾する現在分詞 taking を使った文。現在分詞 taking は単独ではなく関連する語句 a walk along the river を伴っているので an old man の直後に置く。

30 (Australia) was so beautiful that I'm looking forward to going there again (next year.)　〈so ＋形容詞[副詞]＋ that ～〉で「とても(形容詞[副詞])なので～」の意味。look forward to ～で「～を楽しみに待つ」という意味になる。to は前置詞なので後には名詞か動名詞がくる。

★ワンポイントアドバイス★

日本語訳のついた語句整序問題では，日本語訳をしっかりと活用しよう。主語・述語の関係や，動詞の語形などにも注目しよう。

＜理科解答＞

〔1〕	1 エ	2 オ	3 イ	4 エ	5 エ
〔2〕	6 ウ	7 ウ	8 ア	9 エ	10 ア
〔3〕	11 イ	12 ウ	13 オ	14 ア	15 オ
〔4〕	16 オ	17 エ	18 ウ	19 イ	20 ウ

○配点○

各5点×20　　計100点

＜理科解説＞

〔1〕 **(電流と電圧，磁界とその変化，電力と熱―回路と抵抗，フレミングの左手の法則，電熱線による発熱)**

1　図2のグラフより，抵抗器cに5.0Vの電圧をかけると0.1Aの電流が流れるので，抵抗器cの抵抗の大きさは，$\frac{5.0(\mathrm{V})}{0.1(\mathrm{A})}=50(\Omega)$である。

2　図2のグラフより，抵抗器aと抵抗器bの抵抗の大きさは，それぞれ次のようになる。

抵抗器a…$\frac{6.0(\mathrm{V})}{0.6(\mathrm{A})}=10(\Omega)$　　抵抗器b…$\frac{6.0(\mathrm{V})}{0.3(\mathrm{A})}=20(\Omega)$

したがって，「オ」の回路において，端子AとBにつなぐと，抵抗器aと抵抗器cが直列につながるので，回路全体の抵抗の大きさが，$10(\Omega)+50(\Omega)=60(\Omega)$となる。また，端子CとDにつなぐと，抵抗器bだけがつながるので，回路の抵抗の大きさが20Ωになる。以上より，電流の大きさは抵抗の大きさに反比例するので，端子CとDをつないだときの電流の大きさは，端子AとBをつないだときの電流の大きさの，$60(\Omega)\div20(\Omega)=3$(倍)になる。

3　図4で，電流の向きと磁界の向きを反対にすると，導線が力を受ける向きはXのまま変わらない。また，図6では，導線は，フレミングの左手の法則により，Qの向きに力を受ける。(図a参考)

図a

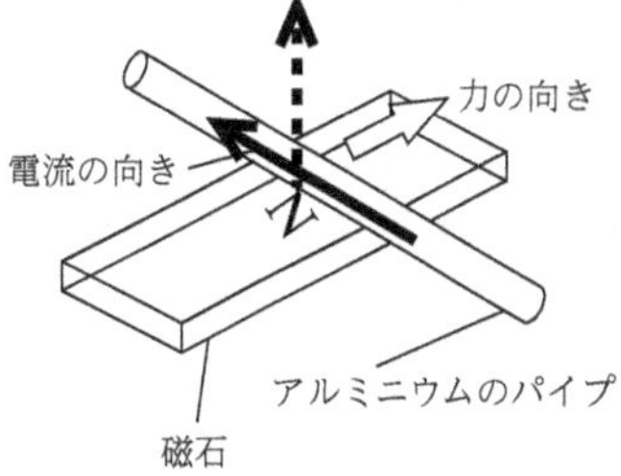

4　電熱線から発生した熱量はすべて水に与えられたので，6.0Ωの電熱線eが3分間に発生する熱量である，$6.0(\mathrm{V})\times\frac{6.0(\mathrm{V})}{6.0(\Omega)}\times180(秒)=1080(\mathrm{J})$が水が得た熱量と等しい。

やや難　5　スイッチⅠだけを入れた状態で，電熱線eによる発熱によって，5分間で水温は，$19.6(℃)-16.0(℃)=3.6(℃)$上昇するので，30分後には水温は，$16(℃)+3.6(℃)\times\frac{30(分)}{5(分)}=37.6(℃)$になる。一方，途中で，スイッチⅡを入れ，6.0Ωの電熱線eの半分の抵抗の大きさである3.0Ωの電熱線fを並列につなげることで，水温を5分間に，$3.6(℃)\times2=7.2(℃)$上げることができる。したがって，$52.0(℃)-37.6(℃)=14.4(℃)$上昇させるのに必要な時間は，$5(分)\times\frac{14.4(℃)}{7.2(℃)}=10(分)$である。以上より，実験開始からスイッチⅡをいれる時間は，$30(分)-10(分)=20(分)$後である。

〔2〕 **(化学変化と質量，溶液とその性質―銅とマグネシウムの酸化，水溶液の濃度)**

基本　6　酸化銅は黒色，酸化マグネシウムは白色である。

やや難　7　図8より，銅が酸化するときの質量比は，銅：酸化銅＝4：5となり，マグネシウムが酸化するときの質量比は，マグネシウム：酸化マグネシウム＝3：5となる。したがって，加熱前の銅とマグネシウムの質量をxgとygとすると，

$x+y=2.1$　　$\frac{5}{4}x+\frac{5}{3}y=3.0$　　より，$x=1.2$(g)，$y=0.9$(g)

以上より，$x:y=4:3$である。

重要　[8]　酸化するときの質量比は，銅：酸素＝4：1＝8：2なので，マグネシウム：酸素＝3：2より，銅：マグネシウム＝8：3である。

[9]　水溶液から水を蒸発させると，飽和水溶液になるまでは，濃度は大きくなるが，飽和水溶液になると，濃度は変化しなくなる。また，水溶液の温度を下げると，溶質が出てくることで，水溶液の濃度は小さくなる。

やや難　[10]　溶けている溶質の質量は，それぞれ次のようになる。

ア　10℃の水100gに塩化ナトリウムは36g溶けて，100(g)＋36(g)＝136(g)になるので，270gの飽和水溶液に溶けている塩化ナトリウムは，$36(\text{g})\times\frac{270(\text{g})}{136(\text{g})}=71.4\cdots(\text{g})$より，71gである。

イ　20％の硝酸カリウム水溶液400gに溶けている硝酸カリウムは，400(g)×0.2＝80(g)，含まれている水は，400(g)－80(g)＝320(g)である。また，120gの水を蒸発させると，320(g)－120(g)＝200(g)の水が残る。さらに，20℃の水100gに硝酸カリウムは32g溶けるので，20℃に戻した水溶液に含まれている硝酸カリウムは，$32(\text{g})\times\frac{200(\text{g})}{100(\text{g})}=64(\text{g})$である。

ウ　30℃の水100gに硝酸カリウムは45g溶けて，100(g)＋45(g)＝145(g)になるので，290gの飽和水溶液に含まれている水は，$100(\text{g})\times\frac{290(\text{g})}{145(\text{g})}=200(\text{g})$である。一方，15℃の水100gに溶ける硝酸カリウムは25gなので，200gの水に溶ける硝酸カリウムは，$25(\text{g})\times\frac{200(\text{g})}{100(\text{g})}=50(\text{g})$である。

エ　10％の塩化ナトリウム水溶液350gに溶けている塩化ナトリウムは，350(g)×0.1＝35(g)である。

オ　50℃の水100gに硝酸カリウムは80g溶けて，100(g)＋80(g)＝180(g)になるので，90gの飽和水溶液に溶けている硝酸カリウムは，$80(\text{g})\times\frac{90(\text{g})}{180(\text{g})}=40(\text{g})$である。

［3］（ヒトの体のしくみ―デンプンの消化）

重要　[11]　唾液《だえき》をデンプンに加えて，40℃に保って10分間置くと，デンプンは麦芽糖に分解される。

重要　[12]　唾液をデンプンに加えて，4℃に保ったり，煮沸した唾液をデンプンに加えても，消化酵素がはたらかず，デンプンはそのまま残る。

基本　[13]　唾液にもすい液にもデンプンを消化する消化酵素であるアミラーゼが含まれている。

重要　[14]　デンプンはブドウ糖まで消化された後，小腸の柔毛から吸収された後，毛細血管に入る。

基本　[15]　小腸で吸収されたブドウ糖は，肝臓に送られ，その一部はグリコーゲンになり，たくわえられる。

［4］（地球と太陽系―北の空の星座，月の満ち欠け）

基本　[16]　オリオン座は南の空，カシオペヤ座は北の空の代表的な星座である。

[17]　12月10日午前2時は，2月10日午後8時の2か月前の6時間後なので，「え」の位置よりも，6×15(度)－2×30(度)＝30(度)ほど西よりの「お」の位置に見える。

[18]　2月の半年後の8月には，オリオン座は昼間に出ているので，見ることができない。

[19]　8月10日午後10時は，2月10日午後8時の6か月後の2時間後なので，「つ」の位置よりも，6×30(度)＋2×15(度)＝210(度)ほど反時計回りに動いた「さ」の位置に見える。

重要　[20]　星Cはこぐま座の二等星である。

★ワンポイントアドバイス★

生物・化学・地学・物理の4分野において，基本問題に十分に慣れておくこと。その上で，物理分野と化学分野の計算問題にしっかり取り組んでおく必要がある。

＜社会解答＞

〔1〕	1 ウ	2 エ	3 ア	4 ウ	
〔2〕	5 イ	6 ウ	7 エ		
〔3〕	8 エ	9 イ	10 ア		
〔4〕	11 ウ	12 ア	13 イ		
〔5〕	14 ウ	15 エ	16 ア	17 エ	
〔6〕	18 ウ	19 ア	20 イ		
〔7〕	21 イ	22 ア	23 イ	24 ウ	25 エ

○配点○

各4点×25　　計100点

＜社会解説＞

〔1〕（地理―気候・人口，世界の諸地域の特色：アフリカ州）

1 人口ピラミッドとしてあらわした場合，典型的な富士山型となる(ウ)がアフリカである。(ア)はヨーロッパ，(イ)はラテンアメリカ，(エ)がアジアとなる。

2 aはサバナ気候でナイロビ，bは砂漠気候でカイロ，cは地中海性気候でケープタウンとなる。ナイロビとケープタウンは南半球にあるので，北半球とは季節が逆になる。

やや難 3 発展途上国では，農村では仕事が少なく，どうしても都市への移住が進む傾向がある。しかし，都市では，上下水道などの生活インフラが進んでない状況がみられる。したがって，(ア)の文章が適当である。

4 北アフリカのアラビア語を使用している国々はイスラム教徒が多く移住している。北アフリカ以外の国々では，その地域の伝統的な宗教を信仰している傾向が強いが，旧宗主国の影響でキリスト教徒が多い。

〔2〕（日本の地理―地形，産業，日本の諸地域の特色：九州地方）

5 Aは世界最大級のカルデラをもつ阿蘇山である。Bの桜島は，1914年の大正噴火で流れた溶岩によって海峡とカルデラが埋め立てられ，大隅半島の一部となった。Cの雲仙岳は，1990年から1995年にかけて大噴火を起こした。

重要 6 Dは北九州市で，歴史的に製鉄のまちとして有名で，市民が中心となって，賑わいや安らぎ，活力のあるまちを実現するために，環境対応や超高齢化対策，国際環境ビジネスなどに取り組んでいる。Eはかつて水俣病の被害をうけた水俣市で，1992年に初めての「環境モデル都市づくり宣言」を行い，ごみの高度分別や水俣独自の環境ISO制度など，市民と協働でさまざまな環境政策に取り組んできた。

7 (ア)はみかん，(イ)は大根，(ウ)はトマト，(エ)は玉ねぎ。

〔3〕（日本と世界の歴史―政治・外交史，社会・経済史）

8 金印は，1世紀頃(弥生時代後期)の日本の外交交渉の様子や東アジアでの立場を示す極めて貴重な資料である。

基本 9 勘合貿易は，室町時代に日本と明との間で行われた公式な貿易のことで，足利義満と永楽帝の間で始まり，勘合符という札で貿易船を認証していた。この頃の室町幕府は，有力守護大名が管領となり将軍を補佐していた。

10 (エ)ムハンマドがイスラム教創設(610年)→(イ)高麗朝鮮半島統一(936年)→(ア)第1回十字軍(1096年)→ルターの宗教改革(1517年)。

〔4〕 **(日本と世界の歴史—政治・外交史，社会・経済史，各時代の特色，日本史と世界史の関連)**

11 Ⅱ日露通好条約(1855年)→Ⅲ樺太千島交換条約(1875年)→Ⅰポーツマス条約(1905年)。

12 韓国統監府は第二次日韓協約によって保護国化した朝鮮を統治や監視するために置かれた機関であり，初代統監には伊藤博文が就任した。三・一独立運動は，日本の植民地支配下の朝鮮で，1919年3月に起こった民族独立運動である。

13 柳条湖事件の結果起きたのは満州事変であるので，Yは誤りである。

〔5〕 **(公民—経済生活，政治のしくみ，憲法，その他)**

基本 14 所得税や相続税は間接税ではなく直接税であるので，(ウ)は誤りとなる。

やや難 15 統計によると，2005年から死亡数が出生数を上回っている。介護保険は40歳以上の人の加入が義務づけられているので(ア)は誤り，社会福祉は生活保護法に基づいたものではないので(イ)は誤り，2020年合計特殊出生率は1.34で前年度より低下しているので(ウ)も誤りとなる。

16 公共投資は，政府によって行われる道路，河川の堤防，港湾，空港などや学校，病院，住宅，下水道などの社会資本(インフラ)整備に向けて投資する経済活動のことで，景気が悪い時は拡大される。

17 解決策①は市長が独自の税をつくることはできないので，誤りである。解決策②は女性のみがではなく，男女とも育児・介護休業法の対象となるので，誤りである。解決策③は環境権は日本国憲法に規定されていない新しい権利であるので，誤りとなる。

〔6〕 **(公民—憲法，政治のしくみ，経済生活，その他)**

18 Cは学問の自由，Dは信教の自由，Fは表現の自由であり，3つとも精神の自由に属する。Eは逮捕，捜索などに対する保障で，身体の自由に属する。Aは居住の自由，Bは職業選択の自由で，2つとも経済活動の自由に属する。

19 三権分立によると最高裁判所長官の指名権は内閣に属する。

20 高度経済成長の副産物として公害発生がある。特に4大公害(水俣病・イタイイタイ病・新潟水俣病・四日市ぜんそく)は有名である。

〔7〕 **(各分野総合問題)**

21 歌川広重は，日本橋から京都までを結ぶ街道「東海道」にある53の宿場町と起点の日本橋，終点の三条大橋を描いた連作浮世絵『東海道五十三次』を制作した。

22 東海道は，江戸時代に整備された五街道の1つであり，東西交通の重要な幹線道路で，物流や交通，商業などの面で日本経済に多大な影響を与えた。

重要 23 持続可能な観光のあり方を考えることは重要である。選択肢を考察すると，建物や遺跡の保存という観点から(イ)が正解となる。

24 品川区長は，区民の直接選挙で選ばれるので，(ウ)は誤りである。

25 E：日本橋のある東京都→B：芦ノ湖のある神奈川県→C：茶畑などがみられる静岡県→A：三河の宿場町があった愛知県→D：歴史的な寺院や神社がみられる京都府。

★ワンポイントアドバイス★

〔3〕[8]　この資料は中国の歴史書「後漢書」東夷伝に書かれているものである。
〔4〕[12]　韓国統監府に対して，朝鮮総督府とは，1910年韓国併合で日本の領土とした朝鮮を支配するために置かれた機関である。この2つを区別したい。

＜国語解答＞

一　問一　エ　問二　イ　問三　ウ　問四　ア　問五　エ　問六　イ　問七　ア
　　問八　ウ　問九　エ　問十　イ
二　問一　イ　問二　エ　問三　ウ　問四　イ　問五　ア　問六　イ　問七　エ
　　問八　ア　問九　イ　問十　ア
三　問一　ア　問二　ウ　問三　ウ　問四　エ
四　イ

○配点○
一　問一　3点　問二・問六・問九　各4点×3　問三～問五・問七　各5点×4
問八・問十　各6点×2　二　問一・問二・問四　各3点×3　問三・問五～問九　各4点×6
問十　2点　三　各3点×4　四　6点　計100点

＜国語解説＞

一　（論説文ー漢字の書き取り，接続語の問題，文脈把握，脱文・脱語補充，内容吟味）

問一　「保証書」は，何らかの品物について，例えば欠陥が生じた場合にどう対応を行うのかといったことが記載された書面である。「証」とは，「確かな根拠に基づいて事実を明らかにする」という意味。　ア　「故障」の「障」は「障害」と同じ意味。　イ　「入賞」の「賞」は「すぐれた点をのべてほめる」という意味。　ウ　「賠償」の「償」は「相手の損失に対して代わりの金品をさし出してつぐなう」という意味。　エ　「検証」は「実際に調べて証拠だてること」。

問二　1　「～だろうと思います」という部分と呼応するので，推量を表す「おそらく」が適当。
2　空欄の後「……などというレベルにとどまらない」と深刻さの度合が大きいことを示しているので，程度の大きさを示す「かなり」が適当。　3　「同じことは人間同士の関係でも起きます」としても文脈上問題ない。ここで筆者は，疎遠な環境から有用なものを拾い上げる力，疎遠な環境と親しみ深い関係を取り結ぶ力，と「環境」について語ってきたが，それは人間同士でもそうだ，というわけである。文脈上，空欄3がなくとも意味は通るが，何らか強調するために空欄3の語を置いていると思われるので，理屈が通ることを強調する「もちろん」が適当。　4　ここも，空欄4を除いても文脈上問題ないが，次文「財物である……もっぱらそれを語っている」と，「もっぱら」を用いて，贈与と反対給付ではない話〈だけ〉をしているということが強調されているので，ここも「もっぱら」同様の「ひたすら」で強調されていると考えるのが妥当である。

問三　傍線部①の主語は「この言葉は」である。「この言葉は……クロマニヨン人の考えと，本質的には同型」ということなので，「この言葉」にあたる「こんなものでもそのうち何かの役に立つんじゃないかな？」と同義であるウが適当。

問四　第四段落「それもしかたがありません」から，傍線部②の理由が説明されている。「僕たちの資本主義マーケットでは，……認められないんですから」というのが理由の説明だが，この部分の要点をまとめると，〈客観的に，価値やどう扱うべきかが明示されているもの以外は認められていない〉ということである。つまり，贈与の基礎である「こんなものでもそのうち何かの役に立つんじゃないかな？」と直感的に価値を感じる機会すらなくなってる，ということである。この内容に合致するアが適当。

問五　傍線部直前「もっと根源的なところでの」に注目。やや遠いが，第九段落に「人間を人間的……力です」と明記があるので，傍線部③とはつまり「贈与を受けたと思いなす力」と言える。贈与については，第六段落で「自分にとって疎遠と思われる人，……先駆的に直感して」贈与を受けたと思いなす，とある。これは第四段落「値札が貼られ，……権利さえ認められない」とは真逆に，価値が客観的にすぐにはわからないものであっても，直感的に価値を感じるということである。この内容に合致するエが適当。

問六　「言い換えれば」が空欄の後に二度登場することに注目。二度目の「言い換えれば」の後では「親しみ深い関係を取り結ぶ」ことに言及があり，「同じことは人間同士の関係でも」起きると述べられている。その「人間同士の関係」での説明において，筆者は「やがて自分に豊かなものをもたらすものと先駆的に直感して」「自分宛ての贈り物だと思いなして」と述べているので，この「自分宛ての贈り物だと思いな」すことにあてはまるイが適当。

問七　イ　「家庭教育」が誤り。本文中で言及していない。　ウ　「絶対的他者を信じない人が増えた」が誤り。本文中に根拠がない。　エ　「人間を人間的」以降誤り。「今のメディアで経済活動を語る人たち」は，そもそも「人間を人間的たらしめる能力」については話していない。これは第十段落「今の社会に，こんな言葉づかいで経済活動について語る人間はいません」からも読み取れる。「こんな言葉遣い」とは，直前の第九段落，特に「これは私宛ての贈り物だろうか？」を指す。

重要　問八　「贈与」は与えること，「給付」も与えることである。「反対」という語でとまどう受験生もいたかもしれないが，与えることに対して，反対に与えるということを考えると，要は〈もらったら，お返しをする〉のようなことである。するとウの「ノルマ」は贈与ではな。「ノルマを与える」という言い方は確かにするが，ここで筆者が「贈与」としているのは，何らかの有用性を伴う贈り物のことである。その点ノルマというのは単なる営業義務であって，ノルマが与えられる側に有用性はない。給与の返納も，〈もらったものへのお返し〉ではなく，端的に言えば罰金にすぎない。

問九　空欄Yの前の「いつか」「出会うまで」に注目する。そもそも筆者が主張する贈与を感じる能力というのは，一見自分にとって疎遠なものであっても，第一段落にあるように「そのうち何かの役に立つんじゃないかな？」「今の段階ではわからない」ものが，第二段落にあるように「いつか役に立つ可能性がある」ことを直感する能力である。ということは，贈与が贈与であるということがわかるまでには時間がかかるということである。「『パスしたもの』……と思いなす」というのは贈与を感じること，つまり時間がかかることであって，ビジネスの話ばかりしていては贈与の話ができない，というのが筆者の主張であるから，Yには贈与の直感が実際に贈与として表れることを指すエが当てはまる。

やや難　問十　やや難問。イは，「意味を持つものだと認識できれば」が誤り。第八段落によれば，まず人間は「おのれを被造物であると思いなす」，つまり「世界を創造してくれ」たと思うことで，「宇宙を有意味なものとして」認識するのである。人間自体が意味を持つかどうかというより，〈人間をつくってくれた〉と思うこと，受身の意識を持つことで，宇宙も有意味なものになる，ということである。

二　(古文─文脈把握，情景・心情，和歌，文学史)

問一　A　現代語訳では「お折りになって」。この前に「殿はお庭を……」と「殿」の行為が記述されており，かつ「殿」の行為には尊敬語も使われていることから，Aの主語は「殿」。　B　現代語訳では「お立ちになってゆかれた」。注目すべきはBを含む一文で，「お立ちになってゆかれたさまは，……男君そっくり」とあることから，Bは男性の行為である。この場面，「宰相の君」と「殿の三位」と作者が同じ場所にいるが，作者は紫式部なので女性，「宰相の君」も注四にある通り女性なので，男性は「殿の三位」のみである。　C　現代語訳では「見ましたところ」。Cを含む一文は「私はちょっと実家に出て，後日になって……見ましたところ」なのでCは作者自身が主語。「出て，後日になって，見ました」と「て」で接続されていくが，「て」を用いているときに明記なく主語が交代することは多くない。　D　現代語訳では「お催しにはならない」。D直前に「殿にお考えがあってのことであろうか」とある点に注目。ここでの話題は「中宮」がおもてだった管絃のお遊びをしないということであって，その理由が「殿にお考えがあってのことであろうか」と推察されるのだから，「お催しにはならない」という行為を行っているのも「殿」である。「中宮」が自主的に開催しないのではなく，「殿」が開催しないようにしている，ということである。

問二　現代語訳では「殿がおっしゃるのを……にじり寄った」。この前に「私の朝方の顔が思い知られるので」と理由が明記されているので，内容に合致するエが適当。アは「朝顔」が本文に登場しておらず，「朝」という語から誤読したものである。

問三　和歌では，花は女性の比喩として用いられることがある。特に，花の色が褪せる，花盛りから時間が経つなどは，女性の容姿の衰えを表すことがあるので覚えておこう。　Ⅰでは，女郎花が盛りであることに対して「露のわきける身」，現代語訳でいう「露が分けへだてをするこの身の上」と自分を卑下している。この時点で，ア・イは除外できる。　Ⅱでは，Ⅰへの返歌として，「女郎花が美しい色に染まっているのは，きっと自分の心から」としているので，心の持ちようによって女郎花は美しく染まっているのだという趣旨である。「白露はなにも分けへだてをしているわけではあるまい」にも注目。要は，作者が〈白露が分けへだてをしている〉と嘆いているのに対して，作者の考えは誤りだと優しくたしなめるような内容である。

問四　現代語訳では「その方面の話」。「その」とは何かというと，直前の殿の三位の発言である「女性はやはり……」ということ。要は，気立てのよい女性というのは多くないようだね，という趣旨の話である。女性，という時点でイが適当。

問五　和歌では，花は女性の比喩として用いられることがある。「おほかる」は形容詞「多し」の連体形。また，「あやなく」は「無意味に，不合理に」，「あだの」は「無駄な，浮気な」，「～の名が立つ」は「～という評判が立つ」という意味。これらを合わせると，アが適当。

やや難　問六　アは「碁石となり」，エは「小石が，碁石から大きな岩へと」が誤り。現代語訳を見ると，拾った碁石が岩になってほしいということであり，もともと碁石を拾ったのである。　ウ　「変化しても……変わらない」が誤り。和歌の意としては〈岩になってほしい〉ということであり，「違和に変化しても変わらない」というよりは，〈小さな碁石が岩になるほどの長い時間であってほしい〉ということである。

問七　ア　「好きなため」が誤り。読経くらべや今様歌が好きであることが，琴や笛の腕が成熟していない理由だということは本文中から読み取れない。　イ　これは「二十六日」のことであり，「二十余日のほど」のことではない。　ウ　「大々的な宴会を行った」が誤り。現代語訳では「音楽に興じられる夜もある」とあり，「宴会」とは限らない。また「おもてだった管絃のお遊びは……お催しにならない」ともあるので，少なくとも「大々的」とは言えない。

問八　現代語訳では「すこし起き上がられた……赤くなっていらっしゃる」。ここでは，作者が宰相の君を起こして「物語の中の……」と話しかけたことに対する反応である。この時点で，「物語の中」に言及のないウと，「物語の中の……」があくまでも作者による宰相の君への感想だと見抜けていないエは除外できる。物語の姫君のようだ，と言われるのは基本的には誉め言葉であり，作者もそう述べているようにそれほどに可愛らしい，美しいということの表現である。したがって「心にもない」と宰相の君が思うのは不自然で，仮にそう思っているのであれば，なぜそう思うのかなどの説明を通常は要する。しかし特に説明はなく「赤くなって」いるとしか記述されていないので，少なくとも作者はアのように宰相の君の心情を理解しているはずである。

問九　ア　「戸惑いを感じている」が誤り。そのようなことは朝の場面から読み取れない。むしろ作者は「殿」に対して「まことにこちらが恥ずかしくなるほどご立派」と好印象である。
ウ　「たくましく成長した」以降誤り。「お年のわりにはずいぶんと大人びた奥ゆかしい様子」なので，「たくましく成長」こそしていないものの，実年齢よりも落ち着いた人物だと評価している。　エ　「不安」が誤り。選択肢アについての解説と同様。また，「強くあこがれている」も誤り。頼通はまだ年齢的には幼く，ウの解説通り高く評価はしているものの，「強くあこがれ」ている根拠は本文中から読み取れない。高く評価しているからといって，あこがれを抱いているとは限らない。

問十　イ　平安時代前期の成立。　ウ　鎌倉時代前期の成立。　エ　鎌倉時代末期の成立。　紫式部と，『枕草子』作者の清少納言が同時代の人物，かつ同じ天皇の中宮に仕えていた者同士であり，文壇においてもライバル的に目されていたことを知っていればやさしい。一条天皇の中宮は二人おり，紫式部は中宮彰子に，清少納言は中宮定子に仕えていた。

三　(品詞・用法，外来語，語句の意味，熟語)

やや難　問一　難問。「たかだか」と「せいぜい」がほぼ同義であることからアを選択してもよい。「たかだか」「せいぜい」は副詞。副詞とは，自立語で活用がなく，主に用言を含む文節を修飾するもの。例文を考えると，「たかだか三日いただけで～」など，用言(この場合は動詞「いる」)を含む文節を修飾できる。「せいぜい」も，アが「三日もあれば」と動詞「ある」を含む文節を修飾している。　イ　「もっともな」は「もっともに(聞こえる／思う)」など活用できるので，形容動詞。ウ　「たいした」は連体詞。体言以外を修飾することがない。　エ　「どちら」は指示代名詞，または人代名詞。つまりは名詞である。

問二　「スタンダード」は「標準(的)」という意味。

問三　「以心伝心」は「言葉によらずに，互いの心から心に伝えること」。つまり，「心を以て心に伝える」という意味なので，「意」は誤字。　ア　「優柔不断」とは，「ぐずぐずしていて物事の決断ができないこと」。「不断」を「普段」としないよう注意。　イ　「順風満帆」とは，「物事がすべて順調に進行することのたとえ」。「満帆」は「まんぱん」。「まんぽん」と読まないように注意。　エ　「五里霧中」とは，「迷って方針や見込みなどの立たないこと」。「夢中」としないように注意。

問四　設問の，「以外」というところに注意。これを見落とすと，尊敬の意味で使われているものを選んでしまう。エは，「先輩たちに」の「に」に注目。この「に」は「から」と言い換えても成立する。この「られ」は受身。ア～ウは，すべて「大臣は」「先生は」「先輩が」と主語を表している。尊敬語というのは，行為の主体に対して尊敬の意を添えるものである。

重要　四　(内容吟味)

AさんとDさんは，筆者の言う「一点突破全面展開」を実行できていない。筆者は「あれもこれも伝えようとしますが，……決めて伝えるのです」と述べているので，Aさんのように部活動と趣味，Dさんのように趣味と部活動と将来の夢，とあれもこれも伝えようとするのは筆者の主張に反している。Cさんはその点，出身や地元の先輩についての言及はあれど主にラグビーについて話しているので，AさんとDさんに比べると「一点突破全面展開」は実行できている。しかし，本文最終文にある筆者の主張「自己紹介は自分を紹介するのではなく，……語らなければならないのです」に反している。Cさんは「応援してください」と，むしろ聞き手が話し手に貢献することを求めている。これでは，聞き手の未来がどう変わるかは伝わらない。その点，Bさんは「周りの人を手助けできる人になりたいです」と，自分が聞き手にどう貢献したいかを述べてしめくくっている。こうすることで，聞き手は〈Bさんとつながることで，困った時に助けてもらえるかも〉あるいは〈Bさんとつながることは，人助けをする善良な人物とつながることを意味するかも(そして結果的に自分も善良な人物とみなされるかも)〉と，未来に対して期待ができるのである。

★ワンポイントアドバイス★

現代文では，筆者が独自の意味づけを行っている語が登場することがある。辞書的な意味だけで判断せず，筆者による説明をふまえて解釈しよう。古文は，古文世界における文化・常識の知識が重要。和歌の鑑賞も日頃から行っておこう。

MEMO

大切なことはメモしておこうネ！

2023年度

★★★★★★★★★★★★★★★★★★★★★★★★

入　試　問　題

2023年度

中部大学春日丘高等学校入試問題

【数　学】（40分）　＜満点：100点＞

【注意】解答の記入方法は，たとえば，$\boxed{\text{ア}}$と表示のある問いに対して３と解答する場合には，次のように解答番号アの解答欄にマークしなさい。また，計算結果が分数になる場合はこれ以上約分できない形にして答えなさい。（裏表紙：例にならって練習しなさい）

（例）

解答番号	解　答　欄											
ア	⊖	±	⓪	①	②	●	④	⑤	⑥	⑦	⑧	⑨

次の$\boxed{\text{ア}}$～$\boxed{\text{リ}}$の中に適する数，符号を１つずつ入れなさい。

〔１〕

⑴　$(3-7)\div\frac{4}{5}-3\times(-4)=\boxed{\text{ア}}$

⑵　$(-2a^2b)^3\times4ab^3\div(-8ab)=\boxed{\text{イ}}a^{\boxed{\text{ウ}}}b^{\boxed{\text{エ}}}$

⑶　$(\sqrt{3}-1)^2+\sqrt{27}-\frac{6}{\sqrt{3}}\times2=\boxed{\text{オ}}-\boxed{\text{カ}}\sqrt{3}$

⑷　大小２つのサイコロを同時に投げ，大きいサイコロの出た目の数をa，小さいサイコロの出た目の数をbとする。このとき，$a\geqq b$となる確率は$\boxed{\text{キ}}$である。ただし大小２つのサイコロはともに，１から６までのどの目が出ることも同様に確からしいものとする。

$\boxed{\text{キ}}$にあてはまるものを下記の＜語群＞の中から選び，番号で答えよ。

＜語群＞

⓪ $\frac{1}{12}$　① $\frac{1}{6}$　② $\frac{1}{4}$　③ $\frac{1}{3}$　④ $\frac{5}{12}$

⑤ $\frac{1}{2}$　⑥ $\frac{7}{12}$　⑦ $\frac{2}{3}$　⑧ $\frac{3}{4}$　⑨ $\frac{5}{6}$

⑸　下の図は，ある中学生９人の数学テストの得点結果を箱ひげ図に表したものである。この９人の数学テストの結果として最も適切なものは$\boxed{\text{ク}}$である。

$\boxed{\text{ク}}$にあてはまるものを下記の＜語群＞の中から選び，番号で答えよ。

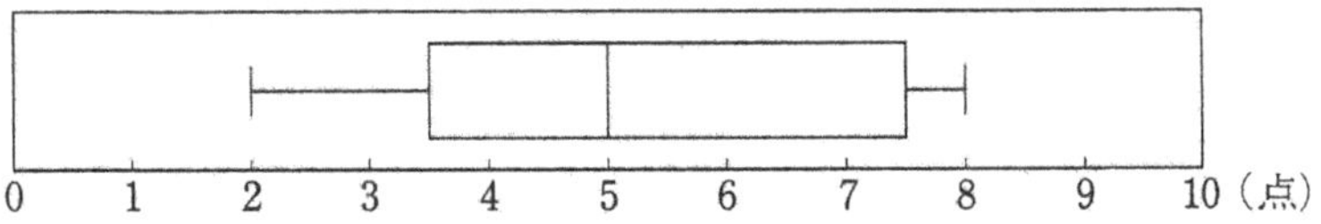

＜語群＞

⓪ 1，2，3，4，5，6，7，8，9　① 2，2，4，4，5，6，6，8，8

② 2，3，4，5，5，5，6，7，8　③ 2，3，4，4，5，6，7，9，9

④ 2，3，4，5，5，6，7，8，8　⑤ 2，3，4，5，5，7，7，8，9

〔2〕

(1)　連立方程式 $\begin{cases} \dfrac{x}{2} - \dfrac{2-2y}{3} = 2 \\ (x-1):(y+1) = 2:7 \end{cases}$ を解くと，$y = \dfrac{\boxed{ケ}}{\boxed{コ}}$ である。

(2)　2次方程式 $x^2 - x - 2 = 0$ の2つの解をそれぞれ3倍した数が2次方程式 $x^2 + ax + b = 0$ の解であるとき，$a = \boxed{サシ}$ である。

(3)　1本75円の鉛筆をちょうど スセ 本買える代金を持っている。
この代金で1本55円の鉛筆を買ったところ，スセ 本より4本多く買うことができ，60円が余った。

(4)　図のように，同じ長さの棒を右に並べて正三角形をつくる。
例えば，7本の棒を使うと，この図のように正三角形が3個できるものとする。

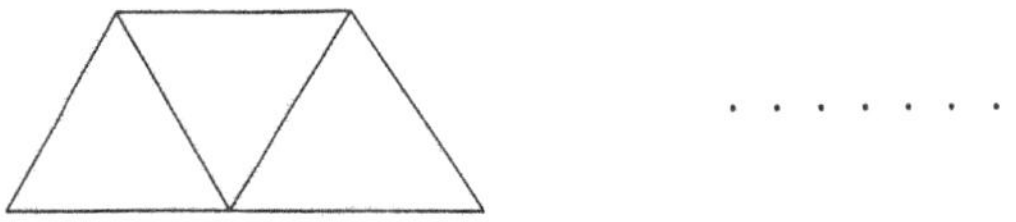

(ア)　正三角形を10個つくるとき，棒は ソ 本必要である。
ソ にあてはまるものを下記の＜ ソ の語群＞の中から選び，番号で答えよ。
＜ ソ の語群＞

⓪　18　①　19　②　20　③　21　④　22
⑤　26　⑥　27　⑦　28　⑧　29　⑨　30

(イ)　棒を80本使うと正三角形は タ 個までつくることができる。
タ にあてはまるものを下記の＜ タ の語群＞の中から選び，番号で答えよ。
＜ タ の語群＞

⓪　26　①　27　②　28　③　29　④　30
⑤　38　⑥　39　⑦　40　⑧　41　⑨　42

〔3〕　図Iのように，AB＝BC＝10cm，∠BAD＝∠ADC＝90°の台形ABCDがある。
また，台形ABCDの面積は104cm^2である。

＜図I＞

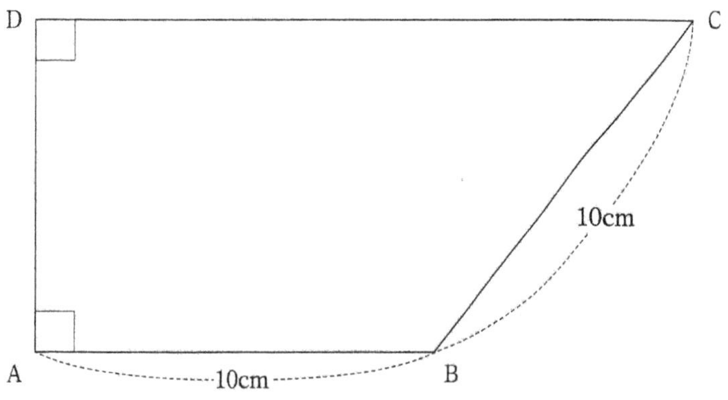

頂点Aを出発し，一定の速さで辺AB，BC上を通って移動する点Pを考える。

> 点Ｐが頂点Ａを出発してから x 秒後に，３点Ａ，Ｂ，Ｐを結んでできる三角形ABPの面積を y cm^{2}とする。ただし，点Ｐが辺AB上を移動している間は三角形が作れないため，三角形ABPの面積を０cm^{2}とする。

右記の図Ⅱは，x の変域が $0 \leqq x \leqq 10$ であるときの x と y の関係式を表したグラフである。

<図Ⅱ>

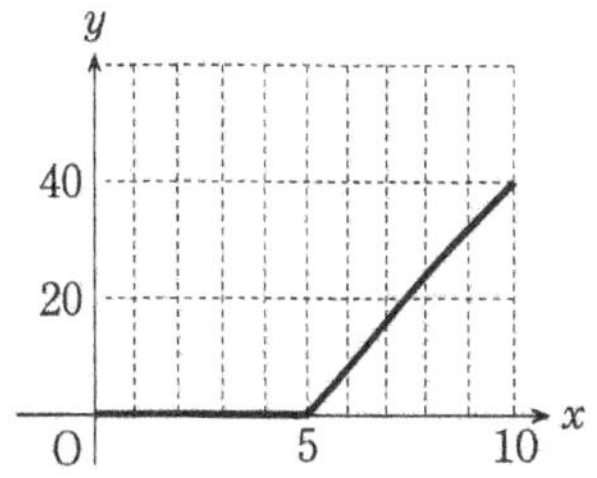

⑴　図Ⅱより，点Ｐは毎秒 $\boxed{\text{チ}}$ cmの速さで進んでいることがわかる。また，$x=10$ のとき $y=40$ であることから，辺ADの長さは $\boxed{\text{ツ}}$ cmであることがわかる。

次に，頂点Ａを出発し，一定の速さで辺ＡＤ，ＤＣ上を通って移動する点Ｑを考える。
また，点Ｑは頂点Ａを出発してからちょうど５秒後に，点Ｄに到達する速さで移動するものとする。

> 点Ｑが頂点Ａを出発してから x 秒後に，３点Ａ，Ｄ，Ｑを結んで　できる三角形ADQの面積をＹcm^{2}とする。ただし，点Ｑが辺AD上を移動している間は三角形が作れないため，三角形ADQの面積を０cm^{2}とする。

右記の図Ⅲは，x の変域が $0 \leqq x \leqq 10$ であるときの x とＹの関係を表したグラフである。

<図Ⅲ>

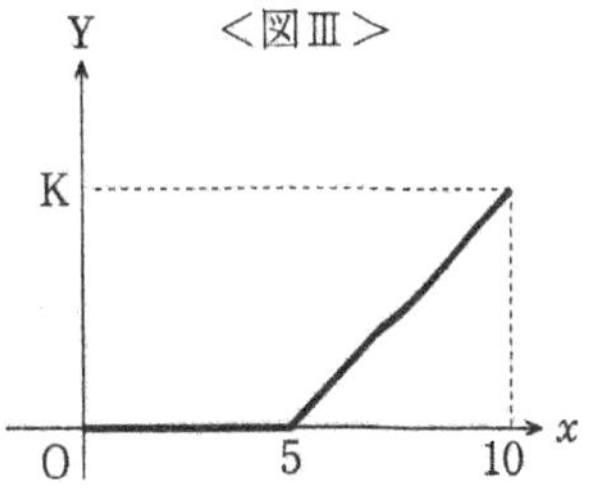

⑵　図Ⅲにおいて，Ｋの値は $\boxed{\text{テト}}$ となる。

最後に，２つの点Ｐ，Ｑが頂点Ａを同時に出発する場合を考える。ただし，点Ｐは頂点Ｃに到達した後，辺CD上を移動し，点Ｐと点Ｑが辺CD上で重なったとき，２つの点Ｐ，Ｑは同時に停止するものとする。

> ２つの点Ｐ，Ｑが頂点Ａを同時に出発してから x 秒後に，2つの動点Ｐ，Ｑを用いてできる下記の図形(i)と(ii)の面積の和をＳcm^{2}とする。
> (i)　点Ｐが辺BC上を移動しているとき，３点Ａ，Ｂ，Ｐを結んでできる三角形ABP，または点Ｐが辺CD上を移動しているとき，４点Ａ，Ｂ，Ｃ，Ｐを結んでできる台形ABCP
> (ii)　点Ｑが辺DC上を移動しているとき，３点Ａ，Ｄ，Ｑを結んでできる三角形ADQ

右記の図Ⅳは，x と S の関係を表したグラフである。

⑶　図Ⅳにおいて，Ｌの値は $\dfrac{\boxed{\text{ナニヌ}}}{9}$ である。

<図Ⅳ>

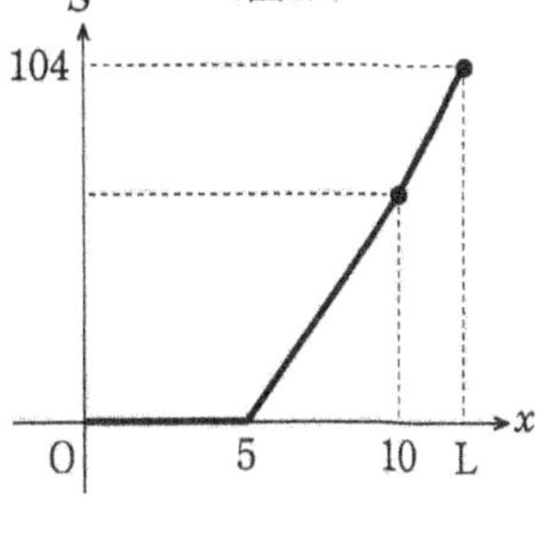

〔4〕 放物線 $y=\frac{1}{3}x^2$ 上に3点A，B，Cがあり，それぞれの x 座標は−6，3，9である。

⑴ 直線ACと y 軸との交点をDとする。点Dの y 座標は[ネ][ノ]である。

⑵ 点Dを通り，直線ABに平行な直線を ℓ とする。放物線と直線 ℓ との2つの交点をE，Fとするとき，点Eと点Fの x 座標の差は[ハ][ヒ]である。ただし，(点Eの x 座標)＞(点Fの x 座標) とする。

⑶ △ADFは[フ]である。また，この三角形と合同な三角形は2つあり，
△ADF≡△[ヘ]，△ADF≡△[ホ]である。

[フ]にあてはまるものを下記の＜[フ]の語群＞の中から選び，番号で答えよ。

＜[フ]の語群＞

⓪ 正三角形　① 二等辺三角形　② 直角三角形
③ 直角二等辺三角形　④ 鋭角三角形　⑤ 鈍角三角形

[ヘ]，[ホ]にあてはまるものを下記の＜[ヘ]と[ホ]の語群＞の中から選び，番号で答えよ。

＜[ヘ]と[ホ]の語群＞

⓪ ADE　① ADB　② ADO
③ DAE　④ DAB　⑤ DAO
⑥ ECD　⑦ EDC　⑧ EAB

＜参考図＞

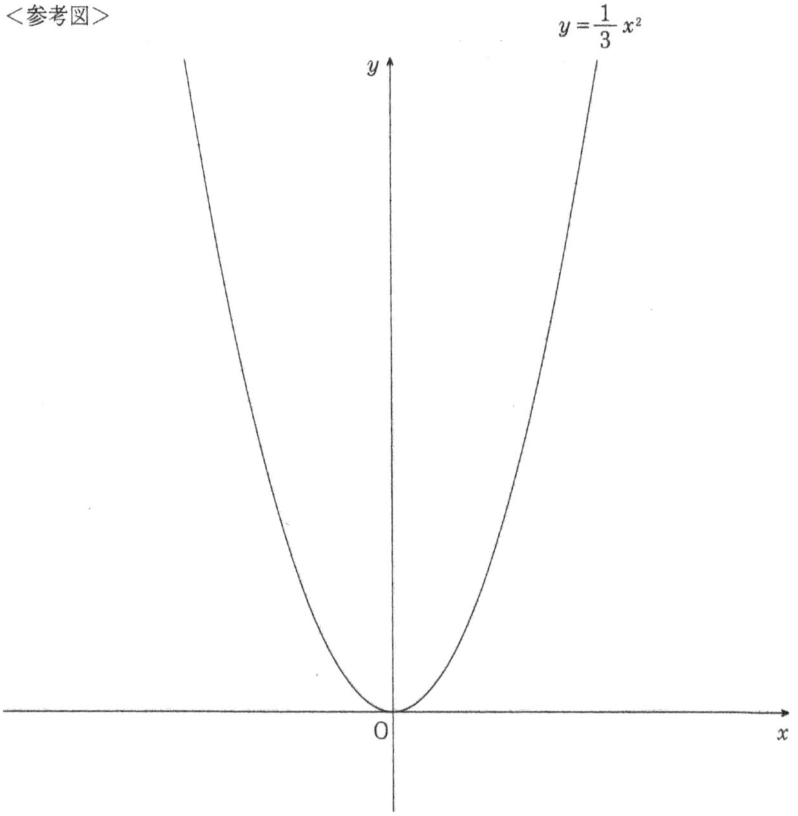

〔5〕 (1) 図のように，直線 l は円Oの接線で，点Aがその接点である。
$\overset{\frown}{AB}=\overset{\frown}{BC}$ のとき，$x=$ [マミ]°である。

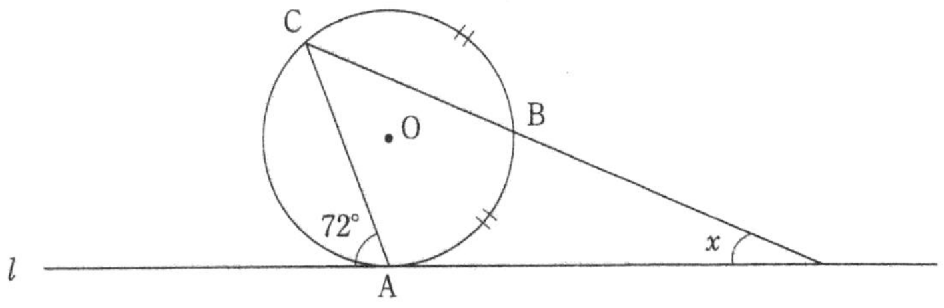

(2) 図のように，三角形ABCがあり，DE＝1㎝，DF＝5㎝，BC＝7㎝，DE // FG // BCである。四角形DFGEと四角形FBCGの面積が等しいとき，三角形AFGの面積は三角形ADEの面積の[ムヌ]倍であり，FB＝$\frac{\boxed{モ}}{\boxed{ヤ}}$㎝である。

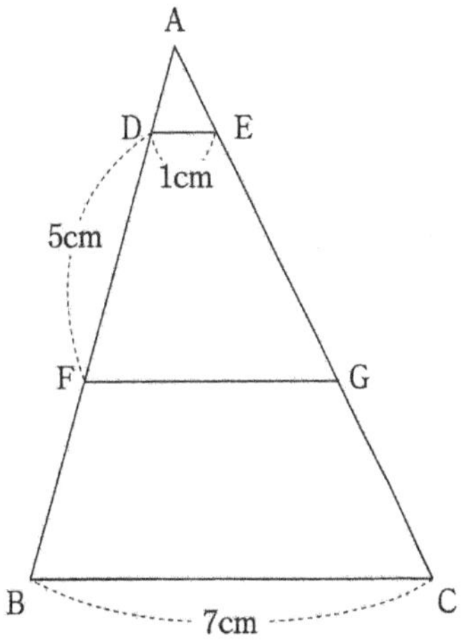

〔6〕 春日さんと花子さんは次のことをした。 (<図Ⅰ><図Ⅱ>は次のページあります。)

> 容器Aの底面を上にして，さらに水平になるようにして水を満たし，その中におもりBを底面を水平にして静かに沈めたところ，図ⅡのようにおもりBはその高さの$\frac{2}{3}$まで沈んだところで容器Aに4点で触れて静止した。

図Ⅰのように，高さがともに12㎝である円すい形の容器Aと正四角柱の金属のおもりBがある。あふれた水の体積が400㎝^{3}であったとき，次の会話内の空欄を埋めよ。ただし，容器Aの厚みは考えないものとする。

<図Ⅰ>

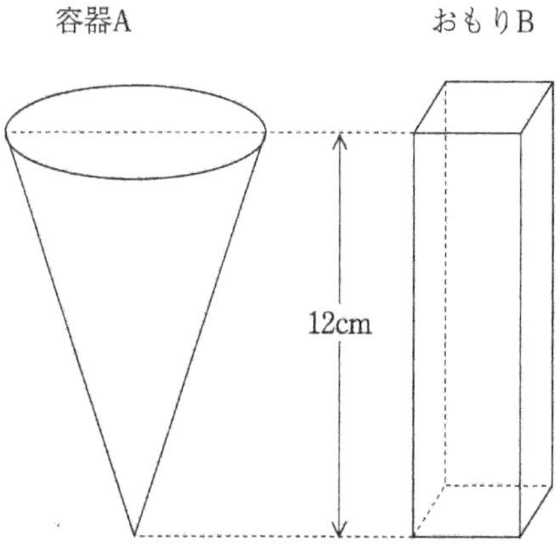

<図Ⅱ>

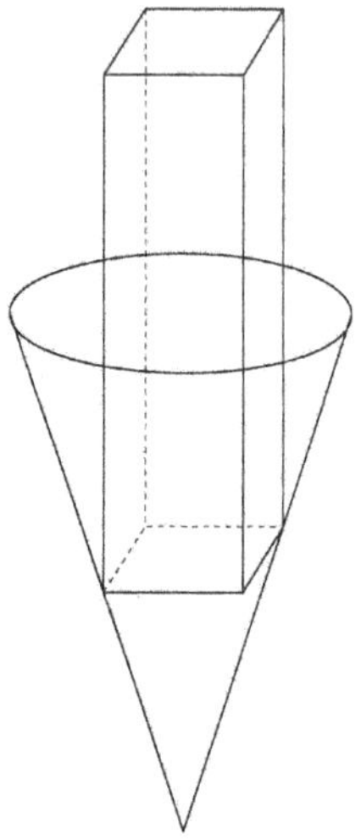

春日さん：容器Aの体積を求めることができそうだね。

花子さん：確かにそうね。

あふれた水の体積と，おもりBの沈めた高さに注目すると，おもりBの底面である正方形の１辺の長さは$\boxed{\text{ユ}}\sqrt{\boxed{\text{ヨ}}}$ cmだね。

春日さん：そうだね。

相似な図形の性質を使って，容器Aの底面である円の半径は$\boxed{\text{ラ}}$cm，容器Aの体積は$\boxed{\text{リ}}$cm^{3}となるね。

花子さん：体積の求め方はいろいろあるね。

$\boxed{\text{ラ}}$にあてはまるものを下記の<$\boxed{\text{ラ}}$の語群>の中から選び，番号で答えよ。

<$\boxed{\text{ラ}}$の語群>

⓪ 8　① 9　② 10　③ 11　④ 12

⑤ 13　⑥ 14　⑦ 15　⑧ 16　⑨ 17

$\boxed{\text{リ}}$にあてはまるものを下記の<$\boxed{\text{リ}}$の語群>の中から選び，番号で答えよ。

<$\boxed{\text{リ}}$の語群>

⓪ 120π　① 300π　② 400π　③ 600π　④ 800π

⑤ 900π　⑥ 1200π　⑦ 1600π　⑧ 2700π　⑨ 3600π

【英　語】（40分）　＜満点：100点＞　　**※リスニングテストの音声は弊社HPにアクセスの上，音声データをダウンロードしてご利用ください。**

（解答番号[1]～[30]）

［1］ リスニングテスト

A．それぞれの対話についての問いを聞き，答えとして最も適当なものを４つの選択肢ア～エの中からそれぞれ１つ選びなさい。対話と質問文はそれぞれ２回ずつ読まれます。

[1] Why does Tom believe that Jane can write an essay quickly?

ア Because he believes she is good at writing an English essay.

イ Because he believes she has a dream.

ウ Because he believes she has already written a long essay.

エ Because he believes she has never done her homework.

[2] What does Fred ask Lucy to do?

ア He asks her to buy something in Japan.

イ He asks her to go to a concert with Judy next time.

ウ He asks her to come to Japan with his family.

エ He asks her to speak to Judy.

[3] How much does the man have to pay if he does not eat in the restaurant?

ア It is thirty five dollars.　イ It is forty dollars.

ウ It is forty one dollars.　エ It is forty five dollars.

B．これから流れる英語は，あるアナウンスの内容です。内容をよく聞き，質問文の答えとして最も適当なものを４つの選択肢ア～エの中から１つ選びなさい。質問は２つあります。アナウンスと質問文はそれぞれ２回ずつ読まれます。

[4] Where is it possible for you to hear this announcement?

ア At an airport.　イ At an amusement park.

ウ At a library.　エ At an aquarium.

[5] What time do passengers need to go to Gate A23?

ア At 2:15 pm.　イ After 4:00 pm.

ウ Before 2:00 pm.　エ At 4:00 pm.

［2］ 次の英文を読んで，質問に答えなさい。

Patrick never did homework. "Too boring," he said. He played baseball and basketball and Nintendo instead. His teachers told him, "Patrick! Do your homework or you won't learn a thing." But he hated homework.

One day his cat was playing with a little doll. Actually it wasn't a doll but a man who was smaller than a mouse. (A)He was surprised to see that. He had a little wool shirt and a tall hat much like a witch's. He was an elf. He cried, "Help me and I'll do anything for you. I promise you." Patrick couldn't believe how lucky he was! He said to the elf, "Please do all my homework until the end of the semester. If you do a good job, I might get A's."

(B)The elf was silent for a while, and then he said, "It's so hard for me but I'll try to do it." (C)To save the elf, Patrick gave his cat a new toy, and so his cat started playing with the toy instead of with the elf.

The next day, the elf began to do Patrick's homework, but the elf didn't always know the answers and cried, "Help me! Help me!" Patrick had to help him in (D)many ways. Sometimes Patrick had to get a dictionary to tell the elf the meanings of some words in his homework. The elf knew nothing about math and said, "I have never studied math, so I need your help." So, when he was doing math homework, Patrick was very busy helping him answer some questions. He didn't know anything about human history, either. Patrick had to help him again. Patrick needed to read many history books to help him do the history homework. Sometimes Patrick didn't have enough sleep at night because he was too busy helping the elf.

On the last day of the semester, the elf disappeared. Patrick got many A's. His classmates were surprised and his teachers smiled. His parents wondered, "What happened?" He became an excellent student who was good at all subjects. Patrick still thinks the elf did all his homework. Only you and I know who really did it.

（注） elf：妖精　semester：学期　A's：（学業成績の）A

（出典） *WHO DID PATRICK'S HOMEWORK?* ; written by Carol Moore（一部改訂）

6 下線部(A) He was surprised to see thatの理由として最も適当なものをア～エの中から1つ選びなさい。

ア ネコが人形で遊んでいるのを初めて見たから。　イ ネコがネズミと遊んでいたから。

ウ ネコが遊んでいたのは人形ではなかったから。　エ ネコがしゃべったから。

7 下線部(B) The elf was silent for a whileの理由として最も適当なものをア～エの中から1つ選びなさい。

ア 妖精は自分にできることかどうか考えていたから。

イ 妖精は人間と話すことが怖かったから。

ウ 妖精は宿題が嫌いだったから。

エ 妖精はPatrickの願いが理解できなかったから。

8 下線部(C) To saveと同じ用法を含むものをア～エの中から1つ選びなさい。

ア I want to be a teacher.

イ He will need someone to support him.

ウ He has some facts to tell her right away.

エ I will buy a ticket to watch a movie.

9 下線部(D) many waysに含まれないものをア～エの中から1つ選びなさい。

ア 数学の問題の解き方を考えること。

イ 辞書を使って妖精に言葉の意味を教えること。

ウ 人間の歴史について妖精に教えること。

エ　妖精に十分な睡眠を取らせてあげること。

⑩　本文の内容と一致するものをア～エの中から１つ選びなさい。

ア　Patrick was playing with his cat when he saw the elf.

イ　Patrick did most of his homework himself.

ウ　Everyone knows who did Patrick's homework.

エ　Patrick was angry because the elf wasn't helpful.

［３］　次の英文を読んで，設問に答えなさい。

How much trash do you produce in a day? I started thinking about this after listening to a talk by Bea Johnson, an advocate of zero-waste living.

Her family of four (herself, her husband and two sons) produce so little trash. They do this in a few ways. First, they don't buy packaged goods. They use their own shopping bags. They also reduce the things that they have and use the same product for many things. For example, Johnson uses vinegar and baking soda to clean. Also, she has only fifteen pieces of clothing.

"A zero-waste life is not about depriving yourself," she said. "It's about focusing on what's important to save time and money and have better health." Johnson explains all this and more in her book *Zero Waste Home*, a guidebook for reducing waste and making our life simple. I read the book a few years ago and tried to follow her ways of living.

But I couldn't keep doing that. After a few weeks, I bought packaged goods. It was very hard for me to stop buying potato chips and stationery. I managed to stop using any plastic bags and to use my own knife and fork when I eat out. But I am still producing some trash.

But after Johnson's talk, I tried zero-waste living again. Johnson said it was important to start small things, and the changes should be sustainable. She also said that it is impossible to change your way of life quickly.

I thought about things that I could do right away. I could shop less at the supermarket and more at the fresh food markets. In the fresh food markets, customers can buy fresh food which is not packaged. Besides, the fresh food markets offer fresher food at better prices, and friendly staff often give something for free.

Will I succeed in reducing my trash? I will try to do my best.

（注） advocate：提唱者　packaged：包装された　baking soda：重曹　deprive oneself：自制する
manage to ～：何とか～する　succeed in ～ ing：～することに成功する

（出典） The Japan Times ST：January 26, 2018 By Tan Ying Zhen（一部改訂）

⑪　What do Bea Johnson's family do to reduce trash?

ア　They often make a speech about their life.

イ　They buy only a few things.

ウ They use things in different ways.
エ They have only fifteen pieces of clothing.

12 Why does Bea Johnson talk about a zero-waste life?
ア Because she wants her family to reduce waste.
イ Because she thinks that people can live a better life in this way.
ウ Because she wants to improve the environment.
エ Because she thinks that people will buy her book.

13 Why does the writer talk about the fresh food market?
ア Because the writer is trying to change her way of living.
イ Because there are no good points about Bea Johnson's way of living.
ウ Because things sold at the supermarket are too expensive.
エ Because people often can be friends with some staff.

14 Which is true about the story?
ア Bea Johnson's family do nothing to change their lives.
イ Bea Johnson's way of living is always easy to follow.
ウ Bea Johnson said that we can change our lives little by little.
エ Bea Johnson usually goes to the fresh food market.

15 What is the best title for this story?
ア The Important Thing in Our Life　　イ Fresh Food Markets
ウ How to Protect the Environment　　エ A Simpler Life

［4］ 次の文には，それぞれ明らかに文法的・語法的な誤りが1か所ある。その誤りをア～エの中から1つずつ選びなさい。

16 I'm(ア) sure that(イ) many people enjoy(ウ) the school trip(エ) next month.

17 The present you are going(ア) to give your brother(イ) may make(ウ) his(エ) happy.

18 One of the most(ア) popular parks(イ) have(ウ) been the park near my house since(エ) the camping area opened there.

19 It(ア) is really cold this morning,(イ) but my father has be(ウ) working outside(エ).

20 The dog in(ア) this photo was(イ) taken care of(ウ) my mother until(エ) it died.

［5］ あとの各文の(　)に入る最も適当な語(句)をそれぞれア～エの中から1つ選びなさい。

21 I didn't know (　　) to tell him this, so I didn't.
ア how　イ which　ウ what　エ why

22 If I had my own computer, I (　　　) some information on the Internet.
ア could get　　イ can't get　　ウ can get　　エ get

23 This desk is made (　　　) wood.
ア in　　イ of　　ウ on　　エ by

24 The mountain (　　　) from this room is very beautiful.
ア to see　　イ seen　　ウ seeing　　エ saw

25 (　　　) of these four students belongs to the basketball club.
ア Many　　イ Both　　ウ Much　　エ Each

［6］ 日本語に合うように［ ］内の語（句）を並べ替えて正しい英文にするとき，__(1)__と__(2)__に入る最も適当な語(句)の組み合わせをそれぞれア～エの中から1つ選びなさい。ただし，_____は与えられた語(句)を示します。文頭に来る語も小文字で表してあります。

26 彼女がどこの出身か知っていますか。
_____ _____ __(1)__ _____ __(2)__ _____ _____?
［ you / is / know / do / where / she / from ］
ア (1) you　(2) do　　イ (1) know　(2) she
ウ (1) you　(2) she　　エ (1) know　(2) is

27 このロボットは魚と同じぐらい速く泳ぐことができる。
_____ _____ __(1)__ _____ __(2)__ _____ _____.
［ swim / as / can / this robot / fast / a fish / as ］
ア (1) swim　(2) as　　イ (1) as　(2) as
ウ (1) swim　(2) fast　　エ (1) as　(2) fast

28 家族と一緒に，週末に旅行に行く時間があればよいのにと思う。
_____ _____ __(1)__ _____ _____ _____ __(2)__ _____ _____ _____.
［ had / to / with / my family / on /1 wish / travel / the weekend / I / time ］
ア (1) travel　(2) with　　イ (1) had　(2) with
ウ (1) travel　(2) time　　エ (1) had　(2) time

29 公園で走っている3人の少年がいます。
_____ _____ __(1)__ _____ __(2)__ _____ _____.
［ are / boys / the park / running / there / three / in ］
ア (1) three　(2) running　　イ (1) are　(2) running
ウ (1) three　(2) in　　エ (1) are　(2) in

30 この映画はとても見事だったので次回作が楽しみだ。
_____ _____ __(1)__ _____ _____ _____ __(2)__ _____ _____ _____ one.
［ looking / so / this movie / that / was / to / amazing / forward / the next / I'm ］
ア (1) forward　(2) that　　イ (1) so　(2) this movie
ウ (1) forward　(2) so　　エ (1) so　(2) looking

【理　科】（30分）　＜満点：100点＞

（解答番号[1]～[20]）

〔1〕 仕事に関して様々な実験を行った。[1]～[5]に答えなさい。ただし，この問題では摩擦や空気抵抗の影響は考えないものとし，実験で用いる糸は質量が無視できるほど軽く，伸び縮みしないものとする。

実験1

図1～図3のような動滑車や定滑車などを組み合わせた装置を用いて，質量3.0[kg] の物体を一定の速さでゆっくりと20[cm]持ち上げたときの糸を引く力の大きさと糸を引いた距離を調べた。図2の動滑車は質量が無視できるくらい軽いものを用いたが，図3の動滑車は重く質量が無視できない。

図1　図2　図3

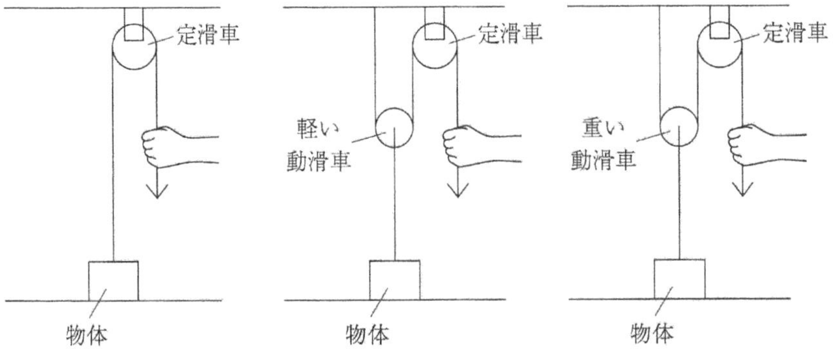

[1] この実験の結果について述べた文章として正しいものを下の（ア）～（オ）の中から1つ選び，記号で答えなさい。

（ア）図2，図3の装置はともに糸を引く力の大きさは同じだが，図1の装置を使うと糸を引く力の大きさは図2，図3と比べて2倍になる。

（イ）図2，図3の装置はともに糸を引く距離は同じだが，図1の装置を使うと糸を引く距離は図2，図3と比べて$\frac{1}{2}$倍になる。

（ウ）図1，図2の装置はともに糸を引く力の大きさは同じだが，図3の装置を使うと糸を引く力の大きさは図1，図2と比べて大きくなる。

（エ）糸を引く力の大きさは図1～図3でそれぞれ異なる。最も引く力の大きさが大きいのは図3であり，小さいのは図1である。

（オ）糸を引く距離は図1～図3でそれぞれ異なる。最も引く距離が大きいのは図3であり，小さいのは図1である。

[2] 図1～図3で物体を20[cm] 持ち上げるときに必要な手が糸にする仕事の大きさをそれぞれW_1，W_2，W_3としたとき，それぞれの大小関係を表したものとして正しいものを下の（ア）～（オ）の中から1つ選び，記号で答えなさい。

（ア）$W_1=W_2=W_3$　（イ）$W_3<W_1=W_2$　（ウ）$W_1<W_2<W_3$

（エ）$W_1=W_2<W_3$　（オ）$W_2=W_3<W_1$

実験２

図４のように，定滑車と動滑車を組み合わせた装置を用いて，質量3.0[kg] の物体を一定の速さでゆっくりと30[cm] 持ち上げた。ただし，滑車や棒の質量は無視できるほど軽いものとする。

図４

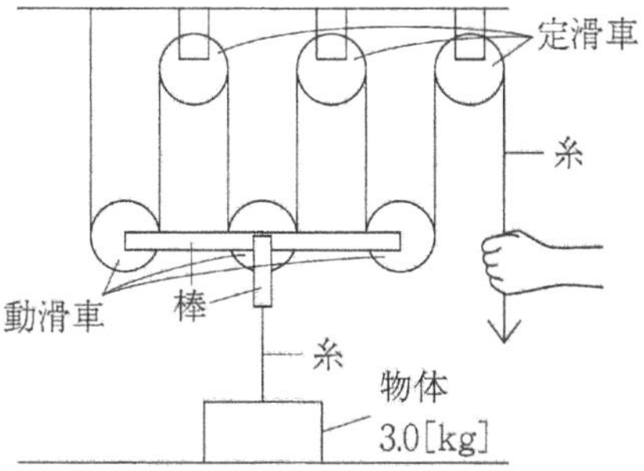

3　このとき，手が糸を引く長さとして正しいものを下の（ア）～（オ）の中から１つ選び，記号で答えなさい。

（ア）5.0[cm]　（イ）15[cm]　（ウ）60[cm]　（エ）90[cm]　（オ）180[cm]

実験３

質量900[ｇ]の台車とある質量の物体Ａを糸でつなぎ，その糸を滑車に通したところ，図５のように静止した。図５のときよりも斜面の角度を小さくすると，物体Ａは下がっていき図６のように静止した。

図５

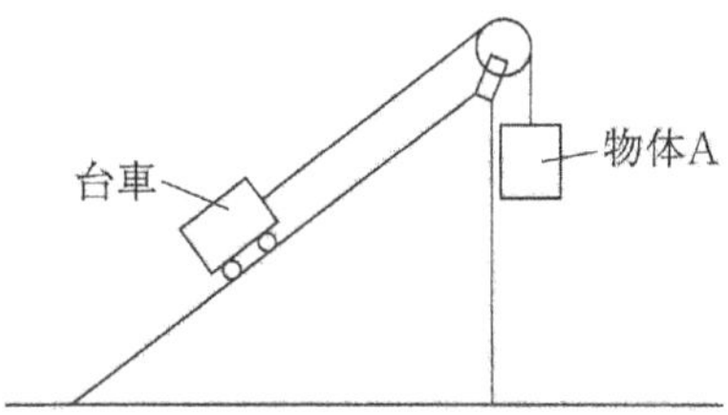

図６

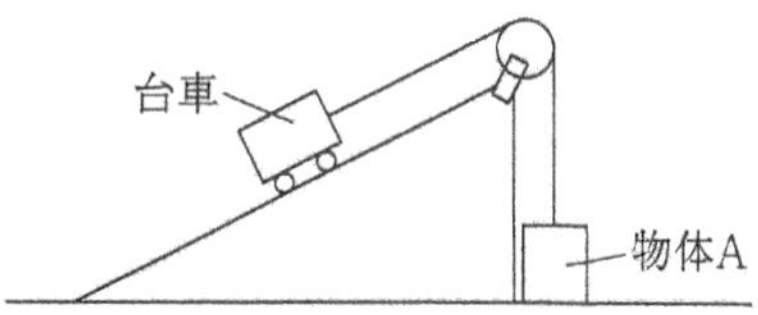

4　図６のときの「台車にはたらく重力」と「台車にはたらく張力」の大きさは，図５のときと比べてそれぞれどうなるか。正しいものを下の（ア）～（オ）の中から１つ選び，記号で答えなさい。

	台車にはたらく重力	台車にはたらく張力
（ア）	変わらない	変わらない
（イ）	変わらない	大きくなる
（ウ）	変わらない	小さくなる
（エ）	大きくなる	変わらない
（オ）	小さくなる	変わらない

実験４

質量900［g］の台車を図７のように水平面に固定された斜面の上に乗せ，軽い動滑車と定滑車を用いてゆっくりと一定の速さで引き上げるためにどれだけの大きさの力が必要か調べた。

図７

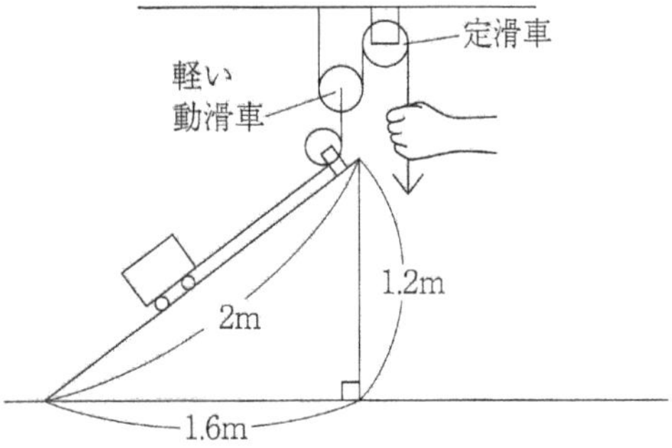

[5] このとき台車を引き上げるために必要な最小の力は何［N］か。正しいものを下の（ア）～（オ）の中から１つ選び，記号で答えなさい。ただし，100［g］の物体にはたらく重力の大きさを１［N］とする。また，滑車は質量が無視できるくらい軽いものとする。

（ア）2.7［N］　（イ）3.6［N］　（ウ）4.5［N］　（エ）5.4［N］　（オ）7.2［N］

［２］ 物質の状態に関する以下の文章を読み，[6]～[10]に答えなさい。

[6] ビンに水をこぼれるギリギリまで入れて冷凍庫で凍らせると，ビンから氷がはみ出す現象がみられる。これは水が液体から固体に状態変化するとき，体積が大きくなるという特別な性質を持っている。よって，水と氷は，氷の方が密度が小さい。

実験室で－４［℃］の氷を加熱していくと，０［℃］までは体積は少しずつ増加するが，０［℃］で氷が溶けると体積が減少する。０［℃］を過ぎると，４［℃］まで，体積は減少していく。その後，体積は増加していく。

下の図の中で，実験室における水(氷)の温度と密度の関係を簡単に表した図として正しいものを，次の（ア）～（オ）の中から１つ選び，記号で答えなさい。

（ア）

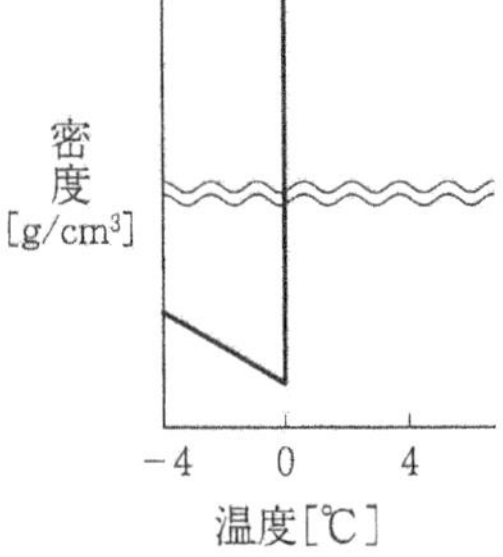

（イ）

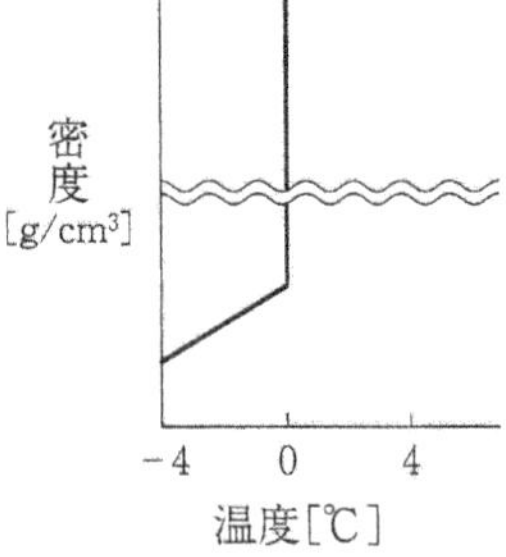

（ウ）

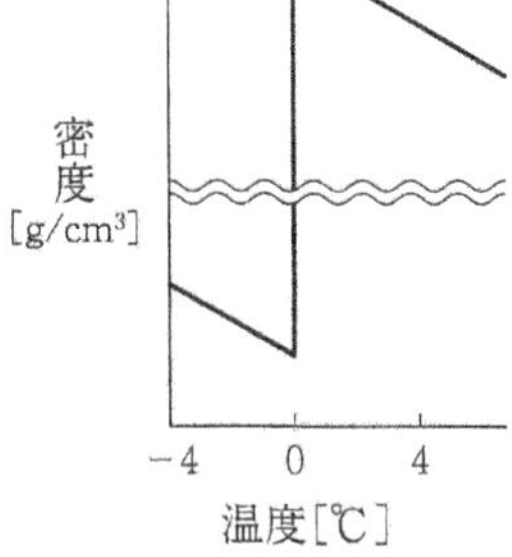

（エ）

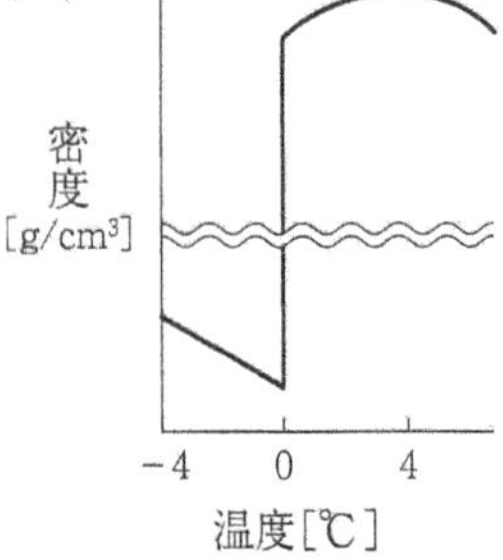

（オ）

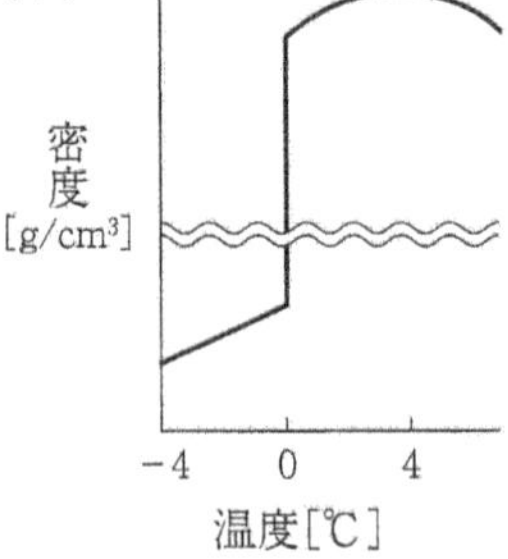

7　以下の薬品等を用いて，CO_2，O_2，NH_3，H_2の４種類の気体を発生させた。それぞれの気体を発生させる装置の図の組み合わせで正しいものを下の表の（ア）～（オ）の中から１つ選び，記号で答えなさい。

［薬品等］　うすい塩酸，二酸化マンガン，亜鉛，アンモニア水，塩化アンモニウム，
水酸化カルシウム，オキシドール，石灰石，沸騰石

①

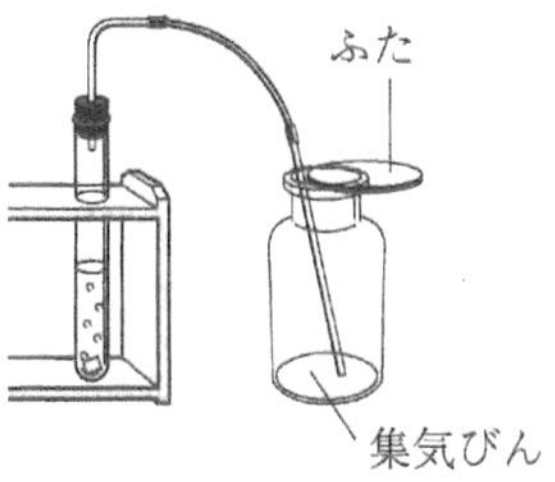

②

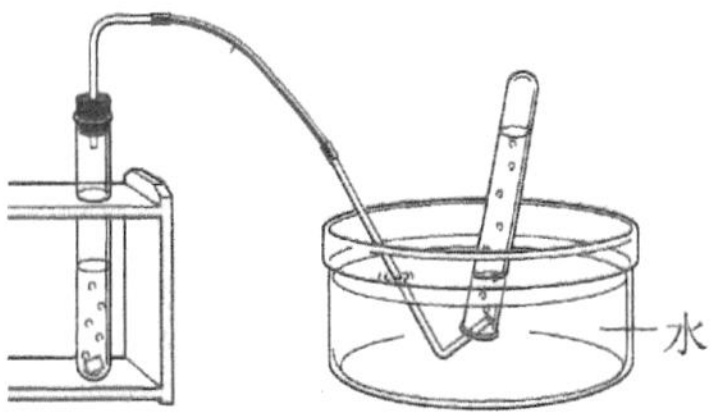

③

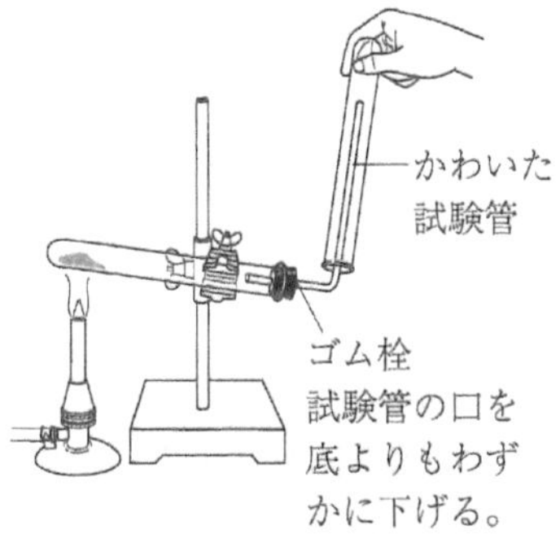

④

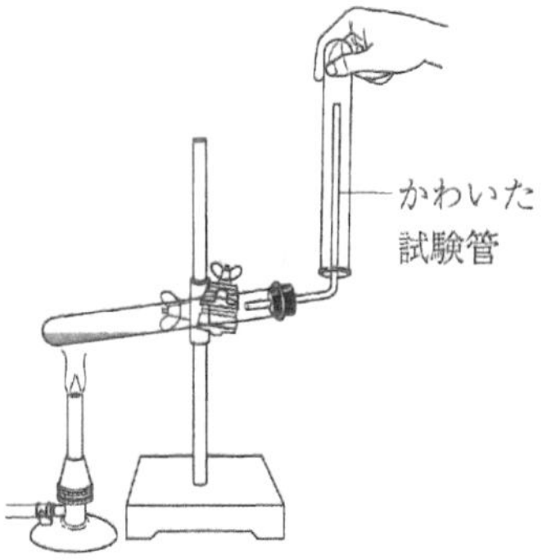

	CO_2	O_2	NH_3	H_2
（ア）	①	④	③	②
（イ）	②	③	④	①
（ウ）	①と②	②	③と④	②
（エ）	②	③と④	①	②
（オ）	①と②	②	④	①

8　次の７つの実験を行った。どの気体が発生する実験が一番多いか。正しいものを次のページの（ア）～（オ）の中から１つ選び，記号で答えなさい。

＊湯の中に発泡入浴剤を入れる
＊湯の中に酸素系漂白剤を入れる
＊レバーにオキシドールをかける
＊貝殻にうすい塩酸を加える

＊鉄にうすい塩酸を加える
＊ベーキングパウダーに食酢を加える
＊塩化アンモニウムと水酸化カルシウムを混ぜ合わせて熱する
（ア）酸素　（イ）アンモニア　（ウ）二酸化炭素　（エ）水素　（オ）窒素

下の表は，硝酸カリウムと塩化ナトリウムの溶解度［g/水100g］を表している。
ここで2つの実験1，2を行った。あとの各問いに答えなさい。

水の温度[℃]	硝酸カリウム[g/水100g]	塩化ナトリウム[g/水100g]
0	13.3	37.6
10	22.0	37.7
20	31.6	37.8
40	63.9	38.3
60	109.2	39.0
80	168.8	40.0

〔実験1〕
60[℃]の水200[g]に硝酸カリウム100[g]を溶かした後，この水溶液を10[℃]まで冷やした。
〔実験2〕
60[℃]の水40[g]に塩化ナトリウムを14[g]を溶かした後，この水溶液を10[℃]まで冷やした。

9　この2つの実験で析出した，物質の質量の合計は何[g]か。正しいものを下の（ア）～（オ）の中から1つ選び，記号で答えなさい。
（ア）1.3[g]　（イ）56[g]　（ウ）62.3[g]　（エ）78[g]　（オ）112[g]

10　10[℃]で硝酸カリウムの飽和水溶液366[g]を作るために必要な硝酸カリウムは何[g]か。正しいものを下の（ア）～（オ）の中から1つ選び，記号で答えなさい。
（ア）22[g]　（イ）33[g]　（ウ）44[g]　（エ）55[g]　（オ）66[g]

［3］　次のAさんと先生の会話と以下の文章を読み，11～15に答えなさい。

Aさん：学校からもらったジャガイモの種いもを畑に植えたら，たくさんのジャガイモが取れました。
先　生：ジャガイモの種いもは種子ではないけど，成長して新しいジャガイモをたくさん作ることができるね。こういう増え方を【　1　】というんだよ。
Aさん：ジャガイモは種子は作らないのですか？
先　生：ジャガイモも種子はできます。ジャガイモは体細胞分裂によって新しい個体を作る【　2　】と，生殖細胞の合体によって新しい個体を作る【　3　】の両方ができるんです。
Aさん：ではどのような時にジャガイモを種子から育てるのですか？
先　生：①新しい品種を作る時には，種子を使って新しいジャガイモを育てますね。

11　【1】から【3】に適する語句の組み合わせとして，正しいものを次のページの（ア）～（オ）の中から1つ選び，記号で答えなさい。

	【 1 】	【 2 】	【 3 】
（ア）	有性生殖	栄養生殖	無性生殖
（イ）	有性生殖	無性生殖	栄養生殖
（ウ）	無性生殖	有性生殖	栄養生殖
（エ）	栄養生殖	有性生殖	無性生殖
（オ）	栄養生殖	無性生殖	有性生殖

[12] 下線部①について，収穫量の多いジャガイモと病気に強いジャガイモを使って，収穫量が多くて病気に強いジャガイモを作りたい。どのようにしたら良いか，正しいものを下の（ア）～（オ）の中から１つ選び，記号で答えなさい。

（ア）収穫量が多いジャガイモの花粉を病気に強いジャガイモに受粉させて，病気に強いジャガイモから得られた種子を育てて，収穫量が多く病気に強いジャガイモを選び出す。

（イ）収穫量が多いジャガイモの花粉を病気に強いジャガイモに受粉させて，収穫量が多いジャガイモから得られた種子を育てて，収穫量が多く病気に強いジャガイモを選び出す。

（ウ）収穫量が多いジャガイモの花粉を病気に強いジャガイモに受粉させて，病気に強いジャガイモから得られた種いもを育てて，収穫量が多く病気に強いジャガイモを選び出す。

（エ）病気に強いジャガイモの花粉を収穫量が多いジャガイモに受粉させて，収穫量が多いジャガイモから得られた種いもを育てて，収穫量が多く病気に強いジャガイモを選び出す。

（オ）病気に強いジャガイモの花粉を収穫量が多いジャガイモに受粉させて，病気に強いジャガイモから得られた種いもを育てて，収穫量が多く病気に強いジャガイモを選び出す。

②しわのある種子を作る純系のエンドウの花粉を，丸い種子を作る純系のエンドウに受粉させた。この時用いた丸い種子を作る純系のエンドウからは，すべて丸い種子ができた。次に，得られた多数の丸い種子をまいて育てたところ全体で，③500個の丸い種子ができた。

＜考察＞

親の細胞では１つの形質についての遺伝子が対になっていて，生殖細胞ができるときにはその遺伝子が１つずつ分かれてはいる。受精によって１つずつに分かれた遺伝子は合わさって対になる。実験において，丸い種子を作る遺伝子をＡ，しわのある種子を作る遺伝子をａとすると，丸い種子を作る純系の親の遺伝子の組み合わせは【 4 】となり，しわのある種子を作る純系の親の遺伝子の組み合わせは【 5 】となる。また，子の遺伝子の組み合わせはすべて【 6 】となる。

[13] 【4】～【6】に当てはまる遺伝子の組み合わせにおいて，正しいものを次のページの（ア）～（オ）の中から１つ選び，記号で答えなさい。

	【 4 】	【 5 】	【 6 】
（ア）	A	a	Aa
（イ）	AA	Aa	AA
（ウ）	Aa	aa	AA
（エ）	AA	aa	Aa
（オ）	Aa	Aa	aa

⑭ 下線部②のように，形質の異なる純系を交雑した時，子に現れる形質を何というか。下の（ア）～（オ）の中から１つ選び，記号で答えなさい。

（ア）顕性形質　（イ）潜性形質　（ウ）中間形質　（エ）優先形質　（オ）劣後形質

⑮ 下線部③について，500個の丸い種子ができた畑と同じ畑でできたしわの種子は，理論上何個得られると考えられるか。最も近い数を下の（ア）～（オ）の中から１つ選び，記号で答えなさい。

（ア）130〔個〕　（イ）170〔個〕　（ウ）250〔個〕　（エ）500〔個〕　（オ）1500〔個〕

〔４〕 ある日の学校帰りに，池田くんと松原さんは天体について話をした。

２人の会話を読み，⑯～⑳に答えなさい。

松原さん：今日は満月がきれいね。

池田くん：太陽や月は，この宇宙の中の天体の１つなんだ。天体には恒星や惑星，衛星があって・・・。

⑯ 池田くんが恒星，惑星，衛星について正しく説明したものを下の（ア）～（オ）の中から１つ選び，記号で答えなさい。

（ア）太陽のような惑星の周りを，地球のような恒星がまわっているんだ。また，恒星の周りを月のような衛星がまわっているんだよ。太陽，地球，月で考えて大きさを比較すると，惑星が一番大きくて，衛星が一番小さいよね。

（イ）太陽のような恒星の周りを，地球のような惑星がまわっているんだ。また，惑星の周りを月のような衛星がまわっているんだよ。太陽，地球，月で考えて大きさを比較すると，惑星が一番大きくて，衛星が一番小さいよね。

（ウ）地球のような惑星の周りを，太陽のような恒星がまわっているんだ。また，惑星の周りを月のような衛星がまわっているんだよ。太陽，地球，月で考えて大きさを比較すると，恒星が一番大きくて，衛星が一番小さいよね。

（エ）太陽のような恒星の周りを，地球のような惑星がまわっているんだ。また，惑星の周りを月のような衛星がまわっているんだよ。太陽，地球，月で考えて大きさを比較すると，恒星が一番大きくて，衛星が一番小さいよね。

（オ）地球のような惑星の周りを，太陽のような恒星がまわっているんだ。また，惑星の周りを月のような衛星がまわっているんだよ。太陽，地球，月で考えて大きさを比較すると，恒星が一番大きくて，惑星が一番小さいよね。

松原さん：そうなんだ。でも，私には東にある満月と西にある夕日はほとんど同じ大きさに見えるよ。

池田くん：そうだね。地球にいる我々から見て，太陽と月がほとんど同じ大きさに見えることは，本当に奇跡的なことなんだよ。本当の太陽の直径はすごく大きくて，月の直径は3500[km]ぐらいなんだ。地球から見て同じ大きさに見えるのは，太陽までの距離は15000万[km]（1億5000万）であるのに対して，月までは375000[km]ぐらいなんだね。数字は，計算しやすいように少しだけ変えてあるよ。太陽の半径を考えてみてよ。

17　太陽の直径は何万[km]か。下の（ア）～（オ）の中から1つ選び，記号で答えなさい。

（ア）100万[km]　（イ）120万[km]　（ウ）140万[km]　（エ）160万[km]　（オ）180万[km]

松原さん：やっぱり太陽は遠いし，大きいよね。

池田くん：そうなんだ。1秒間で地球を7周半するスピードで伝わる光ですら，太陽から地球までに500秒もかかるんだ。太陽までの距離は15000万［km］であったことから光の速さを考えてみてよ。

18　光の速さは1秒間に何［km］か。下の（ア）～（オ）の中から1つ選び，記号で答えなさい。

（ア）10万[km]　（イ）20万[km]　（ウ）30万[km]　（エ）40万[km]　（オ）50万[km]

松原さん：光は速いし，太陽は遠いよね。でも，数字ばかりでなく，日食や月食などの天体ショーは面白いよね。

池田くん：そうだね。（そう言って，地面に図8の図を描いた。）これは，日食と月食の様子を表しているんだ。日食は・・・。

図8

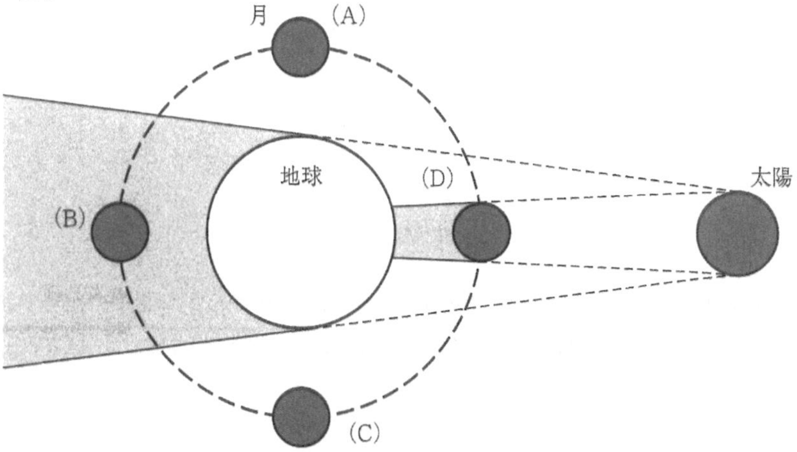

19　池田くんが行う，日食と月食についての正しい説明をあとの（ア）～（オ）の中から1つ選び，答えなさい。

（ア）日食は図8の（B）の位置で，月食は図8の（D）の位置なんだ。影の部分から日食は1時間以上続いて，月食の約6分よりも長い時間になるんだ。

（イ）日食は図8の（B）の位置で，月食は図8の（D）の位置なんだ。影の部分から月食は1時間以上続いて，日食の約６分よりも長い時間になるんだ。

（ウ）日食は図８の（D）の位置で，月食は図８の（B）の位置なんだ。影の部分から日食は１時間以上続いて，月食の約６分よりも長い時間になるんだ。

（エ）日食は図８の（D）の位置で，月食は図８の（B）の位置なんだ。影の部分から月食は１時間以上続いて，日食の約６分よりも長い時間になるんだ。

（オ）日食は図８の（A）の位置で，月食は図８の（B）の位置なんだ。影の部分から日食は１時間以上続いて，月食の約６分よりも長い時間になるんだ。

松原さん：池田くんの図（図８）だと，地球がすごく大きく見えるよね。

池田くん：当然，太陽はすごく遠くにあるので，本当は太陽の方が巨大なのは明らかなんだ。でも太陽光線を使って，地球の大きさを測ることができるんだよ。今度はこんな図（図９）を書くね。北海道は北緯45度ぐらいなんだ。ということは，春分の日のお昼の12時であれば，赤道では太陽光線は真上から，北海道では，45度の方向から日光が差し込むことになる。この図はその時の様子なんだ。赤道と北海道は5000[km]ぐらい離れているから，地球１周分の長さがわかるよね。

図９

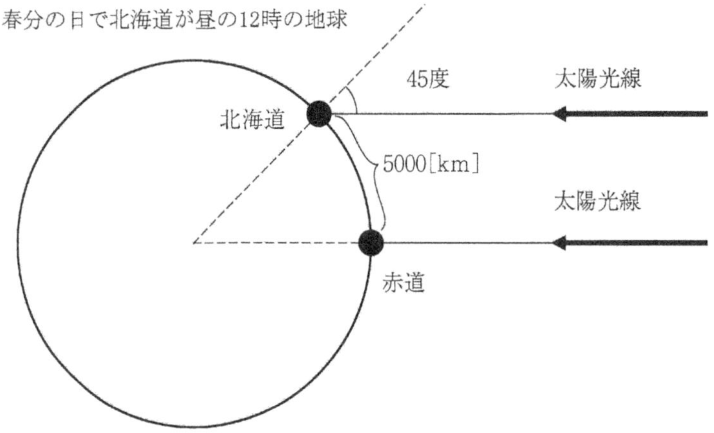

20　地球１周分の長さは何万［km］か。下の（ア）～（オ）の中から１つ選び，記号で答えなさい。

（ア）２万[km]　（イ）４万[km]　（ウ）10万[km]　（エ）20万[km]　（オ）40万[km]

松原さん：あとは円周率を考えれば，地球の半径もわかるね。

池田くん：そうなんだ。

【社　会】（30分）　＜満点：100点＞

（解答番号[1]～[25]）

〔１〕 サオリさんは，夏休みにクラブの研修でアメリカ合衆国へ行った。以下の問題は，それらに関するものである。あとの[1]～[3]に答えなさい。

[1] サオリさんが乗った飛行機は，関西国際空港を日本時間８月８日の午後３時に出発し，ロサンゼルスの国際空港に現地時間の８月８日の午前９時に到着した。時差を17時間と考えて飛行時間を求めたとき，正しいものを，次の（ア）～（エ）のうちから一つ選びなさい。

（ア）９時間　（イ）11時間　（ウ）13時間　（エ）15時間

[2] サオリさんがアメリカに滞在している時に，ニュースでハリケーンによる被害の報道を目にした。北アメリカ大陸に上陸するハリケーンの動きを示した矢印として正しいものを，次のページの地図１の（ア）～（エ）のうちから一つ選びなさい。

[3] 次の文章は，次のページの地図１のＡで示した地域の農業についてのものである。地域Ａに関する記述として正しいものを，次の（ア）～（エ）のうちから一つ選びなさい。

（ア）この地域は，全体的に温暖な気候であり，それを利用した大規模な綿花の栽培が行われている。

（イ）この地域は，広大な平原地帯で肥よくな土地に恵まれていて，小麦の大規模栽培が行われている。

（ウ）この地域は，飼料作物を栽培して乳牛を飼育する酪農が盛んであり，牛乳やチーズの生産が多い。

（エ）この地域は，牛を肥育するための飼料栽培が行われており，大豆やトウモロコシの栽培が盛んである。

地図1

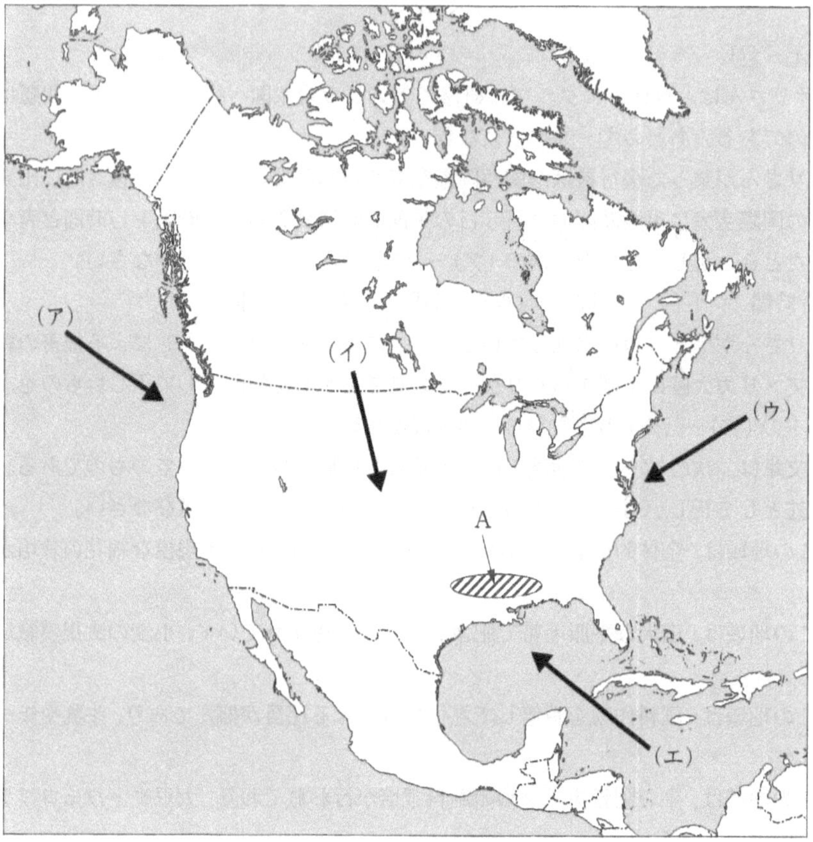

［2］ マヨさんは，秋に休暇をとって関東地方に出かけた。以下の問題は，それに関するものである。地図2を参考に，次のページの[4]～[6]に答えなさい。

地図2

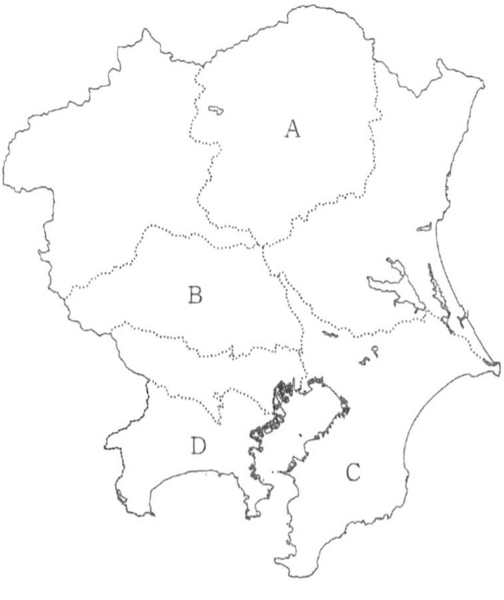

④ 次の表は，地図２に示したＡ～Ｄの都道府県における，政令指定都市の数，農業産出額，持ち家住宅率を表したものである。地図２のＣの県に該当するものを，次の（ア）～（エ）のうちから一つ選びなさい。

	政令指定都市	農業産出額（億円）	持ち家住宅率（％）
（ア）	0	2859	69.1
（イ）	1	1678	65.7
（ウ）	1	3859	65.4
（エ）	3	655	59.1

『データブックオブザワールド 2022』より作成

⑤ 次の表は，三大都市圏における，都庁や市役所を中心とした半径50㎞の範囲にある地域を，中心から10㎞ごとに分けたときの人口構成比を示したものである。ａ～ｃは，三大都市圏のいずれかである。ａ～ｃの組み合わせとして正しいものを，下の（ア）～（エ）のうちから一つ選びなさい。

半径	a	b	c
	構成比（％）	構成比（％）	構成比（％）
0 ～ 10km	24.9	11.9	25.8
10 ～ 20km	25.7	28.2	23.6
20 ～ 30km	19.7	23.7	16.6
30 ～ 40km	23.7	21.7	18.6
40 ～ 50km	6.1	14.6	15.3
計	100.0	100.0	100.0

『日本国勢図会 2018/19』より作成

	東京圏	名古屋圏	大阪圏
（ア）	a	b	c
（イ）	a	c	b
（ウ）	b	a	c
（エ）	b	c	a

⑥ マヨさんが旅行した関東地方には，成田国際空港，東京港，横浜港など，日本有数の貿易港が存在する。次のページの表は，この３港に名古屋港を加えた４港の，輸出品・輸入品の上位３品目とその構成比を示したものである。成田国際空港に該当するものを，次のページの（ア）～（エ）のうちから一つ選びなさい。なお，上段が輸出品で，下段が輸入品である。

	1位		2位		3位	
	品目	構成比(%)	品目	構成比(%)	品目	構成比(%)
(ア)	自動車	24.6	自動車部品	16.6	内燃機関	4.1
	液化ガス	7.5	衣類	6.9	石油	5.8
(イ)	半導体など	8.4	金(非貨幣用)	7.6	科学光学機器	5.5
	通信機	14.1	医薬品	13.3	コンピュータ	9.8
(ウ)	自動車	15.9	プラスチック	4.7	内燃機関	4.4
	石油	6.3	有機化合物	3.4	液化ガス	3.4
(エ)	自動車部品	5.8	半導体など	5.2	コンピュータ部品	5.1
	衣類	8.9	コンピュータ	6.2	肉類	4.5

『データブックオブザワールド2022』より作成

［3］ ハルヒさんは，戦国時代までの歴史上の人物が暗殺されたり，襲撃されたりした事件について調べた。次の年表は，ハルヒさんが調べた情報をもとに作成したものである。これを見て，あとの7～9に答えなさい。

西暦	事件		備考
592	当時の天皇が蘇我馬子に暗殺された		蘇我氏の権力が増した
645	蘇我氏が中大兄皇子と中臣鎌足に滅ぼされた	①	大化の改新が始まった
785	平城京から長岡京へ都を移す途中に責任者が暗殺された		桓武天皇は都を移す先を平安京へ変更した
1204	②鎌倉幕府の2代将軍が暗殺された		執権の北条氏の権力が増した
1219	鎌倉幕府の3代将軍が暗殺された		
1441	室町幕府6代将軍の③足利義教《のり》が暗殺された		幕府の権威が落ち，応仁の乱につながった
1582	織田信長が家臣の明智光秀に襲撃された		本能寺の変

7 年表の①の期間について，この期間のできごとについて書かれている史料として誤っているものを，次のページの（ア）～（エ）のうちから一つ選びなさい。

（ア）

…墾田は期限が終われば，ほかの土地と同様に国に収められることになっている。しかし，このために農民は意欲を失い，せっかく土地を開墾しても，またあれてしまう。今後は私有することを認め，三世一身といわず，永久に国に収めなくてもよい。

（現代語に要約）

（イ）

一に曰く，和を以て貴しとなし，争うことなきを宗とせよ。

二に曰く，あつく三宝を敬え。三宝とは，仏・法・僧なり。

三に曰く，詔をうけたまわりては必ずつつしめ。…

（ウ）

天平十五年十月，聖武天皇の詔が出された。「…さて天平十五年十月十五日，一切衆生《いっさいしゅじょう》と万物を救おうという大願を立て，大仏の金剛像を一体お造りする。…もし人々のなかで，一本の草や一にぎりの土を持って協力しようと願う者があれば，許可せよ…」

（現代語に要約）

（エ）

大王は　神にしませば　水鳥の

すだく水沼を　都と成しつ

（大王は神でいらっしゃるので，水鳥が群れ集まる沼地を，都に変えられました。）

（現代語に要約）

8　年表の下線部②について，鎌倉幕府が開かれていた時代の文化を表すものとして正しいものを，あとの（ア）～（エ）のうちから一つ選びなさい。

（ア）

（イ）

（ウ）

（エ）

9　年表の下線部③について，この人物が将軍に就任する際に正長の土一揆が発生した。ハルヒさんは，正長の土一揆について以下のレポートにまとめた。（ａ）～（ｃ）に当てはまる単語の組み合わせとして正しいものを，次のページの（ア）～（エ）のうちから一つ選びなさい。ただし，レポート内の同じ記号の空欄には同じ単語が入る。

正長の土一揆について

3年8組14番　中部ハルヒ

正長の土一揆は，（　ａ　）国の坂本の人々が徳政を求めて起こしたものである。徳政とは借金の帳消しのことで，ききんや疫病，過大な税金に苦しんだ農民や，（　ｂ　）が中心となった。

彼らは京都に入ると，高利貸しを営んでいた（　ｃ　）や寺社などをおそい，借金証書を破ったり，質入れした品物を勝手に奪い返したりした。室町時代の僧の日記である『大乗院日記目録』を見ると，当時の知識人が正長の土一揆をどう見ていたかがわかる。

正長の土一揆に対して，幕府は徳政令を出さなかった。しかし，一揆は近畿地方一帯に広がり，一揆を抑えられず徳政が行われた地域も存在した。

〈地図と資料〉

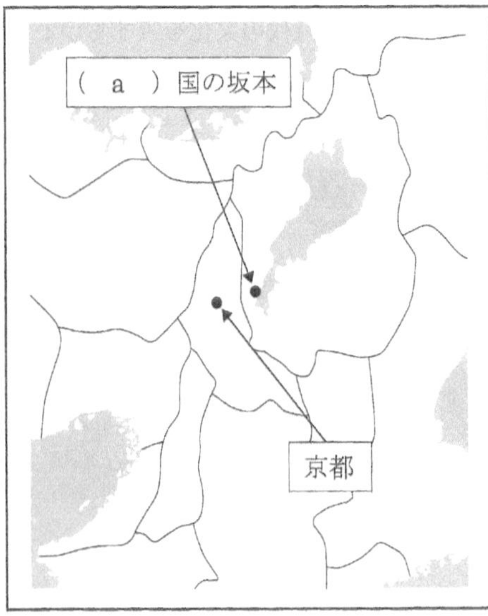

正長の土一揆

正長元年の九月，天下の土民が蜂起《ほうき》した。徳政と言って，（　ｃ　），寺社などを破壊し，質入れした品物を勝手に取り，借金証書をすべて破り捨てた。管領がこれを鎮めた。国をほろぼすものとしてこれ以上のものはない。日本が始まって以来，土民が蜂起したのはこれが初めてである。

『大乗院日記目録』（現代語に要約）

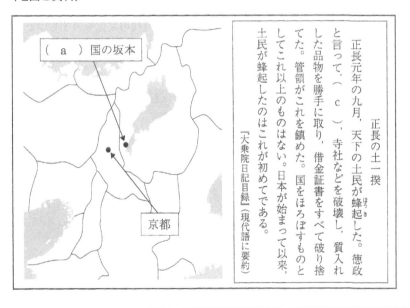

（ア） a－近江　b－馬借，車借　c－土倉，酒屋
（イ） a－近江　b－土倉，酒屋　c－馬借，車借
（ウ） a－山城　b－馬借，車借　c－土倉，酒屋
（エ） a－山城　b－土倉，酒屋　c－馬借，車借

［4］ 次のマンガの歴史に関する文章を読み，あとの⑩～⑬に答えなさい。

日本のマンガの歴史は，平安時代末期の絵巻物までさかのぼる。絵巻物は絵と言葉を織り交ぜて物語を表現する。また，『鳥獣戯画』『信貴山縁起絵巻』などには，擬人化や異時同図法，フキダシなどの技法が用いられている。これらの特徴を持つ絵巻物は，マンガの原点と考えられる。

江戸時代になると，挿絵《さしえ》入りの本である黄表紙や，浮世絵が流行した。これらにもマンガに通じる表現が見られる。政治を風刺した黄表紙は，①寛政の改革で発行禁止となった。また，浮世絵師の②葛飾北斎は，『北斎漫画』と呼ばれる作品も描いている。

明治・大正時代になると，西洋の影響を受け，政治の風刺画や，コマ割りを使った作品が描かれた。当時の風刺画家としてはフランス人のビゴーが有名である。これらは，③1920年代には「漫画」と呼ばれるようになった。

このようにしてマンガの原型が完成した。しかし，昭和になり日中戦争が始まると，マンガは国民の戦意を高める手段として使われるようになる。例えば，主人公が軍隊で出世していく様を描いた『のらくろ軍事探偵』などが人気を得ていた。

太平洋戦争の直後に，マンガ界に革命を起こしたのが手塚治虫である。彼は映画の手法をマンガに取り入れ，人気を集めた。同時期に新聞掲載《けいさい》の4コママンガとして始まったのが，長谷川町子の『サザエさん』である。『サザエさん』は，日本の政治や経済，アメリカと④ソ連の対立である冷戦などの社会情勢を風刺し，人気作品となった。

現代では，多種多様なマンガが出版されている。なかには社会現象といえるほど人気となったマンガも存在する。『鬼滅の刃』や『呪術廻戦』はその例といえるだろう。もはやマンガは単なる娯楽ではなく，日本の文化の一つなのである。

⑩ 下線部①について，次の文章XとYの正誤の組み合わせとして正しいものを，下の（ア）～（エ）のうちから一つ選びなさい。

X　この改革では，旗本・御家人の借金を帳消しにさせたり，江戸に出てきた農民を故郷に帰らせたりした。この改革は，倹約によって幕府の支出を減らそうとした。

Y　この改革では，学問に対する統制も行われた。寛政異学の禁が出され，湯島聖堂では『万葉集』や『古事記』の研究を通じて，日本古来の道を説く国学が教えられた。

（ア） X　正　Y　正　　（イ） X　正　Y　誤
（ウ） X　誤　Y　正　　（エ） X　誤　Y　誤

⑪ 下線部②について，この人物と同じ時代に活躍した人物とその代表作の組み合わせとして正しいものを，あとの（ア）～（エ）のうちから一つ選びなさい。

（ア） 人物：滝沢（曲亭）馬琴　　代表作：『南総里見八犬伝』
（イ） 人物：歌川広重　　代表作：『富嶽三十六景』

（ウ）人物：近松門左衛門　　　　代表作：『曽根崎心中』

（エ）人物：菱川師宣　　　　　　代表作：『東海道五十三次』

[12] 下線部③について，1920年代に起こったできごととして誤っているものを，次の（ア）～（エ）のうちから一つ選びなさい。

（ア）ニューヨークのウォール街で株価が大暴落した。

（イ）日本で，満25歳以上のすべての男子が選挙権を得る法律が成立した。

（ウ）日本軍が南満州鉄道を爆破し，中国軍のしわざとして軍事行動を開始した。

（エ）日本で，天皇制や私有財産制を否定する活動を禁止する法律が成立した。

[13] 下線部④について，次のａ～ｄの文章はソ連の歴史について述べたものである。ａ～ｄを古いものから順に並べたものとして正しいものを，下の（ア）～（エ）のうちから一つ選びなさい。

ａ　レーニンの死後に最高指導者となったスターリンは，農業の集団化と重工業化を目指す五か年計画を開始した。

ｂ　ソ連が日ソ中立条約を破り満州・南樺太・千島列島などに侵攻したことで，日本から移住していた人々が捕《とら》われた。

ｃ　ソ連が日本と日ソ共同宣言を調印したことで日本は国際連合への加盟を果たしたが，北方領土問題の交渉は難航し，問題は先送りにされた。

ｄ　ソ連共産党の書記長となったゴルバチョフは，アメリカのブッシュ大統領とマルタ島で会談した。

（ア）ａ→ｂ→ｃ→ｄ

（イ）ｄ→ａ→ｂ→ｃ

（ウ）ｄ→ｃ→ａ→ｂ

（エ）ａ→ｄ→ｃ→ｂ

［５］ あとの[14]～[19]に答えなさい。

[14] タカシさんが，ある公害病についてまとめた。この公害病の名称として正しいものを，次の（ア）～（エ）のうちから一つ選びなさい。

神通川流域にカドミウムが流出したことにより，甚大な健康被害をもたらしました。患者はカドミウムの中毒により，骨折しやすくなりました。患者とその家族は，未処理廃水を流した企業を訴え，裁判では原告の主張が全面的に認められました。

（ア）新潟水俣病　　（イ）水俣病　　（ウ）イタイイタイ病　　（エ）四日市ぜんそく

[15] タカシさんが，財政政策と金融政策について調べ，好景気（好況）のときと不景気（不況）のときに，どんな政策が行われるのかを，４枚のパネル（次のページ）にまとめた。この４枚のパネルのうち正しいものを，次の（ア）～（エ）のうちから一つ選びなさい。

（ア）パネルＡ

（イ）パネルＢ

（ウ）パネルＣ

（エ）パネルＤ

	好景気(好況)のとき	不景気(不況)のとき
日本銀行の金融政策	パネルA 国債などを銀行に売り，銀行から企業への資金の貸し出しを減らそうとする。	パネルB 減税をして企業や家計の消費を増やそうとする。
政府の財政政策	パネルC 公共投資を増やして企業の仕事を増やす。	パネルD 公共投資を減らして企業の仕事を減らす。

16　日本の選挙制度について述べた文として正しいものを，次の（ア）～（エ）のうちから一つ選びなさい。

（ア）国会議員を選ぶ選挙については，国民が外国にいても投票できる仕組みが整っている。

（イ）国会議員を選ぶ選挙権は満20歳以上のすべての国民に認められるが，2016年の法改正により，地方議会の議員，地方公共団体の首長を選ぶ選挙権は，満18歳以上のすべての国民に認められるようになった。

（ウ）日本に居住する外国人は，日本国籍をもっていなくても，地方議会の議員，地方公共団体の首長を選ぶ選挙権を有する。

（エ）参議院議員選挙の際，最高裁判所裁判官の国民審査が行われる。

17　日本国憲法第96条に規定されている，憲法改正の手続きについて示した次の表の（ａ）と（ｂ）に入る語句の組み合わせとして正しいものを，下の（ア）～（エ）のうちから一つ選びなさい。

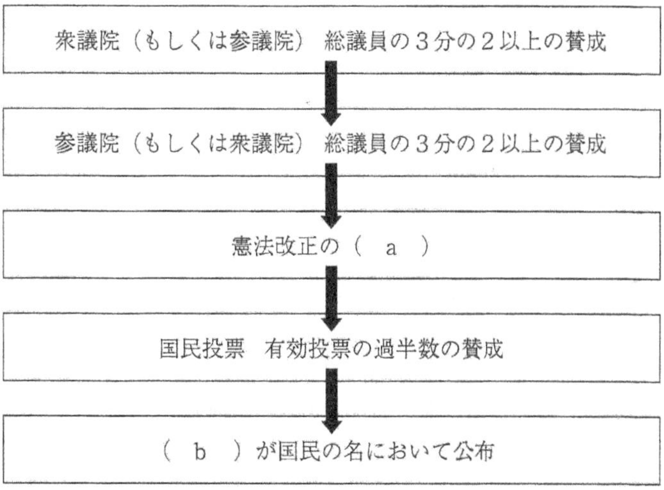

（ア）ａ－発表　　ｂ－内閣総理大臣

（イ）ａ－発表　　ｂ－天皇

（ウ）ａ－発議　　ｂ－内閣総理大臣

（エ）ａ－発議　　ｂ－天皇

18　次のページの資料が示す条文の名称として正しいものを，次のページの（ア）～（エ）のうちから一つ選びなさい。

第151条① 経済生活の秩序は，すべての者に人間たるに値する生活を保障する目的をもつ正義の原則に適合しなければならない。この限界内で，個人の経済的自由は，確保されなければならない。

第153条① 所有権は，憲法によって保障される。その内容およびその限界は，法律によって明らかにされる。

③ 所有権は義務を伴う。その行使は，同時に公共の福祉に役立つべきである。

（ア）日本国憲法　（イ）フランス人権宣言　（ウ）ワイマール憲法　（エ）大日本帝国憲法

[19] 次の資料は，あるファミリーレストランの求人広告の例である。この広告にある下線部の内容には，1985年に制定された日本のある法律に違反する項目がある。その項目として正しいものを，資料中の（ア）～（エ）のうちから一つ選びなさい。

フロアスタッフ（アルバイト）募集！！

資格★ 年齢不問
(ア)高校生もＯＫ！
(イ)女性のみ募集

給与★ 時給 1200 円以上
(ウ)20 時から 22 時までは時給 1500 円以上

待遇★ (エ)交通費全額支給
食事補助あり
社会保険加入制度あり

応募★ まずはお気軽にお電話ください。

ファミリーレストラン桃園

［６］ 次の文章を読み，あとの[20]～[25]に答えなさい。

18世紀の後半から高度な技術を背景におこった①産業革命以降，ヨーロッパでは，②イギリスをはじめとしてドイツなどの国々で産業が発達しました。また，市民革命も早くから起こり，民主政治を目指す形は日本にも影響を与えました。

現在では，イギリス南部からイタリア北部にかけて，大都市とそれを結ぶ発達した交通網があり，ヨーロッパの国々の中でも高い経済水準にあります。この地域は，バナナのような形に見えることから，③ＥＵのシンボル色にちなんで「（　Ａ　）バナナ」と呼ばれています。

その周辺には比較的新しい工業都市もあります。なかでもフランスのトゥールーズは航空産業の拠点です。1970年，イギリス・フランス・ドイツ・スペインの４か国によって航空機メーカーのエアバス社が設立されました。これより前は，世界の空はアメリカ製の航空機にほぼ独占されていました。それに危機感を強めたヨーロッパの４か国が，エアバス社を立ち上げたのです。現在１万機以上が運航中で，世界のシェアを④アメリカのボーイング社と二分しています。

エアバス社の大きな特徴は，ＥＵならではの生産方法です。ＥＵに加盟する国家間の結びつきを生かし，⑤４つの国で機体の製造を行う体制を取りました。ＥＵのメリットを生かしたこの体制によって生まれたエアバス社の航空機が世界の航空会社で使われています。

⑳　下線部①について述べた文として正しいものを，次の（ア）～（エ）のうちから一つ選びなさい。

（ア）19世紀になると，この革命によって多くの社会主義国が誕生した。

（イ）この革命をきっかけに資本家と労働者の階級が生まれ，労働問題が発生した。

（ウ）この革命の前までは，石炭を利用した蒸気機関を主な動力としていた。

（エ）この革命は，製鉄業などの重工業から始まった。

㉑　下線部①が起こったころの日本のできごととして正しいものを，次の（ア）～（エ）のうちから一つ選びなさい。

（ア）五箇条の御誓文が出された。

（イ）平戸にあったオランダ商館が出島に移された。

（ウ）版籍奉還が行われた。

（エ）田沼意次により，幕府財政の立て直しが図られた。

㉒　下線部②の国の気候は，高緯度のわりには比較的温暖である。この気候を生む影響の組み合わせとして正しいものを，次の（ア）～（エ）のうちから一つ選びなさい。

（ア）北大西洋海流・季節風

（イ）北大西洋海流・偏西風

（ウ）リマン海流・季節風

（エ）リマン海流・偏西風

㉓　下線部③について，（A）にあてはまる言葉として正しいものを，次の（ア）～（エ）のうちから一つ選びなさい。

（ア）黄色い

（イ）緑の

（ウ）白い

（エ）青い

㉔　下線部④の国には，シリコンバレーと呼ばれる地域があります。シリコンバレーについて述べた文として正しいものを，次の（ア）～（エ）のうちから一つ選びなさい。

（ア）大規模な牧場を利用した，牧畜が行われている地域。

（イ）自動車産業などの機械工業が集中している地域。

（ウ）コンピュータなどの先端技術産業が集中している地域。

（エ）機械を利用して大規模に穀物を栽培している地域。

㉕　エアバス社の航空機は，次のページの図のようにエンジンや主翼はイギリス，垂直尾翼と胴体の前部はドイツ，水平尾翼と胴体の後部はスペイン，残りの胴体とコックピットはフランスが担当している。そして，完成したパーツをフランスのトゥールーズに運び，組み立てている。下線部⑤を表現する言葉として正しいものを，次の（ア）～（エ）のうちから一つ選びなさい。

（ア）ワーク・ライフ・バランス

（イ）一貫生産

（ウ）モーダルシフト

（エ）国際分業

＜図：部品の生産国＞

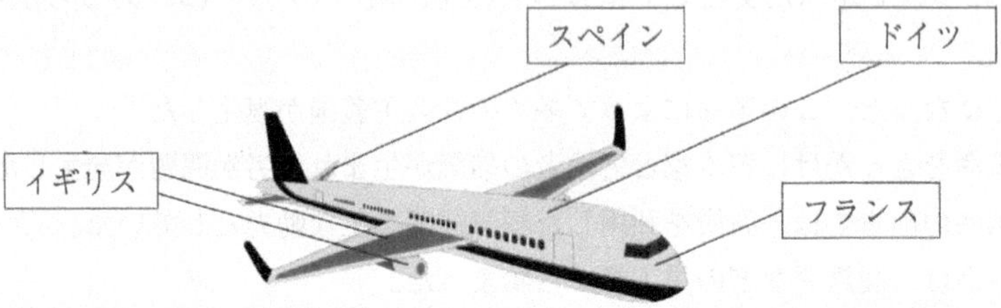

問　前の二つの本文をもとにAさんからDさんまでの四人が自分の意見を述べ合いました。二つの本文の主旨をよく理解して発言している人物を、次のアからエの中から一つ選び、記号で答えなさい。25

ア　Aさん「たとえ悪い人間であっても、劣悪な環境がそうさせたのであって、生まれつき良心のない悪い人間などいないというのが私の意見です。サイコパスにも寄り添うというのか、相手を理解しようとする姿勢が関係を築くのだと思います」

イ　Bさん「これまで連続殺人事件の犯人とか、そういうイメージでサイコパスを理解してきたつもりでしたが、必ずしも身体的な暴力と結びつくわけではなく、平気で他人を支配して利用しようとする本質があるのではないかという気がします」

ウ　Cさん「人間は誰でも怒りに駆られて攻撃することはありますが、サイコパスが攻撃を何かを達成するための手段として行使するというのは、まさに戦争に通じるものがあると思います。サイコパスを国の指導者にしてはいけない気がします」

エ　Dさん「サイコパスの診断基準を知ったからといって、素人である私たちが安易に周囲の人物に当てはめてみることは厳に慎まなければならないと思います。その上で、罪悪感のない人間が数多く存在することは知っておく必要がありますね」

潜在的に危険な人物を探しだせるのだろう。相手が信用できるかどうかは、長くつきあってみなければわからない。人間はそのようにできているのだ。だが、信用できる相手――というより信用できない相手――を見分けることは、急を要する。

　信じてはいけない相手を、どうやって見分けるか。それにたいする私の答えに、たいていの人は驚くようだ。多くの人は、正体がかいま見えるぶきみな行動や動作、おどすような言葉づかいなどを期待する。だが、私はそういうものの中に、頼りになるヒントはひとつもないと答える。最高の目安になるのは、おそらく〝泣き落とし〟だと。もっとも頼りになるヒント、平気で悪事をする人びとのあいだでもっとも普遍的な行動は、ふつうの人が予想するように、私たちの恐怖心に訴えるものではない。私たちの同情心に訴えるものなのだ。

　それをはじめて学んだのは、私がまだ心理学の大学院生のときだった。私はすでに〝サイコパス〟と認識され、裁判を受けた患者に面接する機会があった。彼は暴力的ではなく、言葉たくみに虚偽のもうけ話をもちかけて客から金を巻きあげる詐欺師だった。この人物と、彼をつき動かす動機に興味を抱いた私は、こう訊ねた。「あなたにとって人生でだいじなものはなんです？　なによりもほしいものは？」私は「金もうけ」とか「刑務所の外の自由」などという答えを期待していた。ところが、彼はなんのためらいもなく答えた。「ああ、答えはかんたんさ。俺がなにより好きなのは、ほかの人間から哀れんでもらうこと。一番ほしいのは、人の同情だね」

（マーサ・スタウト著・木村博江訳
「良心をもたない人たち――25人に1人という恐怖」草思社）

Ⅱ　サイコパス

　サイコパスという症候群について現在記載されているものの起源は、Cleckleyの研究にさかのぼることができる。その著The Mask of Sanityにおいて、サイコパスの診断基準として16項目が示された。そこには、表面的な魅力、不安の欠如、罪悪感の欠如、信頼できないこと、不誠実、自己中心的、親しい関係を継続して作れないこと、罰から学ばないこと、情動の乏しさ、自分の行動が他人に及ぼす影響をかんがみることができないこと、将来の計画を立てられないこと、などがあげられている。

反応的および道具的攻撃

　反応的攻撃と道具的攻撃を区別することは、従来行われてきたことである。反応的攻撃（感情的ないし衝動的攻撃を指す）では、思い通りにならなかったり脅威にさらされたりする出来事をきっかけにして、攻撃行動や怒りの感情が引き起こされる。重要なことは、この攻撃は、何ら隠された目的（例えば、相手から財産を奪ったり、あるいは自分の社会的地位を高めたりすることなど）なく始まることである。対照的に、道具的攻撃（先を見越した攻撃を指す）は、目的志向的なものであり、何らかの望みを達成するために、道具として用いられる。目的となることは、相手を痛めつけることではなく、相手から財産を奪ったり、あるいは自分自身の集団における立場を高めたりすることである。いじめは道具的攻撃の一例であり、驚くほどのことではないが、いじめ行動を行う者は、他の場面でもしばしば反社会的行動をとる。

（ジェームズ・ブレア、デレク・ミッチェル、カリナ・ブレア著・
福井裕輝訳「サイコパス――冷淡な脳――」星和書店より）

なるか。最も適切なものを次のア～エの中から一つ選び、記号で答えなさい。 18

ア　あかねども　　イ　岩にぞかふる

ウ　色見えぬ　　　エ　心を見せむ

問九　傍線部⑧とはどのような気持ちか。その説明として最も適切なものを次のア～エの中から一つ選び、記号で答えなさい。 19

ア　多賀幾子の女御を深く追悼するという気持ち。

イ　これから仕える親王のことを深く慕っているという気持ち。

ウ　贈り物に選んだ石をたいそう大切に思う気持ち。

エ　石を取りに行ってくれた御随身や舎人に対する感謝の気持ち。

問十　本文の内容を説明したものとして最も適切なものを次のア～エの中から一つ選び、記号で答えなさい。 20

ア　馬の頭は年老いて目が不自由であったため供え物を山と見間違えたが、岩の苔には自らの忠誠心をしっかりと刻み込んだ。

イ　思い返すと良さの分からない歌であったものの、安祥寺で馬の頭が詠んだ和歌はその場にいた人たちに大いに感心された。

ウ　安祥寺で馬の頭によって詠まれた歌は山に関するもので、三条の邸で常行によって詠まれた歌は岩に関するものであった。

エ　多賀幾子の法要においても、田邑の帝に対しても、藤原常行は手腕を発揮し、儀式の成功や関係が深まるよう務めあげた。

三　次のそれぞれの問いに答えなさい。

問一　次の三つ慣用句の空欄部には色の名前が入る。次の選択肢ア～エの中から空欄部に**該当しない**ものを一つ選び、記号で答えなさい。 21

・隣の芝生は（　　）く見える。

・（　）い声援。

・腹が（　）い。

ア　赤　　イ　黒　　ウ　青　　エ　黄色

問二　次のア～エの文のうち、敬語の用法が**誤っているもの**を一つ選び、記号で答えなさい。 22

ア　あなたはどちらの部屋にいたしますか。

イ　あの先生は今でも現役を続けておられる。

ウ　はい、私の名前は春日太郎です。

エ　あちらの者に説明をお聞きになってください。

問三　次のア～エの文のうち、「シンシン」という語の漢字が「新進」になるものはどれか。最も適切なものを一つ選び、記号で答えなさい。 23

ア　シンシンの健康を祈る。　　イ　興味シンシンである。

ウ　雪がシンシンと降る。　　エ　シンシンの作家に出会う。

問四　単語を「和語」「漢語」「外来語」に分類したとき、「和語」＋「外来語」の組み合わせになっている複合語はどれか。最も適切なものを次のア～エの中から一つ選び、記号で答えなさい。 24

ア　窓硝子　　イ　麦酒瓶　　ウ　読書週間　　エ　青空教室

四　次のⅠとⅡの文章を読んで、後の問いに答えなさい。

Ⅰ　人はついサイコパスに同情する

良心なき人びとにたいして行動を起こすためには、まず彼らを見分ける必要がある。どうすれば、二五人に一人ほど存在する、良心を欠いたを刻んで蒔絵の模様のように、石面に彫り付けて献上した。

《B》十分ではございませんけれども、私の思いを岩に込めて献上いたします。色には見えない私の心を、お見せするすべがございませんので。

と詠んだのであった。

問一　傍線部①について説明したものとして最も適切なものを次のア～エの中から一つ選び、記号で答えなさい。 11

ア　田邑の帝が政権を握っており、多賀幾子は安祥寺に住んでいた時。

イ　藤原常行は逝去していたが、多賀幾子はまだ存命だった時。

ウ　田邑の帝が政治を担っており、多賀幾子はまだ存命だった時。

エ　藤原常行が権勢を保っており、多賀幾子は亡くなっていた時。

問二　傍線部②とは、具体的に何を指すか。最も適切なものを次のア～エの中から一つ選び、記号で答えなさい。 12

ア　法要のために集まったたくさんの人。

イ　法要のために造られた、女御にささげるための山。

ウ　人々が奉納したささげ物をつけた木の枝。

エ　安祥寺が建っている場所から見える山。

問三　傍線部③とは、具体的に何を指すか。最も適切なものを次のア～エの中から一つ選び、記号で答えなさい。 13

ア　多賀幾子との永遠の別れ。

イ　法要を開いた安祥寺との別れ。

ウ　ともに歌を詠んだ人との、この場での別れ。

エ　藤原常行が先に帰ることによる別れ。

問四　傍線部④について、これは誰による印象か。最も適切なものを次のア～エの中から一つ選び、記号で答えなさい。 14

ア　馬の頭　　イ　藤原常行　　ウ　人々　　エ　作者

問五　傍線部⑤とは、具体的にどうするというのか。最も適切なものを次のア～エの中から一つ選び、記号で答えなさい。 15

ア　今夜は安祥寺で四十九日の法要をしようということ。

イ　今夜は山科の御殿にとどまってお勤めしようということ。

ウ　今夜は紀の国の千里の浜を訪れようということ。

エ　今夜は山科の御殿で滝の水を落として庭を造ろうということ。

問六　傍線部⑥とは誰のことか。最も適切なものを次のア～エの中から一つ選び、記号で答えなさい。 16

ア　親王　　イ　馬の頭　　ウ　藤原常行　　エ　舎人

問七　傍線部⑦について、親王への贈り物に石を選んだのはなぜか。その説明として最も適切なものを次のア～エの中から一つ選び、記号で答えなさい。 17

ア　身分の高い人に高価な石を贈ることが、その時代の習わしだったから。

イ　親王が長い間探しているという由緒ある石を、自分が持っていることを思い出したから。

ウ　親王にお仕えする時に渡してほしいと、紀の国の千里の浜にある由緒ある石を預かっていたから。

エ　親王は工夫を凝らした庭が好きで、好みに合いそうな趣ある石を持っていることを思い出したから。

問八　和歌Bを二つの意味内容に分けたとき、一つ目の終わりはどこにて、人々に歌よませたまふ。右馬頭なりける人のをなむ、青き苔《こけ》をきざみて、(注7)蒔絵《まきゑ》のかたに、この歌をつけて奉りける。

《B》あかねども岩にぞかふる色見えぬ⑧心を見せむよしのなければ

となむよめりける。

(注1) 女御＝天皇の后妃のひとつ。皇后・中宮に次ぐ、高位の女官。
(注2) 右の馬の頭＝官馬の管理をする役所における長官職の一つ。
(注3) 親王＝皇族の身位《しんい》の一つ。
(注4) 紀の国の千里の浜＝現在の和歌山県に位置する、美しい海浜。
(注5) 御随身＝身辺に供としてつき従うこと。また、その人。
(注6) 舎人＝警備や雑用などに従事していた者。
(注7) 蒔絵＝器などの表面に細い筆を使って漆で絵を描き、その漆が固まらないうちに上から金の粉を蒔きつけて模様を表現したもの。

〔現代語訳〕

昔、田邑の帝という帝がいらっしゃった。その時の女御に、多賀幾子という方がいらっしゃった。その方がお亡くなりなったので、安祥寺にてご法要を行った。人々が、木の枝に付けたささげ物を献上した。その際に献上したささげ物は千棒げほどある。たくさんのささげ物を木の枝にくくり付けて堂の前に立てたので、まるで山のようで、それもいま新たにその山が堂の前に動いて出てきたように見えたのであった。それを右大将でいらっしゃった藤原常行という方がおいでになってご覧になり、お経の講義が終わるころに、歌を詠む人々をお集めになり、今日のご法要を題として、春の趣のある歌を献上させなさる。すると右の馬の頭であった老人が、うっかり間違えたままこう詠んだ。

《A》山がみなここに移動して、今日のご法要に逢うということは、春の別れを惜しんで弔おうというつもりなのでしょう。

と詠んだのを、いま見るとよい出来でもなかった。当時はこれがすぐれていたのであろうか、人々は感慨にふけっていた。

昔、多賀幾子という女御がいらっしゃった。その方がお亡くなりになって、四十九日のご法要を、安祥寺で行った。右大将の藤原常行という人がいらっしゃった。そのご法要に参拝なさって、その帰りに、山科の禅師の親王がいらっしゃる山科の宮、そこは滝を落としたり、水を流したりして、趣深くお造りになっているが、その宮に参上なさって、「長年、よそではお仕えしておりますが、あなた様のお側ではまだお仕えしておりません。今夜はここでお仕えいたしましょう」と親王に申し上げなさる。親王はお喜びになり、常行のために夜の御寝所の用意をおさせになる。そうしているうちに、その大将が御前から下がっていろいろと考えをめぐらせなさるには、「親王にお仕えする初めにあたって、何もしないでいるわけにはいくまい。父の三条の邸《やしき》に大きな行幸《みゆき》(外出)があった時、紀伊《きい》の国の千里の浜にあった、大変趣のある石を人が献上してきた。大きな行幸の後で献上してきたので、そのままある人の部屋の前の溝に置いておいたのだが、しゃれた庭園を好む人であるので、この石を献上しよう」とおっしゃって、御随身や舎人に命じて石を取りに行かせた。それほど時間も経たぬうちに石を持って帰って来た。この石は話に聞いていたよりも実際に目で見る方が、ずっとすぐれていた。これをそのままで差し上げるのではつまらないだろうということで、お供の人々に歌を詠ませなさる。右の馬の頭であった人の歌を、石の表面の青い苔発展させていく文化。

ウ　強さを保つためにものを縮小して、世界のしくみを理解しやすくしていく文化。

エ　ものを縮小することにより、可愛らしさと強さの両方を同時に作り出していく文化。

問十　本文の内容として**適切でないもの**を次のア～エの中から一つ選び、記号で答えなさい。 ⑩

ア　アリストテレスの『詩学』を引用して、清少納言の文章と比較することにより、小さいものを美学の中心に置く日本人の発想が独特であることを印象づけている。

イ　西欧においてシノワズリーやジャポニズムは例外的な流行ではあるが、東洋の美学が散発的に紹介されることにより、ロマン主義を生み出す原動力となった。

ウ　過去において日本人は世界でも珍しい短詩型を考案し、現代においても数々の小型電機製品の開発に余念がないのだが、そのどちらにも一貫した原理が働いている。

エ　日本の文化を研究する李御寧は、韓国と日本の伝統文化を比較して、「小ささの美学」が日本に特有なものであり、特に日本人がその手法に優れていることを示した。

二　次の『伊勢物語』の原文と現代語訳とを読んで、後の問いに答えなさい。

〔原文〕

むかし、田邑《たむら》の帝と申すみかどおはしましけり。①その時の(注1)女御《にょうご》、多賀幾子《たかきこ》と申すいまそがりけり。それうせたまひて、安祥寺《あんじやうじ》にてみわざしけり。人々ささげ物奉りけり。奉りあつめたる物千ささげばかりあり。そこばくのささげ物を木の枝につけて、堂の前に立てたれば、山もさらに堂の前に動きいでたるやうになむ見えける。それを、右大将にいまそがりける藤原の常行《つねゆき》と申すいまそがりて、講の終はるほどに、歌詠む人々を召し集めて、今日のみわざを題にて、春の心ばへある歌奉らせたまふ。(注2)右の馬の頭《かみ》なりけるおきな、目はたがひながらよみける。

《A》②山のみな移りて今日に逢《あ》ふことは③春の別れをとふとなるべし

とよみたりけるを、④いま見ればよくもあらざりけり。そのかみはこれやまさりけむ、あはれがりけり。

むかし、多賀幾子と申す女御おはしましけり。失せたまひて、七七日《なななぬか》のみわざ、安祥寺にてしけり。右大将藤原の常行といふ人いまそがりけり。そのみわざにまうでたまひて、かへさに、山科の禅師の(注3)親王おはします、その山科の宮に、滝落とし、水走らせなどして、おもしろく造られたるにまうでたまうて、「年ごろよそには仕うまつれど、近くはいまだ仕うまつらず。⑤こよひはここにさぶらはむ」と申したまふ。親王喜びたまうて、夜のおましの設けさせたまふ。さるに、⑥かの大将、いでてたばかりたまふやう、「宮仕へのはじめに、ただなほやはあるべき。三条の(注4)大御幸《みゆき》せし時、紀の国の千里の浜にありける、いとおもしろき石奉れりき。大御幸ののち奉れりしかば、ある人の御曹司の前にみぞにすゑたりしを、島このみたまふ君なり、⑦この石を奉らむ」とのたまひて、(注5)御随《みずい》身《じん》、(注6)舎人《とねり》してとりにつかはす。いくばくもなくて持て来ぬ。この石、聞きしよりは見るはまされり。これをただに奉らばすずろなるべしと

ア　方丈記　　イ　徒然草　　ウ　枕草子　　エ　源氏物語

問三　傍線部①について、なぜ「独自性が際立つ」のか。理由として最も適切なものを次のア～エの中から一つ選び、記号で答えなさい。[3]

ア　西欧の美学で論に値するのは小さいものではなく、見る者を圧倒する巨大なものだったから。

イ　西欧の美学の歴史をたどると、「かわいい」という観念がいつも美の中心に置かれていたから。

ウ　西欧の美学では、量的な均衡が崩れたときに初めて垣間見えるものが美の本質だったから。

エ　西欧の美学においては、極端に小さなものや極端に大きなものは美の対象にならなかったから。

問四　傍線部②とはどのようなことか。説明として最も適切なものを次のア～エの中から一つ選び、記号で答えなさい。[4]

ア　均衡を尊ぶ精神を第一とし、小さなものを最上とすること。

イ　調和を保つ美しさを超え、この世のものの中で絶対的なこと。

ウ　他と比べて小さく、壊れやすいものを愛おしく感じること。

エ　外面的なものだけでなく、内面的にも優れていること。

問五　[Ⅱ]に入る語として最も適切なものを次のア～エの中から一つ選び、記号で答えなさい。[5]

ア　崇高　　イ　全一性　　ウ　調和　　エ　量的な均衡

問六　傍線部③について、どのような問題か。説明として最も適切なものを次のア～エの中から一つ選び、記号で答えなさい。[6]

ア　短歌や俳句を生み出したにもかかわらず、日本の文化が海外に知られていないという問題。

イ　小さいものを尊いものとする日本の文化が、外国には存在しないものかどうかという問題。

ウ　ハリウッドの大作映画に対して、日本のゲームやアニメ文化は対抗できるのかという問題。

エ　携帯電機商品の開発に必死で、日本人が伝統文化を忘れているのではないかという問題。

問七　（④）の中に入る言葉として最も適切なものを次のア～エの中から一つ選び、記号で答えなさい。[7]

ア　だから　　イ　逆に　　ウ　そのため　　エ　すなわち

問八　傍線部⑤について、例として**適切でないもの**を次のア～エの中から一つ選び、記号で答えなさい。[8]

ア　弓道において、新しく射る矢が最後の一本と常に考えることにより、集中力が高まるということ。

イ　大量の仏典を探索した末に、わずか七文字から構成された念仏が考案され、庶民に広まったこと。

ウ　茶道において、四畳半、一畳半といった狭い茶室を作り上げ、清らかな心の重要性を示したこと。

エ　山や池を小石などを使って再現した枯山水の庭園により、抽象性の中に豊かな精神性を宿らせたこと。

問九　傍線部⑥とは、どのような文化か。説明として最も適切なものを後のア～エの中から一つ選び、記号で答えなさい。[9]

ア　ありのままの小さな自然から強さを生み出し、加工は最小限にとどめていく文化。

イ　ものを小さくして持ち運びを可能にすることにより、社会全体を理が働いているのだろうか。

③この問題に真正面から取り組んだのが、韓国の比較文化学者である李御寧《イー・オリョン》が著した『「縮み」志向の日本人』であった。李は韓国と日本の伝統文化、歴史、言語を豊富な細部にわたって比較Aタイショウすることを通して、日本文化の根底にはものごとを縮小する原理が横たわっていると結論し、さらに重要なこととして、それが事物をより「可愛い」「力強い」ものに変化させることに結びつくと語っている。

　日本では何かを作ることを細工といいます。作るということは（　④　）、細かく縮小する工作なのです。それでも気がすまないので、細工の上になお「小」という文字を加えて小細工ともいいます。まるで「豆」「ひな」の接頭語ひとつでは足りないかのように、小型の赤本を「ひな豆本」と接頭語を重ねて使ったのと同じ例です。そうですから体裁などがぶざまだったりすることを日本語では不細工というのです。このように縮小されたものは、たんに小っぽけなものとはちがい、本来のものよりもっと可愛いもの、もっと力強いものになるということで、異様な特色を帯びてくるのです。

李は単に、日本にあっては小さいことが「かわいい」だけではない、それは事物により圧縮された強度を与えることになると説いている。こうした主張を実証するかのように、彼は博覧強記(注6)のかぎりを尽くして、⑤日本の「縮み」文化の例を挙げる。（中略）事物を可能なかぎり小さくし、それを巨大な宇宙と対応させ、より強いものへと変化させてゆくことにかけて、日本人の右に出る者はいない。一寸法師にしても、『浮世草子』の大豆右衛門にしても、川端康成の『掌の小説』にしても、小さくもまた短くもなることによって、日本的なるものはいっそう強く、かつ美しく輝くことになる。第二次大戦後の日本がトランジスタラジオを皮切りに、極小な電化製品をもって世界を席捲《せっけん》(注7)した背景には、⑥こうした文化的伝統が息づいている。以上が李御寧の日本文化論の要約である。

（四方田犬彦『「かわいい」論』より）

（注1）「アリストテレス」……前384年～前322年。古代ギリシャの哲学者。プラトンの弟子。

（注2）「古典主義」……十七世紀～十八世紀のヨーロッパで流行した芸術様式。古代ギリシャ・ローマの文化と思潮を理想とし、簡潔明快、かつ合理性を特色としている。ロマン主義と対立する。

（注3）「バロック」……十六世紀末～十八世紀のヨーロッパで流行した芸術様式。自由な感動表現、動的で量感あふれる装飾形式が特色。

（注4）「ロマン主義」……十八世紀末～十九世紀前半のヨーロッパで流行した芸術様式。それまでの理性偏重、合理主義などに対し感受性や主観に重きをおいた。古典主義と対をなす。

（注5）「挿話的な」……本筋とは関係のない短い話のような、ということ。

（注6）「博覧強記」……広く物事を見知って、よく覚えていること。

（注7）「席捲」……はげしい勢いで自分の勢力範囲を広げること。

問一　二重傍線部Aを漢字に直したとき、含まれる漢字として正しいものを、次のア～エの中から一つ選び、記号で答えなさい。　1

ア　賞　　イ　照　　ウ　称　　エ　象

問二　［ I ］に入る作品名として最も適切なものを次のページのア～エの中から一つ選び、記号で答えなさい。　2

【国　語】（四〇分）〈満点：一〇〇点〉

（解答番号[1]～[25]）

一　次の文章を読んで、後の問いに答えなさい。

雛《ひいな》の調度。蓮《はちす》の浮葉のいと小さきを、池より取り上げたる。葵《あおい》のいと小さき。なにもなにも、小さきものは、皆うつくし。

（現代語訳：人形遊びの道具。蓮《はす》の浮き葉でとても小さいのを、池から取り上げたもの。葵の大変小さいもの。それが何であれ、小さなものはすべてかわいい。）

清少納言の『[I]』一四六段の結語にある言葉である。（中略）

「それが何であれ、小さなものはすべてかわいい」というのが清少納言の美学であり、それを証明するかのように『[I]』は、不要に冗長な独白を重ねることなく、短く簡略化されたエッセイの連続から構成されている。

『[I]』が示す小さきものへの偏愛は、その傍らにアリストテレス(注1)の『詩学』を並べてみると、①よりいっそうその独自性が際立つことになる。西欧の古典美学の起源とされるこの書物は次のように語っている。

極端に小さな動物は美しくありえないであろう。それは、ほとんど気付かれぬくらい短い瞬間に見られてしまうために、不鮮明なまま何も識別できないからである。他方また、極端に大きな動物もやはり美しくありえないであろう。それは、いちどに見られることができずに、観察者であるわれわれにとっては、それのもつ全一性が視野から失われてしまうためである。

アリストテレスの時代には②「かわいい」という観念も、[II]という観念もなかった。論に値するのはただ美ばかりであり、それはつねに調和と均衡《きんこう》に満ちて、しかるべき距離のもとに、しかるべき分量のもとに、眺められるべきものでなければならなかった。『[I]』が問いかけているのはそれとは正反対の、量的な均衡が崩れたときにはじめて事物が垣間見せることになる、壊れやすく、可憐《かれん》な美としての「かわいさ」のことである。それは西洋の美学が古典主義(注2)からバロック(注3)へ、はたまたロマン主義(注4)の崇高美学へと変転してゆく間にも、一度として美学の中心に置かれることはなかった。それはときたま東洋より到来するシノワズリー（中国趣味）やジャポニズム（日本趣味）、あるいはペルシャの細密画を例外とすれば、ほとんど挿話《そうわ》(注5)的な話題としてしか言及されることがないままに現在に至っている。

では、この小ささの美学は日本文化に特有のものなのだろうか。日本人は短歌という世界でも稀なる短詩型を考案しただけでは満足せず、それをさらに小さくして俳句を発明してしまった。またトランジスタラジオと電卓、ウォークマンといった携帯電機商品を次々と開発し、つい今しがたも携帯電話をいかに軽量化するかに腐心してきた。ハリウッドが『ジュラシック・パーク』を製作している間に、ポケットに入るモンスター、略して「ポケモン」を考案し、「ピカチュウ」と込みで全世界の市場に送り出した。こうした文化の背後には、何か伝統的に一貫した原

MEMO

大切なことはメモしておこうネ！

2023年度

解　答　と　解　説

《2023年度の配点は解答欄に掲載してあります。》

＜数学解答＞

〔1〕 (1) ア 7　(2) イ 4　ウ 6　エ 5　(3) オ 4　カ 3
(4) キ 6　(5) ク 4

〔2〕 (1) ケ 5　コ 2　(2) サ －　シ 3　(3) ス 1　セ 4
(4) (ア) ソ 3　(イ) タ 6

〔3〕 (1) チ 2　ツ 8　(2) テ 3　ト 2　(3) ナ 1　ニ 1　ヌ 0

〔4〕 (1) ネ 1　ノ 8　(2) ハ 1　ヒ 5　(3) フ 2　ヘ 4　ホ 7

〔5〕 (1) マ 1　ミ 8　(2) ム 2　メ 5　モ 5　ヤ 2

〔6〕 ユ 5　ヨ 2　ラ 7　リ 5

○配点○

〔1〕 (1)ア・(4)キ　各5点×2　(2)イ　1点　(3)オ　3点　(5)ク　6点　他　各2点×3
〔2〕 (2)　6点　(4)　各3点×2　他　各5点×2　〔3〕 (1)　各3点×2　他　各4点×2
〔4〕 (1)・(2)　各5点×2　(3)フ　3点　他　各1点×2　〔5〕 (1)　5点
他　各3点×2(ムメ・モヤ各完答)　〔6〕 各4点×3(ユヨ完答)　計100点

＜数学解説＞

〔1〕 (数・式の計算，平方根，確率，資料の活用)

(1) $(3-7)\div\frac{4}{5}-3\times(-4)=(-4)\times\frac{5}{4}-3\times(-4)=-5+12=7$

(2) $(-2a^2b)^3\times 4ab^3\div(-8ab)=-8a^6b^3\times 4ab^3\div(-8ab)=\frac{8a^6b^3\times 4ab^3}{8ab}=4a^6b^5$

基本　(3) $(\sqrt{3}-1)^2+\sqrt{27}-\frac{6}{\sqrt{3}}\times 2=\{(\sqrt{3})^2-2\times\sqrt{3}\times 1+1^2\}+3\sqrt{3}-\frac{6\times\sqrt{3}}{\sqrt{3}\times\sqrt{3}}\times 2=(3-2\sqrt{3}+1)+$ $3\sqrt{3}-\frac{6\sqrt{3}}{3}\times 2=(4-2\sqrt{3})+3\sqrt{3}-4\sqrt{3}=4-2\sqrt{3}+3\sqrt{3}-4\sqrt{3}=4-3\sqrt{3}$

(4) 大小2つのさいころを投げたときの出る目の場合の数は，6×6＝36(通り)　$a\geqq b$となるのは，$a=1$のとき，$b=1$，$a=2$のとき，$b=1$，2，$a=3$のとき，$b=1$，2，3，$a=4$のとき，$b=1$，2，3，4，$a=5$のとき，$b=1$，2，3，4，5，$a=6$のとき，$b=1$，2，3，4，5，6の合計21通りであるから，求める確率は，$\frac{21}{36}=\frac{7}{12}$

重要　(5) 箱ひげ図から，9人の数学テストを点数の低い順に並べたとき，最小値は2点，最大値は8点　また，第2四分位数(中央値)が5点であるから，5人目の点数が5点である。第1四分位数が3.5点であるから，2人目と3人目の平均が3.5点である。第3四分位数が7.5点であるから，7人目と8人目の平均が7.5点である。これらを満たす選択肢を選べばよい。

〔2〕 (連立方程式，2次方程式，1次方程式の利用，規則性)

(1) $\frac{x}{2}-\frac{2-2y}{3}=2$…①　$(x-1):(y+1)=2:7$…②　①より，$3x-2(2-2y)=12$　$3x-$

$4+4y=12$　$3x+4y=16$…③　②より，$7(x-1)=2(y+1)$　$7x-7=2y+2$　$7x-2y=9$…④　③+④×2より，$17x=34$　$x=2$　③に$x=2$を代入すると，$3\times2+4y=16$　$6+4y=16$　$4y=10$　$y=\frac{10}{4}=\frac{5}{2}$

基本 (2)　$x^2-x-2=0$より，$(x+1)(x-2)=0$　$x=-1,\ 2$　この2つの解をそれぞれ3倍すると，$x=-3,\ 6$　$x^2+ax+b=0$に$x=-3,\ 6$をそれぞれ代入すると，$(-3)^2+a\times(-3)+b=0$　$9-3a+b=0$　$3a-b=9$…①　$6^2+a\times6+b=0$　$36+6a+b=0$　$6a+b=-36$…②　①+②より，$9a=-27$　$a=-3$

基本 (3)　1本75円の鉛筆をx本買ったとすると，代金は$75\times x=75x$(円)…①　1本55円の鉛筆を$(x+4)$本買って，60円余ったので，$55\times(x+4)+60=55x+220+60=55x+280$(円)…②　①と②が一致するので，$75x=55x+280$　$20x=280$　$x=14$

基本 (4)　正三角形の個数をn個とすると，$n=1,\ 2,\ 3,\ \cdots$のとき，棒の本数は，3，5，7，…となり，2本ずつ増えていることがわかる。よって，棒の本数を調整するように式を作ると，棒の本数は，$(2n+1)$本と表せる。　(ア)　$2n+1$に$n=10$を代入して，$2\times10+1=20+1=21$(本)

(イ)　棒は80本までしか使えないので，$2n+1\leqq80$となる。よって，$2n\leqq79$　$n\leqq39.5$　したがって，正三角形は39個まで作ることができる。

〔3〕 (台形上の動点)

重要 (1)　図Ⅱより，$0\leqq x\leqq5$のとき，$y=0$であるから，点PはAB間を5秒で移動したことがわかる。よって，点Pの速さは，$10\div5=2$(cm/秒)　$\mathrm{AB}+\mathrm{BC}=10+10=20$(cm)であり，点Pは2(cm/秒)で移動するから，点PがAB+BC間を移動する時間は，$20\div2=10$(秒)　よって，$x=10$のとき，点Pは点Cに到着している。このとき，$y=40$であるから，$40=y=\triangle\mathrm{ABP}=\triangle\mathrm{ABC}=\frac{1}{2}\times\mathrm{AB}\times\mathrm{AD}=\frac{1}{2}\times10\times\mathrm{AD}=5\mathrm{AD}$　したがって，$\mathrm{AD}=8$(cm)

重要 (2)　図Ⅲより，$0\leqq x\leqq5$のとき，$\mathrm{Y}=0$であるから，点QはAD間を5秒で移動したことがわかる。よって，点Qの速さは，$8\div5=\frac{8}{5}$(cm/秒)　よって，点Qは10秒間で$\frac{8}{5}\times10=16$(cm)移動したことになるので，$\mathrm{AD}=8$(cm)であることより，点Qは辺DC上で，$\mathrm{DP}=16-8=8$(cm)となるところに到達している。したがって，$\mathrm{K}=\triangle\mathrm{ADQ}=\frac{1}{2}\times\mathrm{AD}\times\mathrm{DQ}=\frac{1}{2}\times8\times8=32$(cm^2)

やや難 (3)　点Bから辺DCに下した垂線の足をHとすると，$\mathrm{BH}=\mathrm{AD}=8$(cm)　△BCHにおいて，三平方の定理より，$\mathrm{CH}=\sqrt{10^2-8^2}=\sqrt{100-64}=\sqrt{36}=6$(cm)　よって，$\mathrm{CD}=\mathrm{CH}+\mathrm{HD}=\mathrm{CH}+\mathrm{AB}=6+10=16$(cm)　台形ABCDの面積は，$\frac{1}{2}\times(\mathrm{CD}+\mathrm{AB})\times\mathrm{AD}=\frac{1}{2}\times(16+10)\times8=\frac{1}{2}\times26\times8=104$(cm^2)　したがって，$\mathrm{S}=104$のとき，点P，Qは辺CD上で重なっていて，図形(ⅰ)と(ⅱ)の和は台形ABCDとなっている。点P，Qはそれぞれ，2cm/秒，$\frac{8}{5}$cm/秒で移動しているから，合計で$2+\frac{8}{5}=\frac{10}{5}+\frac{8}{5}=\frac{18}{5}$(cm/秒)で移動していることになり，台形ABCDの周りの長さは，$\mathrm{AB}+\mathrm{BC}+\mathrm{CD}+\mathrm{DA}=10+10+16+8=44$(cm)なので，$\mathrm{L}=44\div\frac{18}{5}=44\times\frac{5}{18}=\frac{110}{9}$

〔4〕 (2次関数，直線の式，図形と関数・グラフ)

(1)　$y=\frac{1}{3}x^2$に$x=-6,\ 3,\ 9$をそれぞれ代入すると，$y=\frac{1}{3}\times(-6)^2=\frac{1}{3}\times36=12$，$y=\frac{1}{3}\times3^2=\frac{1}{3}\times9=3$，$y=\frac{1}{3}\times9^2=\frac{1}{3}\times81=27$となるので，A$(-6,\ 12)$，B$(3,\ 3)$，C$(9,\ 27)$である。直線

ACの傾きは，$\frac{27-12}{9-(-6)}=\frac{15}{15}=1$　直線ACの式を$y=x+b$とおいて，A$(-6,\ 12)$を代入すると，$12=-6+b$　$b=18$　よって，点Dのy座標は18

重要 (2)　直線ABの傾きは，$\frac{3-12}{3-(-6)}=\frac{-9}{9}=-1$　平行な直線の傾きは等しいので，直線ℓの傾きは1であり，(1)より切片は18なので，直線ℓの式は$y=-x+18$と表せる。$y=\frac{1}{3}x^2$と$y=-x+18$を連立方程式として解くと，$\frac{1}{3}x^2=-x+18$　$x^2=-3x+54$　$x^2+3x-54=0$　$(x+9)(x-6)=0$　$x=-9,\ 6$　（点Eのx座標）＞（点Fのx座標）であるから，点E，Fのx座標はそれぞれ，6，-9であり，その差は$6-(-9)=6+9=15$

重要 (3)　(1)より，直線ADの傾きは1，(2)より，直線DFの傾きは-1であり，その積は，$1\times(-1)=-1$　傾きの積が-1となる2直線は垂直に交わるので，AD⊥DF　よって，△ADFは∠ADF＝90°の直角三角形である。$y=\frac{1}{3}x^2$に$x=6,\ -9$をそれぞれ代入すると，$y=\frac{1}{3}\times6^2=\frac{1}{3}\times36=12$，$y=\frac{1}{3}\times9^2=\frac{1}{3}\times81=27$となるので，E(6，12)，F($-9$，27)であり，点E，Fはそれぞれ$y$軸について，点A，Cと対称である。よって，△EDCはy軸について△ADFと対称であるので，△ADF≡△EDC　また，直線AFの傾きは，$\frac{12-27}{-6-(-9)}=\frac{-15}{3}=-5$，直線BDの傾きは，$\frac{3-18}{3-0}=\frac{-15}{3}=-5$となり直線AF，BDの傾きが等しいので，AF//BD　よって，四角形ABDFは2組の向かい合う辺がそれぞれ平行なので，平行四辺形であり，△ADFと△DABにおいて，∠ADF＝∠DAB＝90°，∠DAF＝∠ADB，AD＝DAより，1組の辺とその両端の角がそれぞれ等しいので，△ADF≡△DAB

〔5〕（円周角の定理，相似と面積比）

重要 (1)　直線lは点Aで円Oと接するから，l⊥OA　よって，∠OAC＝90－72＝18°　円Oの半径なので，OA＝OCであるから，△OACは二等辺三角形であり，∠OCA＝∠OAC＝18°　△OACにおいて，∠AOC＝180－(18＋18)＝180－36＝144°　よって，∠AOB＋∠BOC＝360－144＝216°であり，$\overset{\frown}{\mathrm{AB}}=\overset{\frown}{\mathrm{BC}}$から，∠AOB＝∠BOCなので，∠AOB＝∠BOC＝$216\times\frac{1}{2}=108$°　円周角の定理より，∠ACB＝$\frac{1}{2}$∠AOB＝$\frac{1}{2}\times108=54$°　直線lとBCとの交点をDとすると，△ADCにおいて，$\angle x=180-(90+18+54)=180-162=18$°

やや難 (2)　△ADEと△AFGと△ABCにおいて，∠ADE＝∠AFG＝∠ABC，∠AED＝∠AGF＝∠ACBより，2組の角がそれぞれ等しいので，△ADE∽△AFG∽△ABC　△ADE∽△ABCより，相似比はDE：BC＝1：7なので，面積比は$1^2:7^2=1:49$　よって，△ADE：四角形DBCE＝1：(49－1)＝1：48　四角形DFGEと四角形FBCGの面積が等しいので，△ADE：四角形DFGE＝1：$\left(48\times\frac{1}{2}\right)$＝1：24　したがって，△ADE：△AFG＝1：(1＋24)＝1：25であるから，△AFGは△ADFの25倍である。また，△ADE∽△AFGであり，面積比が$1:25=1^2:5^2$なので，相似比は1：5である。よって，AD：AF＝1：5　AD：(AD＋DF)＝1：5　AD：(AD＋5)＝1：5　5AD＝AD＋5　4AD＝5　AD＝$\frac{5}{4}$(cm)　さらに，△ADE∽△ABCより，相似比はDE：BC＝1：7なので，AD：AB＝1：7　$\frac{5}{4}$：AB＝1：7　AB＝$\frac{35}{4}$(cm)　したがって，FB＝AB－AF＝AB－

$(\mathrm{AD}+\mathrm{DF})=\dfrac{35}{4}-\left(\dfrac{5}{4}+5\right)=\dfrac{35}{4}-\dfrac{25}{4}=\dfrac{10}{4}=\dfrac{5}{2}$(cm)

重要 〔6〕（円錐と正四角柱，三平方の定理，相似，長さ・体積の計量）

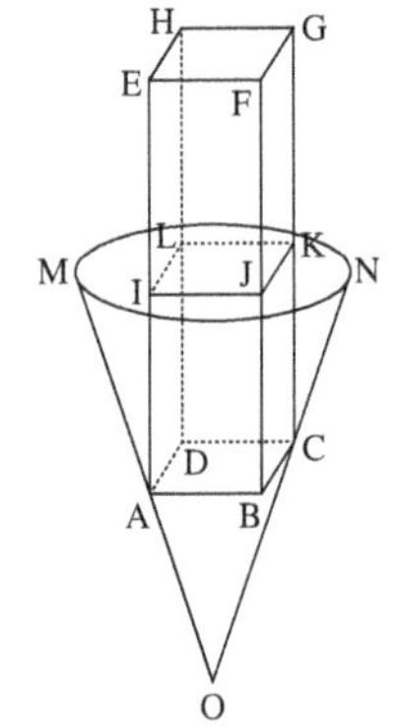

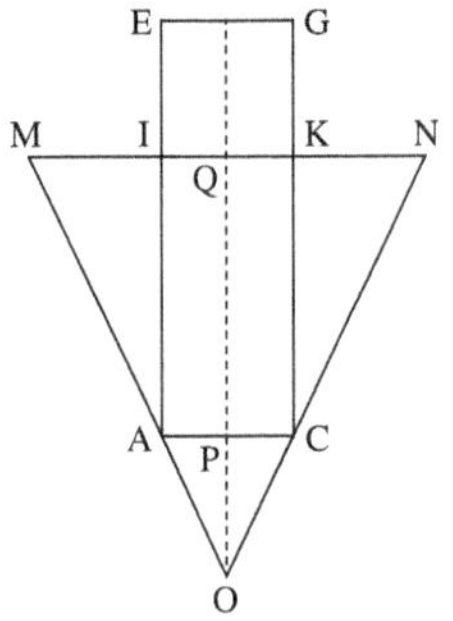

おもりBは$12\times\dfrac{2}{3}=8$(cm)沈んでいる。おもりBの底面の正方形の1辺の長さをx(cm)とすると，水に沈んでいる部分の体積は，$x\times x\times 8=8x^2$(cm^3) これが，あふれた水の体積400cm^{3}に一致するから，$8x^2=400$　$x^2=50$　$x=\pm\sqrt{50}=\pm 5\sqrt{2}$　$x>0$より，$x=5\sqrt{2}$(cm)　図Ⅱにおいて，右上図のように，おもりBをABCD－EFGHとし，水面と辺AE，BF，CG，DHとの交点をそれぞれI，J，K，Lとする。また，容器Aの頂点をOとし，点A，C，E，G，Oを通る平面で図Ⅱを切断したときの切断面と容器Aの底面の円周との交点をM，Nとする。右下図のような切断面となる。△ABCにおいて，三平方の定理より，AB：BC：AC＝1：1：$\sqrt{2}$なので，AC＝$5\sqrt{2}\times\sqrt{2}=10$(cm)　△OACと△OMNにおいて，∠OAC＝∠OMN，∠OCA＝∠ONMより，2組の角がそれぞれ等しいので，△OAC∽△OMN 点Oから辺AC，MNに下した垂線の足をそれぞれP，Qとすると，OQ＝12cm，PQ＝8cm，OP＝OQ－PQ＝12－8＝4(cm)　よって，△OACと△OMNの相似比は，OP：OQ＝4：12＝1：3　相似な図形の対応する辺の比は等しいので，AC：MN＝1：3　10：MN＝1：3　MN＝30(cm) 従って，容器Aの底面の直径は30cmだから，半径は30÷2＝15(cm)　容器Aの体積は，$\dfrac{1}{3}\times 15\times 15\times\pi\times 12=900\pi$(cm^3)

★ワンポイントアドバイス★

標準的なレベルの問題の中にやや難易度の高い思考力を問う問題が含まれている。いかに，問題の取捨選択，時間配分を考えられるかがポイントとなる。

＜英語解答＞

〔1〕	1 イ	2 ア	3 イ	4 ア	5 ウ
〔2〕	6 ウ	7 ア	8 エ	9 エ	10 イ
〔3〕	11 ウ	12 イ	13 ア	14 ウ	15 エ
〔4〕	16 ウ	17 エ	18 ウ	19 ウ	20 ウ
〔5〕	21 ア	22 ア	23 イ	24 イ	25 エ
〔6〕	26 イ	27 ウ	28 イ	29 ア	30 エ

○配点○

〔1〕 各3点×5　〔2〕 各4点×5　〔3〕 各4点×5　〔4〕 各3点×5　〔5〕 各3点×5

〔6〕 各3点×5　計100点

＜英語解説＞

［1］（リスニング問題）

A 1 Tom : Hi, Jane. How are you doing?

Jane : I'm good, thank you, Tom. And you?

Tom : I'm great, thanks. Have you finished your homework?

Jane : What? Which homework are you talking about?

Tom : I am talking about the homework our teacher gave us last Wednesday.

Jane : Oh, I forgot! What do we have to do?

Tom : Well, we need to write about our future dreams in English.

Jane : I got that, but how many words?

Tom : He said we have to write about 500 words.

Jane : 500 words? That is too long! I've never written such a long essay.

Tom : Don't worry. You have a dream, so you can write it very quickly.

Jane : O.K. I will try it. Thank you for letting me know.

Tom : You are welcome.

2 Lucy : Hello. This is Lucy. Can I speak to Fred?

Fred : Speaking.

Lucy : Hi, Fred. Guess what? I am planning to go to Japan with my family this summer. Would you like to come with me?

Fred : What! That's amazing. Which date?

Lucy : I am going to go to Japan on August 7th and come back here on September 2nd. I am planning to visit Kyoto, Osaka, Kobe and of course, Tokyo. Do you want to go together?

Fred : Wow. I'd like to, but I already have a plan to go to a concert with Judy on August 12th.

Lucy : That's too bad. I'm sorry you can't visit Japan with us, but next time, let's go together!

Fred : Yes. Please buy some souvenirs for me.

Lucy : I will. See you soon!

Fred : See you.

3 Kathy : How may I help you?

Bob : I would like to have two hamburgers with French fries, please.

Kathy : Would you like something to drink?

Bob : Yes. I will have a bottle of mineral water, please. Oh, if we eat our food in this restaurant, you give us a discount, don't you?

Kathy : Yes. We can give you a 10 percent discount if you pay more than thirty dollars.

Bob : OK. We'll eat here. How much is our total?

Kathy : It will be thirty six dollars.

1 トム　　：やあ，ジェーン。調子はどう？

ジェーン：いいわよ，ありがとう，トム。あなたは？

トム　　：僕はとても元気だよ，ありがとう。君は宿題をもう終わらせてしまったかい？

ジェーン：何？　あなたはどの宿題について言っているの？

トム　　：僕は僕たちの先生が先週の水曜日に僕たちに出した宿題について言っているんだよ。
ジェーン：ああ，私は忘れていたわ。私たちは何をしなければならないの？
トム　　：ええと，僕たちは僕たちの将来の夢について英語で書く必要があるんだよ。
ジェーン：私はそれはわかったけれど，何語なの？
トム　　：僕たちは約500語を書かなければならない，と彼は言った。
ジェーン：500語。それは長すぎるわ。私はそんなに長い作文を書いたことがない。
トム　　：心配しないで。君は夢を持っているから，とてもすぐにそれを書くことができるよ。
ジェーン：わかった。私はそれをやってみるわ。私に教えてくれてありがとう。
トム　　：どういたしまして。

「ジェーンはすぐに作文を書くことができる，となぜトムは思うのか？」 ア 「彼女は英語の作文を書くのが得意だ，と彼は思うから」 イ 「彼女は夢を持っている，と彼は思うから」 ウ 「彼女はすでに長い作文を書いてしまった，と彼は思うから」 エ 「彼女は彼女の宿題を決してしまわない，と彼は思うから」

2　ルーシー：もしもし。ルーシーです。フレッドをお願いします。
フレッド：僕だよ。
ルーシー：あら，フレッド。あのね，私はこの夏，家族と一緒に日本へ行くつもりなの。私と一緒に来たい？
フレッド：何だって。それは素晴らしい。何日だい？
ルーシー：私は8月7日に日本へ行って，9月2日にここへ帰ってくるつもりよ。私は京都と大阪，神戸，もちろん東京を訪れるつもりなの。あなたは一緒に行きたい？
フレッド：ああ。僕はそうしたいけれど，僕にはすでに8月12日にジュディとコンサートへ行く計画があるんだ。
ルーシー：それは残念だわ。あなたが私たちと一緒に日本を訪れることができないのが私は残念だけれど，次回，一緒に行こう。
フレッド：うん。僕にお土産を買ってきてよ。
ルーシー：そうするつもりよ。またね。
フレッド：またね。

「フレッドはルーシーに何をするように頼んだか？」 ア 「彼は彼女に，日本で何か買うように頼んだ」 イ 「彼は彼女に，次回ジュディと一緒にコンサートへ行くように頼んだ」 ウ 「彼は彼女に，彼の家族と一緒に日本へ来るように頼んだ」 エ 「彼は彼女に，ジュディと話すように頼んだ」

3　キャシー：ご用件をお伺いします。
ボブ　　：ハンバーガー2つとフライドポテトをください。
キャシー：飲み物はいかがですか？
ボブ　　：はい。ミネラルウォーターを1本ください。ああ，もし私たちがこのレストランで食べ物を食べるなら，割引きしてくれるんですよね？
キャシー：はい。もしあなたが30ドルより多く支払うなら，10％割引きをすることができます。
ボブ　　：わかりました。私たちはここで食べます。合計でいくらですか？
キャシー：36ドルです。

「男性はもしレストランで食べなければ，いくら支払わなければならないか？」 ア 「35ドル」 イ 「40ドル」 ウ 「41ドル」 エ 「45ドル」

B　4，5

Good afternoon. May I have your attention, please? This is the announcement for

American Air Flight 306 to Alabama. I would like to tell all passengers that our schedule is now changed. The boarding time was originally 1:15 pm. The new schedule will be 2:15 pm due to the weather in New York. We will arrive in Alabama at 4:00 pm. In addition, the gate is now changed from Gate A16 to Gate A23. Passengers on Flight 306 go to the gate before 2:00 pm. If you need any help, please contact our staff. Thank you so much for your attention.

④，⑤ こんにちは。皆様にお知らせいたします。アメリカン航空306便アラバマ行きのご案内です。現在，予定が変更されていることを乗客の皆様にお知らせします。搭乗時刻は当初は午後1時15分でした。ニューヨークの天候のために，新しい予定は午後2時15分になります。アラバマには午後4時に到着する予定です。さらに，出入口が現在，A16出入口からA23出入口に変更されています。306便にお乗りの方は午後2時より前に出入口へお越しください。お手伝いが必要でしたら，従業員へご連絡ください。ご清聴ありがとうございました。

④ 「あなたはどこでこの案内を聞くことが可能か？」 ア 「空港」 イ 「遊園地」 ウ 「図書館」 エ 「水族館」

⑤ 「乗客は何時にA23出入口へ行く必要があるか？」 ア 「午後2時15分に」 イ 「午後4時過ぎに」 ウ 「午後2時より前に」 エ 「午後4時に」

〔2〕 **（長文読解・物語文：内容吟味，語句解釈）**

（全訳） パトリックは決して宿題をしなかった。「退屈すぎるよ」と彼は言った。彼は代わりに野球やバスケットボール，ニンテンドーをした。彼の先生は彼に「パトリック。宿題をしなさい，さもないとあなたは物事をできるようにならないでしょう」と言った。しかし，彼は宿題が大嫌いだった。

ある日，彼の猫が小さな人形で遊んでいた。実は，それは人形ではなくネズミより小さい人間だった。(A)彼はそれを見て驚いた。彼は毛のシャツと魔法使いのような背の高い帽子を身につけていた。彼は妖精だった。彼は「助けてくれれば，あなたのためになんでもします。約束します」と叫んだ。パトリックは自分がどんなに幸運なんだ，と信じられなかった。彼は妖精に「学期の終わりまで僕の全ての宿題をしてください。もしあなたがよくやれば，僕はAがとれるかもしれない」

(B)妖精はしばらくの間沈黙して，それから言った。「それは私にはとても難しいですが，それをやってみます」妖精を(C)救うために，パトリックは彼の猫に新しいおもちゃを与えたので，彼の猫は妖精の代わりにそのおもちゃで遊び始めた。

次の日，妖精はパトリックの宿題をし始めたが，妖精はいつも答えを知っているわけではなく，叫んだ。「私を手伝って。私を手伝って」パトリックは(D)多くの点で彼を手伝わなければならなかった。ときどきパトリックは彼の宿題にあるいくつかの語の意味を妖精に教えるために辞書をとってこなければならなかった。妖精は数学について何も知らず，「私は数学を勉強したことがないから，君の手伝いが必要なんだ」と言った。それで，彼が数学の宿題をしているとき，彼がいくつかの質問に答えるのを手伝うことにパトリックはとても忙しかった。彼は人間の歴史についても何も知らなかった。パトリックはまた彼を手伝わなければならなかった。彼が歴史の宿題をするのを手伝うために，パトリックはたくさんの歴史の本を読む必要があった。ときどき，妖精を手伝うことに忙しすぎて，パトリックは夜に十分に睡眠をとることができなかった。

その学期の最終日に，妖精は消えた。パトリックはたくさんのAをもらった。彼のクラスメイトは驚き，先生は微笑んだ。彼の両親は，「何が起こったんだ」と不思議に思った。彼は全ての教科が得意な優秀な生徒になった。パトリックはまだ，妖精が全ての彼の宿題をしたと思っている。あなた方と私だけが，本当は誰がそれをしたのか知っている。

6 下線部(A)の直前の1文参照。

7 下線部(B)の直後の妖精の発言参照。「自分にできることかどうか考え」た結果の発言である。

8 下線部(C)「救うために」で副詞的用法。 ア 「なること」で名詞的用法。(×) イ 「支援するための」で形容詞的用法。(×) ウ 「言うための」で形容詞的用法。(×) エ 「見るために」で副詞的用法。(○)

9 ア 第4段落第6文参照。 イ 第4段落第4文参照。 ウ 第4段落最後から2文目参照。
エ 妖精の睡眠についての記述はない。

10 ア 「パトリックは妖精を見たとき，彼の猫と遊んでいた」 第2段落第1文～第5文参照。猫は妖精で遊んでいたのである。(×) イ 「パトリックは彼の宿題のほとんどを自分がした」 第4段落参照。(○) ウ 「誰がパトリックの宿題をしたのか，みんなが知っている」 最終段落最終文参照。読者と筆者だけが知っているのである。(×) エ 「妖精が役に立たなかったので，パトリックは怒った」 怒ったという記述はない。(×)

［3］ (長文読解・エッセイ：内容吟味)

(全訳) 1日にどれくらいのごみを出すか。ごみゼロ生活の提唱者，ベア・ジョンソンによる話を聞いた後，私はこれについて考え始めた。

彼女の4人家族(彼女自身と彼女の夫，2人の息子)はとても少しのごみしか出さない。彼らはいくつかの方法でこれをする。第1に，彼らは包装された商品を買わない。彼らは買い物かばんを使う。彼らは持っている製品を減らし，同じ製品をたくさんのことに使う。例えば，ジョンソンは掃除をするために酢や重曹を使う。また，彼女は15着の衣服しか持たない。

「ごみゼロ生活は自制するということではありません」と彼女は言った。「それは時間とお金を節約しより良い健康状態を得るために何が重要か，ということに集中することです」と，ごみを減らし私たちの生活を簡素にするための手引書で彼女の本である『ゼロ・ウェイスト・ホーム』で，以上全部とより多くをジョンソンは説明する。私はその本を数年前に読み，彼女の生活の仕方に従おうとした。

しかし，私はそれをし続けることができなかった。数週間後，私は包装された商品を買った。私にとってポテトチップスや文房具を買うのをやめることはとても難しかった。私はなんとかビニール袋を使うのをやめ，外食するときに自分のナイフとフォークを使った。しかし，私はまだいくらかのごみを出している。

しかし，ジョンソンの話の後，私はまたごみゼロ生活を試した。小さいことを始めることが重要で，その変化は持続可能であるべきだ，とジョンソンは言った。あなたの生活方法をすぐに変えることが重要だ，とも彼女は言った。

私がすぐにすることができたことについて考えた。私はスーパーマーケットでより少なく，生鮮食品市場でより多く買うことができた。生鮮食品市場では，客は包装されていない生鮮食品を買うことができる。その上，生鮮食品市場はより新鮮な食品をより良い価格で売り出すし，好意的な従業員がしばしば何かを無料でくれる。

私は私のごみを減らすことに成功するだろうか。私は最善を尽くすつもりだ。

11 「ベア・ジョンソンの家族はごみを減らすために何をするか？」 ア 「彼らはしばしば彼らの生活についての演説をする」(×) イ 「彼らは少しの物しか買わない」(×) ウ 「彼らはさまざまな方法で物を使う」 第2段落第4文参照。(○) エ 「彼らは15着の衣服しか持たない」(×)

12 「ベア・ジョンソンはなぜごみゼロ生活について話すのか？」 ア 「彼女は彼女の家族にごみを減らしてほしいから」(×) イ 「人々がこの方法でより良く生きることができる，と彼女は考えるから」 第3段落第2文参照。(○) ウ 「彼女は環境を改善したいから」(×) エ 「人々

が彼女の本を買うだろう，と彼女は思うから」（×）

13 「筆者はなぜ生鮮食品市場について話すのか？」 ア 「筆者は彼女の生活の仕方を変えようとしていたから」 第5段落・第6段落第1文・第2文参照。（○） イ 「ベア・ジョンソンの生活の仕方に良い点はないから」（×） ウ 「スーパーマーケットで売られる物は高価すぎるから」（×） エ 「人々はしばしば従業員と友だちになることができるから」（×）

14 「どれがその話について本当か？」 ア 「ベア・ジョンソンの家族は彼らの生活を変えるために何もしない」（×） イ 「ベア・ジョンソンの生き方はいつも従いやすい」（×） ウ 「私たちは少しずつ私たちの生活を変えることができる，とベア・ジョンソンは言った」 第5段落第2文・最終文参照。（○） エ 「ベア・ジョンソンはたいていは生鮮食品市場へ行く」（×）

15 「この話の最も良い題名は何か？」 ア 「私たちの生活で最も大切なもの」（×） イ 「生鮮食品市場」（×） ウ 「環境の守り方」（×） エ 「より簡素な生活」 題名は筆者の最も言いたいことを表し，筆者の主張は文の始めや終わりの部分にかかれることが多い。ここでは「ごみゼロ生活」（第1段落第2文）をすることや，「ごみを減らす」（最終段落第1文）ことで簡素な生活をすることを勧めているのである。（○）

〔4〕（正誤問題：助動詞，文型，現在完了，受動態）

16 next month「来月」と未来を表す語があるので，that節の時制は未来にする。enjoy ではなく will enjoy とするのが適切。

17 〈make ＋A＋B〉で「AをBにする」という意味の第5文型。第5文型ではA＝目的語，B＝補語である。代名詞が動詞の目的語になるときは目的格になる。所有格 his ではなく目的格 him とするのが適切。

18 one of ～ は「～の1つ[1人]」の意味なので単数扱い。主語が3人称単数なので，have ではなく has とするのが適切。

基本 19 直前に has があることから現在完了の文であるとわかる。現在完了は〈have[has]＋動詞の過去分詞形〉の形。be動詞の原形 be ではなく過去分詞形 been とするのが適切。

やや難 20 〈be動詞＋動詞の過去分詞形〉の形の受動態では「～に(よって)」を表すのに by ～ を用いる。take care of は全体で1つの動詞と同じ働きをする動詞句なので，take care of で1つのまとまりにしたまま受動態の形にする。taken care of ではなく taken care of by とするのが適切。

〔5〕（語句補充：不定詞，仮定法，受動態，分詞）

21 〈how to ＋動詞の原形〉で「～の仕方」という意味。

やや難 22 現在の内容についてのありえない仮定をする時に使う，仮定法過去の文。仮定法過去は〈If ＋主語A＋過去形の動詞～，主語B＋過去の助動詞＋動詞の原形…〉の形で，「もしAが～ならば，Bは…だろう」の意味。

23 be made of ～ で「～でできている」の意味。外見から何でできているのか判断できる場合，前置詞は of を使う。

重要 24 the mountain を「この部屋から見る」が修飾する，分詞を使った文。seen は see の過去分詞形。the mountain は「見られている」と受動の意味を持つので過去分詞 seen を使う。

25 動詞に belongs と3単現の s がついているから，主語は単数だと判断できる。each は原則として単数扱い。

〔6〕（語句整序：間接疑問文，助動詞，比較，仮定法，不定詞，文型，分詞，接続詞，語い）

26 Do you know where she is from(?) Do you know? と Where is she from? を1つにした間接疑問文にする。疑問詞以降は where she is from と平叙文の語順になる。

27 This robot can swim as fast as a fish(.) 助動詞 can は「～することができる」の意味。助

動詞がある英文では主語に関係なく動詞は原形になる。〈as ＋形容詞[副詞]の原級＋ as ～〉で「～と同じくらい…だ」という意味。

やや難 28 I wish I had time to travel with my family on the week end(.) 現在の内容についてのありえない仮定をする時に使う，仮定法過去の文。〈I wish ＋主語＋過去形の動詞[could ＋動詞の原形]～〉の形で「(主語)が～すれば[できれば]なあ」の意味になる。不定詞〈to ＋動詞の原形〉の文。ここでは「～するための」という意味の形容詞的用法で用いられている。

重要 29 There are three boys running in the park(.) 主語が不特定なもので「…がある」という意味を表す場合，〈There ＋be動詞＋数量[a／an]＋名詞～〉の形にする。three boys を修飾する現在分詞 running を使った文。現在分詞 running は単独ではなく関連する語句 in the park を伴っているので three boys の直後に置く。

30 This movie was so amazing that I'm looking forward to the next (one.) 〈so ＋形容詞[副詞]＋ that ～〉で「とても(形容詞[副詞])なので～」の意味。look forward to ～ で「～を楽しみに待つ」という意味になる。to は前置詞なので後には名詞か動名詞がくる。

★ワンポイントアドバイス★

現在完了・不定詞・動名詞など，動詞の語形変化を伴う単元はしっかりと復習しておくことが大切だ。複数の問題集を使うなどして，正誤問題でも迷わないように確実に身につけよう。

＜理科解答＞

〔1〕	1 イ	2 エ	3 オ	4 ウ	5 ア
〔2〕	6 エ	7 ウ	8 ウ	9 イ	10 オ
〔3〕	11 オ	12 ア	13 エ	14 ア	15 イ
〔4〕	16 エ	17 ウ	18 ウ	19 エ	20 イ

○配点○

各5点×20　　計100点

＜理科解説＞

〔1〕 (仕事―動滑車と定滑車の組み合わせ)

基本 1 図1では，定滑車のみを使っているので，物体を引き上げる距離と手で引く距離は同じである。一方，図2と図3では，定滑車と動滑車が組み合わさっているので，手で引く距離は物体を引き上げる距離の2倍である。

2 図2では，動滑車の質量は無視するので，仕事の大きさは図1と同じである。一方，図3では，動滑車の質量を無視できないので，仕事の大きさは図1や図2の場合よりも大きくなる。

3 物体は動滑車を通して6本のひもで支えられているので，物体を30cm持ち上げるのに必要な手が引く距離は，30(cm)×6＝180(cm)である。なお，手が引く力の大きさは，30(N)÷6＝5(N)である。

4 台車にはたらく重力の大きさは，斜面の傾きには関係なく一定であるが，斜面の傾きが次のページの図6のように図5よりも小さくなると，斜面方向の分力も小さくなる。

図5

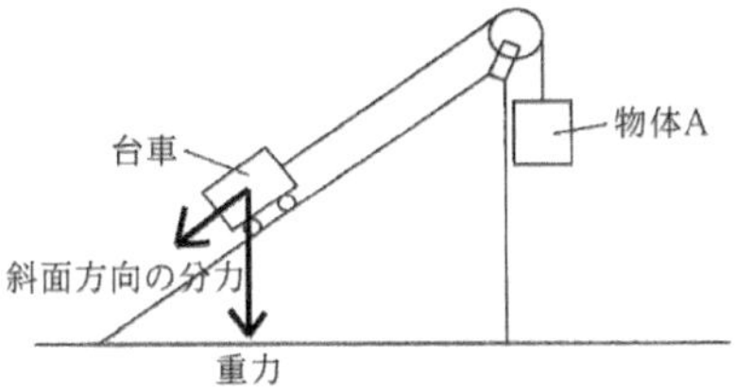

図6

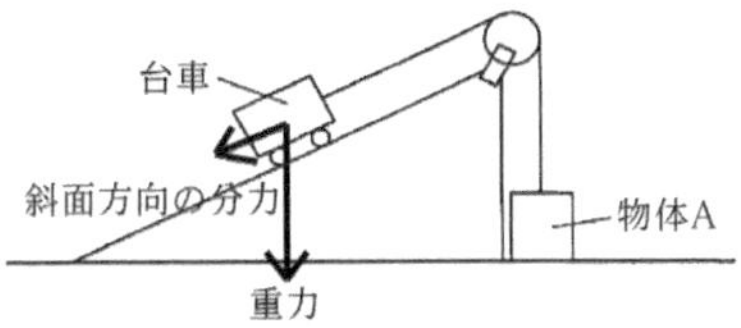

やや難 [5] 900gの台車にはたらく重力の大きさは900(g)÷100＝9(N)である。また，台車が図7の斜面上に台車があるときに台車にはたらく斜面方向の分力は，$9(\mathrm{N}) \times \frac{1.2(\mathrm{m})}{2(\mathrm{m})} = 5.4(\mathrm{N})$である。したがって，手で支える力の大きさは，5.4(N)÷2＝2.7(N)である。

図7

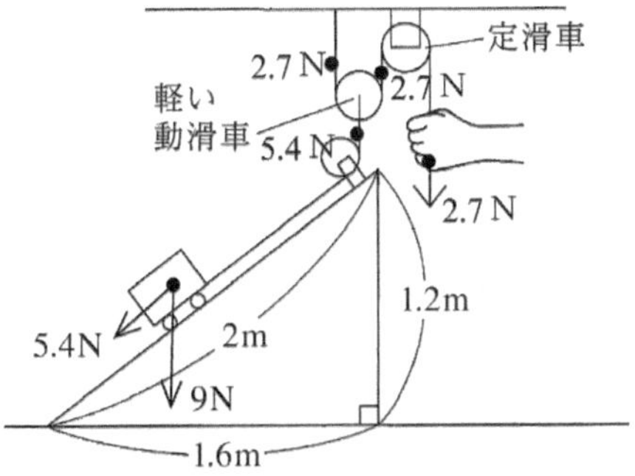

〔2〕 **(物質とその変化，気体の発生とその性質，溶液とその性質―水の状態変化，気体の発生と捕集方法，溶解度と再結晶)**

やや難 [6] 「密度＝質量÷体積」で求められる。また，状態変化においては，質量が変わらないので，密度と体積は反比例の関係になる。したがって，－4℃の氷を加熱すると，0℃までは体積が少しずつ増加するので，密度は少しずつ減少していく。その後，0℃になり氷が溶けると，体積が大きく減少するので，密度は大きく増加する。さらに，すべて水になると，4℃まで体積が減少して，その後，体積が増加するので，密度は4℃のとき最も大きくなる。

重要 [7] CO_2　石灰石にうすい塩酸を加えると二酸化炭素が発生する。また，二酸化炭素は，水に少し溶け，空気よりも重いので①のように下方置換か②のように水上置換で集める。

O_2　二酸化マンガンにオキシドール(過酸化水素水)を加えると酸素が発生する。酸素は水に溶けにくいので②のように水上置換で集める。

NH_3　塩化アンモニウムと水酸化カルシウムの混合物を加熱すると，アンモニアが発生する。この場合は，水も発生するので，③のようにして試験管の口を底よりもわずかに下げる必要がある。また，アンモニア水を加熱することでアンモニアを発生させることができる。ただし，この場合は，液体を加熱するので④のようにして加熱する。いずれにしても，アンモニアは水に非常に溶けやすく，空気よりも軽いので，上方置換で集める。

H_2　亜鉛にうすい塩酸を加えると水素が発生する。水素は水に溶けにくいので，②のように水上置換で集める

[8] 湯の中に発砲入浴剤を入れたり，貝殻にうすい塩酸を加えたり，ベーキングパウダーに食酢を加えたりすると二酸化炭素が発生する。なお，湯の中に酸素系漂白剤を入れたり，レバーにオキシドールをかけたりすると酸素が発生し，鉄にうすい塩酸を加えると水素が発生し，塩化アンモニウムと水酸化カルシウムを混ぜ合わせて熱するとアンモニアが発生する。

[9] 10℃の水200gに溶ける硝酸カリウムは，22(g)×2＝44(g)なので，実験1で析出する硝酸カリウムは，100(g)－44(g)＝56(g)である。一方，10℃の水40gに溶ける塩化ナトリウムは，37.7(g)×0.4＝15.08(g)なので，14gの塩化ナトリウムはすべて溶ける。以上より，56gの硝酸カリウムが析出する。

やや難 [10] 10℃の水100gに硝酸カリウムは22g溶けて，100(g)＋22(g)＝122(g)の飽和水溶液ができるので，366gの飽和水溶液に溶けている硝酸カリウムは，22(g)×$\frac{366(\mathrm{g})}{122(\mathrm{g})}$＝66(g)である。

〔3〕（生殖と遺伝―ジャガイモとエンドウの遺伝）

重要 [11] ジャガイモは，種いもで増える無性生殖と受粉することで種子をつくる有性生殖のどちらでも増えることができる。

やや難 [12] 「受粉させたジャガイモの種子」を育てることで，かけ合わせたジャガイモどうしの遺伝子をかけ合わせることができる。

重要 [13]・[14] 子の遺伝子の組み合わせがAaであり，すべて丸い種子であったことから，丸い形質が顕性形質，しわの形質が潜性形質である。

[15] 孫の代では丸い種子：しわの種子＝3：1なので，しわの種子は，500(個)÷3＝166.6…(個)より，約170個である。

〔4〕（地球と太陽系―太陽系，日食と月食）

基本 [16] 太陽は恒星，地球は惑星，月は衛星である。

[17] 太陽の直径は，3500(km)×$\frac{15000万(\mathrm{km})}{375000(\mathrm{km})}$＝140万(km)である。

[18] 太陽から地球まで500秒かかるので，光の速さは，15000万(km)÷500(秒)＝30万(km)である。

重要 [19] 日食は，新月のとき，月が太陽をかくす現象であり，短い時間しか見えない。一方，月食は満月のとき，月が地球の本影に入る現象であり，長い時間見える。

[20] 45度で5000km離れているので，地球1周分の長さは，5000(km)×$\frac{360(度)}{45(度)}$＝4万(km)である。

★ワンポイントアドバイス★

生物・化学・地学・物理の4分野において，基本問題に十分に慣れておくこと。その上で，物理分野と化学分野の計算問題にしっかり取り組んでおく必要がある。

＜社会解答＞

〔1〕	[1] イ	[2] エ	[3] ア			
〔2〕	[4] ウ	[5] ウ	[6] イ			
〔3〕	[7] イ	[8] ア	[9] ア			
〔4〕	[10] イ	[11] ア	[12] ウ	[13] ア		
〔5〕	[14] ウ	[15] ア	[16] ア	[17] エ	[18] ウ	[19] イ
〔6〕	[20] イ	[21] エ	[22] イ	[23] エ	[24] ウ	[25] エ

○配点○

各4点×25　　計100点

＜社会解説＞

〔1〕 **(地理－世界の諸地域の特色：北アメリカ州，交通)**

重要 1 関西国際空港での日本時間8月8日午前3時の時，ロサンゼルス国際空港の時間は，それより17時間前になるので8月7日午後10時となる。この時刻とロサンゼルス国際空港到着時刻の8月8日午前9時との差が飛行時間となる。

2 ハリケーンはカリブ海で発生し，北アメリカ大陸に上陸する進路が一般的であるから，正解はエとなる。

3 Aの地域はアメリカ合衆国の南部であり，伝統的な綿花地帯となっている。

〔2〕 **(日本の地理－諸地域の特色：関東地方，産業，人口，交通・貿易)**

4 アはAの栃木県，イはBの埼玉県，ウはCの千葉県，エはDの神奈川県である。

やや難 5 大阪圏は，中心部に行けば行くほど，人口構成比の比率は多くなる。それは，人口が中心部に集まっていることであり，cが正解となる。名古屋圏は大阪のような特徴はみられない。構成比は中心部から離れる距離によっての特徴は見あたらない。したがって，aが正解である。東京圏は10km以内の中心部が構成比が1番低く，10～20kmが1番高い。そこから離れていくにしたがって構成比は低くなる。したがって，bが正解となる。

6 成田空港は，航空輸送であり，半導体や通信機，医薬品などの軽くて高価なものを運ぶ。したがって，正解はイとなる。それ以外の選択肢は，全て，海上輸送であり，自動車や石油など重いものを大量に運ぶ。

〔3〕 **(日本の歴史－政治・外交史，社会・経済史，文化史，各時代の特色)**

基本 7 イは聖徳太子が定めた17条の憲法であり，604年に制定されている。したがって①の期間ではない。

8 アは東大寺南大門金剛力士像であり，鎌倉文化の代表作である。

9 当時の土一揆は，徳政を求めるものも多くあった。正長の土一揆は，有名な徳政一揆であり，それは，奈良市郊外の柳生にある岩にほられた，地蔵菩薩と借金帳消しの宣言文にあらわされている。

〔4〕 **(日本と世界の歴史－政治・外交史，社会・経済史，文化史，各時代の特色)**

10 寛政の改革の時，湯島聖堂で教えられていたのは国学ではないので，Yは誤りである。

11 葛飾北斎は化政文化の時の人物であり，当時は滝沢馬琴の「南総里見八犬伝」などの長編小説が多くの人に読まれた。富嶽三十六景は葛飾北斎の作品であるので，イは誤り。近松門左衛門，菱川師宣は元禄文化の時の人物であるので，ウ，エも誤りとなる。

12 アの世界恐慌は1929年。イの普通選挙法，エの治安維持法，ともに成立が1925年。ウの満州事変勃発は1931年。したがって，ウが誤りである。

13 a：五か年計画(1928年～1932年)→b：日ソ中立条約破棄(1945年)→c：日ソ共同宣言，日本の国連加盟(1956年)→d：マルタ会談(1989年)。

〔5〕 **(公民－経済生活，政治のしくみ，憲法，その他)**

14 神通川流域のカドミウムが原因の公害は，イタイイタイ病である。

15 好景気(好況)の時は市場に出回っている貨幣量を減らして，引き締める経済政策が必要であるから，市中銀行に国債を売り，貨幣を回収することになる。したがって，パネルAが正解となる。

16 海外に住んでいるか滞在しているなどの日本人が，外国にいながら国政選挙に投票できる制度を「在外選挙制度」といい，これによる投票を「在外投票」という。在外投票ができるのは，日本国籍を持つ18歳以上の有権者で，在外選挙人名簿に登録され，在外選挙人証を持っている人である。

重要 17 平成19年5月18日に，「日本国憲法の改正手続に関する法律(憲法改正国民投票法)」が公布され，同法の一部を改正する法律が平成26年6月20日に公布・施行された。日本国憲法改正の手続き，その公布については，第9章第96条に規定されている。それによると国会発議後に，前述の国民投票での過半数の賛成を必要としている。

18 この資料は，世界で初めて社会権が認められたワイマール憲法の条文である。

19 1985年に男女雇用機会均等法が制定され，男女が対等に雇用される社会を目指すことになった。したがって，イの女性のみ募集，というのはこの法律に違反する項目となる。

〔6〕 (各分野総合問題，その他)

20 産業革命をきっかけとして2大階級(資本家と労働者)が生まれた。アは「社会主義国」，ウは「石炭」，エは「製鉄業などの重工業」というところが誤りとなる。

21 18世紀後半に，イギリスで，世界で初めて産業革命が起きた。この頃，日本では江戸時代中期で，老中田沼意次が幕府財政の立て直しを行っていた。

基本 22 イギリスを含む西ヨーロッパ諸国は，暖流の北大西洋海流と偏西風の影響を受けた西岸海洋性気候で，高緯度のわりには温暖である。

23 「青いバナナ」は，西ヨーロッパにおいて特に経済的，人口的に発展しているバナナ型の地帯のことである。ホットバナナ，ヨーロッパのメガロポリス，ヨーロッパのバックボーンともいう。

24 シリコンバレーは，カリフォルニア州北部に位置するサンフランシスコ・ベイエリア地域南部を指す言葉である。世界で最も巨大なハイテク，イノベーション，ソーシャルメディア企業の集積地であり，また何千というスタートアップ企業が集まっていることで知られる。

やや難 25 国際分業とは，国家と国家との間で分業を行うことである。これはそれぞれの国において割安で生産できる物を，互いに多く生産して輸出しあうということで互いの国家において生産する場合よりもコストを削減することを目的として行われている。

★ワンポイントアドバイス★

〔1〕3 アメリカ合衆国の農業は適地適作による大規模農業で企業的経営を行っている。〔4〕10 松平定信の寛政の改革で出された寛政異学の禁は朱子学以外の学問などを禁じたものであった。

＜国語解答＞

一 問一 イ 問二 ウ 問三 エ 問四 ウ 問五 ア 問六 イ 問七 エ
問八 ア 問九 エ 問十 イ

二 問一 ウ 問二 ウ 問三 ア 問四 エ 問五 イ 問六 ウ 問七 エ
問八 イ 問九 イ 問十 イ

三 問一 ア 問二 ア 問三 エ 問四 ア

四 イ

○配点○

一 問三・問六・問九 各5点×3 問八・問十 各6点×2 他 各4点×5

二 問一・問五・問七・問九・問十 各4点×5 他 各3点×5 三 各3点×4 四 6点

計100点

＜国語解説＞

一　(論説文―漢字の読み書き，文学史，文脈把握，脱文・脱語補充，指示語の問題，接続語の問題，内容吟味)

問一　「対照」とは「物事を他と照らし合わせ，比べること」あるいは「異なる二つの物事を並べる時，違いや特徴が一層はっきりすること」であり，「比較対照」とは「比べて，違いをはっきりさせること」のような意味。「比較対照する」と動詞化できる。間違えやすいのが「対象」であるが，これは「目標や相手」という意味であり，「比較対象」は「比較する相手」という意味。「比較対象する」と動詞化することはできない。AとBを比べてその違いをはっきりさせることは「比較対照する」ことであり，AにとってのBは「比較対象」である。

問二　ア　『方丈記』の筆者は鴨長明。　イ　『徒然草』の筆者は吉田兼好＝兼好法師。　エ　『源氏物語』の作者は紫式部。選択肢のうち，ア～ウは随筆＝エッセイであるが，エは物語。

基本　問三　各段落数は，引用箇所を除いて数える。以降の設問も同様。　ア　「巨大なものだった」が誤り。『詩学』引用文の「極端に大きな動物もまた美しくありえないであろう」と矛盾する。

イ　「『かわいい』……中心に置かれていた」が誤り。第三段落「それ(解説者注：＝壊れやすく，可憐な美としての「かわいさ」)は西洋の美学が……中心に置かれることはなかった」と矛盾する。

ウ　「量的な均衡が」以降誤り。第三段落によれば，これは『枕草子』で問題にされている，日本的なものであり，西洋の美学では「ほとんど挿話的な話題としてしか言及されることがない」。

問四　「かわいい」という語は，『枕草子』にも「うつくし」という言葉で登場する。第三段落によれば，『枕草子』が問いかけているのは「量的な均衡が……可憐な美としての『かわいさ』」である。この「壊れやすく，可憐な美」という内容に一致するウが適当。

問五　アリストテレスの時代に「論に値する」と考えられていたのは「ただ美ばかりであり，それはつねに調和と均衡に満ちて，しかるべき分量のもとに，眺められるべきもの」であった。したがって，ウ・エは「あった」ものであるため不適当。またイの「全一性」は，アリストテレスの『詩学』からの引用文に登場する語なので，「あった」ものであり，不適当。

問六　指示語の指示内容は，一般には指示語の前に登場する。すると，第四段落最終文では「こうした文化の背後には……働いているのだろうか」と問題が提起されている。更に「こうした文化」の「こうした」をたどっていくと，第四段落第一文に「小ささの美学は日本文化に特有のものなのだろうか」という問題提起があり，その後にさまざまなものを小型化した具体例が挙げられている。したがって，傍線部③とは《日本人が小さいことをよしとする背景には，何か日本文化に特有の伝統が関係しているのか？》つまり《外国には小さいことをよしとする文化がないのか？》というような「問題」だと考えられる。だからこそ，第五段落では「比較文化学者」である李氏が「韓国と日本の伝統文化，歴史，言語を……比較対照」したということが紹介されるのである。

問七　空欄直前に「日本では何かを作ることを細工といいます」とあることから，作る＝細工という関係をまず把握しておく。そのうえで，空欄直後の「細かく縮小する工作」が「細工」と同義であることがわかれば，空欄には＝の役割を担う語があてはまると判断できる。「すなわち」は「つまり」とほぼ同義であり，「すなわち」の後の内容は「すなわち」の前の内容と同じ，あるいは前の内容のまとめであることを表す。

重要　問八　傍線部⑤とは，同段落にあるように「かわいい」だけではなく，「圧縮された強度を与える」ことや，「事物を可能なかぎり小さくし，それを巨大な宇宙と対応させ，より強いものへと変化」させること，「小さくもまた短くもなることによって，……いっそう強く，かつ美しく」なることを指す。すると，アは「これが最後」と考えるだけであり，「小さく」あるいは「短く」なっているとは言えない。これは単に弓道における心構えの話にすぎない。イ～エはすべて「小さく」あるいは「短く」することについて述べられている。エは迷うところだが,「抽象」的にするということは,具体性を省略あるいは排除することであるから,山や池についての説明として「小さく」あるいは「短く」なっていると考えられる。また,そうすることによって逆に「豊かな精神性」を宿らせるということについても,「小さくもまた短くもなることによって,……いっそう強く,かつ美しく」なることと関連する。

問九　「こうした文化的伝統」とは,傍線部⑤にもあるように「縮み」文化のことを指す。「縮み」文化が,小さくあるいは短くすることによって強くかつ美しくなるということは,問八の解説通りである。ただし,同段落に「日本にあっては小さいことが『かわいい』だけではない」とあることから,「縮み」文化にはまず「かわいい」という観念があることも忘れてはならない。この「かわいい」と「強くかつ美しく」という内容を反映させた選択肢はエのみ。

問十　「ロマン主義を生み出す原動力となった」が誤り。第三段落には,壊れやすく,可憐な美としての「かわいさ」という日本的なもの≒ジャポニズムについて,「それは西洋の……美学の中心に置かれることはなかった」「ほとんど挿話的な話題としてしか言及されることがない」とある。したがって,ジャポニズムがロマン主義を生み出す原動力となったということはないと考えられる。

二　(古文―文脈把握,和歌,情景・心情,内容吟味)

基本　問一　この「その時」というのは,「田邑の帝という帝がいらっしゃった」時のことを指す。この時点でア・ウに絞られる。また,「その方(＝多賀幾子)がお亡くなりになったので,安祥寺にてご法要を行った」とあることから,安祥寺というのは多賀幾子の住まいではなく,法要(＝葬式)を行った場所である。

問二　和歌Aは,右の馬の頭が「うっかり間違えたまま」詠んだものである。何を間違えたのかというと,「たくさんのささげ物を……ように見えたのであった」から,たくさんのささげ物をくくりつけた木の枝を,山と間違えたのだと考えられる。実際に山があったわけではないというのがポイント。

問三　傍線部③直後の「とふ」は現代語訳の「惜しんで弔おう」に相当する。これは多賀幾子の法要の場面であるから,「惜しんで弔おう」としている「別れ」というのは多賀幾子との死別のことを指す。「弔う」は死者に対してのみ使われる語である。

問四　傍線部④およびその直後の文は,現代語訳では「いま見ると……感慨にふけっていた」に相当する。「当時はこれがすぐれていたのであろうか」ということから,Aの和歌は作者から見れば過去に作られたものであり,「今」作者にとっての印象はそれほど良くないけれども,過去つまり「当時」の人にとっては良いものだったようだ,と述べているのである。したがって,「当時」の人に相当するア・イは不適当。ウは「人々は感慨にふけっていた」の「人々」と考えられるため,こちらもやはり「当時」の人と考えられる。そもそも,「今」見れば印象がそれほど良くないというのは,作者個人による感想を述べたものであり,「今」複数の人々が作者と同じように感じているとするまでの根拠はない。

問五　「ここ」がどこなのかということをまず明らかにする必要がある。現代語訳を見ると,常行は法要の帰りに「山科の禅師の親王がいらっしゃる山科の宮……に参上なさって」傍線部⑤のように発言したということである。「さぶらふ」には,丁寧語「です,ます,ございます」のほか,謙譲語として「貴人にお仕えする」という意味がある。

問六　「かの大将」が「たばかりたまふよう」,つまり「いろいろと考えを巡らせなさるには」,「「親王にお仕えする……この石を献上しよう」ということであるから,初めて仕える親王に対して石を献上しようと考えた人である常行が「かの大将」だと考えられる。

問七　常行の考えである「親王にお仕えする……この石を献上しよう」の中に，「しゃれた庭園を好む人であるので」と石を献上しようと考えた直接の理由が明示されている。

問八　現代語訳を確認すると，「献上いたします。色には見えない……」と一旦文が切れている。これを原文にあてはめると，「かふる」が「献上いたします」にあたる語であると考えられる。

問九　そもそもこの石は，現代語訳にある通り「親王にお仕えする初めにあたって，何もしないでいるわけにはいくまい」という思いから，常行が親王に対して「この石を献上しよう」と考えたものである。したがって「私の思いを岩に込めて献上いたします」というのは，親王に対しての思いを込めて，ということである。ウと迷うが，石を大切に思うのではなく，親王を大切に思うからこそ石を献上するのである。

重要　問十　ア　「目が不自由であったため」「刻み込んだ」が誤り。前者について，現代語訳では「老人が，うっかり間違えたまま」とあるのみで，「目が不自由であった」とまで断定する根拠は見当たらない。後者について，岩に「刻み込んだ」のは常行である。右の馬の頭は常行に命じられて歌を詠んだのみであり，岩に歌を刻み込んだわけではない。　ウ　「常行によって」が誤り。現代語訳「右の馬の頭であった人の歌を，……石面に彫り付けて献上した」と矛盾する。　エ　「多賀幾子の法要においても」が誤り。法要において，藤原常行は人に歌を詠ませただけであり，「儀式の成功」に関与したとまでは断定できない。法要という儀式で重要なのは「お経の講義」などであり，歌というわけではない。

三　（慣用句，敬語，漢字の読み書き，熟語）

問一　「隣の芝生は青く見える」とは，「人のものは自分のものよりもよく見える」という意味。「黄色い声援」とは，「女性や子供の甲高い声で行う応援のこと」。単に「黄色い声」でも「女性や子供の甲高い声」を指す。　「腹が黒い」とは，「意地が悪く，心の中で悪い事を計画したり，良くない事を想像したりするさま」。

問二　「いたす」は謙譲語なので，「あなた」と相手に向かって使うのは不適当。「なさいますか」と尊敬語にすべきである。

問三　「新進」とは，「その分野に新しく現れて，活躍していることや人」。　ア　「心身」は「心と体」。　イ　「津々」とは「絶えずあふれ出るさま」であり，主に「興味津々」で使われる語。ウ　「ひっそりと静まりかえるさま」や「寒さが身に染みるさま」の「しんしんと」は「深々と」と書く。

問四　ウ・エにはそもそも外来語が含まれていない。ア　「硝子」の読みは「がらす」であり，オランダ語に由来する。　イ　「麦酒」の読みは「ビール」であり，こちらもおそらくオランダ語に由来する。

四　（大意・要旨，内容吟味）

イ　「必ずしも身体的な暴力と結びつくわけではなく」については本文Ⅰ「ふつうの人が予想するように，……訴えるものなのだ」「彼は暴力的ではなく」から読み取れる。「平気で他人を支配して利用しようとする」については，本文Ⅰ「私たちの同情心に訴える」および本文Ⅱ「目的となることは，……高めたりすることである」から読み取れる。

「二つの本文の主旨をよく理解して発言している」ということは，つまり「二つの本文から読み取れない／無関係なことは発言していない」，また「本文Ⅰ・Ⅱ両方の内容に言及している」ということである。　ア　「劣悪な環境がそうさせた」「生まれつき良心のない悪い人間などいない」など，Aさんの発言は全体的に二つの本文のどこにも言及されておらず，無関係なものである。よってAさんの発言は本文を読まなくてもできたものであり，「二つの本文の主旨をよく理解して発言している」とは言えない。　ウ 「サイコパスが攻撃を何かを達成するための手段として行使する」については本文Ⅱの内容から読み取れるが，本文Ⅰの内容である「サイコパスは世間のイメージと異なり，同情心に訴えかけて他人に悪事を働く」ということへの言及がない。よって「二つの本文の主旨をよく理解して発言している」とは言えない。　エ 「サイコパスの診断基準」は本文Ⅱから読み取れることであり，本文Ⅰの内容への言及がない。よって「二つの本文の主旨をよく理解して発言している」とは言えない。

★ワンポイントアドバイス★

論説文中に引用文がある場合は，筆者が引用文に対して賛成／反対どちらの立場なのか，あるいは何について説明する／何と比較するために引用しているのか，地の文をよく読んで確認しよう。古文は，現代語訳が原文のどこに対応するか見極めるために，単語や文化的背景の知識もつけておこう。

2022年度

★★★★★★★★★★★★★★★★★★★★★★★

入　試　問　題

2022年度

中部大学春日丘高等学校入試問題

【数　学】（40分）　＜満点：100点＞

【注意】 解答の記入方法は，たとえば，$\boxed{\text{ア}}$と表示のある問いに対して３と解答する場合には，次のように解答番号アの解答欄にマークしなさい。また，計算結果が分数になる場合はこれ以上約分できない形にして答えなさい。（裏表紙：例にならって練習しなさい）

（例）

解答番号	解　答　欄
ア	⊖ ㊉ ⓪ ① ② ● ④ ⑤ ⑥ ⑦ ⑧ ⑨

次の$\boxed{\text{ア}}$～$\boxed{\text{リ}}$の中に適する数，符号を１つずつ入れなさい。

〔1〕

(1)　$-3^2\div 4+\frac{7}{4}\times\left(-\frac{1}{6}+\frac{1}{2}\right)+\frac{8}{3}=\boxed{\text{ア}}$

(2)　$\frac{3x+2y}{2}-\frac{2x+y}{3}=\frac{\boxed{\text{イ}}x+\boxed{\text{ウ}}y}{6}$

(3)　$\frac{1}{4}x^2y^2\times\frac{3x^2}{2y}\div\left(\frac{x}{2y}\right)^3=\boxed{\text{エ}}xy^{\boxed{\text{オ}}}$

(4)　１枚の硬貨を３回続けて投げたとき，表が１回だけ出る確率は$\boxed{\text{カ}}$である。
ただし，硬貨の表と裏が出ることは同様に確からしいものとする。
$\boxed{\text{カ}}$にあてはまるものを下記の＜語群＞の中から選び，番号で答えよ。
＜語群＞
⓪ $\frac{1}{8}$　① $\frac{1}{4}$　② $\frac{3}{8}$　③ $\frac{1}{2}$　④ $\frac{5}{8}$　⑤ $\frac{1}{3}$　⑥ $\frac{2}{3}$

(5)　右の図は，生徒35人の数学の小テストの得点と人数を度数分布表に表したものである。
　生徒一人ひとりのデータから箱ひげ図を作ったときの第３四分位数が含まれる階級は$\boxed{\text{キ}}$であり，また階級が４以上６未満の相対度数を小数第３位を四捨五入して計算すると$\boxed{\text{ク}}$である。
$\boxed{\text{キ}}$，$\boxed{\text{ク}}$にあてはまるものを下記の＜語群＞の中から選び，番号で答えよ。

階級	度数
0 以上　2 未満	0
2 ～ 4	4
4 ～ 6	11
6 ～ 8	14
8 ～ 10	6
10 ～ 12	0
計	35

＜$\boxed{\text{キ}}$の語群＞
⓪ 0以上2未満　① 2以上4未満　② 4以上6未満
③ 6以上8未満　④ 8以上10未満　⑤ 10以上12未満

＜$\boxed{\text{ク}}$の語群＞
⓪ 0.21　① 0.24　② 0.27　③ 0.31　④ 0.32
⑤ 0.35　⑥ 0.41　⑦ 0.42　⑧ 0.43

〔２〕

(1)　連立方程式 $\begin{cases} x : y = 3 : 1 \\ 2x + y = 14 \end{cases}$ を解くと，$x =$ [ケ]，$y =$ [コ]である。

(2)　２次方程式 $x^2 + 2ax - (5a + 2) = 0$ の１つの解が $x = 2$ であるとき，
$a =$ [サ]であり，他の解は[シス]である。

(3)　原価が1200円の商品がある。定価の20％引きで売っても原価に対して８％の利益が出るようにするには定価を[セ]円にすればよい。
[セ]にあてはまるものを下記の＜語群＞の中から選び，番号で答えよ。
＜語群＞
⓪　1320　①　1340　②　1420　③　1460
④　1520　⑤　1560　⑥　1620　⑦　1640

(4)　図のように，段と列を決め，規則に従ってカードを並べる。

	第1列	第2列	第3列	第4列	第5列	……
第１段	[2]	[4]	[6]	[8]	[10]	
第２段		[5]	[7]	[9]	[11]	
第３段			[8]	[10]	[12]	
第４段				[11]	[13]	
第５段					[14]	
⋮						
⋮						

(規則)
第１段目に，第１列目から順番に偶数のカード（[2]，[4]，[6]，[8]，……）を並べていく。
第２段目は，第２列目から順番に，１つ上の段のカードの数より１大きい数のカードを並べる。
第３段目は，第３列目から順番に，１つ上の段のカードの数より１大きい数のカードを並べる。
以下，同様にカードを規則的に並べていく。
このとき，[14]のカードは[ソ]枚置かれることになる。また，[29]のカードは[タ]枚置かれることになる。

〔３〕　図のように，OA＝OB＝３，OD＝２の直方体OACB－DEGFがある。

点Ｐは点Ｏを出発し，正方形ＯＡＣＢの辺上を反時計回りで点A，点Ｃを通過して点Ｂまで移動する。
点Ｑは点Ｏを出発し，正方形ＯＡＣＢの辺上を時計回りで点Ｂまで移動する。
点Ｐも点Ｑも秒速３で移動し，点Ｂに到達すると止まる。
x 秒後の三角すいOPQFの体積を y とする。

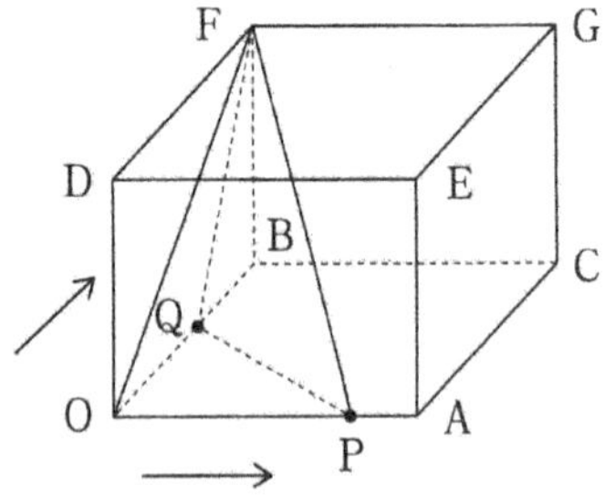

(1)　$x = \frac{1}{2}$ のとき，$y = \frac{\text{チ}}{\text{ツ}}$ である。

(2)　x と y の関係を表したグラフとして適当なものは[テ]である。[テ]にあてはまるものを下記の⓪～⑤のグラフの中から１つ選び，番号で答えよ。

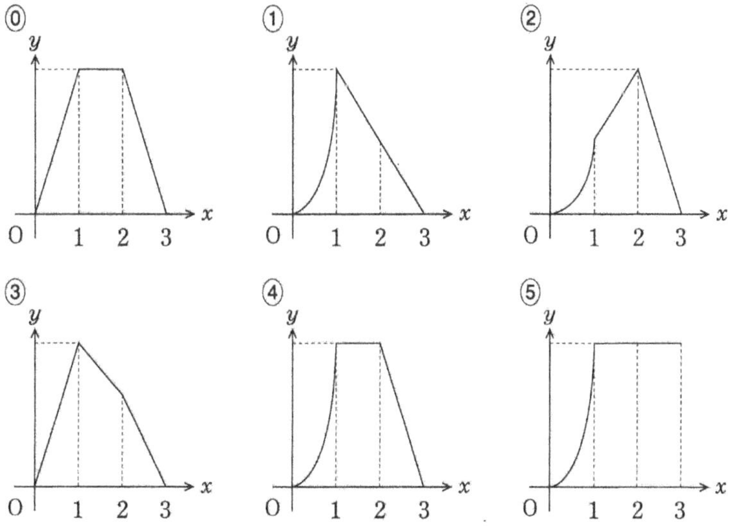

(3)　$y=2$ となる x の値は２つある。２回目に $y=2$ となる x の値は，$\dfrac{\boxed{\text{ト}}}{\boxed{\text{ナ}}}$ である。

〔4〕　図のように，放物線 $y=2x^2$ 上に x 座標が -2 である点Aと，x 座標が１である点Bがある。

また，点Aを通り，直線OBと平行な直線を l とし，直線 l と放物線 $y=2x^2$ の交点のうち，点Aでない点をCとする。

(1)　直線 l の式は $y=$[ニ]$x+$[ヌ][ネ]である。

(2)　点Cの y 座標は[ノ][ハ]である。

(3)　台形OACBの面積は[ヒ][フ]である。

(4)　原点を通る直線が台形OACBの面積を２等分するとき，この直線の式は $y=$[ヘ][ホ]x である。

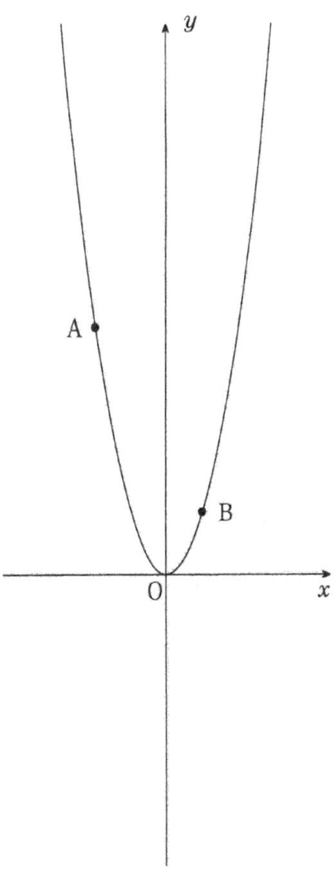

〔5〕

(1) 右図のように，円Oがある。
円Oの２つの弦AB，CDの交点をEとする。
AE＝５㎝，CE＝４㎝，AC＝６㎝，BD＝10㎝であるとき，
DE＝$\dfrac{\boxed{\text{マ}}\boxed{\text{ミ}}}{\boxed{\text{ム}}}$㎝である。

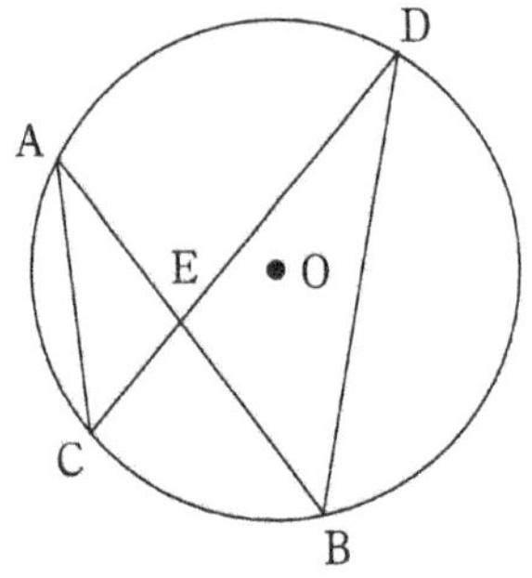

(2) 図のように，平行な２直線 l，m がある。
このとき，$\angle x$ ＝$\boxed{\text{メ}}\boxed{\text{モ}}$° である。

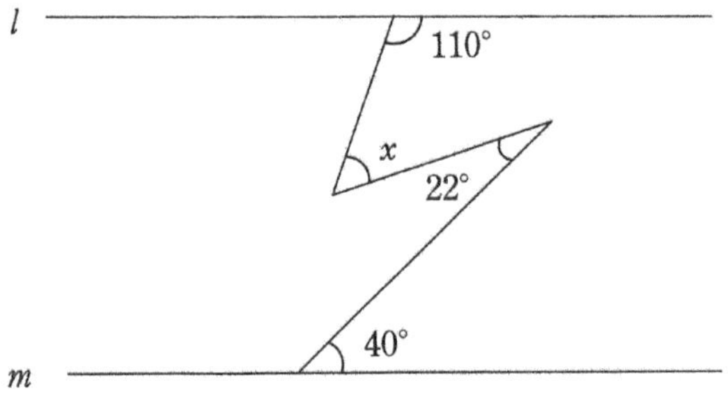

〔6〕 右図のように，立方体がある。辺AB，ADの中点をそれぞれP，Qとする。

(1) この立方体を３点P，Q，Gを通る平面で切るとき，切り口の図形は$\boxed{\text{ヤ}}$である。
$\boxed{\text{ヤ}}$にあてはまるものを下記の＜語群＞の中から選び，番号で答えよ。
＜語群＞
⓪ 三角形　① 四角形　② 五角形
③ 六角形　④ 七角形

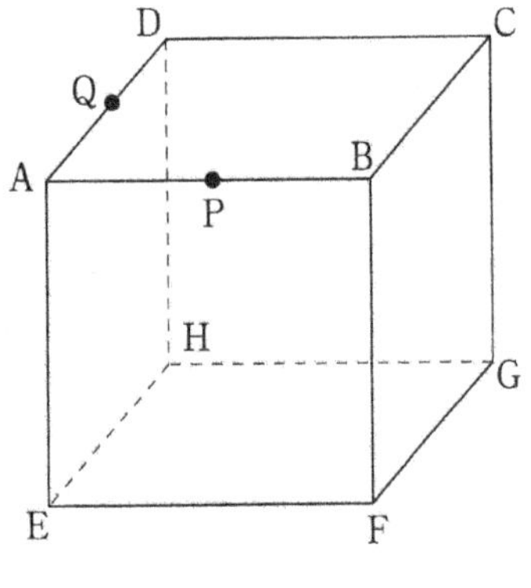

(2) この立方体を３点P，Q，Eを通る平面で切り，２つの立体に分ける。
頂点Gを含む立体の体積は，頂点Aを含む立体の体積の$\boxed{\text{ユ}}\boxed{\text{ヨ}}$倍である。
また，この立方体の一辺の長さが３㎝であるとき，頂点Aを含む立体の体積は$\dfrac{\boxed{\text{ラ}}}{\boxed{\text{リ}}}$$cm^3$である。

【英　語】（40分）　＜満点：100点＞　　**※リスニングテストの音声は弊社HPにアクセスの上，音声データをダウンロードしてご利用ください。**

（解答番号[1]～[30]）

〔1〕 リスニングテスト

A．それぞれの対話についての問いを聞き，答えとして最も適当なものを４つの選択肢ア～エの中からそれぞれ１つずつ選びなさい。対話と質問文はそれぞれ２回ずつ読まれます。

[1] What is Bob going to do?

ア He is going to write an e-mail to Kyoko's grandmother.
イ He is going to read an e-mail from Kyoko's grandmother.
ウ He is going to send a picture to Kyoko by e-mail.
エ He is going to take a picture for Kyoko's e-mail.

[2] Who is the tallest in Kota's family?

ア Kota.　イ Yuta.　ウ Shota.　エ Kota's father.

[3] What will Jane buy at this shop?

ア A blue notebook, a yellow notebook, and a pencil.
イ Two blue notebooks and a pencil.
ウ Two yellow notebooks and a pencil.
エ Only two yellow notebooks.

B．これから流れる英語は，ケンが友人のシンジと公園を散歩していたときの出来事に関する内容です。内容をよく聞き，質問文の答えとして最も適当なものを４つの選択肢ア～エの中からそれぞれ１つずつ選びなさい。質問は２つあります。出来事に関する内容と質問文はそれぞれ２回ずつ読まれます。

[4] How did Shinji tell the man how to get to his hotel?

ア By talking about the park on Sunday.
イ By using easy English words and some gestures.
ウ By going to the man's hotel with the man.
エ By speaking slowly in Japanese at the hotel.

[5] What did Ken learn through the experience?

ア He learned how he made the man happy.
イ He learned how he could get to the park with the man.
ウ He learned he shouldn't be afraid of making mistakes when he speaks English.
エ He learned he should know about the man's hotel.

〔2〕 次の英文を読んで，設問に答えなさい。

One cold rainy day when Tom was a little boy, he met an old alley cat on his street. The cat looked very cold so Tom said, "Wouldn't you like to come home with me?" (A) <u>The cat was surprised</u> — it was the first time for her to meet anyone who cared about old alley cats — but she said, “I’ll be very happy if I can sit in a warm place, and have a saucer of milk.” “We have a very warm room,” Tom said, “and I’m sure my mother has a saucer of milk.”

Tom and the cat became good friends but Tom’s mother was very upset about the cat. She hated cats, in particular old alley cats. “Tom,” she said to him, “if you think I’m going to give that cat a saucer of milk, you’re very wrong. If you start feeding alley cats, you will feed all the alley cats in town in the end, and I am *not* going to do it!”

(B) This made Tom very sad, and he apologized to the cat because his mother was so strict. He told the cat to stay, and he brought her a saucer of milk every day. Tom fed the cat for three weeks, but one day his mother found the cat’s saucer in the basement and she was very angry. She threw the cat out. (C) Tom was very angry and went out and found the cat. Together they went for a walk in the park and tried to think of nice things to talk about. Tom said, “When I grow up, I’m going to have an airplane. It must be wonderful to fly!”

“Would you like to fly very, very much?” asked the cat.

“Yes! I want to do anything to be able to fly.”

“Well,” said the cat, “If you’d *really* like to fly, I think I know a kind of way you can fly.”

“You mean you know where I could get an airplane?”

“Well, not exactly an airplane, but (D) something better. I’m an old cat now, but in my younger days I was a traveler. My traveling days ended, but last spring I took just one more trip and sailed to the Island of Tangerina. And then, I missed the boat, and while I was waiting for the next boat, I thought I’d look around a bit. I was very interested in a place called Wild Island, and we passed it on our way to Tangerina. Wild Island and Tangerina are joined together by a lot of rocks, but people never go to Wild Island because it’s jungle and there are a lot of dangerous animals. So, I decided to go across the rocks and explore it. It is an interesting place, but I saw something very dangerous. It was a big green dragon! I was so scared, but I thought I would like to ride it and fly all over the world!”

（注） alley cat：野良猫　saucer：皿　hate：ひどく嫌う　feed：（えさ等）を与える
apologize：謝罪する　fed：feed の過去形　basement：地下室　sail：航海する
Tangerina：タンジェリナ（地名）

（出典） *My Father’s Dragon;* written by Ruth Stiles Gannett （一部改訂）

6　下線部(A) The cat was surprised の理由として最も適当なものをア～エの中から１つ選びなさい。

ア　今まで自分のような年老いた野良猫を気遣う人と出会ったことがなかったから。

イ　こんなに寒い日は経験がなかったから。

ウ　暖かい家がこんなに居心地のいいものだとは思わなかったから。

エ　Tom が自分にミルクをくれるほどやさしい人物だと知らなかったから。

7　下線部(B) This は何を表しているか。最も適当なものをア～エの中から１つ選びなさい。

ア　野良猫と友達になれたと思っていたが，何も言わずに出て行ってしまったこと。

イ　Tom の母親が Tom に野良猫にミルクをあげるつもりはないと言ったこと。

ウ　Tom の母親が Tom にその野良猫だけでなく町中の野良猫にミルクをあげるよう強要したこと。

エ　その野良猫が Tom の母親に厳しいことを言ったこと。

8　下線部(C) Tom was very angry の理由として最も適当なものをア～エの中から１つ選びなさい。

ア　野良猫が言葉を話していたから。

イ　Tom の母親が野良猫を飼ってはいけないと言ったから。

ウ　Tom の母親が Tom の友達である野良猫を外に放り出したから。

エ　野良猫がミルクをこぼし地下室を汚していたから。

9　下線部(D) something better は何を表しているか。最も適当なものをア～エの中から１つ選びなさい。

ア　An airplane.　　　イ　Wild island.

ウ　Dangerous animals.　　エ　A big green dragon.

10　本文の内容と一致する文をア～エの中から１つ選びなさい。

ア　Tom's mother didn't like cats, so she didn't want him to have the cat.

イ　The cat knew how Tom could get an airplane.

ウ　Tom and the cat tried to go on a trip to Tangerina, but they missed the boat.

エ　Wild island was so dangerous that the cat couldn't go there.

〔3〕　次の英文を読んで，設問に答えなさい。

One day last fall, I visited my friend, Mr. Sherlock Holmes. He was talking with a short, heavy, older man who had red hair.

"Ah, you have come at a perfect time, my dear Watson," Holmes said with a smile.

"But you are busy," I said. "I am sorry to interrupt."

"Not at all. Mr. Wilson, this is my friend, Mr. Watson. (A) He helps me in all my work. I think he will help me on your case, too."

(B) We shook hands and I sat down to join the two men.

"I know that you are interested in my cases, because you have turned so many of them into stories," Holmes said.

"Your cases have always been interesting to me, it is true," I said.

"You say you are interested in these cases because they are so different from normal, everyday life," Holmes said. "But I often tell you that the strangest things happen in the smallest crimes."

"And I still don't believe you," I said.
"Well, I think we have a case. If you help me, you will know how I solve it," my friend said with a smile. He turned to the older man.

"Mr. Wilson, please begin your story again," Holmes said. "Please do this not only for Mr. Watson, but also for myself. Your story is very unusual. So, I would like to hear all the details again. Usually, when I study a case, I think of thousands of other cases like it. But in this case, I cannot think of a single similar one. Your story is very unique."

The heavy man pulled a piece of newspaper from his pocket. He showed us the advertisement page.

(注) interrupt：じゃまする　case：事件　normal：普通の　crime：犯罪　detail：詳細
pull：～を取り出す　advertisement：広告

(出典) *Adventures of Sherlock Holmes* : IBC Publishing (2021) 一部改訂

11 Who is the person marked (A)?
ア Mr. Sherlock Holmes.
イ Mr. Watson.
ウ Mr. Wilson.
エ An older man who had red hair.

12 Who are the persons marked (B)?
ア Mr. Sherlock Holmes and Mr. Wilson.
イ Mr. Sherlock Holmes and Mr. Watson.
ウ Mr. Wilson and a heavy man.
エ Mr. Wilson and Mr. Watson.

13 Why is Mr. Watson interested in the cases of Mr. Sherlock Holmes?
ア Because Sherlock helps him in all his work.
イ Because Sherlock has written so many stories.
ウ Because the cases are so different from normal.
エ Because the cases happen in the smallest crimes.

14 Why did Mr. Sherlock Holmes ask Mr. Wilson to begin his story again?
ア Because Mr. Wilson's story was very unique.
イ Because Mr. Wilson's story was not so unusual.
ウ Because he didn't understand Mr. Wilson's story.
エ Because he didn't want Mr. Watson to listen to Mr. Wilson's story.

15 What was the heavy man's purpose to take out a piece of newspaper?
ア To think of other cases.
イ To tell his story to Mr. Watson and Mr. Holmes.
ウ To read an article about Mr. Holmes's case.
エ To show Mr. Watson and Mr. Holmes that his story is usual.

〔4〕 次の文には，それぞれ明らかに文法的･語法的な誤りが1か所ある。その誤りをア～エの中から1つ選びなさい。

16 <u>The world</u>ア <u>is full with</u>イ beautiful places. I <u>want to go</u>ウ to <u>some places</u>エ in the future.

17 I want <u>something cold to drink</u>ア. <u>Are</u>イ there <u>a little water</u>ウ <u>in the bottle</u>エ?

18 I <u>asked</u>ア a salesperson <u>which desk to buy</u>イ. He showed me the desk which <u>is made into</u>ウ <u>wood</u>エ.

19 It is dangerous <u>for me</u>ア to ride <u>this broken bike</u>イ. I wish I <u>can buy</u>ウ <u>a new one</u>エ.

20 The man <u>driving</u>ア that car <u>is my father</u>イ. He <u>lets</u>ウ me <u>to use</u>エ his car every weekend.

〔5〕 次の各文の（ ）に入る最も適当な語（句）をそれぞれア～エの中から1つ選びなさい。

21 We left Nagoya (　　) the morning of July 21.

ア for　　イ by　　ウ at　　エ on

22 If I (　　), I could buy that computer.

ア have much money　　イ had much money

ウ have many money　　エ had many money

23 Let's play baseball (　　) you are free tomorrow.

ア if　　イ during　　ウ later　　エ before

24 Kyoto is one of (　　) in Japan.

ア the oldest city　　イ the older city

ウ the oldest cities　　エ as old cities as

25 You can't pass the exam (　　).

ア with do your best　　イ with to do your best

ウ without to do your best　　エ without doing your best

〔6〕 日本語に合うように［ ］内の語（句）を並べ替えて正しい英文にするとき，<u>(1)</u>と<u>(2)</u>に入る最も適当な語（句）の組み合わせをそれぞれア～エの中から1つ選びなさい。ただし，<u>　　</u>は与えられた語（句）を示します。文頭にくる語も小文字で表してあります。

26 彼女が話している女性は私のおばさんです。

_____ _____ __(1)__ _____ __(2)__ _____ _____.

［ she / with / the woman / my / is talking / is / aunt ］

ア (1) she　(2) is　　イ (1) is talking　(2) she

ウ (1) is talking　(2) is　　エ (1) with　(2) my

27 大きな声で歌うといつも楽しくなります。

_____ _____ _____ __(1)__ _____ __(2)__ _____.

［ happy / a loud voice / me / singing / always / makes / in ］

ア (1) makes (2) always イ (1) always (2) me
ウ (1) always (2) happy エ (1) makes (2) happy

28 彼女は親切にも駅への道を教えてくれた。

_____ _____ __(1)__ _____ _____ _____ __(2)__ _____ _____ the station.

〔 kind / enough / she / the way / me / to / to / tell / was 〕

ア (1) enough (2) tell イ (1) kind (2) the way
ウ (1) enough (2) me エ (1) kind (2) me

29 看板にはここでサッカーをしてはいけませんと書いてあります。

_____ _____ __(1)__ _____ __(2)__ _____ _____ here.

〔 you / must / play / says / the sign / not / soccer 〕

ア (1) you (2) play イ (1) not (2) soccer
ウ (1) you (2) not エ (1) not (2) play

30 あなたはどれくらいの間，英語を勉強していますか。

_____ _____ __(1)__ _____ __(2)__ _____ _____?

〔 you / been / how / have / long / English / studying 〕

ア (1) have (2) studying イ (1) been (2) studying
ウ (1) been (2) English エ (1) have (2) been

【理　科】（30分）　＜満点：100点＞

（解答番号[1]～[20]）

〔1〕　ばねの性質に関する以下の文章を読み，[1]～[5]に答えなさい。

実験1

自然の長さが等しい2種類のばねA，Bを用意する。図1のように，ばねにおもりをつり下げ，おもりの質量とばねの伸びの関係を調べたところ，図2のようになった。

図1

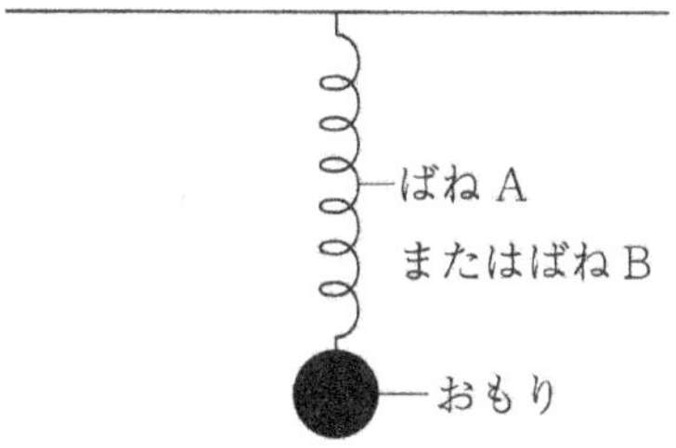

図2

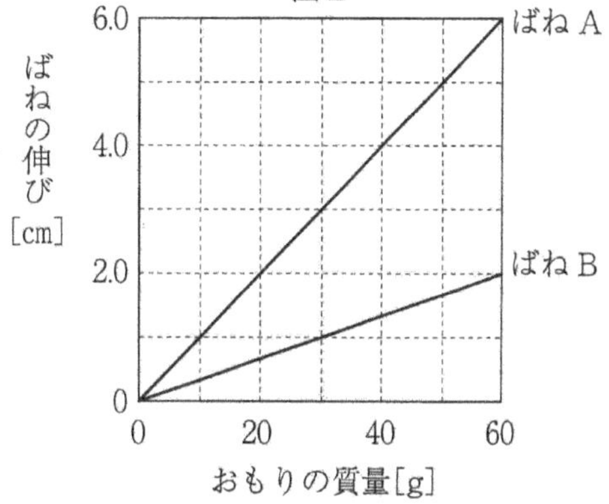

[1]　ばねA，Bの性質を述べた文章として正しいものを下の(ア)～(オ)の中から1つ選び，記号で答えなさい。

(ア)　ばねAはばねBより伸びにくく，ばねAとばねBの伸びが等しいときにばねに加えた力が大きいのはばねAである。

(イ)　ばねAはばねBより伸びにくく，ばねAとばねBの伸びが等しいときにばねに加えた力が大きいのはばねBである。

(ウ)　ばねAはばねBより伸びやすく，ばねAとばねBの伸びが等しいときにばねに加えた力が大きいのはばねAである。

(エ)　ばねAはばねBより伸びやすく，ばねAとばねBの伸びが等しいときにばねに加えた力が大きいのはばねBである。

(オ)　ばねAはばねBより伸びやすく，ばねAとばねBの伸びが等しいときにばねに加えた力はばねAとばねBともに同じである。

[2]　ばねAにある質量のおもりをつるしたところ，ばねAが8.0［cm］伸びた。このときばねAにつるしたおもりの質量として正しいものを下の(ア)～(オ)の中から1つ選び，記号で答えなさい。

(ア)　40［g］　(イ)　60［g］　(ウ)　80［g］　(エ)　100［g］　(オ)　120［g］

実験2

次のページの図3のようにばねAとばねBをつなぎ，その下にある質量のおもりをつるしたところ，ばねは合計で12.0［cm］伸びた。

3　実験２において用いたおもりの質量は何［g］か。正しいものを下の(ア)～(オ)の中から１つ選び，記号で答えなさい。

(ア)　30［g］　(イ)　60［g］　(ウ)　80［g］
(エ)　90［g］　(オ)　120［g］

図３

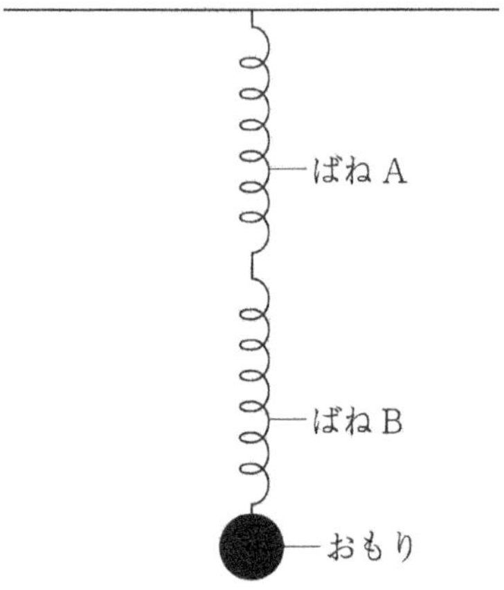

実験３

図４のように，ばねAの両端に定滑車をもちいて質量30［g］のおもりを取り付けた。

4　このとき，ばねAの伸びは何［cm］か。正しいものを下の(ア)～(オ)の中から１つ選び，記号で答えなさい。

(ア)　0［cm］　(イ)　1.5［cm］
(ウ)　2.0［cm］　(エ)　3.0［cm］
(オ)　6.0［cm］

図４

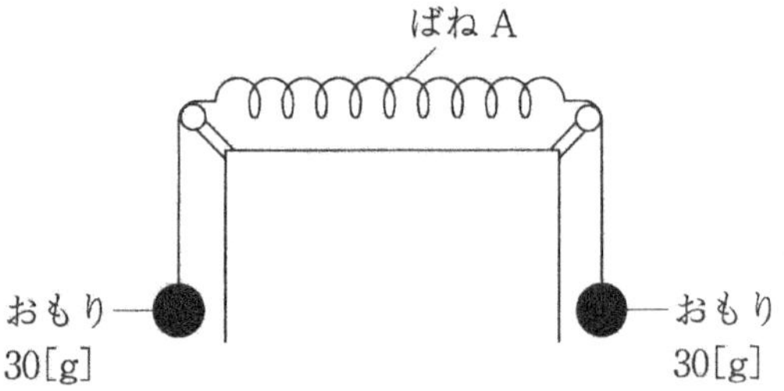

実験４

２種類の質量が異なるおもりC，Dを用意する。おもりCの質量は分からないが，おもりDの質量は100［g］であることが分かっている。図５のように定滑車とばねAをもちいて２つのおもりを静止させたところ，ばねAは自然の長さより8.0［cm］伸びた。このとき，おもりDは完全に水中に沈んでいた。ただし，質量100［g］の物体にはたらく重力の大きさを１［N］とする。

5　このとき，おもりDにはたらく浮力の大きさは何［N］か。正しいものを下の(ア)～(オ)の中から１つ選び，記号で答えなさい。

(ア)　0.10［N］　(イ)　0.20［N］　(ウ)　0.50［N］
(エ)　0.80［N］　(オ)　1.0［N］

図５

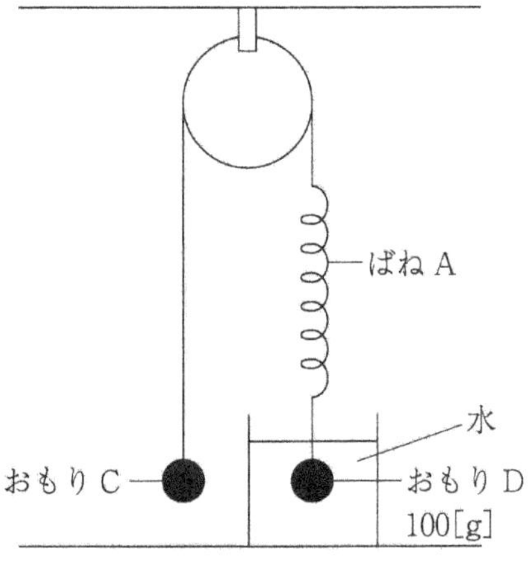

〔2〕 次の実験1，2を読み，[6]～[10]に答えなさい。

実験1

水酸化ナトリウム水溶液，塩化ナトリウム水溶液，塩化銅水溶液，塩酸のいずれかが入ったビーカーA，B，C，Dがある。ビーカーAに入った水溶液は青色であり，その他は無色であった。B，C，Dの無色の液体が入ったビーカーにBTB液を加えると，Bは黄色，Cは青色，Dは緑色になった。

[6] 塩酸に関する記述として，**適当でないもの**を下の(ア)～(オ)の中から1つ選び，記号で答えなさい。

(ア) 電気を導く。　(イ) 塩化水素の水溶液である。

(ウ) 赤色リトマス紙を青色にする。　(エ) マグネシウムリボンを溶かし，水素を発生させる。

(オ) 水酸化ナトリウム水溶液でちょうど中和した混合溶液は，塩化ナトリウム水溶液である。

[7] 各ビーカーの水溶液を電気分解した際に，陽極に塩素が発生するものをすべて含んでいる組み合わせはどれか。正しい組み合わせを下の(ア)～(オ)の中から1つ選び，記号で答えなさい。

(ア) AとB　(イ) CとD　(ウ) BとD　(エ) AとBとC　(オ) AとBとD

実験2

ある濃度の塩酸を20［mL］用意した。水溶液中の水素イオンの数はX個であった。この塩酸を水酸化ナトリウム水溶液で中和したところ，水溶液中の水素イオンの数と水酸化ナトリウム水溶液を加えた量は図6のような関係となった。また，図7～9は水溶液中のナトリウムイオン，塩化物イオン，水酸化物イオンのいずれかの数と水酸化ナトリウム水溶液を加えた量の関係を表した図である。

図6

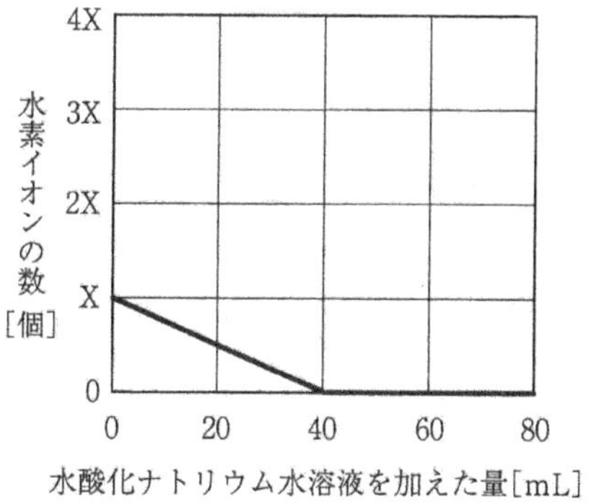

図7

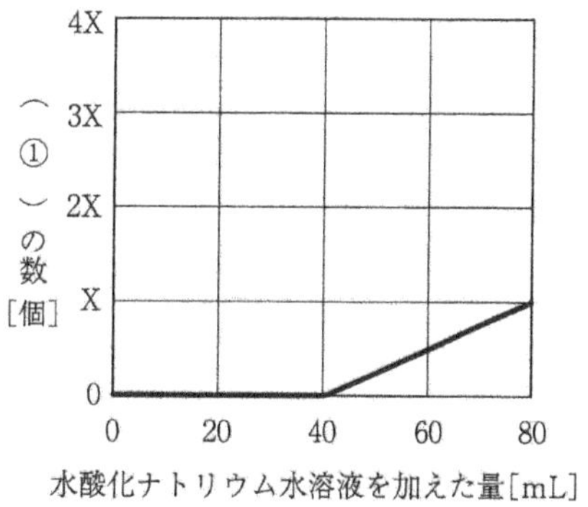

図8

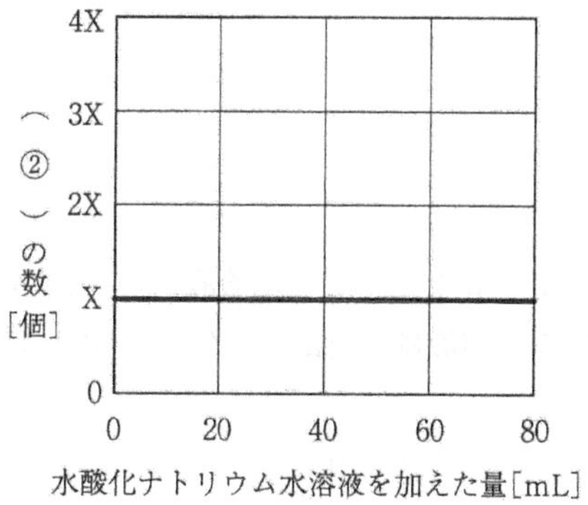

図9

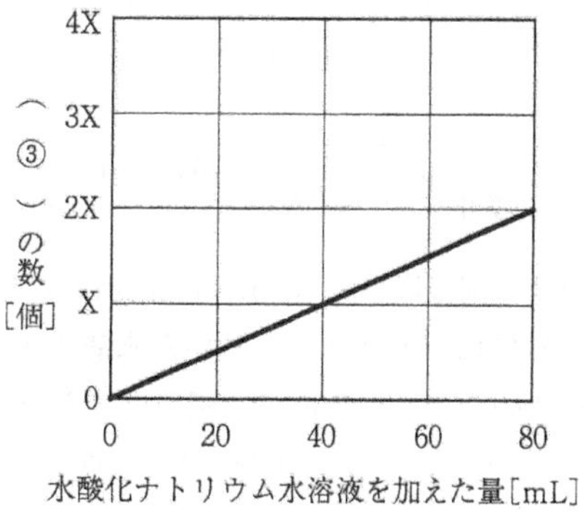

8　前のページの図7～9の①～③に当てはまる語句として正しい組み合わせになっているものはどれか。正しい組み合わせを下の(ア)～(オ)の中から1つ選び，記号で答えなさい。

(ア)　①　水酸化物イオン　②　ナトリウムイオン　③　塩化物イオン
(イ)　①　水酸化物イオン　②　塩化物イオン　③　ナトリウムイオン
(ウ)　①　ナトリウムイオン　②　水酸化物イオン　③　塩化物イオン
(エ)　①　ナトリウムイオン　②　塩化物イオン　③　水酸化物イオン
(オ)　①　塩化物イオン　②　ナトリウムイオン　③　塩化物イオン

9　水溶液中のイオンの総数の変化を表したグラフとして正しいものを下の(ア)～(オ)の中から1つ選び，記号で答えなさい。

（ア）

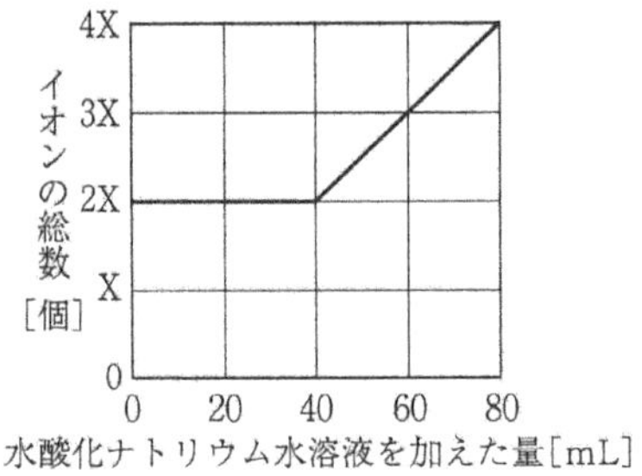

（イ）

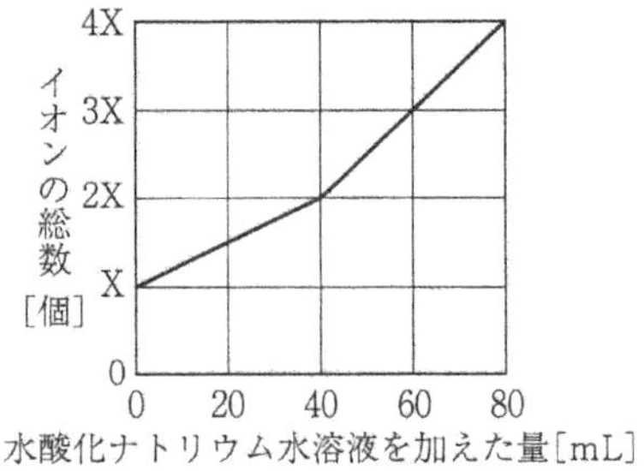

（ウ）

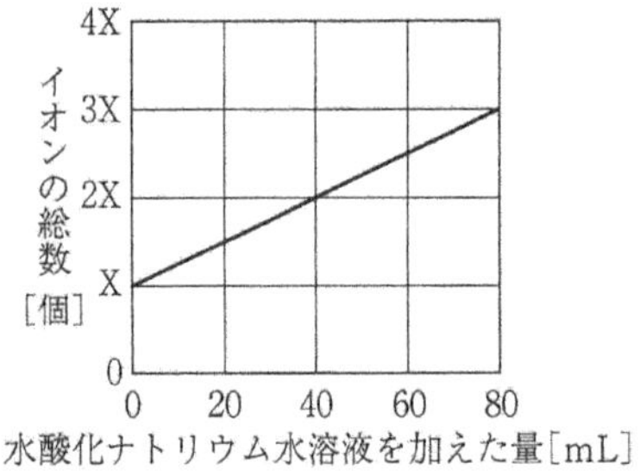

（エ）

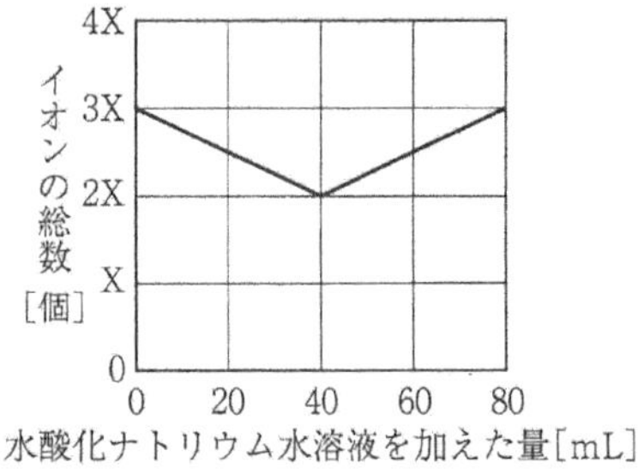

（オ）

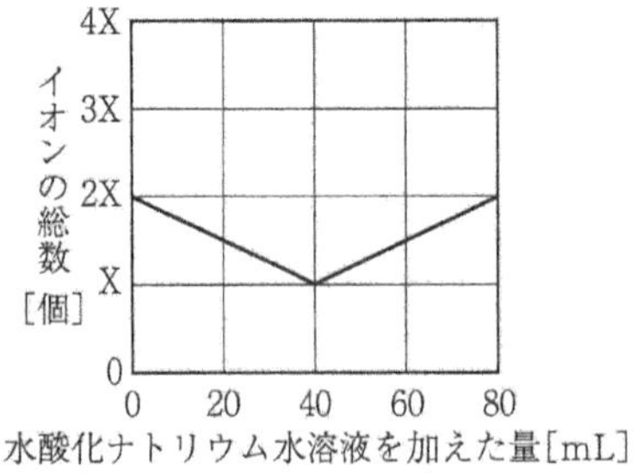

10　実験2と同じ塩酸50［mL］に水を混ぜて100［mL］にした。この水溶液10［mL］をちょうど中和するのに，実験2でもちいた水酸化ナトリウム水溶液は何［mL］必要か。正しいものを下の(ア)～(オ)の中から1つ選び，記号で答えなさい。

(ア)　5.0［mL］　(イ)　10［mL］　(ウ)　15［mL］　(エ)　20［mL］　(オ)　80［mL］

〔3〕 図10はそれぞれの動物をある特徴をもとにグループ分けしたものである。次の[11]～[15]に答えなさい。

図10

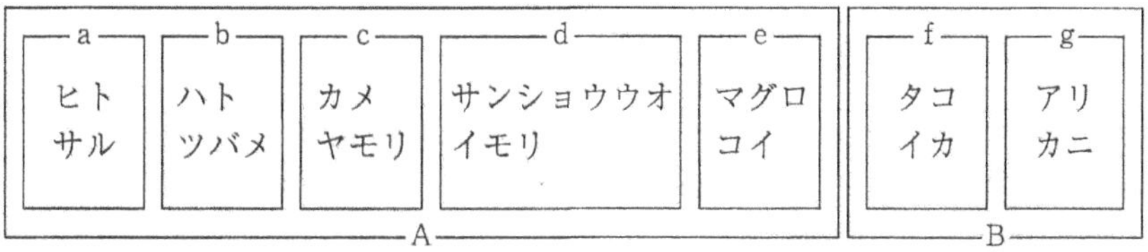

[11] 図10のグループAが共通して持つ特徴は何か。正しいものを下の(ア)～(オ)の中から1つ選び，記号で答えなさい。

(ア) 内骨格である。　(イ) 外骨格である。　(ウ) 内骨格も外骨格も持たない。

(エ) 体内受精である。　(オ) 体外受精である。

[12] 図10のグループAの仲間をまとめて何というか。正しいものを下の(ア)～(オ)の中から1つ選び，記号で答えなさい。

(ア) 恒温動物　(イ) 軟体動物　(ウ) 節足動物　(エ) 無セキツイ動物　(オ) セキツイ動物

[13] 図10のａ～ｅのグループの中で，変温動物で周囲の温度が下がると冬眠することが多いグループをすべて含んでいるのはどれか。正しい組み合わせを下の(ア)～(オ)の中から1つ選び，記号で答えなさい。

(ア) ａ・ｄ　(イ) ｂ・ｃ　(ウ) ｃ・ｄ　(エ) ａ・ｅ　(オ) ｂ・ｅ

[14] 図10のｆとｇのグループと同じ分類の動物の組み合わせはどれか。正しい組み合わせを下の(ア)～(オ)の中から1つ選び，記号で答えなさい。

	f	g
(ア)	アサリ・カタツムリ	クモ・ミジンコ
(イ)	ナマコ・クラゲ	エビ・ゾウリムシ
(ウ)	イソギンチャク・カタツムリ	ミミズ・クモ
(エ)	サメ・クラゲ	ウニ・エビ
(オ)	アサリ・ナマコ	ゾウリムシ・ミジンコ

[15] 次の①～⑤の文章の中で，図10のａ～ｄのグループに含まれる，すべての動物に当てはまるものはどれか。正しい組み合わせを下の(ア)～(オ)の中から1つ選び，記号で答えなさい。

① 目から受け取った感覚刺激は，せきずいと呼ばれる神経を通って大脳へ伝えられる。

② 大脳から四肢への意識的な命令は，せきずいと呼ばれる神経を通って筋肉へ伝えられる。

③ 成体の呼吸器官は主に肺である。

④ 乾燥と体温の保持のため，体が羽毛または体毛で覆われている。

⑤ 乾燥と外部からの衝撃を防ぐため，固いからを持った卵を産む。

(ア) ①・②　(イ) ①・④　(ウ) ②・③　(エ) ④・⑤　(オ) ③・⑤

〔4〕 次の地震に関連する文を読み，[16]～[20]に答えなさい。

地球の表面は，厚さ100［km］ぐらいのいくつかのプレートでできている。とくに日本列島は，a4つのプレートの境界線に位置している。それぞれのプレートは，bマントル対流にのって，決まった方向にゆっくりと動いている。プレートの境界線は，大きな力が働いているため，その力がエネルギーとして蓄えられ，日本列島付近は，地震や活火山が多い。とくに地震は大きくc2つの原因に分けられる。

[16] 下線部aの4つのプレートの正しい組み合わせはどれか。下の(ア)～(オ)の中から正しい組み合わせを1つ選び，記号で答えなさい。

(ア) 北アメリカプレート，中国プレート，太平洋プレート，台湾プレート
(イ) ロシアプレート，ユーラシアプレート，ハワイプレート，フィリピン海プレート
(ウ) 北アメリカプレート，ユーラシアプレート，太平洋プレート，フィリピン海プレート
(エ) 北アメリカプレート，中国プレート，太平洋プレート，フィリピン海プレート
(オ) ロシアプレート，中国プレート，ハワイプレート，台湾プレート

[17] 下線部bのマントル対流がおこる原因の中で，正しいものを下の(ア)～(オ)の中から1つ選び，記号で答えなさい。

(ア) 液体であるマントルは太陽の熱で熱せられ，ゆっくりと対流している。
(イ) 岩石でできているマントルは地球の自転の力で，ゆっくりと対流している。
(ウ) 液体であるマントルは地球の自転の力で，ゆっくりと対流している。
(エ) 岩石でできているマントルは地球内部の熱で熱せられ，ゆっくりと対流している。
(オ) 岩石でできているマントルは太陽の熱で熱せられ，ゆっくりと対流している。

[18] 下線部cの地震の原因について記した次の文の(1)～(5)に入る語句は何か。正しい組み合わせを下の(ア)～(オ)の中から1つ選び，記号で答えなさい。

日本列島は，大陸のプレートの下に海洋のプレートがもぐりこむことによって盛り上がってできた。現在も海洋のプレートが年間10［cm］ほどもぐりこむ。したがって，日本列島の地殻には常に力がかかっている。そして(1)。これによって発生する地震を(2)という。また，海洋のプレートがもぐりこむ過程で引きずりこまれた大陸のプレートが，すべって逆もどりすることがある。このとき発生する地震を(3)という。(2)は，1995年に発生した兵庫県南部地震のように震源の浅い(4)が被害を大きくし，(3)は，2011年に発生した東北地方太平洋沖地震がマグニチュード(5)を記録したように巨大になりやすい。

	(1)	(2)	(3)	(4)	(5)
(ア)	断層が生じる	断層型地震	海溝型地震	深層型	7.0
(イ)	噴火がおこる	海溝型地震	断層型地震	直下型	9.0
(ウ)	噴火がおこる	断層型地震	海溝型地震	深層型	7.0
(エ)	噴火がおこる	海溝型地震	断層型地震	深層型	7.0
(オ)	断層が生じる	断層型地震	海溝型地震	直下型	9.0

[19] マグマ由来の岩石の正しい組み合わせはどれか。正しい組み合わせを次のページの(ア)～(オ)の中から1つ選び，記号で答えなさい。

(ア)　チャート，れき岩，花こう岩，安山岩
(イ)　流紋岩，花こう岩，チャート，玄武岩
(ウ)　砂岩，石灰岩，はんれい岩，玄武岩
(エ)　石灰岩，れき岩，カンラン岩，安山岩
(オ)　はんれい岩，花こう岩，安山岩，流紋岩

20　地震では震源からＰ波とＳ波の２種類の波が伝わる。Ｐ波とＳ波は同時に震源をスタートするがＰ波の方が先に到着し（初期微動），Ｓ波の方が遅れて到着する（主要動）。ある地震で，Ｐ波が到着してからＳ波が到着するまでの初期微動継続時間が5.0秒であった。観測地点から震源までの距離は何［km］か，正しいものを下の(ア)~(オ)の中から１つ選び，記号で答えなさい。ただし，Ｐ波の速度を6.0［km/s］，Ｓ波の速度を3.0［km/s］とする。

(ア)　35［km］　(イ)　30［km］　(ウ)　25［km］　(エ)　20［km］　(オ)　15［km］

【社　会】（30分）　＜満点：100点＞

（解答番号[1]～[25]）

〔1〕 イチロウさんは，春の研修でオーストラリアに関するセミナーに参加してきた。それに関する[1]～[4]に答えなさい。

[1] 図1のA・Bはオーストラリアの州（準州を含む）を示したものであり，次のC・Dの写真と文章E・Fは，A・Bのいずれかの特徴を述べたものである。図1のA・B，写真C・D，文章E・Fの組み合わせとして正しいものを，次のページの(ア)～(エ)のうちから一つ選びなさい。

図1

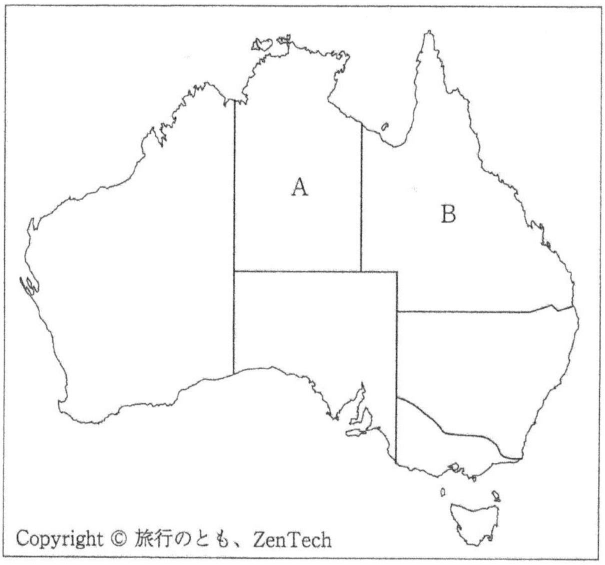

C

D

文章E

この州の内陸部の乾燥地域では，掘り抜き井戸が分布し，そこから飲料水や農業用水が取水されている。また，ウルル周辺は先住民のアボリジニーの聖地として知られている。

文章F

この州の沿岸部は，気候が温暖であり，サンゴ礁の発達した観光資源が存在する。それらを背景としてリゾート地が発達しており，人口も増加している。

	A	B
(ア)	写真C・文章E	写真D・文章F
(イ)	写真C・文章F	写真D・文章E
(ウ)	写真D・文章E	写真C・文章F
(エ)	写真D・文章F	写真C・文章E

[2] 次の表1は，オーストラリアの国別輸出額の上位5カ国とそれぞれの輸出総額に占める割合を1960年，1990年，2019年について示したものであり，G～Iは，アメリカ合衆国，中国，日本のいずれかである。G～Iにあてはまる国名の組み合わせとして正しいものを，下の(ア)～(エ)のうちから一つ選びなさい。

表1

順位	1960年		1990年		2019年	
	国名	割合(%)	国名	割合(%)	国名	割合(%)
1位	イギリス	23.9	G	27.4	I	38.7
2位	G	16.7	H	11.0	G	14.8
3位	H	7.5	韓国	6.2	韓国	6.6
4位	ニュージーランド	6.4	シンガポール	5.3	イギリス	4.0
5位	フランス	5.3	ニュージーランド	4.9	H	3.8

(2021データブック二宮書店より作成)

	G	H	I
(ア)	アメリカ合衆国	日本	中国
(イ)	日本	アメリカ合衆国	中国
(ウ)	アメリカ合衆国	中国	日本
(エ)	中国	アメリカ合衆国	日本

[3] 次の表2は，アメリカ合衆国，オーストラリア，タイ，ブラジルの4カ国における，都市人口率，百万都市，産業別人口構成の数を示している。このうち，オーストラリアに該当するものを表2中の(ア)～(エ)のうちから一つ選びなさい。

表2

国	都市人口率(%)	百万都市の数	産業別人口構成(%)		
			第1次産業	第2次産業	第3次産業
(ア)	47.7	11	32.1	22.8	45.1
(イ)	81.7	10	1.4	19.9	78.8
(ウ)	85.8	16	9.3	20.1	70.6
(エ)	85.7	5	2.6	19.9	77.5

(2021データブック二宮書店より作成)

④　オーストラリア大陸には先住民のアボリジニーが暮らしており，次の写真1は，アボリジニーが使用してきたブーメランのレプリカである。写真1から読み取れることがらとその背景について説明した下の文章中の下線部(ア)～(エ)のうちから適当でないものを，一つ選びなさい。

写真1

アボリジニーは，ブーメランなどの道具を利用した(ア)狩猟採集を生業としてきた。写真1のブーメランには，(イ)オーストラリアでみられる動物の絵や抽象的な模様が描かれている。現在，これらの絵や模様に象徴されるアボリジニーの文化は，(ウ)オーストラリアにおける多様な文化の一つとして尊重されるようになっている。(エ)アボリジニーの多くは農村地域で生活している。

〔2〕　シンイチさんは，大学1年生で，研究レポートに中国・四国地方の地理を選択した。それに関する⑤～⑦に答えなさい。

図2

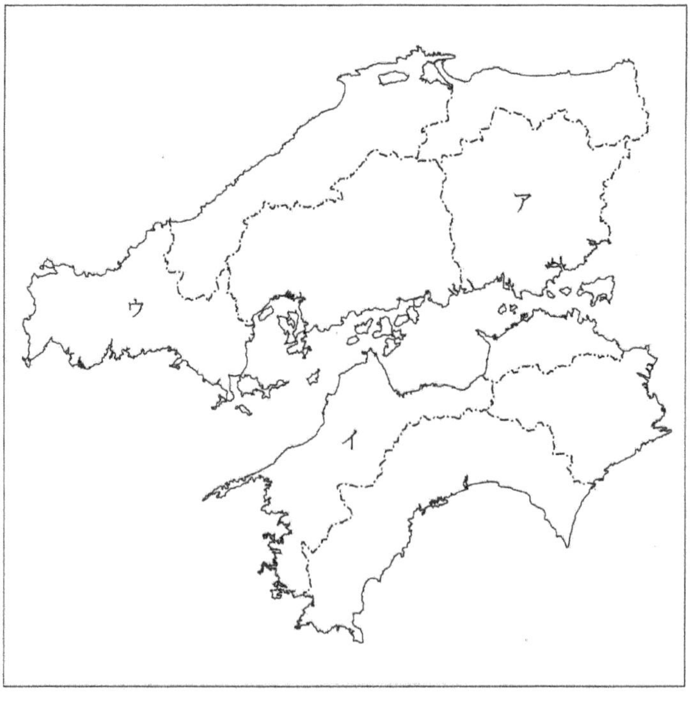

⑤　次のページの表3は，図2のア～ウの都道府県の業種別製造品出荷額を示している。アとウの都道府県の組み合わせとして正しいものを，あとの(ア)～(エ)のうちから一つ選びなさい。

表3

都道府県	パルプ紙・紙加工品	石油製品	輸送用機械
a	574	570	401
b	112	1201	916
c	103	911	980

（単位：十億円）　　（2021 データブック二宮書店より作成）

	ア	ウ
（ア）	a	b
（イ）	a	c
（ウ）	b	a
（エ）	b	c

6 本州と四国を結ぶルート（連絡橋）は三つあるが，前のページの図2には，そのうちの一つのルートの本州側にかかる都道府県が示されていない。そのルートに関する写真ｄ・ｅとその区間の組み合わせとして正しいものを，下の(ア)～(エ)のうちから一つ選びなさい。

写真ｄ

写真ｅ

	写真	区間
（ア）	写真ｄ	兵庫県～徳島県
（イ）	写真ｄ	岡山県～香川県
（ウ）	写真ｅ	兵庫県～徳島県
（エ）	写真ｅ	岡山県～香川県

7 中国地方の中心都市である広島市の紹介文として，誤っているものを，次の(ア)～(エ)のうちから一つ選びなさい。

(ア) 広島市は，札幌市，仙台市，福岡市と同じく，その地方の政治や経済，文化の中心的な役割を果たしている。このような都市を環境モデル都市という。

(イ) 戦国時代以来，この地方で有名な戦国大名の城下町として発展してきた。明治時代以降は，軍の基地がおかれ軍事都市として発展した。

(ウ) 第二次世界大戦では，世界で最初の核兵器による被爆都市になり，戦後は，平和記念都市として，世界に平和の尊さを発信している。

(エ) 人口集中による諸問題に直面しているため，内陸に向けての住宅開発が進み，郊外と都心を結ぶ交通機関が整備され，隣接都市では人口が大幅に増加する傾向もみられる。

〔3〕 次の年表はハルカさんが夏季オリンピックの歴史についてまとめたものである。これを見て 8 ～ 11 に答えなさい。

年代	開催場所	備考
1896年	第1回大会が①ギリシアのアテネで開催される	男性のみの参加
1900年	第2回大会がフランスのパリで開催される	②女性が参加
1904年	第3回大会がアメリカ合衆国のセントルイスで開催される	初の北米開催
1916年	第6回大会がドイツのベルリンで開催予定だったが第一次世界大戦のため中止	
1936年	第11回大会がドイツのベルリンで開催される ③	初の聖火リレー
1940年	第12回大会が日本の東京で開催予定だったが第二次世界大戦のため中止	
1944年	第13回大会がイギリスのロンドンで開催予定だったが第二次世界大戦のため中止	
1956年	第16回大会がオーストラリアのメルボルンで開催される	初の南半球開催
1964年	第18回大会が日本の東京で開催される	実質的に初のアジア開催
1980年	第22回大会が④ソ連のモスクワで開催される	アメリカ合衆国をはじめ日本などの国が不参加
2016年	第31回大会がブラジルのリオデジャネイロで開催される	初の南米開催
2021年	第32回大会が日本の東京で開催される	新型コロナウイルス感染症により1年延期 男女混合種目が増加

8 前のページの年表中の下線部①の国の歴史的建造物として正しいものを，次の(ア)～(エ)のうちから一つ選びなさい。

(ア)

(イ)

(ウ)

(エ)

9 年表中の下線部②について，次のⅠ～Ⅲの史料はいずれも女性にまつわるものである。これらを古い順に並べ替えたとき正しい順番になるものを，下の(ア)～(エ)のうちから一つ選びなさい。なお，史料は全て現代語に訳したものである。

Ⅰ

原始、女性は実に太陽であった。真正の人であった。今、女性は月である。他によって生き、他の光によってかがやく、病人のような青白い顔の月である。・・・私たちはかくされてしまった我が太陽を今や取りもどさなくてはならない。

Ⅱ

南に進むと邪馬台国に着く。ここは女王が都をおいている所である。・・・倭にはもともと男の王がいたが、その後国内が乱れたので一人の女子を王とした。

Ⅲ

みなの者、よく聞きなさい。これが最後の言葉です。頼朝公が朝廷の敵をたおし、幕府を開いてこのかた、官職といい、土地といい、その恩は山より高く、海より深いものでした。その恩に報いたいという志が浅いはずはないでしょう。・・・名誉を重んじる者は、逆臣を討ち取り、幕府を守りなさい。

(ア) Ⅰ→Ⅱ→Ⅲ　(イ) Ⅱ→Ⅰ→Ⅲ　(ウ) Ⅱ→Ⅲ→Ⅰ　(エ) Ⅲ→Ⅱ→Ⅰ

10 年表中の③の期間のできごととして誤っているものを，次の(ア)～(エ)のうちから一つ選びなさい。

(ア) 中国では孫文が三民主義を唱えて革命運動をおこし，中華民国が建国された。

(イ) ロシアではレーニンの指導の下に革命が起こり，社会主義の政府が誕生した。

(ウ) 日本では原敬総理大臣が，日本で初の本格的な政党内閣を組織した。

(エ) アメリカではＦ・ローズヴェルト大統領の下で経済の立て直しを図った。

[11] 下線部④のソ連が，ロシア帝国であった時代のできごとについて述べた次の文Ｘ・Ｙと，その場所を示した下の図３のａ～ｄとの組み合わせとして正しいものを，次の(ア)～(エ)のうちから一つ選びなさい。(図３の中の国境線は現代のものである。)

Ｘ 1792年にロシア使節のラクスマンがこの地に来航し，漂流民を送り届けて江戸幕府に通商を求めた。

Ｙ 日清戦争後，三国干渉により日本はこの地を清に返還した。

(ア) Ｘ－ａ Ｙ－ｃ

(イ) Ｘ－ａ Ｙ－ｄ

(ウ) Ｘ－ｂ Ｙ－ｃ

(エ) Ｘ－ｂ Ｙ－ｄ

図３

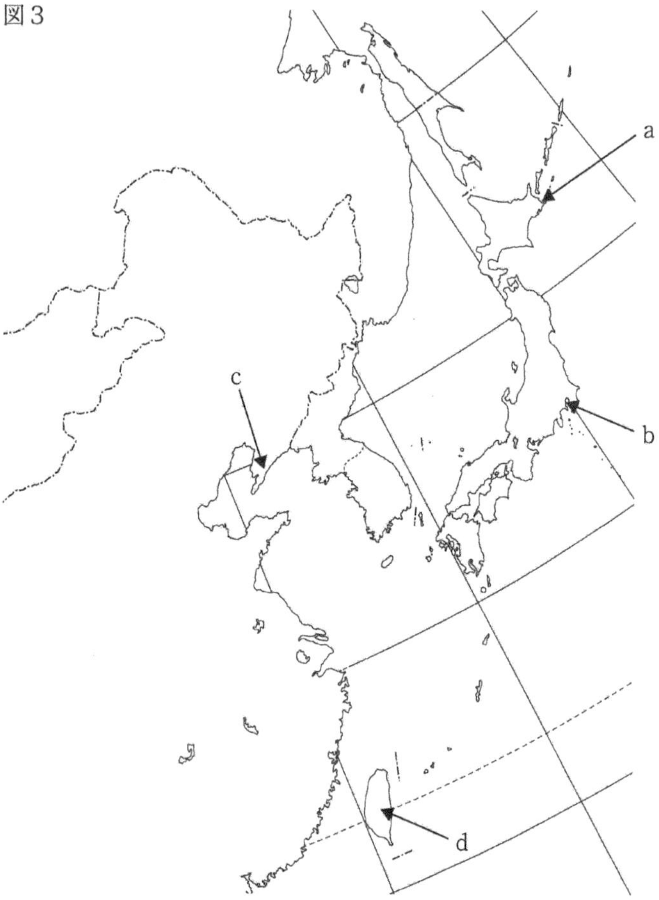

〔４〕 次のⅠ～Ⅲを見て[12]～[14]に答えなさい。(Ⅲは次のページ)

Ⅰ 平城京の復元図

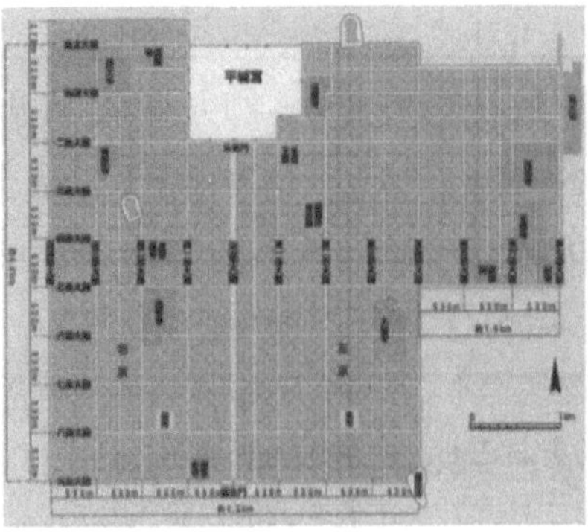

Ⅱ 鎌倉幕府跡地の復元模型

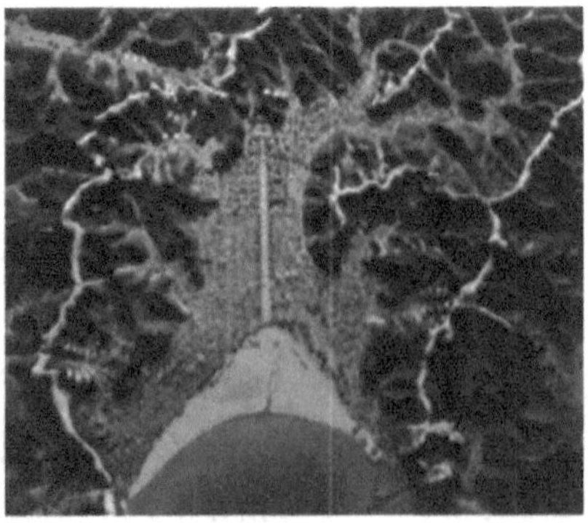

Ⅲ　江戸城の様子を描いた屏風絵

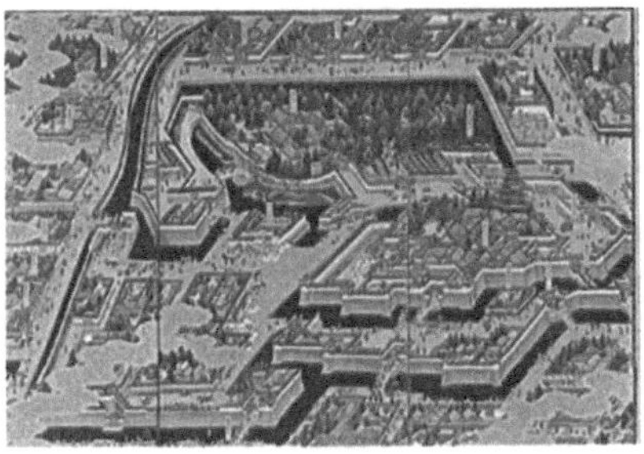

⑫　前のページのⅠに関連して，次の文章は，平城京が都であった頃の日本の様子を説明したものである。文章中の（①）と（②）にあてはまる語句や文の組み合わせとして正しいものを，下の(ア)～(エ)のうちから一つ選びなさい。

> 710年に遷都された平城京は，唐の長安をモデルとした本格的な都である。当時の日本は遣唐使を通じて唐と交流していた。唐からやってきた（　①　）もその1人である。また，この時代は（　②　）を中心に政治が進められていた。

(ア)（①）行基　　（②）冠位十二階によって登用された役人
(イ)（①）行基　　（②）律令をもとに天皇から位を与えられた貴族
(ウ)（①）鑑真　　（②）冠位十二階によって登用された役人
(エ)（①）鑑真　　（②）律令をもとに天皇から位を与えられた貴族

⑬　前のページのⅡに関連して，鎌倉に幕府が置かれた時代の文化を説明した文章として誤っているものを，次の(ア)～(エ)のうちから一つ選びなさい。

(ア)『平家物語』は，源平の争乱での武士の活躍を描いた軍記物であり，琵琶法師によって語り伝えられた。
(イ)『新古今和歌集』は，上皇や貴族，僧などの和歌が収められた歌集である。
(ウ) 中国に渡って絵画技法を学んだ雪舟は，帰国後に水墨画を大成させた。
(エ) 法然が開いた浄土宗や栄西の臨済宗などの新しい仏教宗派が開かれた。

⑭　Ⅲに関連して，江戸に幕府が置かれた時代の社会を説明した文章として正しいものを，次の(ア)～(エ)のうちから一つ選びなさい。

(ア) この時代は，備中ぐわや千歯こきなどにより農業技術が発展した。
(イ) 幕府は，七道によって江戸と地方の街道交通を整備した。
(ウ) この時代は，江戸・大阪・尾張の三都市が大きく発展し，三都と呼ばれた。
(エ) この時代は，村ごとに座という自治組織を形成し，名主などの村方三役を中心に村の自治が行われていた。

〔5〕 次の資料は，日本国憲法の目次である。この目次を見て，あとの[15]～[17]に答えなさい。

＜目次＞
第１章　天皇
第２章　戦争の放棄
第３章　①国民の権利及び義務
第４章　国会
第５章　内閣
第６章　司法
第７章　財政
第８章　②地方自治
第９章　③改正
第10章　最高法規
第11章　補則

[15] 目次中の下線部①に関連して，次の条文Ａ～Ｅのうち，身体の自由について述べられた文の数として正しいものを，下の(ア)～(エ)のうちから一つ選びなさい。

Ａ　何人も，その住居，書類及び所持品について，侵入，捜索及び押収を受けることのない権利は，第33条の場合を除いては，正当な理由に基づいて発せられ，且つ捜索する場所及び押収するものを明示する令状がなければ，侵されない。

Ｂ　何人も，実行の時に適法であった行為又は既に無罪とされた行為については，刑事上の責任を問はれない。又，同一の犯罪について，重ねて刑事上の責任を問はれない。

Ｃ　何人も，損害の救済，公務員の罷免，法律，命令又は規則の制定，廃止または改正その他の事項に関し，平穏に請願する権利を有し，何人も，かかる請願をしたためにいかなる差別待遇も受けない。

Ｄ　何人も，いかなる奴隷的拘束も受けない。又，犯罪に因る処罰の場合を除いては，その意に反する苦役に服させられない。

Ｅ　何人も，抑留又は拘禁された後，無罪の裁判を受けたときは，法律の定めるところにより，国にその補償を求めることができる。

(ア)　１つ　　(イ)　２つ　　(ウ)　３つ　　(エ)　４つ

[16] 目次中の下線部②に関連して，地方自治に関する説明として正しいものを，次の(ア)～(エ)のうちから一つ選びなさい。

(ア) 2000年に，地方分権一括法が施行され，地方公共団体への国の関与が減少し，地方分権が進んだ。

(イ) 首長や議員を辞めさせたり議会を解散させる場合は，住民投票において３分の１以上の同意があれば可能である。

(ウ) 地方財政において，地方交付税を自主財源としており，まかなえない分を国庫支出金や地方債を依存財源として使用している。

(エ) 地方自治の運営において中心となるのが地方公共団体であり，都道府県や市町村は地方公共団体であるが，東京23区は地方公共団体ではない。

⑰ 目次中の下線部③に関連して，日本国憲法改正の手続きに関する説明として正しいものを，次の(ア)～(エ)のうちから一つ選びなさい。

(ア) 各議院の出席議員数の３分の２以上の賛成で国会が発議し，国民投票で過半数の賛成で承認される。

(イ) 各議院の総議員数の過半数以上の賛成で国会が発議し，国民投票で３分の２以上の賛成で承認される。

(ウ) 各議院の総議員数の３分の２以上の賛成で国会が発議し，国民投票で過半数の賛成で承認される。

(エ) 各議院の出席議員数の過半数以上の賛成で国会が発議し，国民投票で３分の２以上の賛成で承認される。

〔６〕 次の文章を読み，⑱～⑳の問いに答えなさい。

市場経済では，価格が上下することによって人々が欲しがっている商品は多めに，あまり必要としていない商品は少なめに生産されるようになっている。①価格の上下は労働力や土地，資金などの生産資源の流れを調節し，それぞれの商品の生産に適量だけ使用することで，生産資源が無駄なく効率的に利用される。

図４

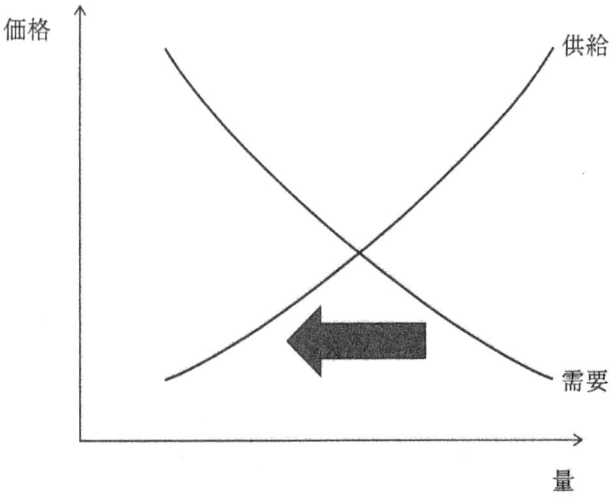

⑱ 図４の需要曲線が図中の矢印の方向に進む条件として正しいものを，次の(ア)～(エ)のうちから一つ選びなさい。

(ア) 技術革新によって大量生産が可能となった場合。

(イ) その商品自体の流行がすたれてしまった場合。

(ウ) 原材料費が下がり，同じ費用で多くの製品が作れるようになった場合。

(エ) 経済状況が好景気となり，賃上げなどで所得が増大した場合。

[19] 下線部①に関連して述べた次の文(X)・(Y)の正誤の組み合わせとして正しいものを，下の(ア)～(エ)のうちから一つ選びなさい。

(X) 物価が持続的に上昇することをインフレーションという。

(Y) 公共料金については国や地方公共団体が決定したり，認可を受けなくてはならない。

(ア) (X)－正 (Y)－正　(イ) (X)－正 (Y)－誤　(ウ) (X)－誤 (Y)－正　(エ) (X)－誤 (Y)－誤

[20] 下線部①に関連して，価格の働きが弱まらないようにするための法律や制度を説明したものとして正しいものを，次の(ア)～(エ)のうちから一つ選びなさい。

(ア) 商品の欠陥によって被害を受けた場合，その商品を製造した企業に対する責任について定めた製造物責任法が制定された。

(イ) 事業者の一定の行為によって消費者が誤認したり，戸惑《とまど》っている状態で契約を行った場合にその契約を取り消すことができる消費者基本法が制定された。

(ウ) 消費者の権利を明記して，国や地方公共団体に対して法律や仕組みの整備，情報開示を行うことで　自立した消費生活を送ることができるよう支援する消費者契約法が制定された。

(エ) 事業者が単独または他の事業者と示し合わせて他の事業者の排除や取引の制限をしてはならないとする独占禁止法が制定された。

〔7〕 下の文章を読み，あとの[21]～[25]に答えなさい。

主要7カ国首脳会議（G7サミット）が2021年6月11日～13日，①イギリス南西部コーンウォール地方で開催された。今回のサミットは2年ぶりに対面式で行われ，各国首脳ら代表団や報道関係者の多くが現地入りした。周辺では，サミットへの抗議デモも行われた。

サミットとは，英語で「山の頂上」を意味する。7カ国とは，産業化が進み，民主主義国家である日本，②アメリカ合衆国，イギリス，フランス，ドイツ，イタリア，カナダである。サミットが始まったのは1975年である。これは，第一次石油危機によって，経済，資源，エネルギーについて，緊急に首脳レベルでの話し合いの必要性が出てきたためである。

③世界は様々な課題に直面している。④政治や経済において，国の発展もそれぞれ異なっている。それらの課題について，主要7カ国の首脳がテーブルを囲んで話し合い，文書をまとめていくことで，より早く，現実的に，世界の進むべき道を考えていこうというのがサミットの目的である。

[21] 下線部①について説明した文として正しいものを，次の(ア)～(エ)のうちから一つ選びなさい。

(ア) どこの国とも軍事同盟を結ばない永世中立国である。そのため，国際機関の本部も多く存在している。

(イ) 国土の多くが海面より低く，江戸時代の鎖国下において，ヨーロッパ諸国で唯一関係を維持した国である。

(ウ) ＥＵ最大の工業国であり，鉄鋼業・化学工業・自動車工業が発達している。

(エ) 18世紀に産業革命がおこり，「世界の工場」と呼ばれるようになり，世界各地に植民地支配を展開した。

22 右の図５は，下線部②の国のある緯線の東西断面図である。Ａ・Ｃは山脈，Ｂは河川を示している。その組み合わせとして正しいものを，下の(ア)～(エ)のうちから一つ選びなさい。

図５

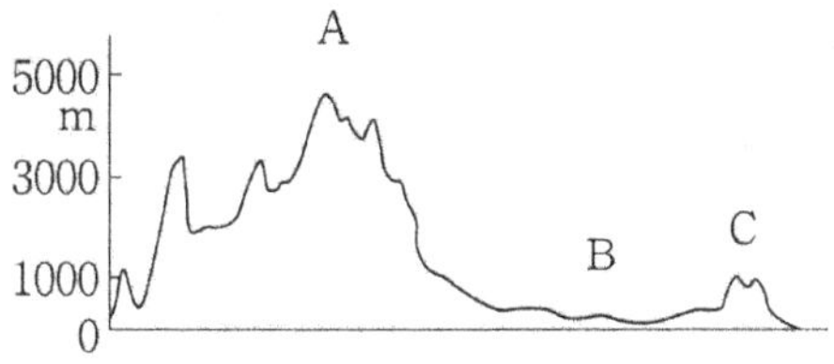

(ア) Ａ－ロッキー　　Ｂ－アマゾン　　Ｃ－アパラチア
(イ) Ａ－ロッキー　　Ｂ－ミシシッピ　　Ｃ－アパラチア
(ウ) Ａ－アンデス　　Ｂ－アマゾン　　Ｃ－ウラル
(エ) Ａ－アンデス　　Ｂ－ミシシッピ　　Ｃ－ウラル

23 下線部③について，世界の環境問題について述べた文として誤っているものを，次の(ア)～(エ)のうちから一つ選びなさい。

(ア) 世界最大の砂漠であるサハラ砂漠の周辺では，砂漠化が進み，人々の生活にも大きな影響を与えている。

(イ) 世界最大の流域面積を持つ大河の周辺では，森林の伐採が進行し，貴重な森林資源が失われている。

(ウ) 地球の気温はこの100年で上昇を見せ，太平洋上の国の中には水没の危機におかれている国もある。

(エ) ヨーロッパでは，酸性雨の被害が激しく，この原因となる物質が季節風に流され，ヨーロッパの各地へ広がりを見せている。

24 下線部④について，下のグラフは，主な国の自動車生産をあらわしたものである。下のグラフのＡにあてはまる国として正しいものを，下の(ア)～(エ)のうちから一つ選びなさい。

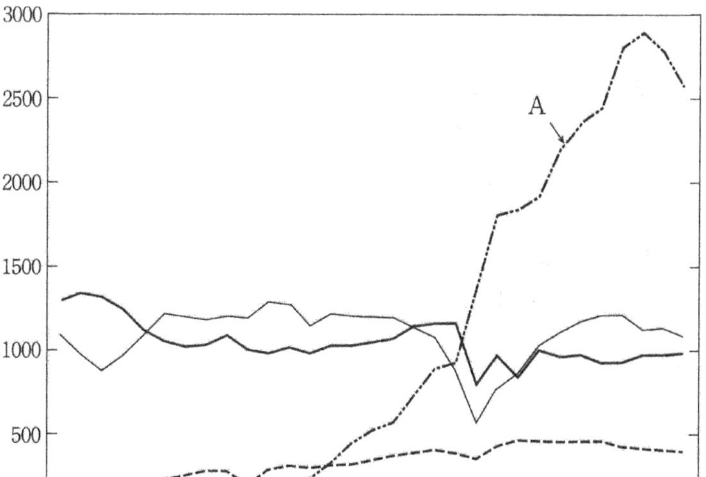

（世界国勢図会 2020/21 より）

(ア) 日本　　(イ) アメリカ合衆国　　(ウ) ロシア　　(エ) 中国

25 日本では，2024年に，紙幣のデザインが新しく変更される。新しい10000円札の肖像として用いられる右の写真の人物を表す表現として正しいものを，次の(ア)～(エ)のうちから一つ選びなさい。

(ア) 近代の日本郵便制度の父

(イ) 近代の日本資本主義の父

(ウ) 近代の日本議会制度の父

(エ) 近代の日本社会主義の父

ウ　Cさん「僕のおすすめのやり方は、朝起きた時でも夜寝る前でも柔らかい布団の上であぐらをかいてやることかな。そうすると足も痺《しび》れなくて、長時間できるようになるんだよ。瞑想を始めてから気が散りにくくなったし、この次は思いきって一時間やってみるよ。毎日はできないかもしれないけど」

エ　Dさん「瞑想の効果には半信半疑でしたが、いざ一点を見つめて呼吸に意識を集中していると、自分でも気づかないうちにあれやこれやと考えていたり、脳の中で勝手にイメージが湧《わ》いてきたりして驚きでした。それに気づいて呼吸に意識を戻すだけでも自己認識力が高まるような気がしています」

らをかきます。背筋を伸ばし、両手はひざの上に置いてください。瞑想をするときは、そわそわしないことが重要です――これは身体面における自己コントロールの基本といえます。

もしかゆいところをかきたいと思ったら、腕の位置を動かすとか、脚を組み直すなどして、かゆくなってもかかずにいられるかどうか試してみてください。ただじっと座っているだけという単純なことでも、意志力を強化するトレーニングになります。これにより、脳や体が感じる衝動にいちいち従わないようになります。

② 呼吸に意識を集中します。

目を閉じるか、あるいは居眠りが心配ならどこか一点（たとえばまっ白な壁とか。テレビショッピングを見ながらなんてダメですよ）を見つめてください。そして、呼吸に意識を集中します。息を吸いながら、心のなかで「吸って」と言い、こんどは息を吐きながら「吐いて」と言います。気が散り出したら（自然なことです）、また意識を呼吸に戻します。このようにして、何度も繰り返し呼吸に意識を戻す練習をすることによって、前頭前皮質を活性化させ、脳の中枢のストレスや欲求を鎮《しず》めるのです。

③ 呼吸をしているときの感覚をつかみ、気が散りはじめたら意識します。

数分経ったら、心のなかで「吸って」「吐いて」と言うのをやめます。呼吸をしているときの感覚だけに集中してみましょう。鼻や口から息が出たり入ったりする感覚に気づくでしょう。息を吸うとお腹や胸がふくらみ、息を吐くとしぼんでいくのがわかります。いつのまにか他のことを考えているのに気づいたら、前と同じように、また意識を呼吸に戻してください。もし意識を戻すのが難しければ、また何度か心のなかで「吸って」「吐いて」と言ってみましょう。このような練習は、自己コントロールだけでなく自己認識のトレーニングにもなります。

まずは、一日5分から始めてください。それが習慣化したら、こんどは一日10分から15分やってみてください。練習時間が長くなったせいで明日に延ばしてしまうよりは、短くても毎日練習したほうがよいでしょう。一日のなかで、たとえば朝のシャワーを浴びる前など、瞑想をする時間帯を決めておくのもよい方法です。それがむりでしたら、いつでも都合のよいときに行ないましょう。

（ケリー・マクゴニガル『スタンフォードの自分を変える教室』より）

問　右の本文をもとにAさんからDさんまでの四人が、それぞれ瞑想の実践について感想を述べました。本文をマニュアルとして照らし合わせた時に、最も逸脱《いつだつ》した実践を行っているものを、次のア～エの中から一つ選び、記号で答えなさい。 25

ア　Aさん「瞑想を実践しなさいなんて言われると、怪しい宗教的なものと勘違いして、ちょっと引いたけど、目を閉じて、ゆっくり息を吸い、ゆっくり息を吐き、呼吸に意識を向けているだけで、ほんと気分が落ち着くというか、ストレスが少し和らぐような感覚があるから、しばらく続けてみようかな」

イ　Bさん「私は毎日3分間の瞑想を続けるのがやっとという感じです。5分なんてあっという間のような気がしましたが、じっと目をつむり身体を動かさず座っていると、たった5分でもものすごく長い時間に感じられて大変でした。効果はまだ実感できませんが、これから5分に挑戦してみたいです」

いで再び歩んでいるのだろうと心配している気持ち。

エ　父が出て行ってしまったせいで、誰もいない屋敷にただ一人取り残されてしまったことによる、どうしようもなく人恋しい気持ち。

三　次のそれぞれの問いに答えなさい。

問一　次の傍線部の表現を正しく改めた場合、最も適切なものを、次のア～エの中から一つ選び、記号で答えなさい。21

（観光案内所にて、道を尋ねられ、一通り説明したあと）もし、道に迷われましたら、バス停の近くに交番がありますので、もう一度聞いてください。

ア　うかがって　　イ　うかがいなさって

ウ　お聞きになって　　エ　お聞きして

問二　次の傍線部と同じ品詞の語を、次のア～エの中から一つ選び、記号で答えなさい。22

たとえば僕が君だったら、そうはしない。

ア　あんなに静かなところはない。

イ　右に曲がると公園がある。その前にバス停がある。

ウ　こんなに売れるのも、つまり品質がよいからだ。

エ　まさか雨はふらないだろう。

問三　外来語とその意味の組み合わせとして**適切でないもの**を、次のア～エの中から一つ選び、記号で答えなさい。23

ア　イノベーション――技術革新

イ　パンデミック――感染爆発

ウ　アイデンティティ――同一性

エ　グローバリゼーション――画一化

問四　次のⅠ～Ⅳの表現における空欄部分に**一度も用いない漢字**を、次のア～エから一つ選び、記号で答えなさい。24

Ⅰ（　）里霧中

Ⅱ（　）寸の虫にも（　）分の魂

Ⅲ（　）足のわらじ

Ⅳ（　）兎追う者（　）兎も得ず

ア　百　　イ　五　　ウ　二　　エ　一

四　次の文章を読んで、後の問に答えなさい。

意志力の実験　5分で脳の力を最大限に引き出す

呼吸に意識を集中するのは、かんたんながらじつに効果的な瞑想《めいそう》のテクニックであり、脳を鍛え、意志力を強化するのに役立ちます。これによってストレスも減少し、気が散るような内的な要因（欲求、心配、欲望）や外的な誘惑（聞こえてくる音、見えるもの、匂い）に惑わされないようになります。

最近の研究では、定期的に瞑想を行なった場合、禁煙や減量に効果があり、薬物やアルコールの依存症への対策としても効果があることがわかっています。あなたの意志力のチャレンジが「やる力」の問題であれ「やらない力」の問題であれ、この5分間の瞑想は、脳を鍛えて意志力を強化するには最適な方法です。

では、やり方を説明します。

①　**動かずにじっと座ります。**

椅子に座って足の裏を床にぴったりつけるか、クッションの上であぐ

イ　娘と二度と会えないかもしれないこと。
ウ　娘を引き取ってくれるような頼りになる縁者がいないこと。
エ　不満の残る人事だが、断るわけにもいかないこと。

問六　和歌《Ⅰ》の空欄部 A に補うのに最も適切な語を、次のア～エの中から一つ選び、記号で答えなさい。 16

ア　後　イ　京　ウ　秋　エ　世

問七　和歌《Ⅰ》における父の心情として最も適切なものを、次のア～エの中から一つ選び、記号で答えなさい。 17

ア　自分が遠国に行くことになったので、京の風流をいとおしむことはできそうにないことに憤りを感じている。
イ　娘と今生の別れを強いられることが、決して飽きることのない切ない景色と重なって感極まっている。
ウ　七月に先だって出立することになってしまったせいで、二度と娘に会えないかもしれないとつらく思っている。
エ　娘と別れなければならない今、せわしなく支度をし、悲しみを味わう余裕もないことを悔やんでいる。

問八　傍線部⑤とはどういうことか。最も適切なものを、次のア～エの中から一つ選び、記号で答えなさい。 18

ア　別れのつらさに寝込んでしまい、泣きながら出発する父を見送ることもできない。
イ　老齢の父を一人で行かせることになってしまい、情けなさに見送りもできない。
ウ　別れに際して顔を見せなかったことを非難され、後悔の涙で曇って文字が読めない。
エ　別れの悲しみが父の言葉で大きくなり、涙のせいで文字がまともに読めない。

問九　傍線部⑥とあるが、この表現についての説明として最も適切なものを、次のア～エの中から一つ選び、記号で答えなさい。 19

ア　あまり出来のよくない「腰折れ」の歌になってしまったので、自分のものと認めたくない心情からこのような表現になっている。
イ　父の悲しみが胸に迫って平静でいられなくなった状況下で詠んだため、自分の和歌だが当時の気持ちを推察するような表現になっている。
ウ　引っ越しの準備に追われ、焦っていたせいであまりよい歌を詠むことができなかったのだろうと、後から振り返るような表現になっている。
エ　悲しみに暮れるあまり、作者の心の痛みを理解することが困難であった父だが、今は理解に至っていると想像できるような表現になっている。

問十　傍線部⑦にある作者の気持ちとして最も適切なものを、次のア～エの中から一つ選び、記号で答えなさい。 20

ア　これから二度と会えないかも知れない父が東国へと向かっていくのだろうと思うと、追いかけずにはいられないという思い詰めた気持ち。
イ　京であてもなく暮らしていくにつれ、父を頼りにすることはできない絶望感に打ちひしがれ、外の風情を眺める気にもなれない気持ち。
ウ　かつて自分も通ったつらい東国への道のりを、父はどのような思

とした［A］の折から、人に別れるあわれを深く味わい知ることもあったでしょうに。

とばかり書いてあるのも、涙に曇って見ることができない。普通のときこそ、腰折れめいた下手な歌も心に浮かぶものだが、今はなんとも、言うべき言葉も思い当らぬままに、

《Ⅱ》 この世において、ほんのしばらくでもあなたにお別れしようなどとは、まるで思ってもみなかったことです。

とでも、書いたものであろうか。

今までにも増して人の訪れもなく、寂しく心細くぼんやりと思いながら、今ごろはどこあたりかしらと、明けても暮れても父に思いをはせる。道中の様子も覚えているので、はるかに恋しく、また心細いことはこのうえもない。夜が明けてから暮れるまで私は東の山際を眺めて過ごしていた。

問一　本文中に二か所出てくる二重傍線部「かしづき」（かしづく）という動詞の意味を文脈より解釈し、最も適切なものを、次のア～エの中から一つ選び、記号で答えなさい。［11］

ア　旅行に連れて行く　　イ　大切に育てる
ウ　学問をし、立派になる　　エ　感謝し、親孝行をする

問二　傍線部①とあるが、結果的にこうなった理由として父が考えているものは何か。最も適切なものを、次のア～エの中から一つ選び、記号で答えなさい。［12］

ア　父の作者に対する行いが良くないのではるか遠い任国となってしまった。
イ　父の作者に対する行いが良いので以前よりはるかにすばらしい任国となった。
ウ　父と作者の前世からの縁が良くないのではるか遠い任国となってしまった。
エ　父と作者の前世からの縁が良いので以前よりはるかにすばらしい任国となった。

問三　傍線部②とあるが、それはどういうおそろしさか。最も適切なものを、次のア～エの中から一つ選び、記号で答えなさい。［13］

ア　「ただゆくへなきことをうち思ひすぐす」ことに対するおそろしさ。
イ　「おとなになりにたるを、率て下りて、わが命も知ら」ないことに対するおそろしさ。
ウ　「田舎人になりてまどはむ、いみじかる」ことに対するおそろしさ。
エ　「たのもしう迎へとりてむと思ふ類、親族も」ないことに対するおそろしさ。

問四　傍線部③はどのようなことを意味しているか。最も適切なものを、次のア～エの中から一つ選び、記号で答えなさい。［14］

ア　父が作者を残して死ぬこと。
イ　作者が結婚して疎遠になること。
ウ　父が遠い東国に旅立ってしまうこと。
エ　作者が父の任国に行き、京に戻れなくなること。

問五　傍線部④とあるが、何について「嘆」いているのか。**適切でないもの**を、次のア～エの中から一つ選び、記号で答えなさい。［15］

ア　娘を上総に残していかねばならない可能性があること。

まし

とばかり書かれたるをも、⑤え見やられず。よろしきときこそ腰折れかかりたることも思ひつづけけれ、ともかくもいふべきかたもおぼえぬままに、

《Ⅱ》　かけてこそ思はざりしかこの世にてしばしも君にわかるべしと
は

⑥とや書かれにけむ。

いとど人めも見えず、さびしく心ぼそくうちながめつつ、いづこばかりと、明け暮れ思ひやる。道のほども知りにしかば、はるかに恋しく心ぼそきことかぎりなし。明くるより暮るるまで、⑦東の山ぎはをながめて過ぐす。

〔現代語訳〕

父がなんとか立派な官職についたなら、ずいぶんと私自身も結構な身分になるだろうなどと、ただあてにもならぬことを考えているうちに、やっとのことで父ははるかに遠い常陸《ひたち》（現在の茨城県の大部分）の国司に任官し、その父が、「長いこと、一日も早く希望どおり都の近国の国司になったら何よりもまず、思う存分あなたを かしづき あげて、任地にも連れていき、その国の海山の景色も見せることはもちろん、国司たる私以上にあなたを立派にもてなし、 かしづき てみたいと思ってきた。ところが私もあなたも前世での縁がつたなかったので、とうとうこんな『はるかな国』になってしまった。あなたの幼少のころ、上総《かずさ》（現在の千葉県北部と茨城県の南部）に連れて下ったときでさえ、私の具合が多少でも悪いときは、あなたをこの国に残して先立ち、路頭に迷うようなことにでもなりはしないかと思うのだった。地方暮らしの恐ろしさにつけ、私一人なら気も楽だが、大勢の家族を引き連れていては言いたいことも言えず、したいこともできず、気苦労ばかり多いのがつらいことと心を砕いていたのだが、今度はまして、大人になっているあなたを連れて下っても、年老いた私の命はおぼつかないし、親を亡くし、都の内で頼る者もなくさまようのは世間にもよくあることだが、東国の田舎人になって路頭に迷うのは大変なことだろう。都に残しておこうにも、頼もしくあなたを迎えとってくれそうな親戚縁者もいない。といって、やっと手に入れた国司の職をご辞退申すわけにもいかないので、結局、あなたを都に残してそれを長い別れと覚悟してあきらめるより道はあるまい。都に残すにしても、相応な身のふり方をきめて残しておこうとは思いもよらぬことだ」と、日夜、嘆いておられるのを聞く心地は、花や紅葉にあこがれた思いもすっかり忘れて、ただ悲しくせつない思いに打ちひしがれるけれど、なんとしよう。

父は七月十三日に下ることになった。出発も五日後に迫ると、対面するのもかえってつらいだろうから、私の部屋にも入ってこない。まして、出発の日はたいそう取り込んで、時刻がきてしまうと、「いよいよお別れです」と言って、簾を引き上げて、ちらりと顔を合わせたきり、涙をほろほろと落として、すぐに出ていってしまったのを見送る私は目の前が真っ暗になって、そのまま突っ伏してしまったが、しばらくすると、こちらに残る下僕で、父を途中まで送ってから京に帰る者に託して、便りが届いたところ、懐紙（懐に入れておいて和歌などを書きつけるのに用いた紙）に、

《Ⅰ》　何事も思うことが望みどおりになる身であったなら、しみじみ

などの創造の余地をなくしてしまうから。

ウ　学校教育ではグライダー訓練にのみ目を奪われるのではなく、飛行機のように自力で飛ぶための教育をするべきだと考えているから。

エ　学校教育でグライダー訓練しかしていないと、引っ張られるままにおとなしく従う主体性のない人間しか育たないから。

問十　「グライダー」と「飛行機」の違いについての説明として最も適切なものを、次のア～エの中から一つ選び、記号で答えなさい。［10］

ア　「グライダー」は、自分以外のものが持っている知識や教養を利用することに優れていることの例えで、「飛行機」は、他者よりも自分自身の知識や教養を優先することの例え。

イ　「グライダー」は、自分自身よりも他者の知識や能力を絶対と考えることの例えで、「飛行機」は、他者よりも自分自身の知識や能力を絶対と考えることの例え。

ウ　「グライダー」は、他者の知識や教養を利用して物事を行うことの例えで、「飛行機」は、自分自身の知識や教養を生かし独創的な思考や行動ができることの例え。

エ　「グライダー」は、何の知識や技術も持たず、ただ他者の指示に従うことの例えで、「飛行機」は、自分自身の力で新しいものを創り出そうとすることの例え。

二　次の『更級日記』の原文と現代語訳とを読んで、後の問いに答えなさい。（設問の都合上、現代語訳には原文のままの箇所があります。）

〔原文〕

親となりなば、いみじうやむごとなくわが身もなりなむなど、ただゆくへなきことをうち思ひすぐすに、親からうじて、はるかに遠きあづまになりて、「年ごろは、いつしか思ふやうに近き所になりたらば、まづ胸あくばかりかしづきたてて、率《ゐ》て下りて、海山のけしきも見せ、それをばさるものにて、わが身よりもたかうもてなしかしづきてみむとこそ思ひつれ。われも人も宿世《すくせ》のつたなかりければ、①ありありてかくはるかなる国になりにたり。幼かりし時、あづまの国に率て下りてだに、心地もいささかあしければ、これをや、この国に見すてて、まどはむとすらむと思ふ。②ひとの国のおそろしきにつけても、わが身ひとつならば、安らかならましを、ところせうひき具して、いはまほしきこともえいはず、せまほしきこともえせずなどあるが、わびしうもあるかなと心をくだきしに、今はまいておとなになりにたるを、率て下りて、わが命も知らず、京のうちにてさすらへむは例のこと、あづまの国、田舎人になりてまどはむ、いみじかるべし。京とても、たのもしう迎へとりてむと思ふ類、親族もなし。さりとて、わづかになりたる国を辞し申すべきにもあらねば、京にとどめて、③永き別れにてやみぬべきなり。京にも、さるべきさまにもてなして、とどめむとは思ひよることにもあらず」と、④夜昼嘆かるるを聞く心地、花紅葉の思ひもみな忘れて悲しく、いみじく思ひ嘆かるれど、いかがはせむ。

七月十三日に下る。五日かねては、見むもなかなかなべければ、内にも入らず。まいて、その日は立ち騒ぎて、時なりぬれば、今はとて簾《すだれ》を引き上げて、うち見あはせて涙をほろほろと落として、やがて出でぬるを見送る心地、目もくれまどひてやがて臥《ふ》されぬるに、とまるをのこの、送りして帰るに、懐紙《ふところがみ》に、

《Ⅰ》　思ふこと心にかなふ身なりせば［A］のわかれをふかく知ら

ア　しかし　　イ　だから　　ウ　つまり　　エ　また

問五　傍線部⑤とあるが、それはなぜか。その理由として最も適切なものを、次のア～エの中から一つ選び、記号で答えなさい。　[5]

ア　発想は豊かだが、教わったことをそのまま書きつけるように教育されているため、自分の思い通りに書くことができないから。

イ　今まで教わったことが多すぎるため、教わったどの部分を使って論文を書けばいいか決めることが難しいから。

ウ　日頃から手本を活用しているため、より優れた手本を求めるようになり、平凡な手本では満足できなくなっているから。

エ　教わったことを書きつけることは得意だが、お手本となる文章がないと書き方が分からなくなってしまうから。

問六　傍線部⑥とあるが、本文では学校はどういう場所だと説明されているか。その説明として最も適切なものを、次のア～エの中から一つ選び、記号で答えなさい。　[6]

ア　何度も飛び上がらせることで、自分の力で飛んでいるかのような錯覚をさせる場所。

イ　教わったことをそのまま行うだけでなく、自力で考える力をつけさせる場所。

ウ　自分の力で飛ぶ方法を教育し、新たなグライダー効果を生み出す場所。

エ　有害なものを除去し、お手本となるものを見分ける力を養成する場所。

問七　傍線部⑦とは「いったんよくなったものが、再びもとの状態に戻ること」という意味であるが、なぜそうなってしまうのか。その理由として最も適切なものを、次のア～エの中から一つ選び、記号で答えなさい。　[7]

ア　本の作者の言っていることが必ずしも正しいとは限らないから。

イ　本に書いてあることを、すべて完全に理解することはできないから。

ウ　読書で得た知識は、自分で考えたものではなく、実際には身についていないから。

エ　本が出された時代や状況によって、内容の受け取られ方が異なるから。

問八　傍線部⑧とあるが、それはなぜか。その理由として最も適切なものを、次のア～エの中から一つ選び、記号で答えなさい。　[8]

ア　読書によって知識が身につき、自分がよりよく成長できたと錯覚してしまうことがあるから。

イ　読書によって得られる知識は良いものだけではないので、有害な知識を蓄えてしまうこともあるから。

ウ　読書の知識によって、自分が実際よりも有能な人間だと思い込み、周りを見下すようになるから。

エ　読書の知識は、自分の体験から得た知識ではないため、実際の生活に役立たない場合も多くあるから。

問九　傍線部⑨とあるが、筆者がそのように考える理由として**適切ではないもの**を、次のア～エの中から一つ選び、記号で答えなさい。　[9]

ア　学校教育でグライダー訓練をすることによって、長期的に学習活動を持続する力を養うことができないから。

イ　学校教育でグライダー訓練をすることによって、個性を発揮する

⑥学校はグライダー訓練所である。そこで飛ぶことができるようになる、と見るのはあくまで外見の上だけにすぎない。何年滑空してもエンジンのついていないのははっきりしている。自力で飛び立つことはできない。これは教育に限ったことではない。読書も一種のグライダー効果を与える。本を読むと、その当座はいかにも知識が豊かになったように感じられる。人間が高尚になったと思うこともあろう。ただし、本から離れると、やがてまた⑦もとのモクアミに帰る。

それがグライダー効果であることに気付かず、読書によって簡便に自己改造ができるように思い込む読者にとって、⑧読書はしばしばきわめて有害なものになりうる。それは、古来、先人が警告している通りである。

世の中がグライダー効果の習得にのみ目を奪われているとき、エンジンを搭載して、自分で空を飛ぶにはどうしたらよいかについては、ほんのすこししか考えられないとしてもすこしも不思議ではあるまい。エンジンさえあればいいというものでもない。爆発するかもしれないし、飛び上ることもできるかわり、ひょっとすれば墜落しかねない。グライダーは滑りながら着陸できるが、飛行機が墜落すれば木端みじんになる。それにもかかわらず、われわれはエンジンを積んだ飛行機の方がグライダーよりも決定的に優れていると判断せざるをえない。⑨学校教育がグライダー訓練だけしか考えないのは奇怪である。

もっとも、グライダーにも独創の余地がまったくないわけではない。引っ張る力がなくなってグライダーが緩慢《かんまん》に墜落するとき、予期されている方向へ向わずにおもしろい降り方を試みることは可能である。学説の修正や批判がある程度の創造的な仕事となるのは、グライダー効果消滅時におこる個性の発揮によるのである。それはしかし、飛行機が飛びたいところへ自由に飛んでいくのとはおのずから別である。

（外山滋比古「知的創造のヒント」より）

問一　傍線部①を漢字に直した時、含まれる漢字として正しいものを、次のア～エの中から一つ選び、記号で答えなさい。 1

ア　摂　イ　採　ウ　取　エ　執

問二　傍線部②の例として最も適切なものを、次のア～エの中から一つ選び、記号で答えなさい。 2

ア　社会見学に行き、実際の資料を見ることで、知識を深めることができた。

イ　勉強が得意な人の学習方法を真似してみると、成績がみるみる上昇した。

ウ　テスト前日に徹夜でテスト範囲の内容を暗記すると、いい点数を取ることができた。

エ　作文を書く前に、書きたい内容をまとめてから文章を書くと、上手に書くことができた。

問三　傍線部③とはどのようなことか。最も適切なものを、次のア～エの中から一つ選び、記号で答えなさい。 3

ア　飛行機にはなれないこと。

イ　いずれ落ちてしまうこと。

ウ　グライダーであることを忘れること。

エ　お手本になるものが見つからないこと。

問四　空欄［④］に共通して入る接続詞として最も適切なものを、次のア～エの中から一つ選び、記号で答えなさい。 4

【国　語】（四〇分）　〈満点：一〇〇点〉

〈解答番号1～25〉

一　次の文章を読んで、後の問いに答えなさい。

英語の会話をしなくてはならないという日の朝、英語のレコードを聴いておくと、そうしないときより確実に言葉が出やすくなる。これは多くの人がひそかに実行していることらしい。外国語で文章を綴《つづ》るときも、その直前に、お手本になる文章をしばらく読んでから①シッピツにかかると、たしかに書きやすくなるように思われる。

こういう場合のレコードも読書も翌日になれば効果を失ってしまう。ほんのひとときのご利益でしかないわけだが、とにかく、そういう学習効果がしばらくは残存するというのがおもしろい。われわれは知らず知らずのうちに、②こういう作用をうまく使って、いろいろなことをしているのだ。

これをたとえていえばグライダーのようなものである。お手本になるものに引っ張ってもらうと、飛び上がって空を滑る。しかし、自分の力で飛んでいるわけではないから、やがて力を失って地上へ降りてこなくてはならない。ただ、飛んでいるときは、あくまで優雅で、どうして飛んでいるかなどは問題にならない。それればかりではなく、むしろ、音もなく滑空しているところなど、本当の飛行機よりもましであると思う人があるかもしれない。飛んでいれば、グライダーか飛行機かは分からない。すくなくともグライダーはグライダーであることを忘れることができる。

ただ、グライダーの泣きどころはたちまち落ちてくることである。真似は身につかないで、すぐはげる。もっとも、落ちてくる前にまた引っ張ってもらえば滑空を続けられるから、それを繰り返している限りグライダーは③自らの悲哀を味わわなくて済む。そういうグライダーがいかにも飛行機みたいに大きい顔をするということはありうることである。

〔　④　〕、グライダーはやがて落ちるところにその本領?がある。ほかの力に引かれて飛ぶが、その原動力がなくなると、やがて動きをとめる。しばしの虚の運動である。考えてみると、教育というのもいくらかはこのグライダー効果をねらっているように思われる。自分では飛べないものを引っ張って飛び上らせる。落ちそうになったらまた引っ張り上げる。こうして落ちてくるひまのないグライダーは、永久に飛び続けられるような錯覚をもつかもしれない。〔　④　〕、それはあくまで錯覚である。

学校の成績の優秀な学生が、卒業論文を書く段になって思いがけない混乱に陥ることがすくなくない。小学校以来、試験といえば、教わったことをそのまま紙に書きつける。それがうまくいくと満点をもらってきた。引っ張られるままにおとなしく飛べば〝優秀〟なのである。それはグライダーとしての性能である。そういうグライダーに向って、さあ、自由に好きな方へ飛んでみよ、いつものように、引っ張ってはやらない、自分の力で飛ぶんだ、といったらどうであろう。⑤〝優秀〟なグライダーほど途方に暮れる。

下手に自前のエンジンなどつけていると、グライダーの効率は悪くなる。グライダーはグライダーに徹しなくてはならない。そう思っているときに急に自力飛翔《ひしょう》を求められる。混乱するのは当たり前である。独創的な論文など何のことか見当もつかない。

2022年度

解　答　と　解　説

《2022年度の配点は解答欄に掲載してあります。》

＜数学解答＞

〔1〕 (1) ア 1　(2) イ 5　ウ 4　(3) エ 3　オ 4　(4) カ 2
(5) キ 3　ク 3

〔2〕 (1) ケ 6　コ 2　(2) サ 2　シ −　ス 6　(3) セ 6
(4) ソ 3　タ 5

〔3〕 (1) チ 3　ツ 4　(2) テ 4　(3) ト 7　ナ 3

〔4〕 (1) ニ 2　ヌ 1　ネ 2　(2) ノ 1　ハ 8　(3) ヒ 3　フ 6
(4) ヘ 1　ホ 4

〔5〕 (1) マ 2　ミ 5　ム 3　(2) メ 5　モ 2

〔6〕 (1) ヤ 2　(2) ユ 2　ヨ 3　ラ 9　リ 8

○配点○

〔1〕 (3)エ・(5)キ　各3点×2　(3)オ・(5)ク　各2点×2　他　各5点×3
〔2〕 (2)サ・(4)ソ　各2点×2　(2)シス・(4)タ　各3点×2　他　各5点×2
〔3〕 各5点×3　〔4〕 (1)ニ・ヌネ　各2点×2　(2)・(3)　各4点×2　(4)　3点
〔5〕 各5点×2　〔6〕 各5点×3　計100点

＜数学解説＞

基本 〔1〕 (正負の数，式の計算，単項式の乗除，確率，資料の整理)

(1) $-3^2\div4+\frac{7}{4}\times\left(-\frac{1}{6}+\frac{1}{2}\right)+\frac{8}{3}=-\frac{9}{4}+\frac{7}{4}\times\frac{1}{3}+\frac{8}{3}=-\frac{27}{12}+\frac{7}{12}+\frac{32}{12}=\frac{12}{12}=1$

(2) $\frac{3x+2y}{2}-\frac{2x+y}{3}=\frac{3(3x+2y)-2(2x+y)}{6}=\frac{9x+6y-4x-2y}{6}=\frac{5x+4y}{6}$

(3) $\frac{1}{4}x^2y^2\times\frac{3x^2}{2y}\div\left(\frac{x}{2y}\right)^3=\frac{x^2y^2}{4}\times\frac{3x^2}{2y}\times\frac{8y^3}{x^3}=3xy^4$

(4) 硬貨の表裏の出方は，(表，表，表)，(表，表，裏)，(表，裏，表)，(裏，表，表)，(表，裏，裏)，(裏，表，裏)，(裏，裏，表)，(裏，裏，裏)の8通り。このうち，表が1回だけ出るのは下線の3通りだから，求める確率は$\frac{3}{8}$　よって，②

(5) データ数35の第3四分位数は得点の高い方から9番目だから，6以上8未満の階級に含まれるから，③。また，4以上6未満の階級の相対度数は，$\frac{11}{35}=0.314\cdots$だから，③

〔2〕 (連立方程式，2次方程式，方程式の利用，規則性)

基本 (1) $x:y=3:1$より，$x=3y$…①，$2x+y=14$…②　①を②に代入して，$2\times3y+y=14$　$7y=14$　$y=2$　これを①に代入して，$x=6$

基本 (2) $x^2+2ax-(5a+2)=0$に$x=2$を代入して，$4+4a-(5a+2)=0$　$a=2$　このとき，もとの方程式は，$x^2+4x-12=0$　$(x-2)(x+6)=0$　$x=2,\ -6$　よって，他の解は-6

基本 (3)　定価をx円とすると，$x\times(1-0.2)-1200=1200\times0.08$　　$0.8x=1296$　　$x=1620$　　よって，⑥

(4)　⑭のカードは，第5列の5段目，第6列の3段目，第7列の1段目にそれぞれ並ぶので，合わせて3枚置かれる。また，㉙のカードは，初めて置かれるのは，第10列(1段目が20)の10段目で，その後は，第11列(1段目が22)から第14列(1段目が28)に1枚ずつ置かれるから，全部で5枚置かれる。

〔3〕（点の移動と体積）

基本 (1)　$x=\frac{1}{2}$のとき，$OP=OQ=\frac{3}{2}$　　$y=\frac{1}{3}\times\triangle OQF\times OP=\frac{1}{3}\times\left(\frac{1}{2}\times\frac{3}{2}\times2\right)\times\frac{3}{2}=\frac{3}{4}$

重要 (2)　$0\leqq x\leqq1$のとき，$OP=OQ=3x$　　$y=\frac{1}{3}\times\triangle OQF\times OP=\frac{1}{3}\times\left(\frac{1}{2}\times3x\times2\right)\times3x=3x^2$　　$1\leqq x\leqq2$のとき，点Pは辺AC上にあり，$OQ=OB=3$　　$y=\frac{1}{3}\times\triangle OPB\times FB=\frac{1}{3}\times\left(\frac{1}{2}\times3\times3\right)\times2=3$　$2\leqq x\leqq3$のとき，点Pは辺BC上にあり，$BP=3\times3-3x=9-3x$　　$y=\frac{1}{3}\times\triangle OPB\times FB=\frac{1}{3}\times\left\{\frac{1}{2}\times3\times(9-3x)\right\}\times2=9-3x$　　よって，xとyの関係を表したグラフは④

(3)　$y=9-3x$に$y=2$を代入して，$2=9-3x$　　$3x=7$　　$x=\frac{7}{3}$

〔4〕（図形と関数・グラフの融合問題）

基本 (1)　$y=2x^2$に$x=-2$，1をそれぞれ代入して，$y=8$，2　　よって，A$(-2,\ 8)$，B$(1,\ 2)$　　直線OBの傾きは，$\frac{2-0}{1-0}=2$だから，直線lの式を$y=2x+b$とすると，点Aを通るから，$8=-4+b$　$b=12$　　よって，$y=2x+12$

基本 (2)　$y=2x^2$と$y=2x+12$からyを消去して，$2x^2=2x+12$　　$x^2-x-6=0$　　$(x+2)(x-3)=0$　$x=-2,\ 3$　　$y=2x^2$に$x=3$を代入して，$y=2\times3^2=18$

重要 (3)　D$(0,\ 12)$とする。AC//OBだから，台形OACB$=\triangle OAC+\triangle OBC=\triangle OAD+\triangle OCD+\triangle OBD=\frac{1}{2}\times12\times2+\frac{1}{2}\times12\times3+\frac{1}{2}\times12\times1=12+18+6=36$

(4)　求める直線と線分ACとの交点をEとし，点Eのx座標をeとする。$\triangle OAE=\triangle OAD+\triangle OED=12+\frac{1}{2}\times12\times e=12+6e$　　よって，$12+6e=\frac{1}{2}\times36$　　$6e=6$　　$e=1$　　$y=2x+12$に$x=e=1$を代入して，$y=14$　　よって，E$(1,\ 14)$　　したがって，直線OEの傾きは，$\frac{14-0}{1-0}=14$より，$y=14x$

〔5〕（平面図形）

重要 (1)　△ACEと△DBEにおいて，対頂角だから，∠AEC＝∠DEB…①　　$\overset{\frown}{BC}$円周角だから，∠CAE＝∠BDE…②　　①，②より，2組の角がそれぞれ等しいから，△ACE∽△DBE　　AE：DE＝AC：DB　　$DE=\frac{5\times10}{6}=\frac{25}{3}$(cm)

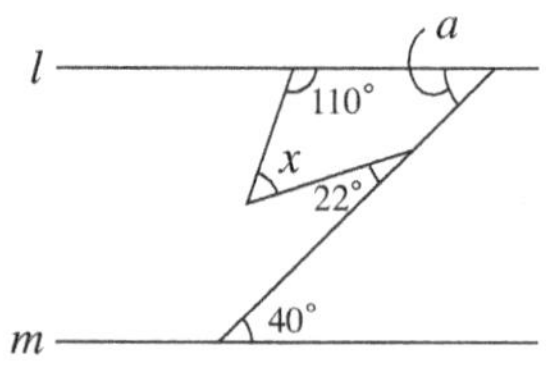

基本 (2)　右の図で，平行線の錯角は等しいから，$\angle a=40°$　　四角形の内角の和は360°だから，$\angle x+(180°-22°)+\angle a+110°=360°$
$\angle x=360°-(158°+40°+110°)=52°$

基本〔6〕（空間図形）

(1)　3点P，Q，Gを通る平面は辺BF，DHと交わるから，切り口の図形は五角形になる。よって，②

(2)　3点P，Q，Eを通る平面で切り分けた立体のうち，頂点Aを含む立体は三角錐AEPQであるから，その体積は，立方体の1辺をaとすると，$\frac{1}{3}\times\frac{1}{2}\times\frac{a}{2}\times\frac{a}{2}\times a=\frac{1}{24}a^3$　よって，頂点Gを含む立体の体積は，$a^3-\frac{1}{24}a^3=\frac{23}{24}a^3$　したがって，23倍。また，$\frac{1}{24}a^3$に$a=3$を代入して，頂点Aを含む立体の体積は，$\frac{1}{24}\times3^3=\frac{9}{8}$(cm^3)

★ワンポイントアドバイス★

出題構成や難易度は昨年とほぼ同じである。取り組みやすい内容の出題であるから，基礎力を十分養って，弱点分野をなくしておこう。

＜英語解答＞

〔1〕	1	ウ	2	ウ	3	ア	4	イ	5	ウ
〔2〕	6	ア	7	イ	8	ウ	9	エ	10	ア
〔3〕	11	イ	12	エ	13	ウ	14	ア	15	イ
〔4〕	16	イ	17	イ	18	ウ	19	ウ	20	エ
〔5〕	21	エ	22	イ	23	ア	24	ウ	25	エ
〔6〕	26	ウ	27	イ	28	エ	29	ウ	30	エ

○配点○

〔1〕　各3点×5　〔2〕　各4点×5　〔3〕　各4点×5　〔4〕　各3点×5　〔5〕　各3点×5

〔6〕　各3点×5　　計100点

＜英語解説＞

〔1〕（リスニング問題）

A　1　Bob：What are you reading, Kyoko?

Kyoko：I am reading an e-mail from my grandmother living in Nagoya city, Bob.

Bob　：Are you going to write her back?

Kyoko：Yes, I am.

Bob　：Why don't you also send the picture I took in Ochiai park yesterday? Your grandmother will enjoy seeing you and your cats.

Kyoko：That's a good idea.

Bob　：I'll send it to you by e-mail. Then you can send it to your grandmother.

Kyoko：Thank you very much. You are so kind.

Bob　：You're welcome.

2　Kota：Look at this picture, Nancy. This is my family. I live with my father, my mother, and two brothers.

Nancy：It's a nice picture, Kota.

Kota　：Thank you. This is my younger brother, Yuta. He plays soccer.

Nancy：You play soccer, too, and you are the tallest in our class, Kota. Is Yuta as tall as you?

Kota : He is taller than I.

Nancy : I see.

Kota : This is my older brother, Shota. He is the best baseball player in his school and taller than Yuta.

Nancy : All of you are very tall. How about your father?

Kota : He is shorter than I but taller than my mother.

③ Tom : There are a lot of things in this shop, Jane. This blue notebook is one hundred yen and that yellow one is two hundred yen. I use a yellow one.

Jane : Maybe I could buy two yellow ones, Tom. Oh, look! This pencil is very cute. I want it. It's one hundred yen.

Tom : Well, do you really need a pencil?

Jane : Yes. But I have only four hundred yen.

Tom : You can't buy all the things you want.

Jane : I really need the pencil. I'll buy it and a blue notebook and a yellow one.

Tom : OK. Then you can buy all of them.

A. ① ボブ　　：君は何を読んでいるんだい，キョウコ。

キョウコ：私は名古屋市に住んでいる私の祖母からの電子メールを読んでいるのよ，ボブ。

ボブ　　：君は彼女に返事を書くつもりかい。

キョウコ：ええ，そうよ。

ボブ　　：僕が昨日，オチアイ公園で撮った写真を送るのもどうだい。君のおばあさんは君と君のネコを見て楽しむだろうね。

キョウコ：それはよい考えね。

ボブ　　：僕はそれを電子メールで君に送るつもりだよ。それから，君はそれを君のおばあさんに送ることができる。

キョウコ：どうもありがとう。あなたはとても親切ね。

ボブ　　：どういたしまして。

ボブは何をするつもりか。

ア　彼はキョウコの祖母に電子メールを書くつもりだ。

イ　彼はキョウコの祖母からの電子メールを読むつもりだ。

ウ　彼は電子メールでキョウコに写真を送るつもりだ。

エ　彼はキョウコの電子メールのための写真を撮るつもりだ。

② コウタ　：この写真を見て，ナンシー。これは僕の家族だよ。僕は僕の父，僕の母，僕の2人の兄弟と住んでいるんだ。

ナンシー：それはいい写真ね，コウタ。

コウタ　：ありがとう。これは僕の弟のユウタだよ。彼はサッカーをするんだ。

ナンシー：あなたもサッカーをして，あなたは私たちのクラスで最も背が高いわ，コウタ。ユウタはあなたと同じくらい背が高いの。

コウタ　：彼は僕より高いよ。

ナンシー：そうなの。

コウタ　：これが僕の兄のショウタだよ。彼は彼の学校で最も野球が得意で，ユウタより背が高い。

ナンシー：あなたたちはみんなとても背が高いのね。あなたのお父さんはどうなの。

コウタ　：彼は僕より背が低いけれど，僕の母より背が高いよ。
コウタの家族の中で誰が最も背が高いか。

① コウタ。　② ユウタ。　③ ショウタ。　④ コウタの父。

3 トム　：この店にはたくさんのものがあるよ，ジェーン。この青いノートは100円で，あの黄色いのは200円だ。僕は黄色いのを使うんだ。
ジェーン：私は黄色いのを2冊買うかもしれないわ，トム。あら，見て。この鉛筆はとてもかわいいわ。私はそれが欲しい。それは100円よ。
トム　：ねえ，君は本当にその鉛筆が必要なのかい。
ジェーン：そうよ。でも私は400円しか持っていないわ。
トム　：君は君が欲しい全ての物は買うことができないね。
ジェーン：私は本当に鉛筆が欲しいのよ。私はそれと青いノート1冊，黄色いノート1冊を買うつもりよ。
トム　：わかった。それじゃ，君はそれらの全てを買うことができるね。
ジェーンはこの店で何を買うつもりか。

ア　青いノート1冊と黄色いノート1冊，鉛筆1本。
イ　青いノート2冊と鉛筆1本。
ウ　黄色いノート2冊と鉛筆1本。
エ　黄色いノート2冊だけ。

B 4, 5

When I was walking in the park with my friend, Shinji, last Sunday, a man talked to us in English. He spoke slowly to us and wanted to know how to get to his hotel. We wanted to tell him how to get there in English, but I couldn't talk to him because I was nervous and I didn't want to make mistakes. Then Shinji began to talk to him in English. Shinji's English wasn't very good, but Shinji used easy words and some gestures to tell him the way to the hotel. I thought he wasn't afraid of making mistakes. The man looked very happy when he understood where the hotel was. Shinji also looked happy.

I was always nervous when I spoke English. But I learned I shouldn't be afraid of making mistakes through this experience. I'll try to speak English like Shinji next time.

B. 先週の日曜日に，僕が僕の友人のシンジと公園を歩いていたとき，1人の男性が僕たちに英語で話しかけた。彼は僕たちにゆっくりと話し，彼のホテルへの行き方を知りたがった。僕たちはそこへの行き方を彼に英語で伝えたかったが，僕は緊張して間違えたくなかったので，僕は彼と話すことができなかった。そのとき，シンジが英語で彼に話し始めた。シンジの英語はあまり良くなかったが，シンジはホテルへの行き方を彼に伝えるために簡単な単語と身ぶりを使った。彼は間違えることを恐れなかった，と僕は思った。そのホテルがどこにあるのか理解したとき，その男性はとてもうれしそうだった。シンジもうれしそうだった。

英語を話すとき，僕はいつも緊張した。しかし，この経験を通して，僕は間違えることを恐れるべきではない，と僕は学んだ。僕は次回はシンジのように英語を話そうとするつもりだ。

4 シンジはホテルへの行き方をどのようにその男性に言ったか。

ア　日曜日に公園について話すことによって。
イ　簡単な英単語といくつかの身振りを使うことによって。
ウ　その男性と一緒にその男性のホテルへ行くことによって。
エ　そのホテルで日本語でゆっくりと話すことによって。

5　ケンはその経験を通して何を学んだか。

ア　彼は，彼がその男性をどのように幸せにしたかを学んだ。

イ　彼は，彼がどのようにその男性と一緒に公園へ行くことができたかを学んだ。

ウ　彼は，英語を話すとき間違えることを恐れるべきではない，と学んだ。

エ　彼は，その男性のホテルについて知るべきだ，と学んだ。

〔2〕 **(長文読解・物語文：内容吟味，指示語)**

(全訳)　トムが幼い少年だったとき，ある寒い雨の日，彼は彼の街路で年老いた野良猫に会った。その猫はとても寒そうに見えたので，トムは言った。「僕と一緒にうちに来るのはいかかですか」(A)その猫は驚いた。年老いた野良猫を気遣う誰かに会ったのは，彼女は初めてだった。しかし，彼女は「もし暖かい場所に座って皿1杯のミルクを飲めたら，私は幸せでしょうね」と言った。「とても暖かい部屋があるよ」とトムは言った。「それから，僕のお母さんがきっと皿1杯のミルクをくれると思うよ」

トムとその猫は良い友だちになったが，トムのお母さんはその猫におろおろした。彼女は猫，特に年老いた野良猫をひどく嫌った。「トム」と彼女は彼に言った。「もし私があの猫に皿1杯のミルクをやるだろう，と思うなら，あなたはとても間違っているわ。もし野良猫にえさを与え始めたら，あなたは最後に町の全ての野良猫にえさを与えるだろうし，私はそれをするつもりはないのよ」

(B)このことはトムをとても悲しませ，彼の母がとても厳しいので，彼はその猫に謝罪した。彼はその猫に滞在するように言い，毎日彼女に皿1杯のミルクを持ってきた。トムは3週間その猫にえさを与えたが，ある日，彼の母が地下室で猫の皿を見つけ，とても怒った。彼女はその猫を外に放り出した。(C)トムはとても怒って，外へ行ってその猫を見つけた。彼らは一緒に公園へ散歩をしに行って，話すのによいことを考えようとした。トムは「僕が大きくなったら，飛行機を持つつもりなんだ。飛ぶことはすばらしいに違いないよ」と言った。

「あなたはとてもとても飛びたいのかい」とその猫は尋ねた。

「そうだよ。飛ぶことができるために僕はどんなことでもしたいんだ」

「そうね」とその猫は言った。「もしあなたが本当に飛ぶことが好きなら，あなたが飛ぶことができるある方法を私が知っていると私は思うよ」

「僕がどこで飛行機を手に入れることができるか，あなたが知っているという意味かい」

「まあ，正確には飛行機ではないけれど，(D)もっとよいものだよ。私は今では年老いた猫だけれど，若い頃は旅人だったんだ。私の旅の日々は終わったけれど，去年の春，私はもう1回だけ旅をして，タンジェリナ島へ航海したの。そしてそのとき，私は船に乗り遅れて次の船を待っている間，少し見物して回ろうと思った。私はワイルド島と呼ばれる場所にとても興味を持って，タンジェリナへ行く途中にそこを通ったの。ワイルド島とタンジェリナはたくさんの岩によってつなげられていたけれど，それはジャングルでたくさんの危険な動物がいるから，人々は決してワイルド島へ行かないわ。それで，私はその岩を渡ってそれを探検しようと決めたの。それは面白い場所だけれど，私はとても危険なものを見た。それは大きな緑色の竜だったの。とても怖かったけれど，私はそれに乗って世界中を飛びたいと思ったわ」

(出典)『エルマーのぼうけん』　ルース・スタイルス・ガネット著(一部改訂)

6　下線部(A)の直後部参照。

7　this は先行する文(の一部)の内容を指している。ここでは直前の段落の最終文の内容である。

8　下線部(C)の直前部参照。

9　ア 「飛行機」(×)　下線部(D)の直前部参照。飛行機ではないのである。　イ 「ワイルド島」(×) 「飛ぶことができる」(下線部(D)の直前の2文目)ものについて話している。　ウ 「危険な動物たち」(×)「飛ぶことができる」(下線部(D)の直前の2文目)ものについて話している。

エ 「大きな緑色の竜」(○) 最終段落最後から2文目参照。

⑩ ア 「トムの母は猫が好きではなかったので，彼に猫を飼ってほしくなかった」(○) 最終段落第3文・第4文参照。 イ 「トムがどのように飛行機を手に入れることができるか，その猫は知っていた」(×) 下線部(D)の1文参照。飛行機ではないのである。 ウ 「トムとその猫はタンジェリナへ旅行に行こうとしたが，船に乗り遅れた」(×) 下線部(D)の直後の3文目参照。乗り遅れたのは猫である。 エ 「ワイルド島はとても危険だったので，その猫はそこへ行くことができなかった」(×) 最終段落最後から5文目～最終文参照。猫は行ったのである。

〔3〕 **(長文読解・論説文：内容吟味)**

(全訳) 去年の秋のある日，私は私の友人のシャーロック・ホームズ氏を訪ねた。彼は背が低く太って年老いた赤い髪の男性と話していた。

「ああ，君は完璧なときに来たね，親愛なるワトソン」とホームズは微笑んで言った。

「でも君は忙しいね」と私は言った。「じゃまして申し訳ない」

「どういたしまして。ウィルソンさん，こちらは私の友人のワトソンさんです。彼は私の全ての仕事を手伝っています。(A)彼はあなたの事件でも私を手伝うだろう，と私は思いますよ」

(B)私たちは握手して，私は2人の男性の仲間に入るために座った。

「君はそれらのとても多くを物語に変えているから，私の事件に興味がある，と私は知っているよ」とホームズは言った。

「君の事件はいつも私にとって面白いんだ，それは本当だよ」と私は言った。

「それらは普通の日常とはとても違っているから，君はこれらの事件に興味がある，と君は言うよ」とホームズは言った。「でも私はよく君に，最も奇妙なことは最も小さな犯罪で起こる，と言うね」

「そして私はまだ君を信じない」と私は言った。

「そうだね，私たちには事件があると思う。もし君が僕を手伝ってくれたら，私がそれをどう解決するか，君は知るだろう」と私の友人は微笑んで言った。彼はその年老いた男性の方を向いた。

「ウィルソンさん，もう1度あなたのお話を始めてください」とホームズは言った。「ワトソンさんのためだけでなく私自身のためにもこれをしてください。あなたのお話はとても興味深いのです。だから，私は全ての詳細をまた聞きたいです。たいていは，事件を研究するとき，私はそれのような何千もの他の事件のことを考えます。でもこの事件では，私は1つの同様のそれのことも考えつくことができないのです。あなたのお話は独特です」

太った男性は彼のポケットから新聞の記事を取り出した。彼は私たちに広告のページを見せた。

⑪ 「(A)印をつけられた人は誰か」 ア 「シャーロック・ホームズ氏」(×) イ 「ワトソン氏」(○) 下線部Aの直前でホームズはウィルソンにワトソンを紹介している。 ウ 「ウィルソン氏」(×) エ 「赤い髪をした年老いた男性」(×)

⑫ 「(B)印をつけられた人々は誰か」 ア 「シャーロック・ホームズ氏とウィルソン氏」(×) イ 「シャーロック・ホームズ氏とワトソン氏」(×) ウ 「ウィルソン氏と太った男性」(×) エ 「ウィルソン氏とワトソン氏」(○) 下線部Bの直前のホームズの発言参照。ワトソンはホームズからウィルソンを紹介されたのである。

⑬ 「ワトソン氏はなぜシャーロック・ホームズ氏の事件に興味を持つのか」ア 「シャーロックは全ての彼の仕事で彼を手伝うから」(×) イ 「シャーロックはとても多くの物語を書いているから」(×) ウ 「その事件は普通とはとても違っているから」(○) 第2段落第4文参照。 エ 「その事件は最も小さい犯罪で起こるから」(×)

14 「シャーロック・ホームズ氏はなぜウィルソン氏に彼の話をまた始めるように頼んだのか」 ア 「ウィルソン氏の話はとても独特だったから」(○) 第3段落最終文参照。 イ 「ウィルソン氏の話はあまりきわだっていなかったから」(×) ウ 「彼はウィルソン氏との話を理解しなかったから」(×) エ 「彼はワトソン氏にウィルソン氏の話を聞いてほしくなかったから」(×)

15 「新聞の記事を取り出した，太っている男性の目的は何だったか」 ア 「他の事件のことを考えること」(×) イ 「彼の話をワトソン氏とホームズ氏にすること」(○) 第3段落参照。 ウ 「ホームズ氏の事件についての記事を読むこと」(×) エ 「ワトソン氏とホームズ氏に彼の話が普通だと示すこと」(×)

〔4〕 (正誤問題：語い，文型，受動態，仮定法，不定詞)

16 「～でいっぱいだ」の意味になるのは be filled with ～ か be full of ～ である。

17 〈There ＋be動詞＋名詞＋前置詞句〉の文の主語は名詞なのでbe動詞は続く名詞と時制で決まる。文の時制は現在で water は数えられない名詞だからbe動詞は is を使う。

基本 18 「～でできている」の意味を表す場合，何でできているかを判断できれば前置詞は of を，形状が変わっている場合は前置詞は from を使う。ここでは into ではなく of が適切。

やや難 19 現在の現実にはありえない仮定の話をするとき，仮定法過去を用いる。I wish で始まる仮定法過去は〈I wish ＋主語＋過去形の動詞[could ＋動詞の原形]～〉の形で，「(主語)が～すれば[できれば]なあ」の意味になる。can ではなく could とするのが適切。

やや難 20 let「～させる」は使役動詞なので不定詞は原形不定詞を用いる。原形不定詞は〈let ＋A＋動詞の原形〉で「Aに～させる」の意味になる。to use ではなく use とするのが適切。

〔5〕 (語句補充：前置詞，接続詞，比較，動名詞)

重要 21 一般的な「朝に」を表わすには in the morning とするが，「特定の日の朝に」を表わすときは on the morning of July 21「7月21日の朝に」とするのが適切。

22 接続詞 if を使った文。〈If ＋主語A＋動詞B，主語C＋動詞D〉で「もしAがBならば，CがD」という意味で，動詞Bと動詞Dの時制は一致させる。ここでは動詞(助動詞)Dが過去形 could なので動詞Bも have の過去形 had にするのが適切。また，「たくさんの」の意味の many は数えられる名詞，much は数えられない名詞につく。money は数えられない名詞。

23 接続詞 if を使った文。〈主語A＋動詞B＋ if ＋主語C＋動詞D〉で「もしCがDならばAがB」という意味

24 〈one of the ＋最上級＋名詞の複数形〉で「最も～なうちの1つ」の意味になる。〈as much ＋数えられない名詞＋ as ～〉で「～と同じくらい(多くの)…」の意味。

25 直前の without「～がなければ[～なしに]」は前置詞。前置詞の目的語に動詞が来る場合，その動詞は原則として動名詞〈動詞の原形＋ ing〉となる。

〔6〕 (語句整序：関係代名詞，進行形，動名詞，文型，不定詞，接続詞，助動詞，現在完了)

やや難 26 The woman she is talking with is my aunt(.) 関係代名詞 whom を省略した文。the woman is my aunt と she is talking with her をつなげた文を作る。her が whom に代わり，省略されている。

27 Singing in a loud voice always makes me happy(.) in a loud voice「大きな声で」は「歌うと(歌うこと)」を修飾しているので singing の直後に置く。頻度を示す副詞の always「いつも」はbe動詞の後，一般動詞の前に置く。〈make ＋A＋B〉で「AをBにする」という意味の第5文型。

28 She was kind enough to tell me the way to (the station.) 〈形容詞[副詞]＋ enough to ＋動詞の原形〉で「～できるくらい(十分に)…(形容詞／副詞)」の意味。tell は〈tell ＋人＋物〉とい

う文型を作る。the way to ～ で「～への道」の意味。

29 The sign says you must not play soccer (here.)　本・掲示などに「～と書いてある」というときは say を使う。says の後の that「～ということ」を省略した文。〈must not ＋動詞の原形〉で「～してはいけない」の意味。

30 How long have you been studying English(?)　動作の継続を表すときは〈have[has]＋been ＋—ing〉の形をとる現在完了進行形を用いる。「どのくらい(いつから)～していますか」と時間の幅を尋ねる疑問文にするには，〈How long have[has]＋主語＋動詞の過去分詞形～？〉を用いる。

★ワンポイントアドバイス★

語句整序問題は，1語目から並べていくことにこだわらず，構文や熟語，不定詞などの文法事項や文型に注目し，小さいまとまりを作っていくことから始めるとよい。

＜理科解答＞

〔1〕	1	エ	2	ウ	3	エ	4	エ	5	イ
〔2〕	6	ウ	7	オ	8	イ	9	ア	10	イ
〔3〕	11	ア	12	オ	13	ウ	14	ア	15	ウ
〔4〕	16	ウ	17	エ	18	オ	19	オ	20	イ

○配点○

各5点×20　　計100点

＜理科解説＞

〔1〕 (力と圧力－ばねののび，浮力)

1 図1のグラフから，30gのおもりをつるすと，ばねAは3.0cmのび，ばねBは1.0cmのびることがわかる。また，ばねののびが2.0cmのとき，ばねAには20gのおもりがつり下げられていて，ばねBには60gのおもりが下げられている。

2 ばねののびが1.0cmのとき，ばねAには10gのおもりがつり下げられているので，ばねののびが8.0cmのとき，ばねAには80gのおもりがつり下げられている。

3 図3のように，ばねAとばねBを直列につなぎ，30gのおもりをつるすと，ばねAとばねBののびの合計は，1.0(cm)＋3.0(cm)＝4.0(cm)である。したがって，ばねAとばねBののびの合計が12.0cmのとき，つるしたおもりの質量は，$30(\mathrm{g})\times\frac{12.0(\mathrm{cm})}{4.0(\mathrm{cm})}=90(\mathrm{g})$である。

4 図4のように，ばねAの両端に定滑車を用いて30gのおもりを取り付けると，ばねAに30gのおもりをつるしたのと同じなので，ばねAは3.0cmのびる。このとき，ばねAにかかる力は，30(g)÷100＝0.3(N)である。

やや難 5 図5では，ばねAが8.0cmのびるので，ばねAに80gのおもりをつるしたのと同じである。このとき，ばねAには，80(g)÷100＝0.8(N)の力がかかる。また，おもりDにはたらく重力の大きさは，100(g)÷100＝1(N)である。したがって，おもりDにはたらく浮力の大きさは，1.0(N)－0.80(N)＝0.20(N)である。

図4

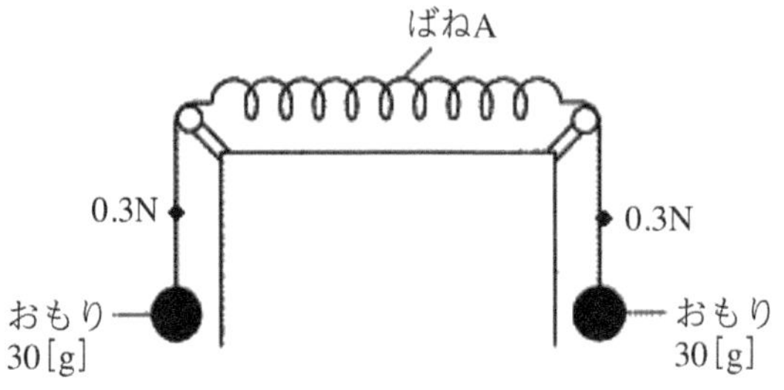

図5

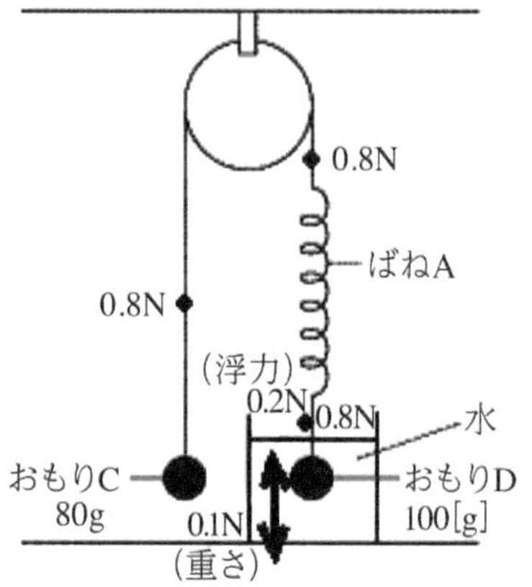

〔2〕（溶液とその性質，電気分解とイオン，酸とアルカリ・中和―塩酸，電気分解，塩酸と水酸化ナトリウム水溶液の中和）

基本 ⑥ 塩化水素の水溶液である塩酸は，次のように電離して水素イオンを生じるので，酸性を示し，青色リトマス紙を赤色に変える。$HCl \rightarrow H^{+} + Cl^{-}$

やや難 ⑦ ビーカーAに入っている青色の水溶液は塩化銅水溶液である。また，BTB溶液を入れると黄色になったBのビーカーに入っている水溶液は酸性の塩酸，青色になったCのビーカーに入っているの水溶液はアルカリ性の水酸化ナトリウム水溶液，緑色になったDの水溶液は中性の塩化ナトリウム水溶液である。それぞれの水溶液を電気分解すると，次の表のようになる。

ビーカー	水溶液	陰極	陽極
A	塩化銅水溶液	銅が付着する	塩素が発生する
B	塩酸	水素が発生する	塩素が発生する
C	水酸化ナトリウム水溶液	水素が発生する	酸素が発生する
D	塩化ナトリウム水溶液	水素が発生する	塩素が発生する

⑧ 図6より，20mLの塩酸と40mLの水酸化ナトリウム水溶液が中和することがわかる。また，20mLの塩酸に含まれている水素イオンH^{+}がx個なので，塩化物イオンCl^{-}もx個である。さらに，塩酸に水酸化ナトリウム水溶液を加えていくと，水酸化ナトリウムが電離して生じた水酸化物イオンOH^{-}と水素イオンが結びついて水が生じるので，水素イオンは減少していき，水酸化ナトリウム水溶液を40mL加えると0になる。また，水酸化物イオンは，水酸化ナトリウム水溶液を40mL加えるまでは0であるが，40mL以上加えると，しだいに増えていく。一方，塩化物イオンはx個のまま変わらず，ナトリウムイオンは，水酸化ナトリウム水溶液の量に比例して増える。以上より，各イオンのグラフは，次のようになる。

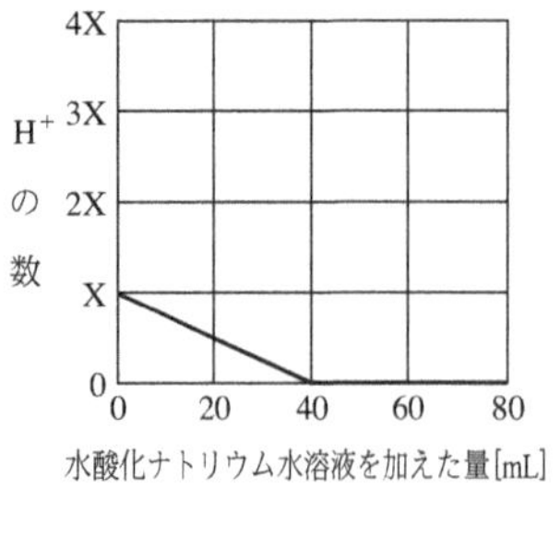

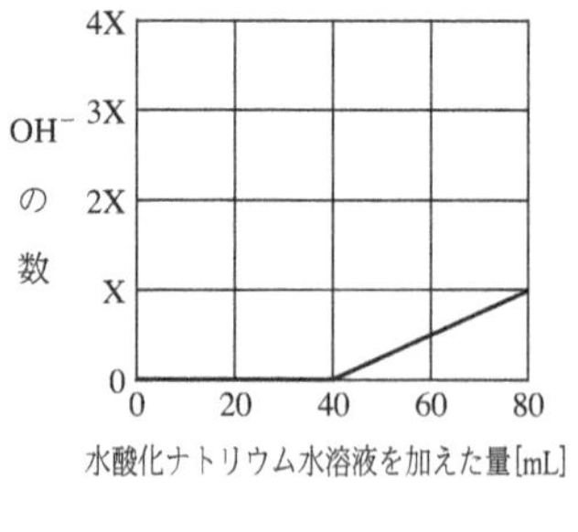

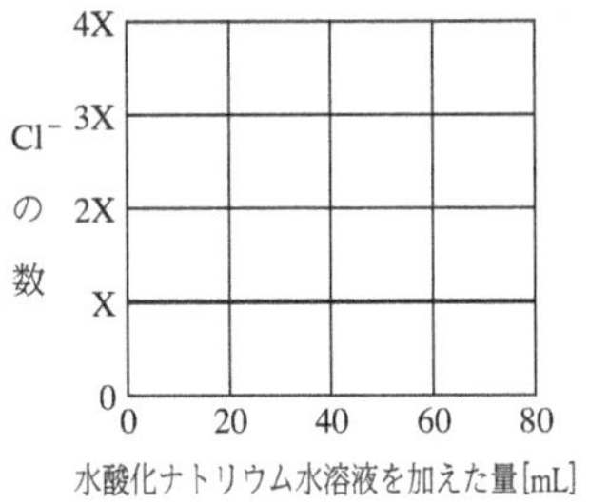

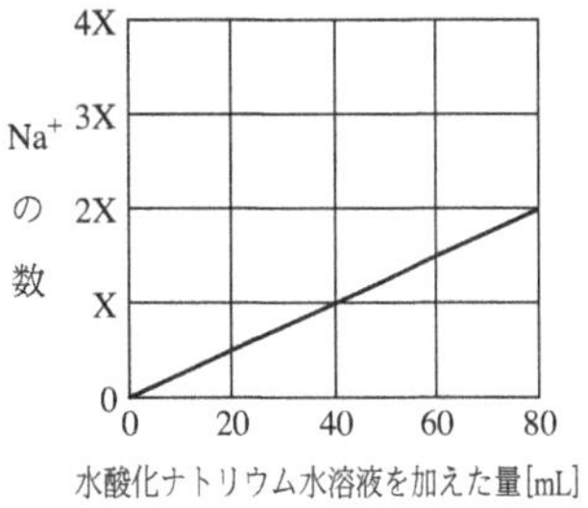

やや難 ⑨ 水酸化ナトリウム水溶液を40mL加えるまでは，水素イオンとナトリウムイオンの合計はX個である。また，塩化物イオンを加えたイオンの総数は，X(個)＋X(個)＝2X(個)である。その後，水酸化ナトリウム水溶液を40mL以上加えると，イオンの総数は，水酸化物イオンとナトリウムイオンが増えた分だけ増え続ける。したがって，右のようなグラフになる。

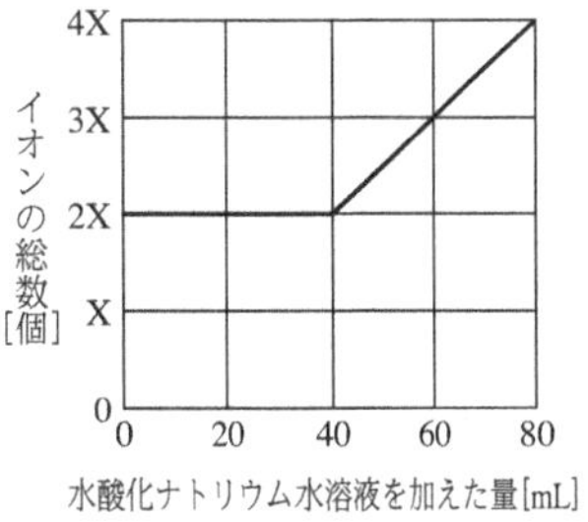

やや難 ⑩ 塩酸50mLに水を加えて100mLにした水溶液から10mLだけ用いたので，この液に含まれている塩酸は，$50(\mathrm{mL})\times\frac{10(\mathrm{mL})}{100(\mathrm{mL})}=5(\mathrm{mL})$である。したがって，中和に必要な水酸化ナトリウム水溶液は，$40(\mathrm{mL})\times\frac{5(\mathrm{mL})}{20(\mathrm{mL})}=10(\mathrm{mL})$である。

［3］（動物の種類とその生活―動物の分類）

基本 ⑪・⑫ グループAはすべてセキツイ動物の仲間であり，内骨格である背骨がある。

基本 ⑬ aのホニュウ類とbの鳥類は恒温動物，cのハ虫類とdの両生類とeの魚類は変温動物である。また，ハ虫類と両生類の仲間は冬眠することがある。

重要 ⑭ fは軟体動物，gは節足動物である。なお，ナマコとウニは棘皮《きょくひ》動物，クラゲとイソギンチャクは刺胞《しほう》動物，ミミズは環形《かんけい》動物の仲間である。

やや難 ⑮ ① 目からの刺激は，信号に変えられ，視神経を通って大脳に伝えられるので，せきずいは通らない。 ② 大脳からの信号は，せきずいを通って，運動神経から筋肉に伝えられる。 ③ 魚類以外のセキツイ動物の成体は肺呼吸を行う。 ④ からだが羽毛で覆われているのは鳥類，体毛で覆われているのはホニュウ類である。 ⑤ 固いからを持った卵を産むのは，ハ虫類と鳥類の仲間だけである。

［4］（大地の動き・地震，地層と岩石―地震，岩石）

基本 ⑯ 北アメリカプレートとユーラシアプレートは大陸のプレート，太平洋プレートとフィリピン海プレートは，海洋のプレートである。

⑰ 右の図のように，地球内部の熱によって，マントルで対流が起きている。

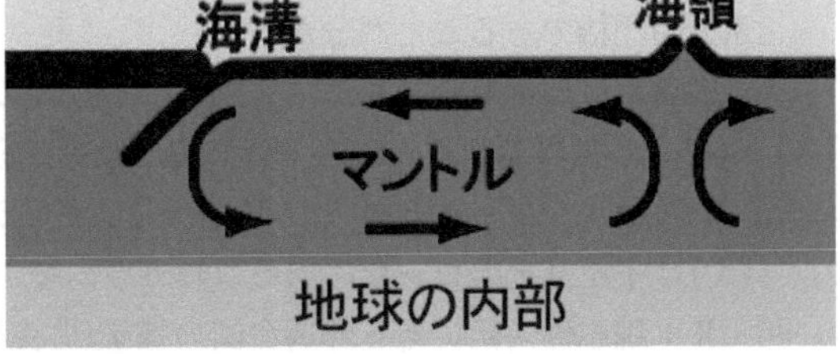

重要 ⑱ 地震には，活断層のずれが原因で起こる断層型地震とプレートのずれが原因で起こる海溝型地震がある。

基本 ⑲ 花こう岩・安山岩・流紋岩・はんれい岩・玄武岩・カンラン岩はマグマ由来の火成岩である。一方，チャート・れき岩・砂岩・石灰岩は堆積岩である。

やや難 [20] 震源までの距離を$x$kmとすると，$\frac{x(\mathrm{km})}{3.0(\mathrm{km/s})}-\frac{x(\mathrm{km})}{6.0(\mathrm{km/s})}=5.0$(秒)より，$x=30$(km)である。

★ワンポイントアドバイス★

生物・化学・地学・物理の4分野において，基本問題に十分に慣れておくこと。その上で，化学分野と物理分野の計算問題にしっかり取り組んでおく必要がある。

＜社会解答＞

〔1〕	[1] ア	[2] イ	[3] エ	[4] エ	
〔2〕	[5] エ	[6] ウ	[7] ア		
〔3〕	[8] イ	[9] ウ	[10] ア	[11] ア	
〔4〕	[12] エ	[13] ウ	[14] ア		
〔5〕	[15] ウ	[16] ア	[17] ウ		
〔6〕	[18] イ	[19] ア	[20] エ		
〔7〕	[21] エ	[22] イ	[23] エ	[24] エ	[25] イ

○配点○

各4点×25　　計100点

＜社会解説＞

〔1〕（地理―世界の地形，貿易，諸地域の特色：オセアニア州）

重要 [1] 写真Cのエアーズロックは先住民アボリジニーにとって心のよりどころとなる聖地であり，それに配慮し2019年から登頂が禁止された。これは，A州にある。写真Dは世界最大のさんご礁で色鮮やかな海洋生物が数多く生息するグレートバリアリーフで，B州の海岸沿いに位置している。

やや難 [2] オーストラリアは日本の友好国であり，オーストラリアの国別輸出額も1990年には，日本は第1位であった。近年の1位は中国になっている。

[3] (ア)はタイ，(イ)はアメリカ，(ウ)はブラジル，(エ)はオーストラリアである。

やや難 [4] アボリジニーが愛用していたブーメランとアボリジニーが生活している場所とは，必ずしも関係性が認められない。したがって，エが誤りとなる。

〔2〕（日本の地理―日本の地形，産業，諸地域の特色：中国・四国地方）

[5] aは愛媛県，bは岡山県，cは山口県である。

[6] 写真eは，鳴門の渦潮がみられることから，鳴門海峡にかかる兵庫県淡路島と徳島県鳴門を結ぶ大鳴門橋であることが分かる。

[7] 広島市は環境モデル都市には入っていないので，(ア)が誤りとなる。

〔3〕（日本と世界の歴史―政治・外交史，社会・経済史，日本史と世界史の関連）

[8] (ア)はエジプトのピラミッド，(イ)はギリシアのパルテノン神殿，(ウ)は中国の万里の長城，(エ)はイタリアのローマにあるコロセウムである。

[9] Ⅱ：魏志倭人伝にある邪馬台国の様子(弥生時代)→Ⅲ：承久の乱に際しての北条政子のうったえ(鎌倉時代)→Ⅰ：平塚らいてうの青鞜社の宣言(明治時代末期)

[10] 中華民国の成立は1912年であるので，(ア)が誤りとなる。

11 ラクスマンが来航したのは根室であるので，図3のaにあたる。三国干渉によって日本が清に返還したのは遼東半島で，図3のbにあたる。

〔4〕（日本の歴史―政治・外交史，社会・経済史，文化史，各時代の特色）

12 鑑真は日本に渡ろうとして何度も遭難し，盲目になったが，遣唐使にともなわれて来日し，正しい仏教の教えを広めた。律令にもとづいて政治を行う国家を律令国家という。律令国家は，天皇と，天皇から高い位をあたえられて貴族となった，近畿地方の有力豪族が中心になって運営された。

基本 13 雪舟は室町時代の人なので，（ウ）が誤りとなる。

14 江戸時代の農業は，近畿地方の進んだ技術が各地に伝わり，深く耕すことのできる備中ぐわや，脱穀を効率的にする千歯こきなどによって生産力が向上した。（イ）は七道が五街道の誤り。（ウ）は尾張が京都の誤り。（エ）は座が惣の誤りであるが，惣は室町時代のものであり，村方三役は江戸時代のものであるので，文章そのものが誤っている。

〔5〕（公民―憲法，政治のしくみ）

15 Aは第35条（住居の不可侵），Bは第39条（遡及処罰の禁止・一時不再理），Dは第18条（奴隷的拘束及び苦役からの自由）であり，いずれも自由権の中の身体の自由に属する。

16 それぞれの地方公共団体が地理的，社会的，経済的な特徴に応じた独自の活動を行えるようにするため，1999年に地方分権一括法が成立した。それ以後，国の仕事の多くが地方公共団体の独自の仕事となり，現在でも仕事や財源を国から地方に移す地方分権が進められている。

重要 17 日本国憲法改正の手続き，その公布については，第9章第96条に規定されている。それによると国会発議後に国民投票での過半数の賛成を必要としている。

〔6〕（公民―経済生活）

18 矢印の方向に進むということは，買おうとする需要量が少なくなるということで，選択肢の中では商品自体の流行がすたれてしまった場合があてはまる。

19 好景気のときには物価の上昇であるインフレーションが進む。不景気の時には，物価はあまり上がらず，時には下落するデフレーションがみられる。電気・ガス・水道などのサービスは，国民生活にあたえる影響が大きいために，その価格（料金）は公共料金と定められ，国は地方公共団体が決定や認可をしている。

20 価格競争が弱まると，消費者は不当に高い価格を支払わされることになりかねない。そこで，競争を促すために独占禁止法が制定された。

〔7〕（各分野総合問題，その他）

21 イギリスは，世界で初めて産業革命が起きた国で「世界の工場」と呼ばれるようになり，資本主義経済が確立した。（ア）はスイス，（イ）はオランダ，（ウ）はドイツを示している。

22 図5は左が西，右が東を示している。一番西の険しい山脈がロッキー山脈，中央平原の一級河川がミシシッピ川，一番東のなだらかな山脈がアパラチア山脈となる。

基本 23 （エ）は季節風が偏西風の誤りである。ヨーロッパでは，1年中西風の偏西風が吹いている。

24 Aは，近年輸出向けの製品を大量に生産していて，「世界の工場」とよばれるほどになった中国が当てはまる。中国では政府が計画的に工業化を進め，1980年代からはより自由な産業活動が認められるようになり工業化が急速に進んだ。自動車生産においても急激な伸びがみられた。

25 この写真は，富岡製糸場をはじめ，多くの企業を設立し，経済の発展に力を尽くした渋沢栄一である。彼は経済界の発展に寄与したため「近代の日本資本主義の父」とたたえられている。

★ワンポイントアドバイス★

〔6〕⑱　需要量と供給量によって決まる価格を均衡価格という。〔6〕⑳　独占禁止法の運用にあたっているのが公正取引委員会で，消費者の利益を守ることを目的としており，「独占禁止法の番人」と呼ばれている。

＜国語解答＞

一　問一　エ　問二　ウ　問三　イ　問四　ア　問五　エ　問六　ア　問七　ウ
　　問八　ア　問九　ア　問十　ウ

二　問一　イ　問二　ウ　問三　ウ　問四　ア　問五　ア　問六　ウ　問七　エ
　　問八　エ　問九　イ　問十　ウ

三　問一　ウ　問二　エ　問三　エ　問四　ア

四　ウ

○配点○

一　問一～問四　各4点×4　問十　6点　他　各5点×5

二　問一・問二・問四～問六　各3点×5　他　各4点×5　三　各3点×4　四　6点

計100点

＜国語解説＞

一　（論説文一要旨，内容吟味，文脈把握，接続語の問題，漢字の書き）

基本　問一　「執筆」は，筆を執って文字・文章を書くこと。「執」の訓は「と－る」。「シュウ」の音もある。ア「摂(セツ)」，イ「採(サイ)」，ウ「取(シュ)」はどれも「と－る」の訓はあるが，「シツ」の音があるのは「執」だけ。

問二　「こういう作用」が指しているのは，レコードや読書によって得られるご利益の作用である。直前に触れておくと学習効果がしばらく残存するという作用である。

問三　「悲哀」は，悲しさ，あわれさ，みじめさのさまざまに入りまじった感情。段落の初めに「グライダーの泣きどころはたちまち落ちてくることである」とある。グライダーは「自分の力で飛んでいるわけではないから，やがて力を失って地上へ降りてこなくてはならない」ことが「悲哀」である。

やや難　問四　一つ目の空欄の前では，落ちるグライダーを否定的に捉えているが，あとでは，落ちるところに本領があると肯定的に捉えている。逆接。二つ目の空欄の前では，「永久に跳び続けられるような錯覚をもつ」ことを肯定的に捉えて，あとでは「あくまで錯覚」と否定している。逆接。

問五　ここでいう〝優秀なグライダー〟は，「試験といえば，教わったことをそのまま紙に書きつける。それがうまくいくと満点をもらってきた」という学生をたとえた表現。そういう「学校の成績の優秀な学生が，卒業論文を書く段になって思いがけない混乱に陥ることがすくなくない」のは，「自分の力で飛ぶんだ」と言われて「お手本となる文書がないと書き方がわからなくなってしまうから」である。

問六　グライダーと教育の関係については，「教育というのもいくらかはこのグライダー効果をねらっているように思われる。自分では飛べないものを引っ張って飛び上がらせる。落ちそうになったらまた引っ張り上げる。こうして落ちてくるひまのないグライダーは，永久に飛び続けられるような錯覚をもつかもしれない」と述べている。

問七　「もとの木阿弥」は，一度はよくなったものが，再び以前の悪い状態に戻ること。「読書も一種のグライダー効果を与える」とある。問六で捉えた「グライダー効果」のように，「読書で得た知識は，自分で考えたものではなく，実際には身についていないから」，「もとのモクアミに帰る」のである。

やや難　問八　「グライダー効果」に関連づけて考える。「本を読むと，その当座はいかにも知識が豊かになったように感じられる。人間が高尚になったと思うこともあろう」というのが，グライダー効果である。筆者は，「グライダー効果であることに気付かず，読書によって簡便に自己改造ができるように思い込む」ことを「有害」と述べている。

重要　問九　筆者は，学校がグライダー型の教育しか考えていないことを批判していることを押さえる。
ア　自分で空を飛べるエンジンを積んでいないグライダー型について，「長期的に学習活動を持続する力を養うことができない」ということには触れていないので批判の理由として不適切。
イ　グライダー型の教育では「独創的な論文など何のことか見当もつかない」とあるので，「創造の余地をなくしてしまう」というのは批判の理由として適切。　ウ　「エンジンを積んだ飛行機の方がグライダーよりも決定的に優れている」と考えている筆者は，「自力で飛ぶための教育をするべきと考えている」ので批判の理由として適切。　エ　グライダー型の教育では，「引っ張られるままにおとなしく飛べば〝優秀〟なのである」「自力で飛び立つことはできない」と考える筆者は，「主体性のない人間しか育たない」と考えているので批判の理由として適切。

重要　問十　第三段落の初めに，「これをたとえていえばグライダーのようなものである」とある。「これ」が指すのは，問二で捉えたように，レコードや読書によって得られるご利益の作用であり，直前に触れておくと学習効果がしばらく残存するというものである。そして，「お手本になるものに引っ張ってもらうと，飛び上がって空を滑る」とある。つまり，「他者の知識や教養を利用して物事を行うこと」である。飛行機は「エンジンを搭載して，自分で空を飛ぶ」，「飛びたいところへ自由に飛んでいく」のであるから，グライダーとの対比で「自分自身の知識や教養を生かし独創的な思考や行動ができる」と判断できる。　ア　「知識や教養を利用することに優れている」，「自分自身の知識や教養を優先する」が誤り。　イ　「他者の知識や能力を絶対と考える」，「自分自身の知識や能力を絶対と考える」が誤り。　エ　「ただ他者の指示に従う」が誤り。

二　**（古文・和歌―情景・心情，内容吟味，文脈把握，脱語補充，語句の意味）**

基本　問一　〔現代語訳〕に「思う存分あなたを」とある。これに自然につながる表現はアかイ。アの表現では，二つ目の空欄の前に「その国の海山の景色も見せることはもちろん」とあるのと同じ内容を繰り返すことになってしまう。イの「大切に育てる」が適切と判断できる。「かしづく」には，親が子を大事に育てるという意味がある。

問二　直前の「われも人も宿世のつたなかりければ」が理由を表しているが，〔現代語訳〕では「ところが私もあなたも前世での縁がつたなかったので」とある。「つたない」は，ここでは「運が悪い」の意味。

重要　問三　傍線部は，〔現代語訳〕では「地方暮らしの恐ろしさにつけ」とある。「ひとの国」「地方」を手がかりに〔現代語訳〕を読んでいくと，「東国の田舎人になって路頭に迷うのは大変なことだろう」という部分が見つかる。これの〔原文〕は，「あづまの国，田舎人になりてまどはむ，いみじかるべし」である。「いみじ」は，よい意味でも悪い意味でも程度がはなはだしいことを表す。ここは悪い意味で「大変なこと」となる。

問四　「永き別れ」は，〔現代語訳〕では「長い別れ」とある。〔現代語訳〕では，前の部分に「年老いた私の命はおぼつかないし」とある。この表現と合わせて考えると，「長い別れ」は「父が作者を残して死ぬこと」と判断できる。

問五　「夜昼嘆かるるを」は，〔現代語訳〕では「日夜，嘆いておられるのを」とある。嘆いている事柄を捉える。　ア　「都に残しておこうにも」とあるので適切でない。　イ　問四で捉えたように，自分の死を考えているので「娘と二度と会えないかもしれない」と嘆いている。適切。　ウ　「頼もしくあなたを迎えとってくれそうな親戚縁者もいない」とある。適切。　エ　任国について，「はるかに遠い常陸(現在の茨城県の大部分)の国司に任官し」「とうとうこんな『はるかな国』になってしまった」とある。適切。

やや難　問六　直前に「しみじみとした」とある。「しみじみ」は，心の底から深く感じる様子。「しみじみ」に合うのは，ウ「秋」である。

重要　問七　「～であったなら……こともあったでしょうに」という言い方から後悔の気持ちを表現していることが読み取れる。歌が贈られた状況については，「出発の日はたいそう取り込んで，時刻がきてしまうと，『いよいよお別れです』と言って，簾を引き上げて，ちらりと顔を合わせたきり，涙をほろほろと落として，すぐに出ていってしまったのを」とあることから，ゆっくりと別れを惜しむ時間のないことが読み取れる。選択肢にあるように，「せわしなく支度をし，悲しみを味わう余裕もない」様子であることが読み取れる。

問八　〔現代語訳〕では，「涙に曇って見ることができない」とある。父親から贈られた歌を読んで，「別れの悲しみが父の言葉で大きくなり，涙のせいで文字がまともに読めない」のである。

問九　〔現代語訳〕では，「とでも，書いたものであろうか」と過去のその時の自分の気持ちを思い出している表現になっている。『更級日記』は，晩年に作者が過去を回想して執筆したものである。問七で捉えた父の悲しみ，問八で捉えた作者の悲しみと合わせて考えると，父親との別れの悲しみで平静でいられなくなった当時の気持ちを推察していると判断できる。

問十　〔現代語訳〕の「今ごろはどこあたりかしらと……父に思いをはせる。道中の様子も覚えているので，はるかに恋しく，また心細いことはこのうえもない」に着目する。「かつて自分も通ったつらい東国への道のりを，父はどのような思いで再び歩んでいるのだろうと心配している気持ち」とあるウが，作者の気持ちの説明として適切である。

三　**(語句の意味，品詞・用法，敬語，語句の意味，ことわざ・慣用句)**

やや難　問一　「聞いて」を尊敬の言い方に直す。「お～なる」が尊敬の言い方なので，「お聞きになって」とする。「お～して」は謙譲の言い方なので「お聞きして」は誤り。「うかがう」も謙譲語である。イのように「うかがいなさって」と謙譲語と尊敬語の「なさる」を続ける言い方はしない。

基本　問二　「たとえば」は，下に「だったら」という仮定を伴った呼応(陳述)の副詞である。エも，「まさか……ない」の打ち消しを伴った呼応(陳述)の副詞である。ア「あんなに」は，形容動詞「あんなだ」の連用形。イ「その」は連体詞。ウ「つまり」は，説明・補足の接続詞。

問三　「グローバリゼーション」は，ヒト，モノ，カネや企業などの国境を越えた移動が盛んになり，地球規模での一体化が進むこと。「世界化」と訳すことができる。「画一化」は，ノーマライゼーションと言う。

問四　Ⅰ「五里霧中」は，霧が深くて方角がわからないことから，物事の判断に迷い，見込みや方針が全く立たないこと。　Ⅱ「一寸の虫にも五分の魂」は，どんな小さいもの，弱いものにもそれに応じた意地があるから，小さくてもばかにできないということ。　Ⅲ「二足のわらじ」は，同じ人が，両立しないような二つの職業・立場を兼ねること。　Ⅳ「二兎追う者一兎をも得ず」は，同時に違った二つのことをしようとする人は，結局その一方の成功さえもおぼつかないこと。

四　**(説明文一内容吟味)**

問は「最も逸脱した実践を行っているもの」を選べというもの。つまり，指示されたことを守らず，勝手なことをしているものを選ぶ。本文には「短くても毎日練習したほうがよいでしょう」とあるが，Cさんは「この次は思いきって一時間やってみるよ。毎日はできないかもしれないけれど」と述べている。Aさんは，マニュアルに忠実である。Bさんは，「毎日3分間の瞑想を続けるのがやっと」と述べているが，マニュアルは5分間を義務付けているわけではないので逸脱はしていない。Dさんは，「脳の中で勝手にイメージが湧いてきたりして」と述べているが，「それに気づいて呼吸に意識を戻す」としている。マニュアルにも「気が散り出したら(自然なことです)，また意識を呼吸に戻します」とあるので逸脱はしていない。

★ワンポイントアドバイス★

論説文は，比喩の意味を捉えて，筆者の考えや主張について，根拠となっている具体例や事例の意味を正確にとらえる。古文は，〔原文〕と〔現代語訳〕を手がかりになる言葉に着目して正確に照合していく。書かれていることを正確にとらえて出来事と人物の心情との関係を読み取る。

MEMO

大切なことはメモしておこうネ！

2021年度

★★★★★★★★★★★★★★★★★★★★★★★

入　試　問　題

2021年度

中部大学春日丘高等学校入試問題

【数　学】（40分）　＜満点：100点＞

【注意】　解答の記入方法は，たとえば，[ア]と表示のある問いに対して３と解答する場合には，次のように解答番号アの解答欄にマークしなさい。また，計算結果が分数になる場合はこれ以上約分できない形にして答えなさい。（裏表紙：例にならって練習しなさい）

（例）

解答番号	解　答　欄
ア	⊖　⊕　⓪　①　②　●　④　⑤　⑥　⑦　⑧　⑨

次の[ア]～[リ]の中に適する数，符号を１つずつ入れなさい。

〔１〕 (1)　$40 \div \{9-(1-7)\} \times 3 = \boxed{\text{ア}}$

(2)　$(x^3y^4)^2 \div xy^2 \times \dfrac{y}{x^2} = x^{\boxed{\text{イ}}}y^{\boxed{\text{ウ}}}$

(3)　$\dfrac{3x+2y}{3} - \dfrac{3x-2y}{6} = \dfrac{x+\boxed{\text{エ}}y}{\boxed{\text{オ}}}$

(4)　３枚の硬貨A，B，Cを同時に投げるとき，1枚が表で２枚が裏の出る確率は[カ]である。ただし，硬貨A，B，Cのそれぞれについて，表と裏が出ることは同様に確からしいものとする。
[カ]にあてはまるものを下記の＜語群＞の中から選び，番号で答えよ。
＜語群＞

⓪ $\frac{1}{2}$　① $\frac{1}{3}$　② $\frac{2}{3}$　③ $\frac{1}{4}$　④ $\frac{3}{4}$　⑤ $\frac{1}{6}$　⑥ $\frac{5}{6}$　⑦ $\frac{1}{8}$　⑧ $\frac{3}{8}$　⑨ $\frac{5}{8}$

(5)　右の図は，あるクラスの生徒40人の体重をヒストグラムに表したものである。体重の軽い方から数えて，15番目の生徒が属している階級の生徒の相対度数は[キ]である。
[キ]にあてはまるものを下記の＜語群＞の中から選び，番号で答えよ。
＜語群＞

⓪　0.125　　①　0.175　　②　0.225　　③　0.275
④　0.325　　⑤　0.375　　⑥　0.425　　⑦　0.475

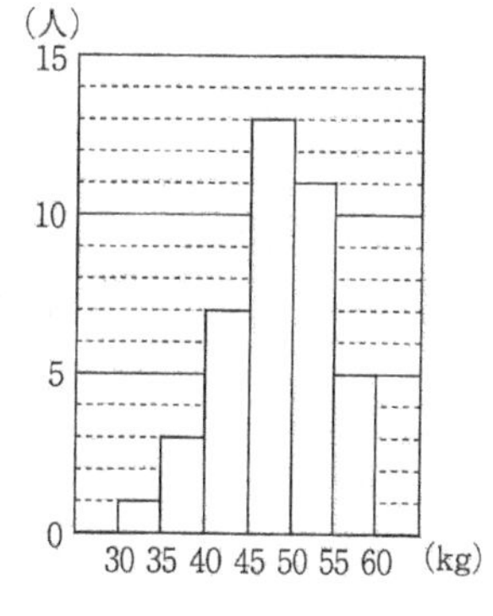

〔２〕 (1)　連立方程式 $\begin{cases} 2x+y=7 \\ \dfrac{x}{2}+\dfrac{y}{3}=1 \end{cases}$ を解くと，$x=\boxed{\text{ク}}$である。

(2)　２次方程式 $x^2+2ax-(a+1)=0$ の１つの解が $x=2$ であるとき，
$a=\boxed{\text{ケ}}\boxed{\text{コ}}$であり，他の解は[サ]である。

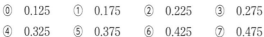

(3) ある日の広報誌から1枚を抜き出した。

図のように，抜き出した1枚は左側が16ページ，右側が29ページであり，16ページの裏面は15ページであった。このとき，29ページの裏面は[シ][ス]ページであり，この広報誌は全部で[セ][ソ]ページである。

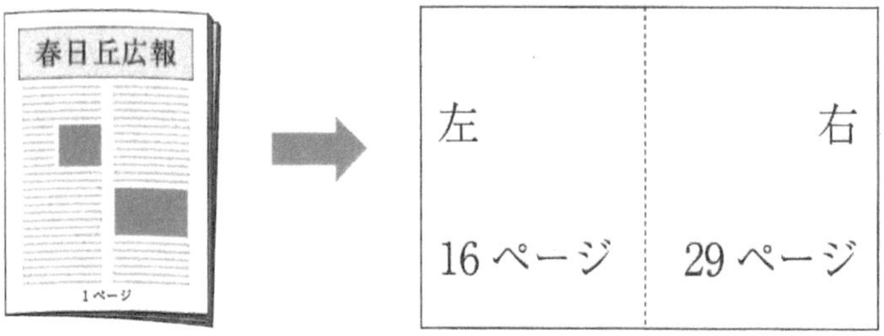

(4) 図のように，円Oの円周を10等分する。点A，B，C，D，E，F，G，H，I，Jをとり，正十角形をつくる。線分CEと線分DGとの交点をKとし，線分EGを引く。

このとき，∠CKG＝[タ][チ][ツ]°である。

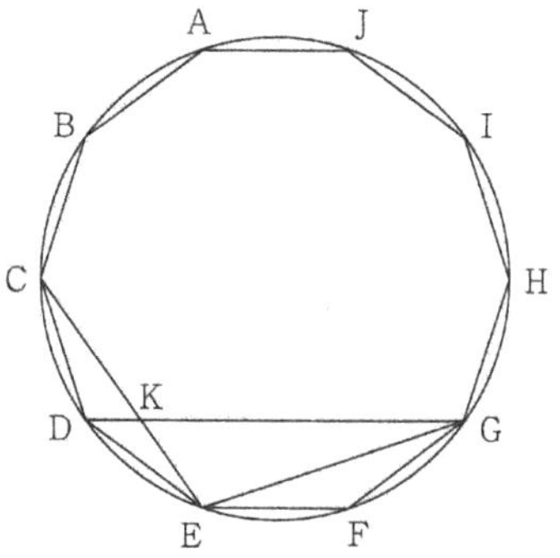

〔3〕 AB＝6㎝，AD＝8㎝の長方形ABCDと，PQ＝3㎝，PS＝4㎝の長方形PQRSがあり，それぞれの対角線はAC＝10㎝，PR＝5㎝である。長方形ABCDを固定し，次の【ルール】の方法で，長方形PQRSを常にAB//SRとなるように平行移動するとき，2つの長方形が重なった部分の面積について考える。

【ルール】
ア　はじめに2つの長方形を点Pと点Cが重なるように置く。
イ　点Pは，対角線AC上を点Cから点Aへ動き，その後，辺AD上を点Aから点Dまで動いて止まる。
ウ　点Pの動く速さは，毎秒1㎝とする。

図のように，点Pが出発してからx秒後の2つの長方形が重なった部分の面積をy㎠とするとき，次の問いに答えなさい。

(1) $0 \leqq x \leqq 5$におけるxとyの関係を表した式は，

$y=\frac{\text{[テ][ト]}}{\text{[ナ][ニ]}}x^2$ である。

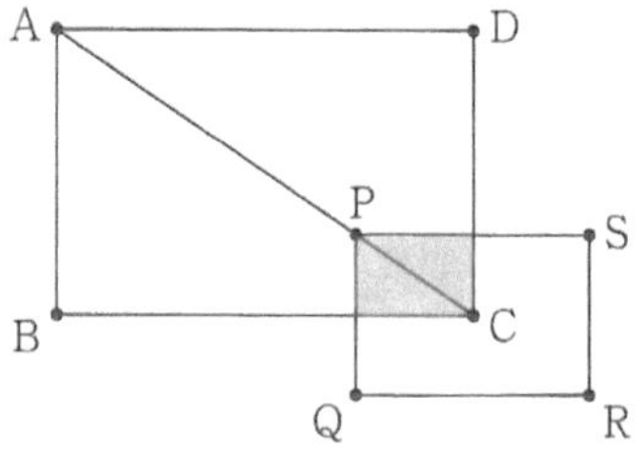

（点Pが線分AC上にあるときの図）

(2) x と y の関係を表したグラフとして適当なものは $\boxed{\text{ヌ}}$ である。
$\boxed{\text{ヌ}}$ にあてはまるものを下記の⓪～⑤のグラフの中から1つ選び，番号で答えよ。

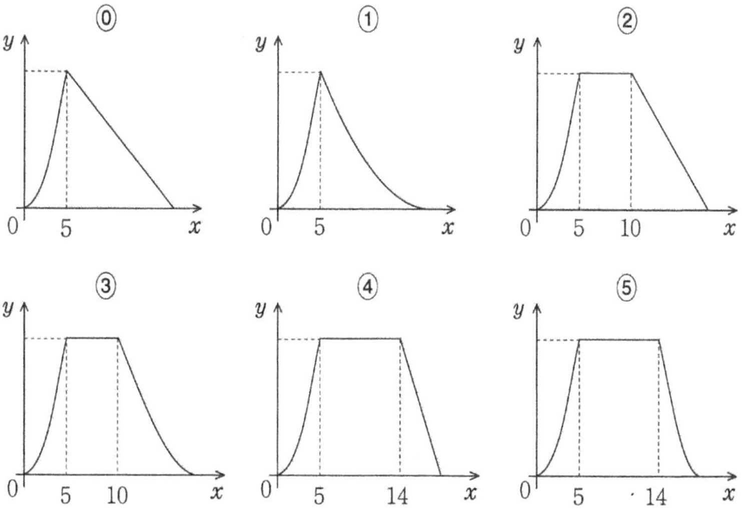

(3) $y=6$ となる x の値は，$x=\dfrac{\boxed{\text{ネ}}\sqrt{\boxed{\text{ノ}}}}{\boxed{\text{サ}}}$，16である。

〔4〕 図のように，関数 $y=x^2$ のグラフ上に4点A，B，C，Dがあり，3点A，B，Cの x 座標はそれぞれ-3，-1，2である。また，線分ADと線分BCは平行であり，その傾きは1である。

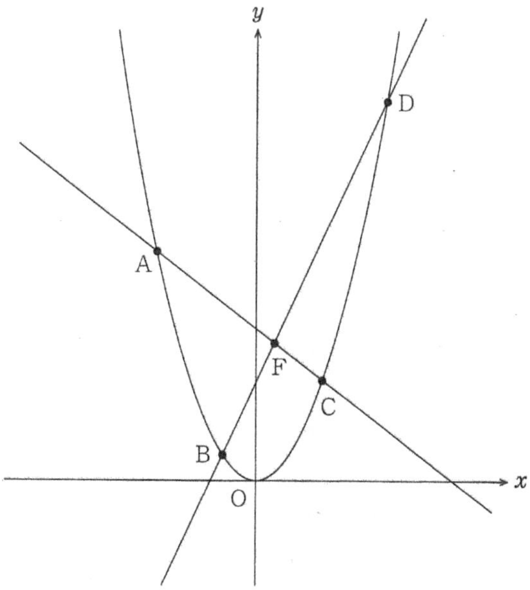

(1) 点Dの x 座標の値は $\boxed{\text{ヒ}}$ である。

(2) 直線ACと直線BDの交点Fの x 座標の値は $\dfrac{\boxed{\text{フ}}}{\boxed{\text{ヘ}}}$ である。

(3) 三角形ABFの面積は，三角形BCFの面積の$\frac{[ホ]}{[マ]}$倍である。

〔5〕 図のように，1辺の長さが2㎝の正方形を6個組み合わせて作った図形がある。

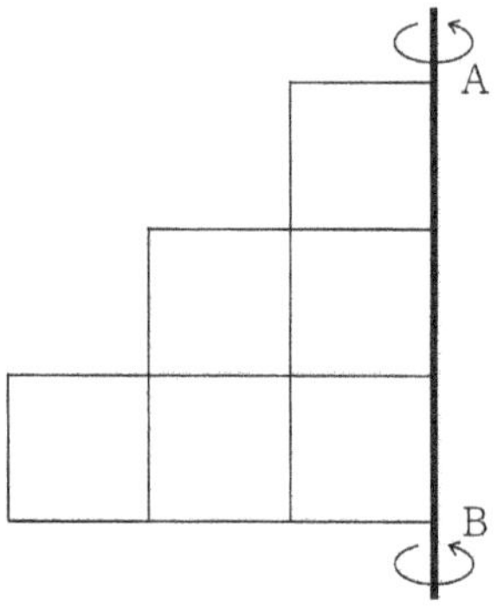

この図形を，直線ABを軸として1回転してできる立体の体積は[ミ][ム][メ]π㎝^{3}であり，立体の表面積は[モ][ヤ][ユ]π㎝^{2}である。

〔6〕 線分ABを直径とし，点Oを中心とする半円がある。図のように，弧AB上に点Cをとり，弧AC上に$\overset{\frown}{AD}=\overset{\frown}{DC}$となるように点Dをとる。また，線分ACと線分ODの交点をE，線分ACと線分BDの交点をFとする。このとき，△DEF∽△ADFであることを次のように証明した。

空欄[ヨ]～[リ]にあてはまるものを下記の<語群>の中から選び，番号で答えよ。

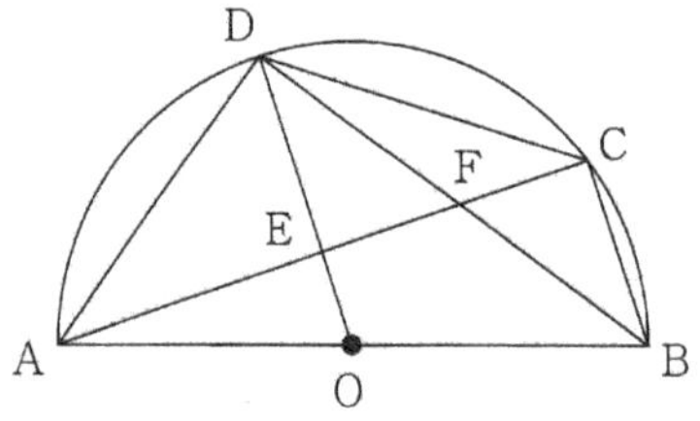

[証明]

△DEFと△ADFにおいて

共通な角であるから，　∠DFE＝∠[ヨ] ……………①

$\overset{\frown}{AD}=\overset{\frown}{DC}$であるから，　∠DCA＝∠[ラ] ……………②

円周角の定理により　∠DCA＝∠[リ] ……………③

△OBDにおいて，　∠ODB＝∠[リ] ……………④

②，③，④より，　∠EDF＝∠DAF ………⑤

①，⑤より，2組の角がそれぞれ等しいから

△DEF∽△ADF　[終]

<語群>⓪ OBD　① BOD　② ADF　③ AFD

④ AED　⑤ DEC　⑥ DAB　⑦ DAC

【英　語】（40分）　＜満点：100点＞

※リスニングテストの音声は弊社HPにアクセスの上，音声データをダウンロードしてご利用ください。

（解答番号[1]～[30]）

〔1〕 リスニングテスト

A．それぞれの対話についての問いを聞き，答えとして最も適当なものを4つの選択肢ア～エの中からそれぞれ1つずつ選びなさい。対話と質問文はそれぞれ2回ずつ読まれます。

[1] Who is Kate?

ア She was Takashi's friend.

イ She is their school teacher.

ウ She was their Spanish teacher.

エ She is Olivia's friend.

[2] Where was the man first?

ア In front of the convenience store.

イ At the entrance of Kasugai Zoo.

ウ At the first corner of the road.

エ In front of Kasugai Station.

[3] Where didn't Bob go?

ア Hiroshima.　イ Wakayama.　ウ Ehime.　エ Osaka.

B．これから流れる英語は，プレゼンテーションの授業で，生徒が発表した内容です。内容をよく聞き，質問文の答えとして最も適当なものを4つの選択肢ア～エの中からそれぞれ1つずつ選びなさい。質問は2つあります。生徒の発表内容と質問文はそれぞれ2回ずつ読まれます。

[4] Why can we find a "Galah" soon?

ア Because it flies for a long time.

イ Because it makes big holes in the ground.

ウ Because it has red and pink colors.

エ Because it runs very fast.

[5] What can the bird do?

ア Eat flowers on the trees.

イ Run on the trees on rainy days.

ウ Change the size of its body.

エ Learn some human words.

〔2〕 次の英文を読んで，設問に答えなさい。

Many people have to stay home because the coronavirus is around us. It is like the flu. It began in 2019 and has spread around the world. In Japan, we closed many places, for example, schools, companies, shops and so on. Leaders have said to people "Please stay home," so a lot of people (A) did so. This will help the illness spread more slowly.

Some people are trying new things at home to enjoy themselves. They start new hobbies or exercise. Some people in foreign countries think it may be a good time to watch movies from Japan or it may also be a good time to draw. People could try drawing characters from Japanese movies.

Toshio Suzuki in Studio Ghibli makes movies in Japan. He showed how to draw the character, Totoro, in a video. Totoro is one of the famous characters and is from the 1988 movie, "*My Neighbor Totoro.*"

Mr. Suzuki said, "Totoro's eyes are important. Part of (B) draw Totoro is doing his wide eyes." He gave a quick lesson in the video.

"(C) This is something you can do at home. Everyone, please draw pictures," he said.

"*My Neighbor Totoro*" is about two sisters. They move to a house in the country with their father. They are hoping that their mother will get well in hospital. The girls find a big flying animal called Totoro. Its appearance is like a cat or a rabbit.

Studio Ghibli was started in 1985. It got very good at anime. Anime is a kind of Japanese animation. It can be connected to comic book animation, TV and movie animation.

Hayao Miyazaki helped to start the studio. Studio Ghibli has made over 20 movies. They are often about nature and friendship. Mr. Miyazaki made a movie called "*Spirited Away.*" It came out in 2001 and made a lot of money in Japan.

（注） the coronavirus：コロナウイルス　flu：インフルエンザ　hobby：趣味
Studio Ghibli：スタジオジブリ　Spirited Away：千と千尋の神隠し

（出典）https://newsela.com/read/studio-ghibli-teaches-drawing/id/2001009161/（一部改訂）

6 下線部Aが表している内容として最も適当なものをア～エの中から１つ選びなさい。

ア どこにも行かずに家にいたこと。
イ 店や学校を休業したこと。
ウ 世界中に広がったこと。
エ 新たなことに挑戦したこと。

7 下線部(B)の draw を適切な形にするとき，最も適当なものをア～エの中から１つ選びなさい。

ア to draw　イ drawn　ウ drew　エ drawing

8 下線部(C)が表している内容として最も適当なものをア～エの中から１つ選びなさい。

ア ビデオを見て絵を描くこと。
イ 鈴木氏のビデオを作成すること。
ウ スタジオジブリの映画を見ること。
エ 新しい趣味を始めること。

9 トトロの説明として本文の内容と一致する文をア～エの中から１つ選びなさい。

ア It is the most famous character in Japan.
イ It has a friend who came to the country with her father.
ウ It is like a cat or rabbit which has big eyes.
エ It can fly and was made in 1985.

⑩ 次の英文の中で本文の内容と一致する文をア～エの中から１つ選びなさい。

ア Many foreign people started many new things to make a lot of friends in Japan.

イ Mr. Suzuki made a video, so many people could learn how to draw a picture of Totoro.

ウ One of the characters in "*My Neighbor Totoro*" was made by Mr. Miyazaki and was interested in a big flying rabbit.

エ "*Spirited Away*" became famous in 2001 but it made a little money.

〔３〕 次の英文を読んで，設問に答えなさい。

Mr. Yamada has many hobbies. He likes reading, listening to music, watching movies and so on, but his favorite hobby is baking bread. Every day, he bakes bread for his family at home.

You may think that baking bread is very difficult, but in fact, it is not so. Everyone can do it easily if they have a domestic baking machine. Of course, Mr. Yamada has one.

Mr. Yamada believes that baking bread is the greatest hobby in the world because we can enjoy not only good taste but also the aroma that bread gives off when it is baked. He is sure that both of those make us happy.

In English, there are some interesting expressions about bread. One of them is "company." In English, this word has some meanings such as "a firm," or "a group of people," but the original meaning was "a person to eat bread with" in Latin.

Latin was the language used in ancient Rome and many words of this language have come into English. "Company" has its origin in this ancient language, too.

Another interesting expression about bread is "baker's dozen." Normally a dozen means twelve, but a baker's dozen means thirteen. So, why is a baker's dozen thirteen?

In the 13th century, in England, a rumor spread. The rumor said that bakers were selling short-weighted bread. Then Henry Ⅲ made a law and the bakers who broke it were fined heavily. So bakers gave one more loaf of bread to the customers who bought a dozen. They did not want to be fined.

In Japan, almost nobody knows this interesting expression, so if you buy a dozen at bakeries in your town, you can get only twelve.

In Mr. Yamada's home, his family can get as much bread as they like, much more than a baker's dozen, because they have Mr. Yamada at home as "the best domestic baker" in the world. Mr. Yamada is happy to see the smiles of his family.

（注） domestic：家庭用の　not only A but also B：AだけでなくBもまた　give off：匂いなどを出す
expression(s)：表現　firm：会社　ancient：古代の　century：世紀　rumor：うわさ
short-weighted：重さが足りない　law：法律　be fined heavily：重い罰金が科せられる
a loaf of ～：一塊の～

11 Why is baking bread not so difficult for Mr. Yamada?
ア Because he has so many hobbies.
イ Because he has a domestic baking machine at home.
ウ Because he has the best domestic baker in the world.
エ Because he has a family who like bread.

12 Why does Mr. Yamada believe that baking bread is the best hobby?
ア Because we can enjoy both taste and aroma.
イ Because baking bread is very difficult.
ウ Because there are many interesting expressions about baking bread.
エ The reason is not written.

13 In this story, what did the English word "company" originally mean in the ancient language?
ア It meant a firm.
イ It meant a person to eat bread with.
ウ It meant a group of people.
エ It meant a friend.

14 What did not happen in England in the 13th century?
ア A rumor about bad bakers spread.
イ Henry Ⅲ made a law to fine the bad bakers.
ウ A new meaning was added to the expression "dozen."
エ The word "bread" came into English from Latin.

15 What is the best title for the story?
ア Baking Bread Makes People Happy
イ Bakers in Ancient Rome
ウ Some Interesting Stories about Bread
エ Baker's Dozen as the Magic Number

〔4〕 次の文には，それぞれ明らかに文法的な誤りが1か所ある。その誤りをア～エの中から1つずつ選びなさい。

16 $\underset{\text{ア}}{\underline{\text{It}}}$ is $\underset{\text{イ}}{\underline{\text{a really hot day}}}$, $\underset{\text{ウ}}{\underline{\text{isn't it}}}$? I $\underset{\text{エ}}{\underline{\text{want to something}}}$ cold to drink.

17 Anne's father $\underset{\text{ア}}{\underline{\text{has been to}}}$ foreign countries $\underset{\text{イ}}{\underline{\text{many times}}}$, so she has hoped to travel with him $\underset{\text{ウ}}{\underline{\text{when}}}$ she $\underset{\text{エ}}{\underline{\text{was}}}$ a little girl.

18 Everyone has to answer（ア） three questions in the math exam（イ） today.
The second question is the most easy（ウ） of the three（エ）.

19 We enjoyed an exciting movie（ア） after lunch and went to shopping（イ）.
We bought some pictures which（ウ） were painted（エ） by a famous artist.

20 Butter is（ア） made of（イ） milk, so you can make it（ウ） if you have some（エ）.

〔5〕 次の各文の（　）に入る最も適当な語（句）をそれぞれア～エの中から1つずつ選びなさい。

21 He kept running (　　) he got really tired.
ア to　　イ until
ウ by　　エ still

22 It is important for Emily (　　) new friends in high school.
ア to come into with　　イ coming into with
ウ to get along with　　エ getting along with

23 Jane doesn't know (　　) to do.
ア what does she have　　イ what has she
ウ what she have　　エ what she has

24 I have (　　) as my sister does.
ア as much money　　イ as much moneys
ウ as many money　　エ as many moneys

25 She finished (　　) and watched TV.
ア to do her homework　　イ do her homework
ウ doing her homework　　エ done her homework

〔6〕 日本語に合うように［　］内の語を並べ替えて正しい英文にするとき，(1) と (2) に入る最も適当な語の組み合わせをそれぞれア～エの中から1つずつ選びなさい。ただし，＿＿は単語1語を示します。

26 あなたは暗闇を怖がらなくてもいいです。
You ＿＿ (1) ＿＿ ＿＿ ＿＿ (2) ＿＿ ＿＿ .
［ dark / be / need / of / don't / to / afraid/ the ］
ア (1) afraid　(2) need　　イ (1) need　(2) of
ウ (1) need　(2) to　　エ (1) afraid　(2) to

27 この本はあの本よりも役に立つと思います。
I ＿＿ (1) ＿＿ ＿＿ ＿＿ (2) ＿＿ ＿＿ ＿＿ .
［ is / than / more / think / book / useful / that / this / one ］

ア (1) that　(2) useful　イ (1) this　(2) more
ウ (1) that　(2) more　エ (1) this　(2) useful

28 私の友達は，私に犬を動物病院に連れていくよう頼んだ。

My friend _____ __(1)__ _____ _____ _____ _____ __(2)__ _____ _____ _____ .

〔 hospital / dog / to / to / an / animal / the / me / take / asked 〕

ア (1) to　(2) me　イ (1) me　(2) take
ウ (1) to　(2) take　エ (1) me　(2) to

29 あなたのお父さんが何時に帰宅するかを私に教えてもらえますか。

Could you _____ __(1)__ _____ _____ _____ _____ __(2)__ _____ _____?

〔 will / what / father / tell / come / me / your / home / time 〕

ア (1) me　(2) will　イ (1) me　(2) father
ウ (1) what　(2) will　エ (1) what　(2) come

30 あなたが釣った魚を食べている大きな猫はライオンのように見える。

The big cat __(1)__ _____ _____ _____ __(2)__ _____ _____ _____ _____ .

〔 looks / a / the / like / eating / caught / lion / you / fish 〕

ア (1) caught　(2) eating　イ (1) caught　(2) looks
ウ (1) eating　(2) caught　エ (1) eating　(2) like

【理　科】（30分）　＜満点：100点＞

（解答番号[1]～[20]）

〔1〕 豆電球と抵抗Aと抵抗Bを用意して流れる電流について実験をしました。あとの[1]～[5]に答えなさい。

今回使っている抵抗Aと豆電球に流れる電流I［A］と電圧V［V］の関係を調べたところ図1の2つのグラフのようになりました。

図1

抵抗Aの電流と電圧の関係　　豆電球の電流と電圧の関係

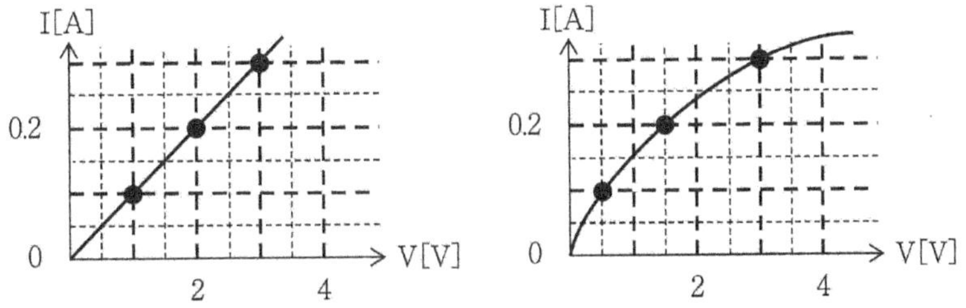

[1] 抵抗Aの抵抗値は何［Ω］か。正しいものを下の(ア)～(オ)の中から1つ選び，記号で答えなさい。

(ア) 2.0[Ω]　(イ) 5.0[Ω]　(ウ) 8.0[Ω]　(エ) 10[Ω]　(オ) 12[Ω]

[2] 電圧1.5[V]の電池1個を図2のようにつないだ。電流計を流れる電流の強さI［A］と豆電球の電力P［W］について正しい組み合わせを下の(ア)～(オ)の中から1つ選び，記号で答えなさい。

	I[A]	P[W]
(ア)	0.10	0.20
(イ)	0.10	0.30
(ウ)	0.20	0.10
(エ)	0.20	0.20
(オ)	0.20	0.30

図2

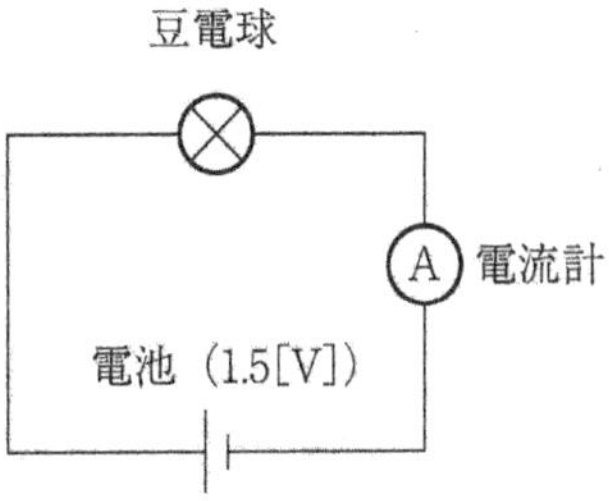

[3] 同じ種類の豆電球と電池をいくつか使って以下のような回路を作った。1個の豆電球が最も明るいものと最も暗いものの正しい組み合わせをあとの(ア)～(オ)の中から1つ選び，記号で答えなさい。

回路1

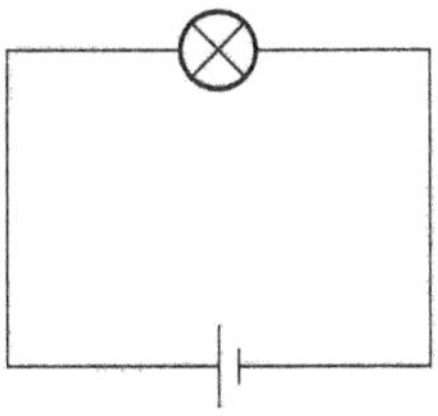

回路2

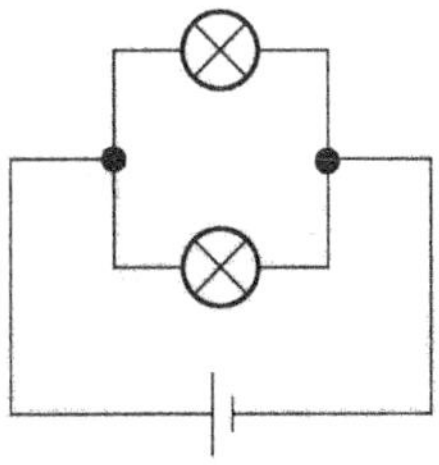

回路3

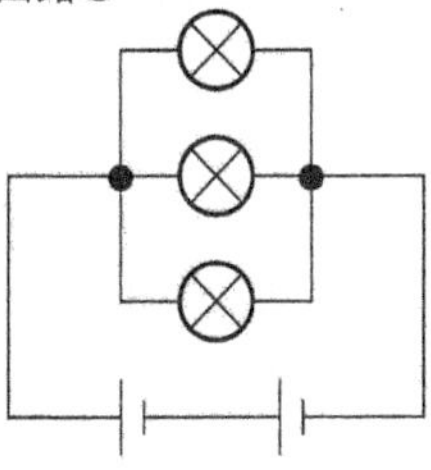

回路4

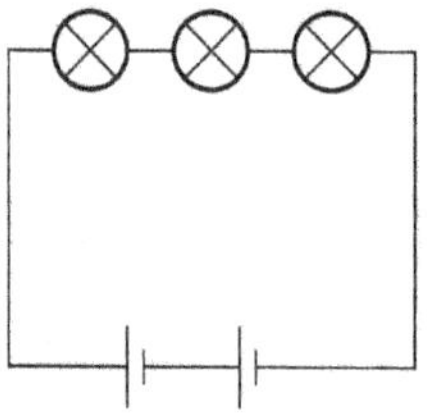

回路5

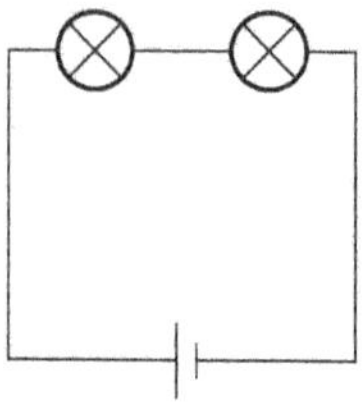

	明るい	暗い
(ア)	回路3	回路2
(イ)	回路3	回路5
(ウ)	回路4	回路2
(エ)	回路4	回路3
(オ)	回路4	回路5

④ 抵抗Aと1個の豆電球を電圧1.5[V]の電池2個(3.0[V])とつないで図3のような回路を作った。電流計の値は何[A]か。正しいものを下の(ア)～(オ)の中から1つ選び，記号で答えなさい。

(ア) 0.10[A]　(イ) 0.20[A]　(ウ) 0.40[A]
(エ) 0.60[A]　(オ) 0.80[A]

図3

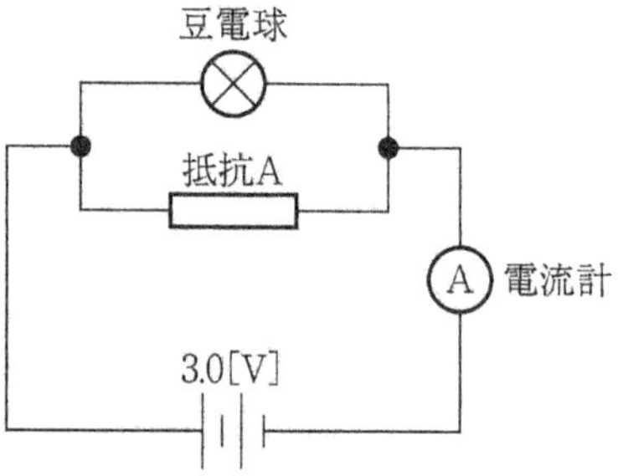

⑤ 抵抗Bと並列の豆電球2個を電圧1.5[V]の電池3個(4.5[V])とつないで図4のような回路を作った。電流計の値を読むと0.20[A]だった。抵抗Bの抵抗値は何[Ω]か。正しいものを下の(ア)～(オ)の中から1つ選び，記号で答えなさい。

(ア) 0.50[Ω]　(イ) 1.5[Ω]
(ウ) 2.0[Ω]　(エ) 15[Ω]
(オ) 20[Ω]

図4

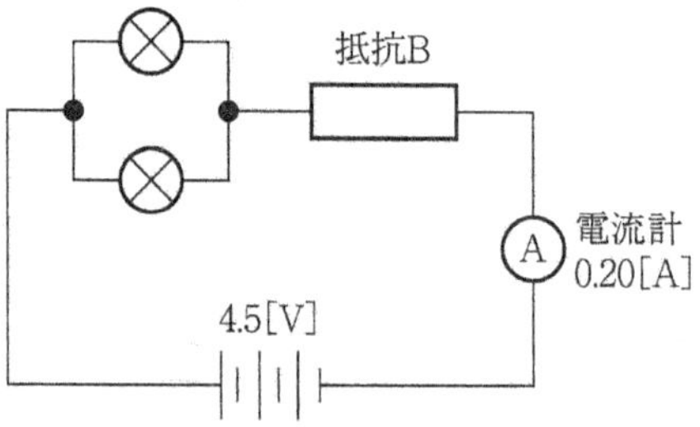

〔2〕 ものの溶け方について調べるために，次の実験を行いました。これについて，あとの⑥～⑩に答えなさい。下の表1は，各温度における硝酸カリウムと塩化ナトリウムの溶解度を表しています。ただし，溶解度とは水100［g］に最大限溶ける物質の質量［g］のことです。

表1

温度[℃]	20	40	60	80
硝酸カリウム[g]	31.6	63.9	109.2	168.8
塩化ナトリウム[g]	35.8	36.3	37.1	38.0

＜実験１＞

60[℃]の水100[g]を入れたビーカーに，硝酸カリウム60[g]を加え，すべてを溶かした。この水溶液をある温度まで徐々に下げると，硝酸カリウムの結晶ができはじめた。20[℃]まで温度を下げていくと，硝酸カリウムの結晶ができた。

＜実験２＞

60[℃]の水200[g]を入れたビーカーに，硝酸カリウム90[g]を加え，すべてを溶かした。この水溶液をある温度まで徐々に下げると，硝酸カリウムの結晶ができはじめた。20[℃]まで温度を下げていくと，硝酸カリウムの結晶ができた。

6　塩化ナトリウム水溶液の溶質の様子をモデルで表したとき，正しいものを下の(ア)～(オ)の中から１つ選び，記号で答えなさい。ただし，●と○はそれぞれナトリウムイオンと塩化物イオンを表している。

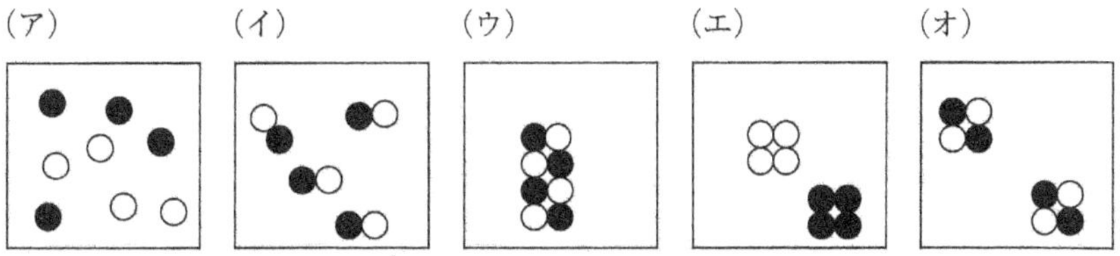

7　実験１において，水溶液を60[℃]から20[℃]までゆっくりと冷やしたときの時間と，水溶液に溶けている硝酸カリウムの質量の関係を表したグラフとして，正しいものを下の(ア)～(オ)の中から１つ選び，記号で答えなさい。ただし，グラフの縦軸は溶けている溶質の質量を，横軸は冷却時間を表している。

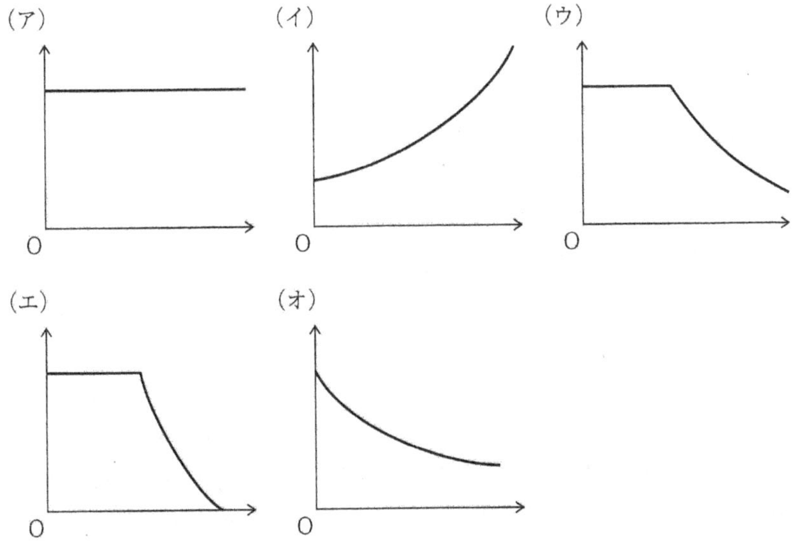

8　実験１について，下線部で示した水溶液の濃度は何[%]か。最も近いものを下の(ア)～(オ)の中から１つ選び，記号で答えなさい。

(ア)　16[%]　　(イ)　27[%]　　(ウ)　38[%]　　(エ)　49[%]　　(オ)　60[%]

[9] 前のページの実験2について，20[℃]まで冷やしたときに生じる硝酸カリウムの結晶の質量は何[g]か。最も近いものを下の(ア)～(オ)の中から1つ選び，記号で答えなさい。

(ア) 9[g]　(イ) 13[g]　(ウ) 18[g]　(エ) 27 [g]　(オ) 34[g]

[10] 60[℃]の水50[g]に硝酸カリウム35[g]と塩化ナトリウム18[g]を完全に溶かした。この水溶液の説明として正しいものを下の(ア)～(オ)の中から1つ選び，記号で答えなさい。ただし，加熱による水の蒸発は考えないものとする。

(ア) この水溶液を40[℃]に冷却すると結晶が生じるが，この結晶は塩化ナトリウムと硝酸カリウムの混合物である。

(イ) この水溶液を20[℃]まで冷却したとき生じる結晶は塩化ナトリウムと硝酸カリウムの混合物であるが，硝酸カリウムの方が塩化ナトリウムより多量の結晶が生じる。

(ウ) この水溶液は，塩化ナトリウムが飽和している。

(エ) この水溶液は，60[℃]のままの状態で硝酸カリウムをさらに60[g]以上溶かすことが出来る。

(オ) この水溶液を加熱して水を完全に蒸発させると，結晶は残らない。

〔3〕 地球上にはさまざまな種類の植物が生息しています。陸上で生活する植物には，コケ植物・シダ植物・裸子植物・被子植物があります。あとの[11]～[15]に答えなさい。

[11] 図5は，コスギゴケの増え方を示している。

図5

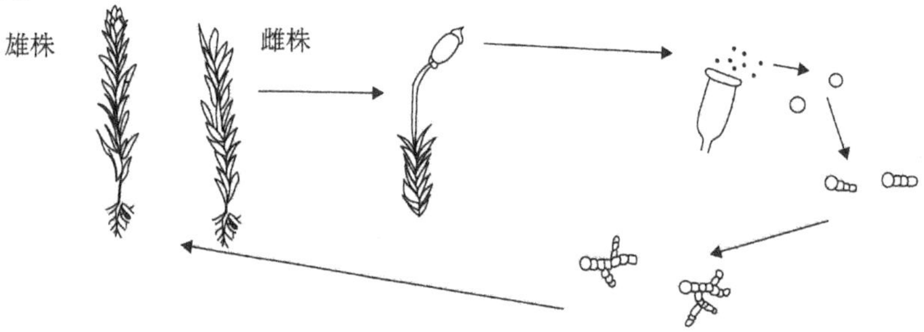

下の(ア)～(オ)の各文から正しいものを1つ選び，記号で答えなさい。

(ア) 雄株の先端部では胞子がつくられ，これが天気の良い日に雌株に付着し受精が起こる。

(イ) 雄株では精子がつくられ，雨の日などに雌株まで泳いでいき，受精が行われると種子ができる。

(ウ) 雌株にある胞子のう内では，細胞分裂によって卵ができ，これが地面に落ちると発芽する。

(エ) 胞子が発芽したのちそれぞれ成長し，細胞の合体なしで雄株や雌株がつくられる。

(オ) 雄株・雌株では，仮根で吸収した水分は維管束を通って植物体全体へ運ばれる。

[12] シダ植物の体は種子植物のように維管束があり，葉・茎・根の区別がある。イヌワラビには長い柄があり，多くの切り込みの入った大きな葉がある。葉の裏側には次のページの図6のように胞子のうがある。

図6

葉の裏側

下の(ア)～(オ)の各文から正しいものを1つ選び，記号で答えなさい。

(ア)　シダ植物は光合成を行うが，コケ植物は光合成を行わず，体全体から養分を吸収して成長する。

(イ)　胞子のうから出た胞子は互いに集合し，多細胞の前葉体に変化する。

(ウ)　胞子の中に精子になるものと卵になるものがあり，精子と卵が合体して発芽が始まる。

(エ)　胞子が発芽して前葉体ができ，ここで精子と卵の合体が起こる。

(オ)　前葉体にできた胞子のうの中に，多くの小さな植物体が入っている。

13　アブラナやサクラのように，子房の中に胚珠がある植物を被子植物という。被子植物は果実をつくるものも多い。裸子植物と被子植物の特徴を述べた文の組み合わせとして正しいものを下の(ア)～(オ)の中から1つ選び，記号で答えなさい。

①　裸子植物は，胚珠がなく子房がむき出しになっている。

②　裸子植物は，子房がなく胚珠がむき出しになっている。

③　サクラでは裸子植物と同じく花弁の内側に雄しべと雌しべがある。

④　エンドウでは子房はがくの内側にあるが，リンゴでは子房はがくの外側にある。

⑤　サクラの種子は子房が育ったものである。

⑥　裸子植物は，被子植物と同じように花をつけて種子をつくる。

(ア)　①　③　⑤　　(イ)　②　④　⑥　　(ウ)　①　⑥

(エ)　②　⑤　⑥　　(オ)　①　④　⑤

14　下の図7は，ヒマワリ・イチョウ・イヌワラビ・ムギ・ゼニゴケをいくつかの観点で分類したものである。また，A～Eの四角の中の図はそれぞれの植物の一部をスケッチしたものである。Xはどのような観点か。正しいものを次のページの(ア)～(オ)の中から1つ選び，記号で答えなさい。

図7

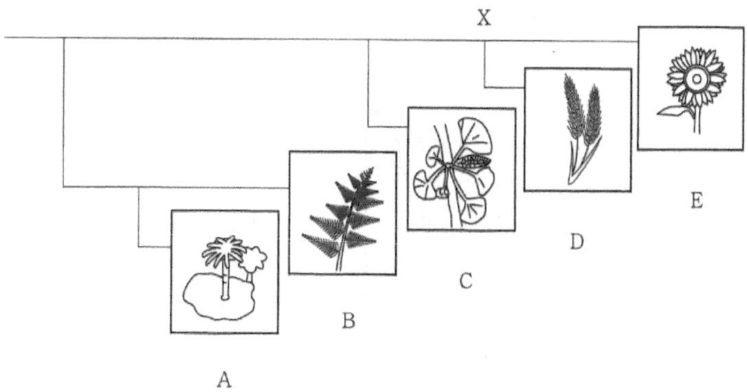

（ア） 花が咲くか咲かないか。　　　　　　　　（イ） 種子をつくるかつくらないか。
（ウ） 花弁がくっついているか離れているか。　（エ） 維管束があるかないか。
（オ） 子葉が１枚か２枚か。

⑮ ⑭の図のＡ～Ｅと同じ仲間の植物の組み合わせとして正しいものを表の(ア)～(オ)の中から１つ選び，記号で答えなさい。

	A	B	C	D	E
(ア)	スギナ	ゼンマイ	モミジ	アサガオ	アブラナ
(イ)	スギナ	ワカメ	アカマツ	アサガオ	カボチャ
(ウ)	スギゴケ	ゼンマイ	アカマツ	ユリ	タンポポ
(エ)	スギゴケ	シイタケ	ソテツ	イネ	サクラ
(オ)	シイタケ	コンブ	ソテツ	サクラ	ツツジ

〔４〕 天気を考えるために，日本付近のある季節の天気図を調べました。図８は，3日連続の時刻９時の天気図です。次のページの⑯～⑳に答えなさい。

図８

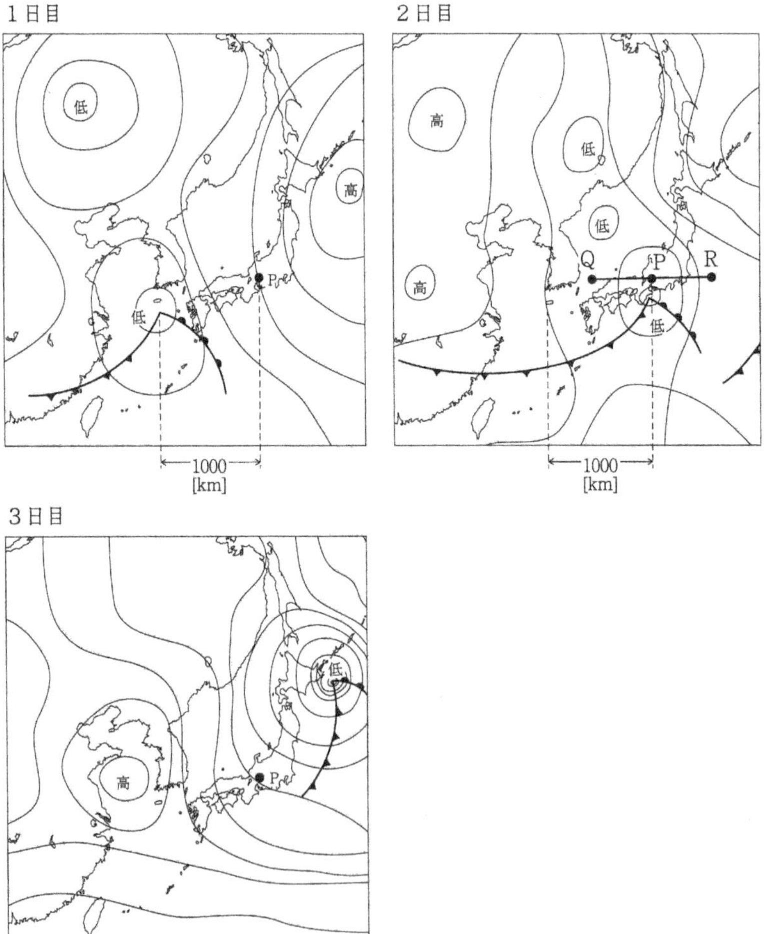

[16]　1日目の天気図の東シナ海の低気圧が2日目までに移動している速さはおよそ時速何キロメートルか。正しい数値に最も近いものを下の(ア)～(オ)の中から1つ選び，記号で答えなさい。

(ア)　10[km/時]　　(イ)　20[km/時]　　(ウ)　40[km/時]

(エ)　80[km/時]　　(オ)　100[km/時]

[17]　1日目のP地点の空にある雲の種類と風向きの組み合わせはどれか。最も正しいものを下の(ア)～(オ)の中から1つ選び，記号で答えなさい。

	雲の種類	風向き
(ア)	高層雲	西風
(イ)	乱層雲	西風
(ウ)	積乱雲	西風
(エ)	巻雲	東風
(オ)	積乱雲	東風

[18]　2日目の天気図で，Q地点からR地点までの気圧の変化を表すグラフはどれか。正しいものを下の(ア)～(オ)の中から1つ選び，記号で答えなさい。

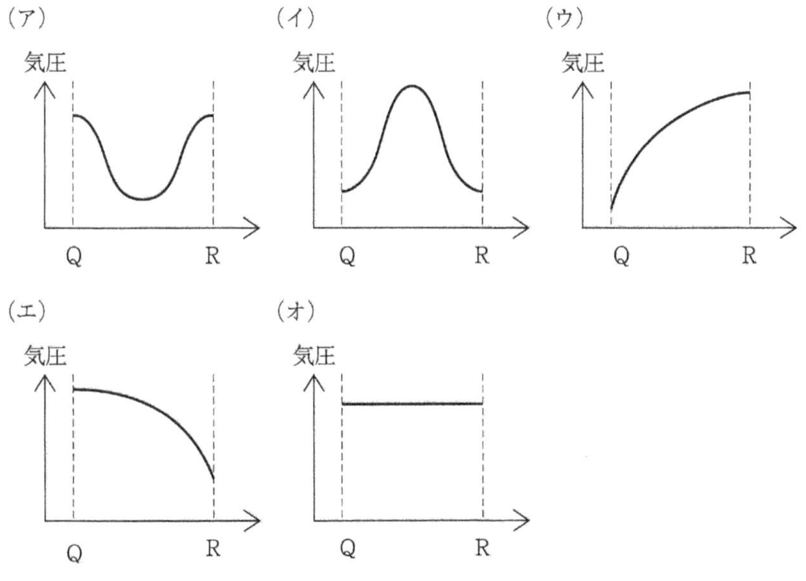

[19]　図の次の日（4日目）のP地点の天気を予想した。正しいものを下の(ア)～(オ)の中から1つ選び，記号で答えなさい。

(ア)　大陸から気圧の谷が近づき，雨になる。

(イ)　大陸から気圧の谷が近づき，曇りになる。

(ウ)　大陸から気圧の谷が近づき，晴れる。

(エ)　大陸から高気圧が近づき，雨になる。

(オ)　大陸から高気圧が近づき，晴れる。

[20]　今回調べた天気図の季節を代表している正しい文を次のページの(ア)～(オ)の中から1つ選

び，記号で答えなさい。

（ア） 日本付近には前線が停滞する日が続き，北海道を除くと雨の日が続く。ときおり，大気が不安定になって，局地的に線状降水帯が発生して水害が発生する。

（イ） 日本付近は移動性の高気圧や低気圧が次々と通過していて，北海道付近はまだ寒い日もあるが，太平洋側では暖かい日が続き，晴れの日と雨の日が交互に繰り返される。

（ウ） 太平洋高気圧の圏内に広く日本付近が覆われて，気温が上がる日が続く。大気の状態が不安定なときもあって，午後から突然の激しい雨や雷雨になる地域もある。

（エ） 北西の季節風が強く吹く日が多い。太平洋側では晴れの日が続き，乾燥する。日本海側では降水量が多くなり，時より雷雨になる。

（オ） 台風のシーズンで，高気圧と低気圧は日本付近を次々と通過していく。日本付近は紫外線の量が増加するので，熱中症に注意すべきである。

【社　会】（30分）　　＜満点：100点＞

（解答番号[1]～[25]）

〔1〕　ランさんは，昨年の冬下調べをした上で，ラテン＝アメリカへ旅行にでかけた。下の問題はそれに関するものである。地図1をみて，あとの[1]～[3]に答えなさい。

地図1

[1]　次の表1は，アフリカ大陸，北アメリカ大陸，南アメリカ大陸，オーストラリア大陸の，高度別の面積割合(%)を示しています。南アメリカ大陸に該当するものを，次の(ア)～(エ)のうちから一つ選びなさい。

表1

	（ア）	（イ）	（ウ）	（エ）
200m 未満	29.9	9.7	39.3	38.2
200 ～ 500 m	30.7	38.9	41.6	29.8
500m ～ 1,000m	12.0	28.2	16.9	19.2
1,000 ～ 2,000m	16.6	19.5	2.2	5.6
2,000 ～ 3,000m	9.1	2.7	0.0	2.2
3,000 ～ 4,000m	1.7	1.0	0.0	2.8
4,000 ～ 5,000 m	0.0	0.0	0.0	2.2

（%）

データブックオブザワールド2020より作成

2　地図1の経線aと緯線bはそれぞれ何度の線ですか，正しい組み合わせを，次の(ア)～(エ)のうちから一つ選びなさい。

	a	b
(ア)	西経60度	南緯30度
(イ)	西経60度	南緯40度
(ウ)	西経90度	南緯30度
(エ)	西経90度	南緯40度

3　次の写真1の中の(ア)～(エ)は，地図1のⒶ～Ⓓのいずれかの地点で撮影されたものである。Ⓓに該当するものを，写真1の(ア)～(エ)のうちから一つ選びなさい。

写真1

(ア)

砂丘をともなう砂漠

(イ)

密林を流れる川

(ウ)

湖に流れ込む氷河

(エ)

地平線まで続く草原

〔2〕 ヨウ子さんは東北地方の地理に深く関心をもって，今年の夏に研究をした。以下はそれに関する問題である。地図２をみて，あとの[4]～[7]に答えなさい。

地図２

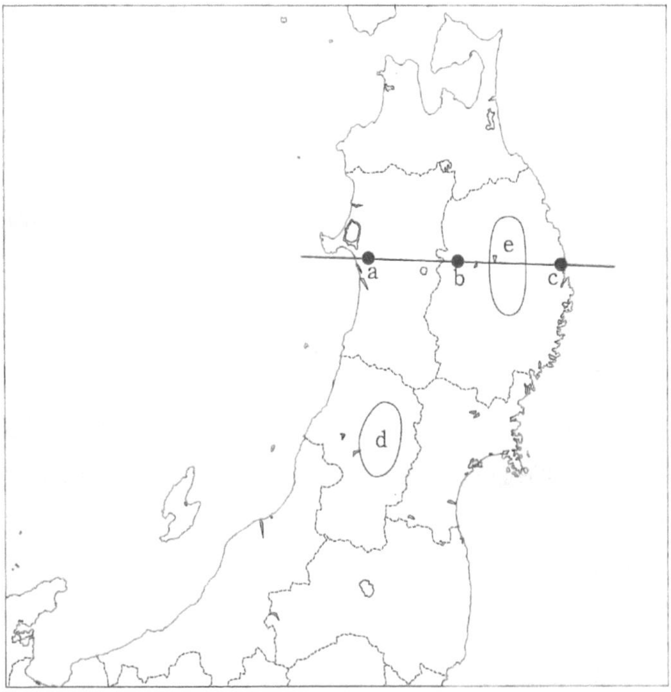

[4] 下の図(ア)～(エ)は，地図２のａ～ｃの地形断面のモデル図である。１月の季節風の風向きと雪の多い地域を示している図を，あとの(ア)～(エ)のうちから一つ選びなさい。

(ア)

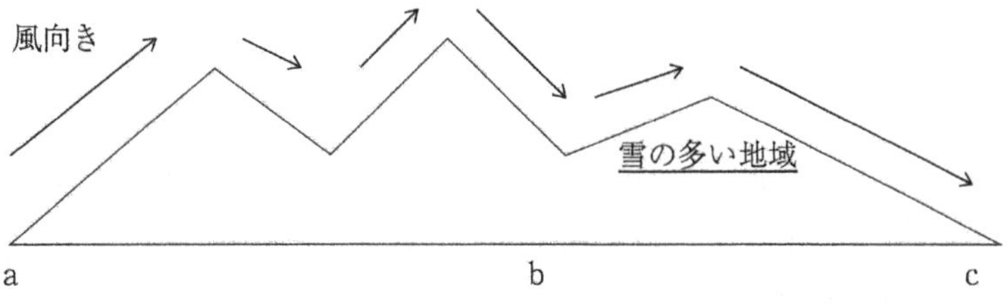

(イ)

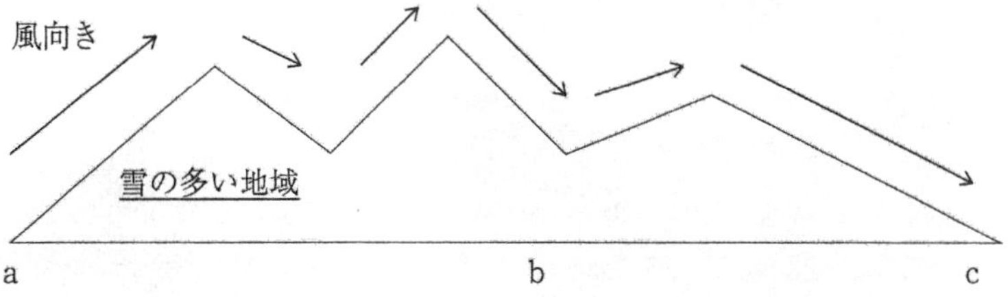

（ウ）

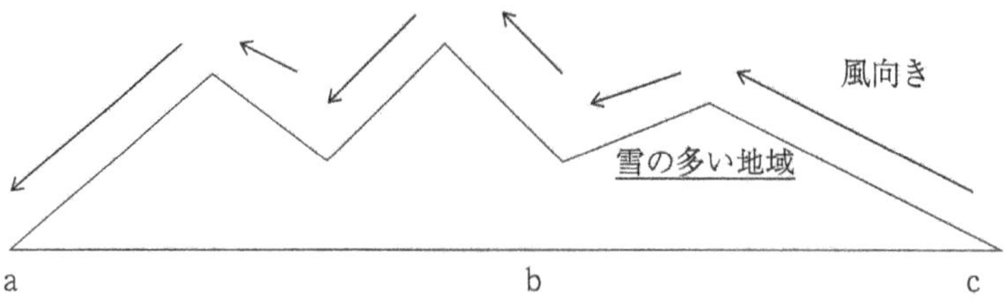

（エ）

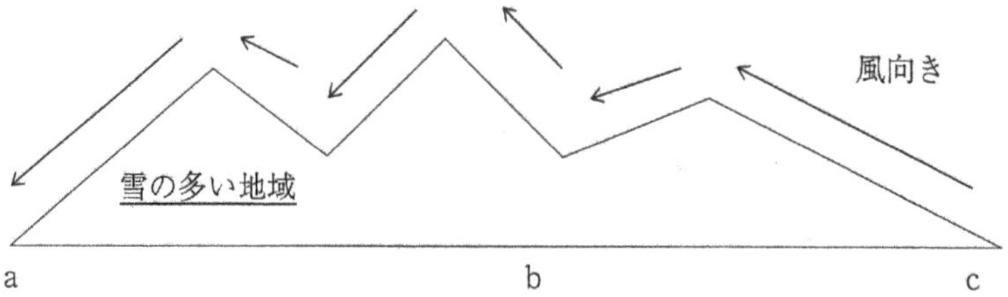

5　次のグラフは，縦軸に田の面積，横軸に耕地面積に占める田の面積の割合を示している。グラフ中の点(ア)～(エ)は，北海道，秋田県，富山県，長野県である。秋田県に該当するものを，グラフ中の(ア)～(エ)のうちから一つ選びなさい。

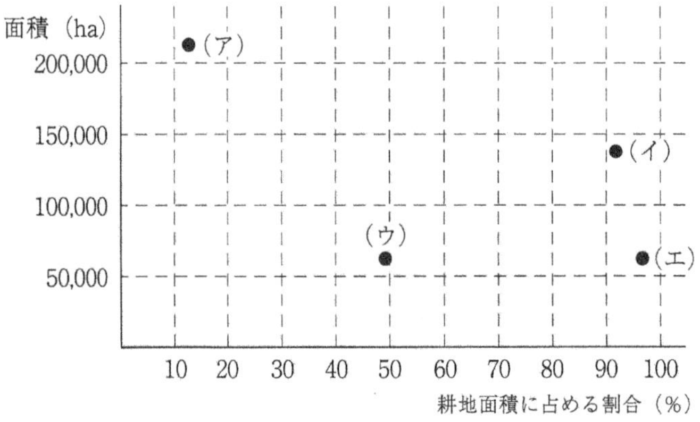

データブックオブザワールド2020から作成

6　次の写真A・Bは，東北地方の伝統工芸品です。この工芸品の説明文に該当する工芸品の写真と地図2上に示した産地（d・e）の組み合わせとして正しいものを，次のページの(ア)～(エ)のうちから一つ選びなさい。

A

B

説明文
この生産には，原材料になる鉄や木炭，粘土，砂が豊富に得られて，輸送手段に優れた大きい河川が付近を流れていることなどが大きなポイントでありました。アルミニウムの普及にともなって生産量は減少しましたが，重厚な質感や芸術性に関心を寄せる消費者は少なくありません。近年では，生活環境に対応した製品が造られるようになり，国内向けの出荷だけでなく，海外への出荷も増えています。

	工芸品	地図２上の産地
(ア)	写真A	d
(イ)	写真A	e
(ウ)	写真B	d
(エ)	写真B	e

7 ヨウ子さんは研究を進める中で，東北地方の独特な食文化について興味をもった。東北地方の食文化に関して述べた文として最も適切なものを，次の(ア)～(エ)のうちから一つ選びなさい。

(ア) この地方の気候を背景として，合わせてここで獲れる海産物や飼育されている動物を鍋にする料理が親しまれており，ジンギスカン鍋などは有名である。

(イ) 近隣の自治体で盛んな近郊農業を利用して，産地の名前をつけた伝統野菜である九条ねぎや賀茂なすなどは，全国的にも有名である。

(ウ) 冬の気候に対応するために，地域で収穫される農産物を，保存食としてさまざまな漬け物が作られてきた。

(エ) 人々の生活や年中行事との関わりが強く，産地の特性を示す食文化がみられる。この地域の湾で獲れる寒ブリと大根を煮込んだぶり大根はその典型的な事例である。

〔3〕 次のページの年表を見て，あとの8～12に答えなさい。

8 年表中(あ)の時期の日本のようすについて正しいものを，次の(ア)～(エ)のうちから一つ選びなさい。

(ア) 表面に縄目のような文様が付けられている土器が多くつくられた。

(イ) 倭の奴国の王が金印を授かった。

(ウ) 古墳がさかんにつくられるようになった。

(エ) ナウマンゾウなど，大型の動物を追って人々が移り住んできた。

9 年表中の下線部①のできごとの説明として正しいものを，次の(ア)～(エ)のうちから一つ選びなさい。

(ア) 日本で最初の貨幣である和同開珎が造られた。

(イ) 天智天皇の没後，大海人皇子と大友皇子があらそった。

(ウ) 百済を助けるために大軍を送ったが，唐・新羅連合軍に敗北した。

(エ) 中大兄皇子が中臣鎌足とともに蘇我蝦夷・入鹿の親子をたおした。

年表

年	日本のおもなできごと
239	邪馬台国の卑弥呼が中国(魏)に使いを送る
	↕ (あ)
593	聖徳太子が摂政となる
645	①大化の改新
710	都を平城京に移す
794	都を平安京に移す
1016	藤原道長が摂政となる
1192	源頼朝が征夷大将軍となる
1338	足利尊氏が征夷大将軍となる
1467	応仁の乱がおこる
1603	徳川家康が征夷大将軍となる
	↕ (い)
1853	ペリーが浦賀に来航
1894	日清戦争
1904	②日露戦争
1914	第一次世界大戦
1931	↕ (う)
1941	太平洋戦争
1945	ポツダム宣言を受け入れて降伏する

⑩ 年表中(い)の時期におきたA～Dのできごとを説明したものとして正しいものを，次の(ア)～(エ)のうちから一つ選びなさい。

A　享保の改革　　B　株仲間の奨励

C　寛政の改革　　D　天保の改革

(ア)　Aは徳川綱吉によって進められ，政治と経済の立て直しを図った。

(イ)　Bは松平定信によって進められ，農村の復興と政治の引きしめに取り組んだ。

(ウ)　Cは田沼意次によって進められ，商人の力を利用した産業政策をおこなった。

(エ)　Dは水野忠邦によって進められ，幕府政治の立て直しが図られた。

⑪ 年表中の下線部②の戦争がおきたころの国際関係について正しいものを，次のページの(ア)～(エ)のうちから一つ選びなさい。

（ア）　日本とイギリスが日英同盟を結んだ。
（イ）　ドイツ・オーストリア・ロシアとの間で三国同盟が成立した。
（ウ）　イギリス・フランス・イタリアとの間で三国協商が成立した。
（エ）　世界平和と国際協調を目的とする国際連盟が発足した。

[12]　年表中（う）の時期におきた下記のできごとを古い順にならべた時，三番目に古いものを，次の(ア)～(エ)のうちから一つ選びなさい。
（ア）　治安維持法が制定された。　（イ）　満州事変が起こった。
（ウ）　日中戦争が始まった。　（エ）　日ソ中立条約が結ばれた。

〔4〕　次の資料は，日本国憲法前文である。この資料を見て，あとの[13]～[16]に答えなさい。

＜資料＞

日本国民は，①正当に選挙された国会における代表者を通じて行動し，われらとわれらの子孫のために，諸国民との協和による成果と，わが国全土にわたつて②自由のもたらす恵沢を確保し，政府の行為によつて再び戦争の惨禍が起ることのないやうにすることを決意し，ここに主権が国民に存することを宣言し，この憲法を確定する。そもそも国政は，国民の厳粛な信託によるものであつて，その権威は国民に由来し，その権力は国民の代表者がこれを行使し，その福利は国民がこれを享受する。これは人類普遍の原理であり，この憲法は，かかる原理に基くものである。われらは，これに反する一切の憲法，法令及び詔勅を排除する。

日本国民は，③恒久の平和を念願し，人間相互の関係を支配する崇高な理想を深く自覚するのであつて，平和を愛する諸国民の公正と信義に信頼して，われらの安全と生存を保持しようと決意した。われらは，平和を維持し，専制と隷従，圧迫と偏狭を地上から永遠に除去しようと努めてゐる国際社会において，名誉ある地位を占めたいと思ふ。われらは，全世界の国民が，ひとしく恐怖と欠乏から免かれ，平和のうちに生存する権利を有することを確認する。

われらは，いづれの国家も，自国のことのみに専念して他国を無視してはならないのであつて，政治道徳の法則は，普遍的なものであり，この法則に従ふことは，自国の主権を維持し，他国と対等関係に立たうとする各国の責務であると信ずる。

日本国民は，国家の名誉にかけ，全力をあげてこの崇高な理想と目的を達成することを誓ふ。

[13]　資料中の下線部①に関連して，日本の選挙制度について説明した文として正しいものを，次の(ア)～(エ)のうちから一つ選びなさい。
（ア）　衆議院議員の選挙では，全国を11のブロックに分けた比例代表制と，都道府県単位の大選挙区制を組み合わせた選挙制度を採用している。
（イ）　参議院議員の選挙では，3年ごとに半数が改選されており，全国を一つの単位としてすべて比例代表制で選挙が行われる。
（ウ）　近年では，期日前投票や，インターネットによる投票が認められるようになり，2000年以降には投票率が下がったことはない。
（エ）　人口の多い都市部と人口の少ない地方では一票の価値に差があるという問題があり，裁判所では違憲状態であるという判決が出たことがある。

⑭ 資料中の下線部②に関連して，日本国憲法が定める自由権について説明した文として正しいものを，次の(ア)～(エ)のうちから一つ選びなさい。

(ア) 自由に職業を選ぶことができる職業選択の自由が保障されており，これは経済活動の自由に分類される。

(イ) 住む場所を自由に選ぶことができる居住・移転の自由が保障されており，これは身体の自由に分類される。

(ウ) 精神の自由が保障されているが，出版物などを発表前に検閲することが制度として確立されている。

(エ) 警察による不当な捜査や，拷問による取り調べが行われていたことを反省し，検察官が発行する礼状がなければ逮捕されないことが保障されている。

⑮ 資料中の下線部③に関連して，平和に関することを述べたものとして誤っているものを，次の(ア)～(エ)のうちから一つ選びなさい。

(ア) 1945年，戦争や紛争を防ぎ，世界の平和と安全を維持することを目的として，国際連合が発足した。

(イ) 日本の自衛隊は，国連のＰＫＯ活動として，イラク戦争やソマリア沖での海賊船対策として船舶を護衛するなどしてきた。

(ウ) 国連難民高等弁務官事務所は，民族紛争などにより発生した難民の受け入れを各国に求めたり，難民の生活を支援したりする活動を行っている。

(エ) 核兵器などの大量破壊兵器を削減する努力や，通常兵器である地雷を廃絶する努力として，核拡散防止条約や対人地雷全面禁止条約などが結ばれている。

⑯ 資料文の内容について説明したものとして正しいものを，次の(ア)～(エ)のうちから一つ選びなさい。

(ア) 日本国民は，国民主権の原理により，国民が直接民主制に基づいて国政を運営していくことを決意した。

(イ) 日本国民は，平和を愛する最も崇高な国民であり，平和を破壊しようとする諸外国に対しては敵対してでも対峙していく事を決意した。

(ウ) かつて日本が起こした戦争を反省し，二度と政府によって日本が戦争を引き起こさないよう，強い決意を示している。

(エ) 日本は崇高な理想と目的を掲げており，他国よりも優位な立場にたつことを目指して，日本の発展のために専念する。

〔5〕 次のページの資料は，日本の小売業販売額の推移を表すものである。これをみて，あとの⑰～⑱に答えなさい。

⑰ 現代の経済の仕組みについて述べたものとして正しいものを，次の(ア)～(エ)のうちから一つ選びなさい。

(ア) 市場経済では，消費者は商品の価格を見て，買おうとする量すなわち供給を決める。

(イ) 市場経済では，生産者は商品の価格を見て，売ろうとする量すなわち需要を決める。

(ウ) 市場では，一般に価格が上がると需要量は減り，供給量は増える。

(エ) 市場では，供給量が需要量を上回っている場合，価格は上昇する。

[18] 小売業販売額の推移について説明した次の①～④の文のうち，誤っているものはいくつあるか，次の(ア)～(エ)のうちから一つ選びなさい。

① 2006年度から，小売業販売額は一貫して増え続けている。

② 2009年度から比べると，2019年度の小売業販売額は，およそ11兆１千億円増加した。

③ 一番増加額が大きいのは，2012年度から2013年度にかけてである。

④ 2008年度は前年よりも販売額が落ち込んだが，これは東日本大震災の影響である。

(ア) １つ　(イ) ２つ　(ウ) ３つ　(エ) ４つ

＜資料＞ 「小売業販売額(名目)【10 億円】」(総務省統計局資料より)

年度	小売業販売額(名目)【10 億円】	年度	小売業販売額(名目)【10 億円】
2006 年度	134,705	2013 年度	141,136
2007 年度	136,174	2014 年度	139,466
2008 年度	134,784	2015 年度	140,565
2009 年度	134,097	2016 年度	140,275
2010 年度	135,564	2017 年度	143,005
2011 年度	136,709	2018 年度	145,226
2012 年度	137,184	2019 年度	145,208

〔６〕 下の年表は2019年に国内でおきた主なできごとである。これを見て，あとの[19]～[25]に答えなさい。

１月	第 198 回通常①国会が招集される。
２月	日本とＥＵの経済連携協定が発効する。
４月	②山形市・甲府市・福井市・寝屋川市が中核市となる。
５月	皇太子徳仁親王が③天皇に即位し，年号は令和となる。
７月	日本は国際捕鯨委員会(IWC)を脱退し，商業捕鯨が復活する。
	第 25 回④参議院議員通常選挙が行われる。
８月	あいちトリエンナーレで展示された慰安婦像や映像をめぐって混乱が生じる。
９月	ラグビーワールドカップが開幕する。
10 月	⑤消費税率が８％から 10%に引き上げられる。
	⑥首里城で火災が発生し，正殿・北殿など主要建造物を焼失する。
11 月	安倍晋三首相の⑦首相在任期間が歴代第一位となる。

[19] 下線部①の国会について述べた文として正しい文を，次のページの(ア)～(エ)のうちから一つ選びなさい。

（ア） 国会は３種類ある。毎年１月から開かれる通常国会，必要に応じて開かれる特別国会，衆議院議員総選挙の後に開かれる臨時国会である。

（イ） 法律案や予算の議決，条約の承認などについて衆議院の優越が認められている。

（ウ） 国会議員に不正があったと判断された時，それをただすための弾劾裁判所が設置される。

（エ） 国会には国政調査権があり，政治全般に関すること以外にも，内閣の職務や，裁判所の裁判内容について幅広く調査することができる。

20 下線部②がある県は全国有数の果物の産地である。これに関連して，下の表のＡ・Ｂ・Ｃが表す果物の組み合わせとして正しいものを，次の(ア)～(エ)のうちから一つ選びなさい。

	第１位	第２位	第３位
A	山梨県　43200t	長野県　25900t	山形県　16700t
B	山形県　14500t	北海道　1520t	山梨県　1170t
C	山梨県　46500t	福島県　29300t	長野県　16300t

（『日本国勢図絵』2019/20 などより作成）

（ア） Ａ：ぶどう　　Ｂ：さくらんぼ　　Ｃ：もも

（イ） Ａ：ぶどう　　Ｂ：もも　　Ｃ：さくらんぼ

（ウ） Ａ：もも　　Ｂ：さくらんぼ　　Ｃ：ぶどう

（エ） Ａ：さくらんぼ　　Ｂ：ぶどう　　Ｃ：もも

21 下線部③の天皇に関して述べた文として正しいものを，次の(ア)～(エ)のうちから一つ選びなさい。

（ア） 桓武天皇は仏教によって国家を守ろうとし，国ごとに国分寺・国分尼寺を，都には東大寺を立てた。また東大寺には巨大な大仏を造らせた。

（イ） 後醍醐天皇は，足利義満や楠木正成らを味方につけて鎌倉幕府を倒し，建武の新政と呼ばれる政治を行った。

（ウ） 明治天皇が神に誓うという形をとって五箇条の御誓文が出された。また明治天皇以降は一人の天皇の在位中は年号を変えないこととなり，明治，大正，昭和，平成，令和と続いている。

（エ） 日本国憲法によって天皇は日本国および日本国民統合の象徴とされた。今日の天皇は政治的な権限は持たず，国会の助言と承認によって国事行為を行っている。

22 下線部④の結果，参議院の党派別議席数は下のグラフのようになった。このうち，Ａ党とＣ党の政党名の組み合わせとして正しいものを，次の(ア)～(エ)のうちから一つ選びなさい。

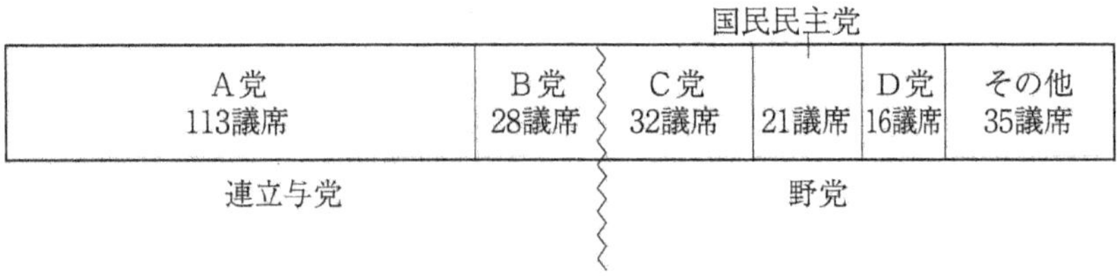

（ア） Ａ党：立憲民主党　　Ｃ党：日本共産党

（イ） Ａ党：立憲民主党　　Ｃ党：公明党

（ウ） Ａ党：自由民主党　　Ｃ党：公明党

（エ） Ａ党：自由民主党　　Ｃ党：立憲民主党

23　下線部⑤に関して，政府は消費税などの租税を集めて財政を運用している。下のグラフは1990年度から2019年度の一般会計予算の内訳の推移をあらわしたものである。これについて正しいものを，次の(ア)～(エ)のうちから一つ選びなさい。

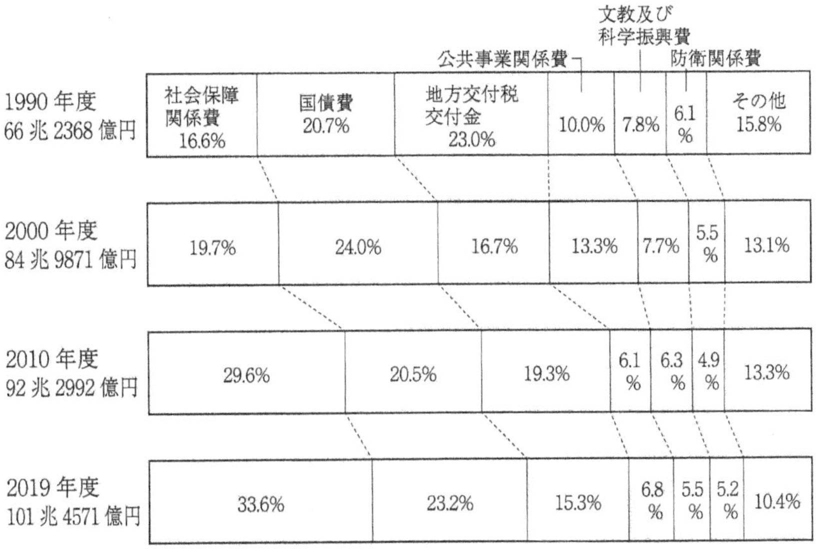

(ア)　社会保障関係費の割合は1990年度から2019年度にかけて一貫して増加しており，日本社会の高齢化を表している。また，その支出金額をみると2019年度は1990年度の約２倍である。

(イ)　国債費の割合を見ると1990年度から2019年度にかけての割合が20％強で推移している。この間の国の借金返済額がほぼ同じであることを示している。

(ウ)　地方交付税交付金の支出金額は，1990年度と比べると2019年度は少し増加しており，依然として地方自治体の財源が苦しいことが分る。

(エ)　公共事業関係費，文教及び科学振興費，防衛関係費の３項目について，1990年度から2019年度にかけての推移で，その途中も含めて割合はすべて減少している。

24　下線部⑥の首里城がある県について述べた文として誤っているものを，次の(ア)～(エ)のうちから一つ選びなさい。

(ア)　日本にある米軍基地面積の約70％がこの県に集中しており，普天間基地の移設問題など，解決すべき事案は多い。

(イ)　この地はかつて独立した国であったが，江戸時代のはじめ，島津氏の出兵により占領され，以後は明治はじめまで中国と日本の二重支配を受けるようになった。

(ウ)　太平洋戦争の末期，この地は日本で唯一の戦場となり，兵員だけでなく多くの住民が戦闘に巻き込まれて命を落とした。

(エ)　温暖な気候を利用して野菜の促成栽培がおこなわれており，全国有数のナスやピーマンの生産地である。

25　下線部⑦について，次に挙げる人物のうち内閣総理大臣（首相）に就任したことがない人物を，次のページの(ア)～(エ)のうちから一つ選びなさい。

（ア）　板垣退助

高知県出身
自由民権運動で活躍する

（イ）　大隈重信

佐賀県出身
立憲改進党を結成する

（ウ）　原敬

岩手県出身
本格的な政党政治を推進する

（エ）　犬養毅

岡山県出身
政党政治や護憲運動で活躍する

います。やはり何かを学ぶには、人と人とが同じ空間にいることが必要だと思います。」

Dさん 「ZOOM会議やオンライン授業など、コロナ禍のもとで新しい取り組みが始まっています。しかしこれらの技術だけでは、本当の学びにはつながりにくいと思うので、ノートの郵送などオンラインに頼らないやりとりを加えていかないといけないと思います。」

ア Aさん　イ Bさん　ウ Cさん　エ Dさん

ＺＯＯＭでの対談では、職業柄、つい相手の人の背景に映っている書棚の本の並びや仕事場の設《しつら》えに眼がいく。面と向かって話していながらひそかに視線がそちらへ逸《そ》れると、何かやましいことをしている気分になる。フリーランスの異性の編集者から、それもその私室からインタビューを受けたときなど、ふだんそんな場所に立ち入ることはおよそないから、まるで〝のぞき見〟しているかのような気分になり、心中穏やかでなかった。

これを「窃視症《せっししょう》」と呼ぶとすれば、それはじつはずっと以前からあった。テレビの出現と同時にそれは始まった。相手はわたしに向かってしゃべっている。だが見られているはずのわたしの姿はその人からは見えない。逆にわたしは相手に気づかれることなく、その人の表情から指先の動きや服装まで、なめるように見ることができる。まるでマジックミラー越しに見るように、遠慮なく観察することができる。これがわたしたちの日常となってから、電車のなかでも知らない人をじっと眺めるという、まともとはいえない視線を向けられるようになった。

が、これは関係の発端《ほったん》としては異例である。そんな出会いを、いま、大学に入ったばかりの人たちが強いられているかと思うと、なんとも気の毒になる。せっかく入学したのに、キャンパスに足を踏み入れたことがなく、「先生」といわれる人のなまの風情にふれたこともない。

大学での学びとは、知識を教わることではない。何かが不明なとき、何かを疑問に思うとき、そういう方向喪失から抜け出すには何をどんなふうに知ることが肝心か。それを体得するのが学びである、そのためにこそ「先生」といわれる先達の、その問い方、資料の集め方、分析のやり方に体でふれる。いや、盗みと言ったほうがいいかもしれない。先にそれを身につけた仲間から盗むのも、場合によっては手っ取り早い。

なかでも大事なのは、じぶんのこれまでのやり方の狭さと偏りに気づかされることだ。世界をもっと開くこと。そのために学びはある。オンラインという、ごく狭い空間ではそれがかなわない。見るだけ、聞くだけの受け身の授業では、学びに不可欠の体感のシグナルがはたらきださない。手足を縛られた学びに意味はない。

それに彼らは学籍番号で確認されても、未だその名で呼びだされていない。こんな不幸な学びがあろうか。オンラインは一つの方法ではありえても、学びの中核をなすものではない。

（鷲田清一「時のおもり」中日新聞より）

問　本文をもとにＡさんからＤさんまでの四人が感想を述べました。本文の主張を最もよく反映して発言している人物を、次のア～エの中から一つ選び、記号で答えなさい。　25

Ａさん「たしかにパソコン画面に向かって話すことには、まだまだ違和感があります。でも、これは災害などがあった時にも使える便利な技術なので、これを機会に私たち学生も体験して、オンラインでの授業にも慣れていくべきだと思います。」

Ｂさん「コロナ禍によって、オンライン授業が導入されたことで、家にいても勉強する機会が増えると思います。学校に行きたくない時にも授業を受けることができるので、これからも積極的にオンライン授業を取り入れるべきだと思います。」

Ｃさん「ネットを通じて学ぶ機会が、コロナ禍のもとで増えています。しかし、先生や他の生徒と直接対面して学ぶことには、相手と直接関わることでしか得られないものがたくさんあると思

問二　次の熟語の関係と同じ関係になっているものを、次のア～エの中から一つ選び、記号で答えなさい。　21

供給―需要

ア　自立―依存　　イ　失望―落胆
ウ　創造―破壊　　エ　小説―書籍

問三　次の熟語のうち、湯桶読みになるものを、次のア～エの中から一つ選び、記号で答えなさい。　22

ア　本棚　　イ　道端　　ウ　雪崩　　エ　手本

問四　Ａ群のことばの意味をＢ群から選んだとき、使用しないものが二つある。その組み合わせとして正しいものを、次のア～エの中から一つ選び、記号で答えなさい。　23

［Ａ群］　①　泣き面に蜂　　②　濡れ手で粟　　③　さじをなげる
　　④　薄氷を踏む　　⑤　水をさす

［Ｂ群］　Ⅰ　方法がなくてあきらめること。
　　Ⅱ　邪魔をすること。
　　Ⅲ　試してみること。
　　Ⅳ　苦労せずに大きな利益を得ること。
　　Ⅴ　努力が無駄になること。
　　Ⅵ　非常に危険なこと。
　　Ⅶ　災難が重なること。

ア　ⅠとⅥ　　イ　ⅡとⅢ　　ウ　ⅢとⅤ　　エ　ⅤとⅥ

問五　次のＡ～Ｃの語の意味を順番に選んだ組み合わせとして正しいものを、次のア～エの中から一つ選び、記号で答えなさい。　24

Ａ　オリジナル
　①　本質的　　②　独創的　　③　根本的　　④　正統的
Ｂ　プロフィール
　①　個人　　②　一覧　　③　横顔　　④　自己紹介
Ｃ　キャラクター
　①　人物　　②　人形　　③　仮面　　④　性格

ア　Ａ①―Ｂ④―Ｃ②　　イ　Ａ②―Ｂ③―Ｃ④
ウ　Ａ③―Ｂ②―Ｃ①　　エ　Ａ④―Ｂ①―Ｃ③

四　次の文章を読んで、後の問いに答えなさい。

リモートの対話というものに慣れていないからかもしれないが、なにかとても不気味で、未だに背筋が寒くなることがある。
距離感が歪《ゆが》み、うろたえてしまうのである。

コロナ禍による在宅勤務が続き、長く顔をつき合わせていない仕事仲間とＺＯＯＭ会議で久しぶりに打ち合わせをしたりするときは、手を振ったり、「どうしてた?」と画面に張りつくようにしゃべる。つい声も大きくなる。が、あるとき、オンラインで人さまが対談している動画を見たとき、その不気味に襲われた。著名人どうしがオンラインで言葉を交わしているのだが、それぞれがまるでわたしに向かって話しているように見える。二人ともこちら(じっさいには備え付けのカメラ)に向かってしゃべっているのだから。彼らとの距離が仲間のそれと変わらない感覚にとまどった。なじんだ顔と、何のつながりもない顔が、同じ次元で、同じように語りかけてくる感覚にうろたえた。顔なじみが向こうへ遠ざかってゆくような怖さもあった。

ア　なりたるなり　　イ　ここにある
ウ　わびしきこと　　エ　あはれなるなり

問六　傍線部④「かくなりたるなり」とあるが、これは誰がどのようになったと言っているのか。最も適切なものを、次のア～エの中から一つ選び、記号で答えなさい。　16

ア　大納言の娘が死の間際に猫の姿に変貌をとげたということ。
イ　作者の姉がずいぶんとかわいらしく聞き分けの良い猫を見つけたということ。
ウ　作者の姉がかつて夢の中で見たことのある猫を発見したということ。
エ　大納言の娘が死後猫の姿となって現世にとどまっているということ。

問七　傍線部⑤「中の君」とは誰のことか。最も適切なものを、次のア～エの中から一つ選び、記号で答えなさい。　17

ア　作者　　イ　作者の姉
ウ　侍従の大納言　　エ　侍従の大納言の娘

問八　本文の内容を説明したものとして最も適切なものを、次のア～エの中から一つ選び、記号で答えなさい。　18

ア　作者の乳母と侍従の大納言の姫君は同じ季節に亡くなっており、その季節になると作者は悲しみに包まれ、姫君の好きだった猫のことを思い出すのだった。
イ　五月にどこからともなく猫がやってきて、作者の姉の提案により飼うことになり、姉にはよくなついていたが、作者にはなかなかなついてくれなかった。
ウ　作者が飼うようになった猫は、えさについて選り好みをし、いつも作者たちのそばにいたが、姉が病気になってからは北面の部屋で世話をされていた。
エ　姉が見た夢により、作者の飼っている猫の真の姿がわかると、その後は身分の低いものにもなつくようになり、話しかけると人の言葉を理解するようだった。

問九　『更級日記』を含む古典作品を成立の古い順に並べたとき最も適切なものを、次のア～エの中から一つ選び、記号で答えなさい。　19

ア　『更級日記』→『平家物語』→『源氏物語』→『奥の細道』→『徒然草』
イ　『源氏物語』→『更級日記』→『徒然草』→『平家物語』→『奥の細道』
ウ　『源氏物語』→『更級日記』→『平家物語』→『徒然草』→『奥の細道』
エ　『更級日記』→『源氏物語』→『平家物語』→『奥の細道』→『徒然草』

三　次のそれぞれの問いに答えなさい。

問一　次の傍線部と文法的に同じものを、ア～エの中から一つ選び、記号で答えなさい。　20

ぼくが庭に出ると愛犬がとんできた。

ア　はっきり言うと、それを実現するのは不可能だ。
イ　ドアの前に立った。するとひとりでに開いた。
ウ　あらかじめルートを調べていてよかったと感じた。
エ　そんな話なら世の中にごまんとあるよ。

それからというもの、私たちはこの猫を北向きの部屋には出さず、大切にお世話した。私が一人ぼっちでいるところにこの猫が向かいあっていたので、なでながら、「侍従の大納言の姫君がおいでなのね。お父上の大納言殿にお知らせしたいわ」と言葉をかけると、私の顔をじっと見つめて穏やかに鳴くのも、気のせいか、一見したところ普通の猫ではなく、よく聞き理解しているようで (c)あはれなり 。

問一　二重傍線部(a)「あはれなるに」(b)「あはれなるなり」(c)「あはれなり」について、それぞれの意味の組み合わせとして最も適切なものを、次のア～エの中から一つ選び、記号で答えなさい。 11

ア　(a) もの悲しいのだが　(b) うれしかったのです　(c) 気の毒なのです

イ　(a) いとおしいのだが　(b) 心が痛むのです　(c) もの悲しいのです

ウ　(a) 気の毒なのだが　(b) いとおしいのです　(c) 心が痛むのです

エ　(a) 心が痛むのだが　(b) 悲しかったのです　(c) いとおしいのです

問二　和歌《A》の内容として最も適切なものを、次のア～エの中から一つ選び、記号で答えなさい。 12

ア　我が家の桜は春の終わりにまだ残っていましたが、あなたのお宅に咲く桜はひと目見たいと思っていたにもかかわらず、もう散ってしまいましたね。

イ　我が家の桜は春が終わるというのに咲いたままでしたが、思いがけなくあなたのお宅で、庭一面に落ちた桜の花びらをひと目見ることができてうれしいことです。

ウ　我が家の桜はもう散ってしまいましたが、あなたのお宅ではまだ春が始まってさえいないのに、満開の桜をひと目見ることができてうれしく思います。

エ　我が家の桜は心残りのまま散ってしまいましたが、その桜に思いがけなくあなたのお宅で、それも春の終わりの散る寸前に、ひと目お目にかかったことです。

問三　①手 の意味として最も適切なものを、次のア～エの中から一つ選び、記号で答えなさい。 13

ア　手のひら　イ　筆跡　ウ　指先　エ　従者

問四　傍線部②「隠して飼ふ」とあるが、隠して飼い始めたのはなぜか。最も適切なものを、次のア～エの中から一つ選び、記号で答えなさい。 14

ア　人に慣れているので誰にでもなつくだろうから、身分の低い者に拾われると悔しいと思ったから。

イ　人に慣れているので誰にでもなつくだろうから、病気の姉に近づいてしまうと両親にしかられると思ったから。

ウ　人に慣れているので飼い猫であるだろうから、飼い主から返却を求められると嫌だと思ったから。

エ　人に慣れているので飼い猫であるだろうから、飼い主を恋しがって出て行ってしまうと寂しいと思ったから。

問五　傍線部③「おのれは」で始まる部分は話中の会話文であるが、この会話文はどこまでか。最も適切なものを、次のページのア～エの中から一つ選び、記号で答えなさい。 15

こにあるを、このごろ下衆の中にありて、いみじうわびしきことといひて、いみじう泣くさまは、あてにをかしげなる人と見えて、うちおどろきたれば、この猫の声にてありつるが、いみじく(b)あはれなるなり」と語りたまふを聞くに、いみじくあはれなり。

その後はこの猫を北面にも出ださず思ひかしづく。ただ一人ゐたる所に、この猫がむかひゐたれば、かいなでつつ、「侍従の大納言の姫君のおはするな。大納言殿に知らせたてまつらばや」といひかくれば、顔をうちまもりつつなごう鳴くも、心のなし、目のうちつけに、例の猫にはあらず、聞き知り顔に(c)あはれなり。

（注1） ○ 土忌み＝陰陽道で、地の神のいる方角を忌み避けること。やむを得ずその方角を犯して家の手入れなどをするときには、一時的に他の地に宿泊をするのが一般である。

（注2） ○ 乳母＝母親の代わりに子供に乳を飲ませて育てる女性。

〔現代語訳〕

三月の月末ごろ、土忌みのため、ある人の家に移ったところ、桜が満開で趣深く春も終わりというのにまだ散らない木々もある。帰ってきてその翌日、

和歌《A》

と、使いに持たせて言い送った。

毎年、桜が咲いては散るころにはいつも、乳母の亡くなった頃だなあと、そればかりが思い出されて (a)あはれなるに 、同じころ亡くなった侍従の大納言の姫君の ①手 を取り出して眺めながら、何とはなしに物悲しくなっていると、それは五月ごろのこと、夜の更《ふ》けるまで物語を読んで起きていると、どこからやって来たのか見当もつかないが、猫がたいへん穏やかな声で鳴いているのをはっとして、よく見るとたいそうかわいげな猫がそこにいる。どなたのもとから迷ってやってきた猫だろうと見ていると、姉が、「しっ、静かに。人にこのことを聞かせてはなりませんよ。たいそうかわいい猫だこと。私たちで飼いましょう」と言うと、非常に人なつっこい様子で、私たちのそばにやって来て、寄り添って寝るのだった。尋ねる人はいるだろうかと、隠れて飼っていると、この猫は身分の低い者のところになどまるで寄りつかず、じっと私たちのそばにばかりいて、食物についても、汚らしいものには顔をそむけて食べない。

私たち姉妹の間にぴったりまとわりついているので、私たちもそれをおもしろがりかわいがっていたが、そのうち姉が病気になり、何かと家の中が取り込んでいたので、この猫を北向きの部屋にばかり置いて、こちらの部屋には呼んでやらないでいると、やかましく鳴き騒ぐけれども、やはり何かわけがあって鳴くのだろうと気にもとめないでいると、病気の姉がふと目をさまして、「どうしたの猫は。こちらへ連れていらっしゃい」と言うので、「どうして」と聞くと、「いま夢にあの猫が現れて、私のそばで私は侍従の大納言の姫君で、かりにこのようになっているのです。こうなるべき因縁が少々あって、こちらの中の君が私のことをしきりに、いとおしんで思い出してくださるので、ほんのしばらくの間と思ってここにいるのですが、このごろ身分の低い者の中にいて、ほんとうに寂しいことですよと言って、ひどく泣く様子が、いかにも高貴な美しい人のように見えて、はっと目をさましたところ、この猫の声だったので、それがたいそう (b)あはれなるなり 」とお話しになるのを聞くと、私もまたひどく胸をうたれたのだった。

を忘却しようとする力。

イ　睡眠は自然忘却の装置であるはずなのに、睡眠中であっても意識的に記憶を行わせる力。

ウ　睡眠中に行われるはずの記憶を区別する機能を、外からの刺戟によって停止させる力。

エ　睡眠中には必要のない記憶は忘却されるのが自然なのにそれを邪魔する忘却を妨げる力。

問十　筆者の主張として最も適切なものを、次のア～エの中から一つ選び、記号で答えなさい。　10

ア　記憶だけの片寄った学校教育から、忘却第一主義を教育の要に据えることが人の生き方としてもっとも自然なことであるし、長生きに繋がることである。

イ　記憶の完全な再生ではなく、消化力・理解力を高める頭脳の訓練として詰まったパイプをきれいにするにはどうしたらよいかを真剣に考えなくてはいけない。

ウ　記憶第一主義を評価する学校教育から、睡眠を大切にして頭の整理をすると共に、考えることを大切にしてコンピューターに出来ない頭脳を鍛えなくてはいけない。

エ　くよくよしないことが長生きの秘訣なので、とにかくしっかり睡眠をとって頭をすっきりさせることが人として大切であり、教育の礎となるものである。

二　次の『更級日記』の原文と現代語訳とを読んで、後の問いに答えなさい。

〔原文〕

三月つごもりがた、(注1)土忌《つちい》みに人のもとに渡りたるに、桜さかりにおもしろく、今まで散らぬもあり。かへりてまたの日、

《A》あかざりし宿の桜を春くれて散りがたにしも一目みしかな

といひにやる。

花の咲き散るをりごとに、(注2)乳母《めのと》亡くなりしをりぞかし、とのみ(a)あはれなるに、同じをり亡くなりたまひし侍従《じじゅう》の大納言の御むすめの①手を見つつ、すずろにあはれなるに、五月ばかり、夜ふくるまで物語をよみて起きゐたれば、来つらむ方も見えぬに、猫のいとなごう鳴いたるを、おどろきて見れば、いみじうをかしげなる猫あり。いづくより来つる猫ぞと見るに、姉なる人、「あなかま、人に聞かすな。いとをかしげなる猫なり。飼はむ」とあるに、いみじう人なれつつ、かたはらにうち臥《ふ》したり。尋ぬる人やあると、これを②隠して飼ふに、すべて下衆《げす》のあたりにも寄らず、つと前にのみありて、物もきたなげなるは、ほかざまに顔をむけて食はず。

姉おととの中につとまとはれて、をかしがりらうたがるほどに、姉のなやむことあるに、もの騒がしくて、この猫を北面《きたおもて》にのみあらせて呼ばねば、かしがましく鳴きののしれども、なほさるにてこそはと思ひてあるに、わづらふ姉おどろきて「いづら、猫は。こち率《ゐ》て来《こ》」とあるを、「など」と問へば、「夢にこの猫のかたはらに来て、③おのれは侍従の大納言殿の御むすめの、④かくなりたるなり。さるべき縁のいささかありて、この⑤中の君のすずろにあはれと思ひ出でたまへば、ただしばしこ

で、時間をかけて覚える必要がないから。

エ　我々の記憶装置をテストするための試験は、新しい記憶を効率よく短い時間で覚えることが必要だから。

問四　傍線部②「人間頭脳の訓練は違った目標に向けられるべきである」とあるが、どういうことか。その説明として最も適切なものを、次のア～エの中から一つ選び、記号で答えなさい。 4

ア　記憶第一主義から考えることを大切にして、消化力・理解力を伸ばす方向性が重要であるということ。

イ　情報や知識を記憶、再生するという記憶第一主義を当たり前と思うことが大切であるということ。

ウ　頭に入れたことをいつまでも変化させず、記憶力の優秀さを評価することが重要であるということ。

エ　記憶を尊重しながらも、記憶第一主義から忘却することを日常にすることが大切であるということ。

問五　傍線部③「記憶は完全な原形の再生ではない」とあるが、それを表した例文として最も適切なものを、次のア～エの中から一つ選び、記号で答えなさい。 5

ア　社会のテストで歴史上の人物を一文字間違えて記憶したため、不正解になってしまった。

イ　英単語の試験で必死に覚えたが、百点満点中九十点しかとることができなかった。

ウ　試験勉強を一夜漬けで行ったため、一ヶ月後には内容をほとんど覚えていなかった。

エ　面接試験で話す内容を覚えたが、予想外の質問にもしっかりと対応することができた。

問六　傍線部④を言い換えた語として最も適切なものを、次のア～エの中から一つ選び、記号で答えなさい。 6

ア　けれども　イ　そうであるから　ウ　また　エ　同時に

問七　空欄【Ⅱ】に入ることばとして最も適切なものを、次のア～エの中から一つ選び、記号で答えなさい。 7

ア　猫にも小判で　イ　猫も杓子も

ウ　猫を被るで　エ　猫に鰹節で

問八　傍線部⑤「本当に頭がよくなっている」とはどのような状態を言っているのか。その説明として最も適切なものを、次のア～エの中から一つ選び、記号で答えなさい。 8

ア　睡眠によってあらゆる記憶が一度忘却されて、あらためて必要な記憶だけが再生された状態。

イ　睡眠によって必要のない雑多な情報の記憶が忘れられて、必要な記憶だけが残されている状態。

ウ　起きている間のおびただしい情報、刺戟が睡眠によって仕分けされて、すべて記憶された状態。

エ　起きている間の情報や刺戟が睡眠中に整理されて、記憶が新たなものに作りかえられた状態。

問九　傍線部⑥「どこか不自然な力が頭に加わっているのではないかと思わせる」とあるが、「不自然な力」とはどのようなものか。その説明として最も適切なものを、次のア～エの中から一つ選び、記号で答えなさい。 9

ア　睡眠中は必要な記憶が定着する大切な時であるのに、全ての記憶その詰まり方がすこしひどくなると、いろいろおもしろくない現象があらわれる。小さなことばかり覚えていて、かんじんな大局を見失う。精神が倦怠《けんたい》、不活発を訴える。はてはノイローゼ症状を呈《てい》する。そこではじめてあわて出すのだが、原因に忘却恐怖のあるのがよくわかっていないのはまことに困ったことだ。

　自然の状態では下水道のパイプはそんなにしばしば詰まったりしないようになっている。詰まっては大変だから、そういう予防の措置を神様がちゃんとつくっておいてくれてある。

　睡眠である。眠りは肉体の疲れを休めるのはもちろんだが、頭の中の整理をする時間でもある。目をさましている間に入ってきたおびただしい情報、刺戟《しげき》が仕分けされて、当面不要なものは忘れるルートへ載せられる。

　朝、目をさますと、頭がすっきりして爽【　C　】なのは整理すべきものがとりのぞかれているからで、つまり、⑤本当に頭がよくなっているためである。睡眠は自然忘却の装置であるのに、忘却を怖れるあまり、知らず知らずのうちに、その装置を働かないようにしてしまっていることがすくなくない。

　健康な人間なら、横になればいつしか眠りにつくものなのに、寝つきの悪い人間が多くなってくるのも、⑥どこか不自然な力が頭に加わっているのではないかと思わせる。長寿者が申し合わせたように、くよくよしないことを長生きの秘訣にあげている。忘れることは本当に健康の条件なのである。

　これまでの学校教育が記憶だけを教えて、忘却を教えなかったのは、たいへんな片手落ちである。上水道をつくって、下水道をつくらず、たれ流しにまかせておくようなものである。知識の異常な詰め込みが行われているといわれる現代である。正常な自然の忘却機能だけに頼っているのが危険なことはわかりきっている。それに気付かないでいるとは、いったいどうしたことであろうか。

（外山滋比古「知的創造のヒント」ちくま学芸文庫より）

問一　空欄【A】～【C】には「カイ」もしくは「ガイ」と読む漢字が入る。その組み合わせとして最も適切なものを、次のア～エの中から一つ選び、記号で答えなさい。　1

ア　【A】懐　【B】概　【C】快　　イ　【A】懐　【B】該　【C】界

ウ　【A】解　【B】概　【C】介　　エ　【A】界　【B】該　【C】快

問二　空欄【I】に入る文として最も適切なものを、次のア～エの中から一つ選び、記号で答えなさい。　2

ア　ものは忘れてしまった方がいい

イ　ものは忘れてしまうものだ

ウ　ものを忘れてはいけない

エ　ものを思い出せない

問三　傍線部①「一夜漬がもっとも有効」と考えられるのはなぜか。その説明として最も適切なものを、次のア～エの中から一つ選び、記号で答えなさい。　3

ア　人間の記憶能力には限界があるので、試験を受けるときはできるだけ最近の記憶で臨むのが有効だから。

イ　試験は、我々の記憶能力をテストするものなので、以前の記憶をなるべく原形で答える必要があるから。

ウ　試験に必要な記憶は、短期間だけ記憶しておけばいいものなの

【国　語】（四〇分）〈満点：一〇〇点〉

一　次の文章を読んで、後の問いに答えなさい。

小学校へ入ってからこのかた、われわれはものを覚えることにあけくれて来た――ある友人がしみじみそう述【　A　】した。多少とも知識と関わりのある職業についている人なら同じような感【　B　】をもつ人がすくなくないだろう。

【　Ⅰ　】、というのは、ほとんど本能的な怖れになっている。学校は、放って置けば忘れることをいかにして忘れないようにするか、の努力を競い合う場所である。記憶のよいものが優秀な成績をあげるのは当然である。

試験というのは、われわれの記憶装置をテストするために案出されたものとしかいいようがない。教えたことを忘れたであろう頃を見はからって、思い出してみよと命じるのが試験である。なるべく原形に近い再生をする必要があるから、直前に記憶しなおす①一夜漬がもっとも有効な準備になる。

思えば、これは人間の頭のずいぶん無駄な使い方である。昔はコンピューターがなかったから、いまならコンピューターに任される仕事でも人間がしなければならなかった。教育はそういう機能をもった人間コンピューターを養成する目的をもっていた。コンピューターが忘れたりしては台なしになる。絶えずテストして忘れないように見張っている必要があるというわけである。

ものを覚えるだけが能ではなく、それを基本にして考えるのが大切なはずなのに、天は二物を与えずではなく、二兎を追うのは賢明でないと考えたためであろうか、記憶第一主義が確立してしまった。機械が情報や知識を記憶、再生することなど夢にも考えられなかった時代なら、それでもいい。現代のような状況では、当然のことながら、②人間頭脳の訓練は違った目標に向けられるべきである。それなのに、相も変らず、記憶一点張りがつづいている。それがおかしいとも思われないのだから、不思議である。

③記憶は完全な原形の再生ではないはずだが、一般には、そう思われている。ものを食べてしばらくすると、食べたものは胃の中で消化が始まる。それをもどして見れば、おそらくもとの形はとどめていまい。原形そっくりが出てくるようだったら、その人間の胃は消化力がゼロという証拠である。知識についても似たことがいえよう。頭に入れたことがいつまでも変化しないでそのまま残っているようであったら、記憶力の優秀さを評価するよりも、消化力、理解力の微弱さを歎《なげ》かなくてはならない。

④しかるに、世の中は、そういう微弱な消化力しかもたない頭を指して、頭がいい、などともてはやす。それで、【　Ⅱ　】、忘れるな、記憶せよ、が合言葉になる。

過ぎたるは及ばざるがごとし。ことごとに記憶を尊重するものだから、忘れたいことまで忘れられなくなる。われわれの日常はじつに雑多な情報を受け入れて、その中から必要なものだけを選択し、残余はなるべく早くすてる、つまり、忘れる要がある。多くは忘れるという意識もなく忘れる。忘却《ぼうきゃく》はいわば下水道みたいなもので、詰まったらことだ。忘れてはいけないと怖れている優等生のパイプは多少とも詰まっている。

2021年度

解　答　と　解　説

《2021年度の配点は解答欄に掲載してあります。》

＜数学解答＞

〔1〕 (1) ア 8　(2) イ 3　ウ 7　(3) エ 2　オ 2　(4) カ 8
(5) キ 4

〔2〕 (1) ク 8　(2) ケ －　コ 1　サ 0　(3) シ 3　ス 0　セ 4
ソ 4　(4) タ 1　チ 2　ツ 6

〔3〕 (1) テ 1　ト 2　ナ 2　ニ 5　(2) ヌ 4　(3) ネ 5　ノ 2
ハ 2

〔4〕 (1) ヒ 4　(2) フ 1　ヘ 2　(3) ホ 7　マ 3

〔5〕 ミ 1　ム 1　メ 2　モ 1　ヤ 2　ユ 0

〔6〕 ヨ 3　ラ 7　リ 0

○配点○

〔1〕 (1) 5点　(2) 3点・2点　(3) 5点　(4) 5点　(5) 5点
〔2〕 (1) 5点　(2) 3点・2点　(3) 2点・3点　(4) 5点　〔3〕 各5点×3
〔4〕 各5点×3　〔5〕 7点・6点　〔6〕 各4点×3　計100点

＜数学解説＞

基本 〔1〕 (正負の数，単項式の乗除，式の計算，確率，資料の整理)

(1) $40\div\{9-(1-7)\}\times3=40\div\{9-(-6)\}\times3=\frac{40\times3}{15}=8$

(2) $(x^3y^4)^2\div xy^2\times\frac{y}{x^2}=\frac{x^6y^8\times y}{xy^2\times x^2}=x^3y^7$

(3) $\frac{3x+2y}{3}-\frac{3x-2y}{6}=\frac{2(3x+2y)-(3x-2y)}{6}=\frac{6x+4y-3x+2y}{6}=\frac{3x+6y}{6}=\frac{x+2y}{2}$

(4) 硬貨の表裏の出方は，(A，B，C)＝(表，表，表)，(表，表，裏)，(表，裏，表)，(裏，表，表)，(表，裏，裏)，(裏，表，裏)，(裏，裏，表)，(裏，裏，裏)の8通り。このうち，1枚が表で2枚が裏の出方は下線の3通りだから，求める確率は，$\frac{3}{8}$

(5) 各階級の度数は軽い方から順に，1，3，7，13，11，5となっているから，軽い方から数えて15番目の生徒の属する階級は45kg以上50kg未満の階級である。よって，相対度数は，$\frac{13}{40}=0.325$

〔2〕 (連立方程式，2次方程式，規則性，角度)

基本 (1) $2x+y=7$…①，$\frac{x}{2}+\frac{y}{3}=1$より，$3x+2y=6$…②　①×2－②より，$x=8$　これを①に代入して，$16+y=7$　$y=-9$

基本 (2) $x^2+2ax-(a+1)=0$に$x=2$を代入して，$4+4a-(a+1)=0$　$3a=-3$　$a=-1$　このとき，もとの方程式は，$x^2-2x=0$　$x(x-2)=0$　$x=0,\ 2$　よって，他の解は0

(3) 29ページの裏面は30ページであり，見開きのページ数の合計は16＋29＝45(ページ)である。

よって，1ページと見開きの関係にあるのは44ページであるから，この広報誌は全部で44ページである。

基本 (4)　$\angle DOE=360°\div10=36°$　円周角の定理より，$\angle DCE=\frac{1}{2}\angle DOE=18°$　大きい方の∠COGの大きさは，$6\angle DOE=6\times36°=216°$だから，$\angle CDG=\frac{1}{2}\times216°=108°$　三角形の内角と外角の関係より，$\angle CKG=\angle DCK+\angle CDK=18°+108°=126°$

〔3〕（点の移動と面積）

重要 (1)　辺PQと辺BCとの交点をE，辺PSと辺DCとの交点をFとすると，長方形PECF∽長方形PQRS　PQ：QR：PR＝3：4：5であり，PC＝xだから，$PE=\frac{3}{5}PC=\frac{3}{5}x$　$EC=\frac{4}{5}PC=\frac{4}{5}x$　よって，$y=\frac{3}{5}x\times\frac{4}{5}x=\frac{12}{25}x^2$

重要 (2)　点Pが点Aに重なるのは10秒後で，その4秒後には点Sが点Dに重なる。よって，$5\leqq x\leqq14$のとき，長方形PQRSは長方形ABCDの内部にあるから，$y=3\times4=12$　$14\leqq x\leqq18$のとき，$PD=10+8-x=18-x$より，$y=PQ\times PD=3(18-x)=-3x+54$　よって，xとyの関係を表したグラフは④

(3)　$y=\frac{12}{25}x^2$に$y=6$を代入して，$6=\frac{12}{25}x^2$　$x^2=\frac{25}{2}$　$x>0$より，$x=\sqrt{\frac{25}{2}}=\frac{5}{\sqrt{2}}=\frac{5\sqrt{2}}{2}$　これは$0\leqq x\leqq5$を満たす。$y=-3x+54$に$y=6$を代入して，$6=-3x+54$　$3x=48$　$x=16$　これは$14\leqq x\leqq18$を満たす。

〔4〕（図形と関数・グラフの融合問題）

基本 (1)　$y=x^2$に$x=-3,\ -1,\ 2$をそれぞれ代入して，$y=9,\ 1,\ 4$　よって，A$(-3,\ 9)$，B$(-1,\ 1)$，C$(2,\ 4)$　直線BCの傾きは，$\frac{4-1}{2-(-1)}=1$　AD//BCより，直線ADの式を$y=x+b$とすると，点Aを通るから，$9=-3+b$　$b=12$　よって，$y=x+12$　$y=x^2$と$y=x+12$からyを消去して，$x^2=x+12$　$x^2-x-12=0$　$(x+3)(x-4)=0$　$x=-3,\ 4$　よって，点Dのx座標は4

重要 (2)　平行線と比の定理より，AF：FC＝AD：BC　A，B，C，D，Fからそれぞれx軸にひいた垂線とx軸との交点を，A′，B′，C′，D′，F′とすると，AD：BC＝A′D′：B′C′＝$\{4-(-3)\}:\{2-(-1)\}=7:3$　点Fのx座標をfとすると，AF：FC＝A′F′：F′C′＝$(f+3):(2-f)$　よって，$(f+3):(2-f)=7:3$　$3(f+3)=7(2-f)$　$3f+9=14-7f$　$10f=5$　$f=\frac{1}{2}$

重要 (3)　高さの等しい三角形の面積比は底辺の比に等しい。よって，(2)より，△ABF：△BCF＝AF：FC＝7：3

基本 〔5〕（空間図形の計量）

求める立体の体積は，底面の半径2cm，高さ2cmの円柱と底面の半径42cm，高さ2cmの円柱と底面の半径6cm，高さ2cmの円柱の体積の和に等しいから。$\pi\times2^2\times2+\pi\times4^2\times2+\pi\times6^2\times2=112\pi$ (cm³)　また，表面積は，底面の半径6cmの円2つ分と，底面の半径2cm，高さ2cmの円柱と底面の半径42cm，高さ2cmの円柱と底面の半径6cm，高さ2cmの円柱の側面積の和に等しいから，$\pi\times6^2\times2+2\pi\times2\times2+2\pi\times4\times2+2\pi\times6\times2=120\pi$ (cm²)

基本 〔6〕（平面図形の証明）

△DEFと△ADFにおいて，共通な角であるから，∠DFE＝∠AFD…①　$\overset{\frown}{AD}=\overset{\frown}{DC}$であるから，∠DCA＝∠DAC…②　円周角の定理（$\overset{\frown}{AD}$の円周角）より，∠DCA＝∠DBA（OBD）…③　△OBD

において，OD＝OBより，∠ODB＝∠OBD…④　②，③，④より，∠EDF＝∠DAF…⑤　①，⑤より，2組の角がそれぞれ等しいから，△DEF∽△ADF

★ワンポイントアドバイス★

出題構成や難易度に大きな変化はない。時間配分を考えて，できるところからミスのないように解いていこう。

＜英語解答＞

〔1〕	1	ウ	2	エ	3	エ	4	ウ	5	エ
〔2〕	6	ア	7	エ	8	ア	9	ウ	10	イ
〔3〕	11	イ	12	ア	13	イ	14	エ	15	ウ
〔4〕	16	エ	17	ウ	18	ウ	19	イ	20	イ
〔5〕	21	イ	22	ウ	23	エ	24	ア	25	ウ
〔6〕	26	イ	27	エ	28	エ	29	ア	30	ウ

○配点○

〔1〕・〔2〕　各4点×10　〔3〕～〔6〕　各3点×20　計100点

＜英語解説＞

〔1〕（リスニング問題）

A. 1 Takashi：We finished the class today! Let's go home, Olivia. We need to leave here now.

Olivia　：Why do you want to leave school early, Takashi?

Takashi：What?! Don't you remember what we do today?

Olivia　：Well, no. I don't remember...

Takashi：Today, we will go to Nagoya to have dinner with Kate.

Olivia　：Who is Kate? Our friend?

Takashi：Come on! She is the person who taught us Spanish at our school two years ago.

Olivia　：Oh, I see. I still don't remember her face. What does she look like?

2 Man：Excuse me. May I ask a question now?

Woman：I need to go to see my friend. He is waiting for me in front of the convenience store over there. But I can help you.

Man　：Really? Thank you very much. Could you tell me how to go to Kasugai Zoo from here?

Woman：OK, we are at Kasugai Station now. Go straight and turn left at the first corner, and then you can see the entrance on the right.

Man　：I see. I will do my best. Have you ever been there? This is my first time to go there. I'm looking forward to seeing the cool chimpanzees.

Woman：Actually, I have never been to the zoo, but I want to see pandas and big elephants. Someday, I want to go there.

3 Teacher：Hello, Bob. How was your vacation?
Student：Hi, Ms. Takeshita. I quite enjoyed my vacation.
Teacher：Great! What did you do?
Student：Well, I went to the beach in Wakayama and visited my grandmother in Ehime.
Teacher：Did you go to Universal Studios Japan?
Student：No, I was planning to go there, but I couldn't.
Teacher：You didn't, but I did. I went there for the first time in my life. It was an exciting experience.
Student：Oh, good. I also went to Hiroshima to see my brother.
Teacher：You went to many places! The vacation is finished, so let's study!

A. 1 タカシ　　：今日の授業が終わったよ。家に帰ろう，オリヴィア。僕たちは今ここを離れる必要があるよ。
オリヴィア：あなたはなぜ早く学校を離れたいの，タカシ？
タカシ　　：何？　僕たちが今日何をするのか，君は覚えていないのかい？
オリヴィア：ええと，いいえ。私は覚えていないわ。
タカシ　　：今日，僕たちはケイトと夕食をとるために名古屋へ行く予定なんだよ。
オリヴィア：ケイトとは誰？　私たちの友達？
タカシ　　：よせよ。彼女は2年前に僕たちの学校で僕たちにスペイン語を教えた人だよ。
オリヴィア：ああ，なるほど。私はまだ彼女の顔を思い出せない。彼女はどんな見た目なの？
ケイトとは誰か。
　ア　彼女はタカシの友達だ。
　イ　彼女は彼らの学校の先生だ。
　ウ　彼女は彼らのスペイン語の先生だった。
　エ　彼女はオリヴィアの友達だ。

2 男性：すみません。今，おうかがいしてもよろしいでしょうか。
女性：私は友達に会いに行く必要があります。彼は向こうのコンビニエンスストアの正面で私を待っています。でも，私はあなたを手伝うことができます。
男性：本当ですか。ありがとうございます。ここから春日井動物園への行き方を私に教えてくださいませんか。
女性：わかりました，私たちは今，春日井駅にいます。真っ直ぐに行って，最初の角で左に曲がると，右手に入口が見えます。
男性：なるほど。最善を尽くしてみます。あなたはそこへ行ったことがありますか。私はそこへ行くのが初めてです。私はかっこいいチンパンジーを見ることを楽しみにしています。
女性：実は，私は一度も行ったことがないのですが，パンダと大きな象を見たいです。いつか，私はそこへ行きます。
男性は最初はどこにいたか。
　①　コンビニエンスストアの正面に。　　②　春日井動物園の入口に。
　③　道路の最初の角に。　　④　春日井駅の正面に。

3 先生：こんにちは，ボブ。君の休暇はどうだった？
生徒：ああ，タケシタ先生。私は休暇をとても楽しみました。
先生：素晴らしい。君は何をしたんだい？
生徒：ええと，私は和歌山の浜辺へ行って，愛媛で私の祖母を訪ねました。

先生：君はユニバーサル・スタジオ・ジャパンへ行ったのかい？
生徒：いいえ。私はそこへ行く計画がありましたが，行かれませんでした。
先生：君は行かなかったけれど，私は行ったんだ。私は人生で初めてそこへ行ったよ。それはわくわくさせるような経験だった。
生徒：ああ，良いですね。私は私の兄弟に会いに広島へ行きもしました。
先生：君はたくさんの場所へ行ったね。休暇は終わったから，勉強しよう。
ボブはどこへ行かなかったのか。
　ア　広島。　　イ　和歌山。　　ウ　愛媛。　　エ　大阪。

B. ④，⑤ Ok, let's start. Good afternoon, everyone. My name is Sarah. Today, I will talk about my favorite bird in Australia. It is called a "Galah." Do you know this bird? The bird has really beautiful colors, red and pink, so we can find it easily, and the size of its body is bigger than that of owls. On rainy days, it dances on the trees. It has a beautiful voice and big eyes. It eats fruits of plants on the ground, not on the trees. It lives in small groups, and can also learn some words we use. I hope you can go to the country and see the bird someday. Thank you for listening.

B. よし，始めましょう。こんにちは，皆さん。私の名前はサラです。今日は，私はオーストラリアの私のお気に入りの鳥について話すつもりです。それは「ガラ」と呼ばれます。あなた方はこの鳥を知っていますか。その鳥は本当に美しい色，赤と桃色をしているので，私たちは簡単にそれを見つけることができ，その体の大きさはフクロウのそれよりも大きいです。雨の日には，それは木の上で踊ります。それは美しい声と大きな目を持っています。それは木の上ではなく地上で植物の実を食べます。それは小さな群れで生活し，私たちが使ういくつかの言葉を学ぶこともできます。あなた方がその国へ行ってその鳥を見ることができるといい，と私は思います。聞いてくださってありがとう。

④　私たちはなぜすぐに「ガラ」を見つけることができるのか。
　ア　それは長い間飛ぶから。
　イ　それは地面に大きな穴を作るから。
　ウ　それは赤と桃色をしているから。
　エ　それはとても速く走るから。

⑤　その鳥は何をすることができるか。
　ア　木の上で花を食べる。
　イ　雨の日に木の上で走る。
　ウ　その体の大きさを変える。
　エ　いくつかの人間の言葉を学ぶ。

〔2〕（長文読解・論説文：内容吟味，指示語）

（全訳）　コロナウイルスが私たちの周りにあるので，たくさんの人々が家にいなくてはならない。それはインフルエンザのようだ。それは2019年に始まり，世界中に広まってしまった。日本では，私たちは，例えば，学校や会社，店などたくさんの場所を閉めた。指導者たちは人々に「家にいてください」と言っているので，多くの人々が(A)そうした。これは病気がより遅く広まるのを助けるだろう。

楽しむために家で新しいことをしようとしている人々もいる。彼らは新しい趣味や運動を始める。それは日本の映画を見るための良い時間かもしれない，とか，それは絵を描くために良い時間でもあるかもしれない，と考える外国の人々もいる。人々は日本の映画の登場人物を描いてみることができた。

スタジオジブリの鈴木敏夫は日本で映画を作った。彼はビデオで登場人物，トトロの描き方を見せた。トトロは有名な登場人物の1つで，1988年の映画『となりのトトロ』からのものだ。

鈴木氏は「トトロの目が重要です。トトロを(B)描くことの一部は十分に開いた目を描くことです」と言った。彼はビデオで素早く教えてくれた。

「(C)これは家ですることができることです。皆さん，絵を描いてください」と彼は言った。

『となりのトトロ』は2人の姉妹についてである。彼女らは彼女らの父と一緒に田舎の家へ引っ越す。彼女らの母が病院で良くなることを彼女らは望んでいる。少女たちはトトロと呼ばれる大きな飛ぶ動物を見つける。その外見はネコかウサギのようだ。

スタジオジブリは1985年に始められた。それはアニメをとても上達させた。アニメは一種の日本のアニメーションだ。それはアニメ漫画やテレビ，アニメ映画とつなげられる。

宮崎駿はスタジオを始めるのを手伝った。スタジオジブリは20を超える映画を作っている。それらはしばしば自然や友情についてだ。宮崎氏は『千と千尋の神隠し』と呼ばれる映画を作った。それは2001年に発表され，たくさんのお金を稼いだ。

6 下線部(A)の直後部参照。「『家にいてください』と言」われたから「多くの人々が」家にいたのである。

7 直前の of は前置詞。前置詞の目的語に動詞が来る場合，その動詞は原則として動名詞〈動詞の原形＋ ing〉となる。

8 this は後続する文の内容を指すことがある。ここでは下線部(C)の直後1文の内容である。

9 ア 「それは日本で最も有名な登場人物だ」(×) 第3段落最終文参照。最も，という記述はない。 イ 「それは彼女のお父さんと一緒に田舎に来た友達を持っている」(×) 下線部(C)の直後の5文目参照。友達である，という記述はない。 ウ 「それは大きな目を持つネコやウサギのようだ」(○) 第4段落第2文・下線部(C)の直後の6文目参照。 エ 「それは飛ぶことができ，1985年に作られた」(×) 第3段落最終文参照。1988年の映画である。

10 ア 「たくさんの外国人が日本でたくさんの友達を作るためにたくさんの新しいことを始めた」(×) 第2段落第3文参照。日本で友達を作る，という記述はない。 イ 「鈴木氏がビデオを作ったので，たくさんの人々がトトロの絵の描き方を学ぶことができた」(○) 第3段落第1文・第2文参照。 ウ 「『となりのトトロ』の登場人物の1つは宮崎氏によって作られ，大きな飛ぶウサギに興味を持った」(×) 最終段落第1文～第4文参照。宮崎氏が作ったのは『千と千尋の神隠し』である。 エ 「『千と千尋の神隠し』は2001年に有名になったが，それは少ないお金を稼いだ」(×) 最終段落最後から2文目・最終文参照。たくさん稼いだのである。

［3］ (長文読解・論説文：内容吟味)

(全訳) 山田氏にはたくさんの趣味がある。彼は読書や音楽を聞くこと，映画を見ることなどが好きだが，彼のお気に入りの趣味はパンを焼くことだ。毎日，彼は家で彼の家族のためにパンを焼く。

パンを焼くことはとても難しいと思うかもしれないが，実際は，もし家庭用の焼き機を持っていれば，みんなはそれを簡単にすることができる。もちろん，山田氏はそれを持っている。

おいしい味だけでなくそれが焼かれるときにパンが出す香りも楽しむことができるので，パンを焼くことは世界で最も素晴らしい趣味だ，と山田氏は思う。きっとそれらの両方が私たちを幸せにする，と彼は思う。

英語にはパンについてのいくつかの面白い表現がある。それらの1つは “company” だ。英語では，この語には「会社」や「人々の集まり」のようないくつかの意味があるが，本来の意味はラテン語の「一緒にパンを食べるための人々」だった。

ラテン語は古代ローマで使われた言語で，この言語のたくさんの語が英語になっている。“company” もこの古代の言語にその起源を持っている。

パンについての別の面白い表現は「パン屋の1ダース」だ。普通は1ダースは12を意味するが，パン屋の1ダースは13を意味する。それでは，なぜパン屋の1ダースは13なのか。

13世紀にイギリスでは，あるうわさが広まった。パン屋は重さが足りないパンを売っていた，とうわさは伝わった。それから，ヘンリー3世は法律を作り，それを破ったパン屋には重い罰金が科せられた。それで，パン屋は1ダース買った客にもう一塊のパンをあげた。彼らは罰金を科されたくなかったのだ。

日本では，この面白い表現をほとんど誰も知らないので，もしあなたが町のパン屋で1ダース買えば，12だけもらえる。

世界で「最高の家庭用パン屋」の山田氏が家にいるので，山田氏の家では，家族が彼らが好きなだけ，パン屋の1ダースよりもたくさん，パンをもらうことができる。山田氏は彼の家族の笑顔を見てうれしく思っている。

⑪ 「なぜパンを焼くことは山田氏にとってあまり難しくないのか」 ア 「なぜなら彼にはとてもたくさんの趣味があるから」(×) イ 「なぜなら彼は家に家庭用焼き機を持っているから」(○) 第2段落参照。 ウ 「なぜなら彼は世界で最高の家庭用焼き機を持っているから」(×) エ 「なぜなら彼にはパンが好きな家族がいるから」(×)

⑫ 「なぜパンを焼くことは最も良い趣味だ，と山田氏は思うのか」 ア 「なぜなら味と香りの両方を楽しむことができるから」(○) 第3段落第1文参照。 イ 「なぜならパンを焼くことはとても難しいから」(×) ウ 「なぜならパンを焼くことについての面白い表現がたくさんあるから」(×) エ 「その理由は書かれていない」(×)

⑬ 「この物語の中で，英単語 “company” は古代の言語では本来は何を意味したか」ア 「それは会社を意味した」(×) イ 「それはパンを一緒に食べるための人を意味した」(○) 第4段落第3文～第5段落参照。 ウ 「それは人々の集まりを意味した」(×) エ 「それは友達を意味した」(×)

⑭ 「13世紀にイギリスでは何が起こらなかったか」 13世紀にイギリスで起こったこと，つまり「パン屋の1ダース」の語源については第6段落・第7段落に記述がある。 ア 「悪いパン屋についてのうわさが広まった」(×) 第7段落第2文参照。 イ 「ヘンリー3世が悪いパン屋に罰金を科すための法律を作った」(×) 第7段落第3文参照。 ウ 「『ダース』の表現に新しい意味が加えられた」(×) 第6段落第1文参照。 エ 「『パン』の語がラテン語から英語になった」(○) 第5段落参照。第5段落の内容は13世紀イギリスについての記述ではない。

⑮ 「物語の最も良い題名は何か」 ア 「パンを焼くことは人々を幸せにする」(×) イ 「古代ローマのパン屋」(×) ウ 「パンについてのいくつかの面白い話」(○) タイトルは筆者の最も言いたいことを表している。第1段落～第3段落では「山田氏」の「お気に入り趣味」としてパンのこと，第4段落～第8段落では「英語の面白い表現」に関連したパンのこと，最終段落では「山田氏」の「お気に入り趣味」と「英語の面白い表現」を絡めたパンのこと，を述べている。 エ 「魔法の数としてのパン屋のダース」(×)

〔4〕 **(正誤問題：不定詞，現在完了，比較，語彙，受動態)**

重要 ⑯ want to の形になるのは不定詞を用いた〈want to ＋動詞の原形〉のとき。something のような名詞が続くことはない。to を省いて I want something cold to drink. とするのが適切。

⑰ 〈have [has] ＋動詞の過去分詞形〉の形をとる，現在完了の文。現在完了形と明らかに過去の一

時点を示す語句である when とは一緒に使えない。「ずっと～している」の意味の継続用法で「～以来」というときは since を用いるのが適切。

基本 18 easy「簡単な」の最上級は most easy ではなく easiest である。

19 go —ing で「—しに行く」の意味。to が不要。

20 「～でできている」の意味を表す場合，何でできているかを判断できれば前置詞は of を，形状が変わっている場合は前置詞は from を使う。ここでは from が適切。

〔5〕（語句補充：接続詞，不定詞，間接疑問文，比較，動名詞）

21 until は「～までずっと」という継続の期限を表し，by は「～までには」という完了の期限を表す。ここでは until を使うのが適切。

22 〈It is ～ for A to ….〉で「Aにとって[Aが]…するのは～だ」という意味。come into with ～で「～に加わる」，get along with ～ で「～と仲良くやっていく」の意味。

23 Jane doesn't know. と What does she have to do? を1つにした間接疑問文にする。疑問詞以降は what she has to do と平叙文の語順になる。

24 〈as much ＋数えられない名詞＋ as ～〉で「～と同じくらい(多くの)…」の意味。数えられない名詞だから単数形の money とする。

25 finish は目的語に動名詞をとり，finish —ing で「～し終える」の意味になる。

〔6〕（語句整序：不定詞，語彙，接続詞，比較，文型，間接疑問文，分詞，関係代名詞）

26 (You) don't need to be afraid of the dark(.)　〈need ＋ to ＋動詞の原形〉の形で「～する必要がある」の意味になる。be afraid of ～ で「～を恐れる」の意味。

27 (I) think this book is more useful than that (one.)　think の後に「～ということ」の意味の that が省略されている文。「～よりも…」という意味になるのは〈形容詞・副詞の比較級＋than ～〉の形の比較級の文。useful「役に立つ」の比較級は more useful である。one は同じ名詞の反復を避けるため名詞の代用として使う。ここでは book「本」の代用で，that one で「あの本」の意味になる。

28 (My friend) asked me to take the dog to an animal hospital(.)　〈ask ＋A＋ to ＋動詞の原形〉で「Aに～するように頼む」の意味。take ～ to …「～を…へ連れて行く」

29 (Could you) tell me what time your father will come home(?)　tell は〈tell ＋人＋物〉という文型を作る。ここでは「物」にあたる部分が間接疑問文になっている。Could you tell me? と What time will your father come home? を1つにした間接疑問文にする。疑問詞以降は平叙文の語順になる。

やや難 30 (The big cat) eating the fish you caught looks like a lion(.)　the big cat を修飾する現在分詞 eating を使った文。「魚を食べている」なので eating the fish でひとかたまり。現在分詞 eating は単独ではなく関連する語句 the fish を伴っているので the big cat の直後に置く。関係代名詞 which を省略した文。The big cat eating the fish looks like a lion と you caught it をつなげた文を作る。it が which に代わり，省略されている。

★ワンポイントアドバイス★

長文を読むときは，国語の読解問題を解く要領で指示語などの指す内容や，話の展開に注意するように心がけよう。

＜理科解答＞

〔1〕 [1] エ　[2] オ　[3] イ　[4] エ　[5] オ
〔2〕 [6] ア　[7] ウ　[8] ウ　[9] エ　[10] イ
〔3〕 [11] エ　[12] エ　[13] イ　[14] オ　[15] ウ
〔4〕 [16] ウ　[17] エ　[18] ア　[19] オ　[20] イ

○配点○
各5点×20　　計100点

＜理科解説＞

〔1〕 (電力と熱―豆電球と抵抗の回路と電力)

[1] 抵抗Aの抵抗値は，図1のグラフから，$\frac{1(\mathrm{V})}{0.1(\mathrm{A})}=10(\Omega)$である。

[2] 図1のグラフから，豆電球に1.5Vの電圧がかかっているときは0.20Aの電流が流れていることがわかる。したがって，豆電球が消費する電力は，1.5(V)×0.20(A)=0.30(W)である。

やや難 [3] 回路1と回路2の1個の豆電球にかかる電圧はいずれも1.5V，回路3の1個の豆電球にかかる電圧は，1.5(V)×2=3.0(V)，回路4の1個の豆電球にかかる電圧は，1.5(V)×2÷3=1.0(V)，回路5の1個の豆電球にかかる電圧は，1.5(V)÷2=0.75(V)である。したがって，回路3の豆電球が消費する電力が最も大きく，回路5の豆電球が消費する電力が最も小さい。

[4] 図1のグラフより，電源の電圧が3.0Vのとき，豆電球と抵抗Aに流れる電流は，それぞれ0.3Aなので，図3の電流計が示す値は，0.3(A)+0.3(A)=0.6(A)である。

やや難 [5] 図4の1個の豆電球に流れる電流は，0.20(A)÷2=0.10(A)なので，豆電球にかかる電圧は，図1より0.50Vである。したがって，抵抗Bにかかる電圧は，4.5(V)−0.5(V)=4.0(V)なので，抵抗Bのおおきさは，$\frac{4.0(\mathrm{V})}{0.20(\mathrm{A})}=20(\Omega)$である。

〔2〕 (溶液とその性質―溶解度と水溶液の濃度)

[6] 塩化ナトリウムは，水に溶けると，次のように，ナトリウムイオンと塩化物イオンに分解する。
$NaCl \rightarrow Na^{+}+Cl^{-}$

やや難 [7] 60℃の水100gに硝酸カリウムを60g溶かすので，表1から，20℃～40℃の間に溶け残りが出てくる。したがって，溶け残りが出るまでは水溶液の濃度は一定だが，溶け残りが出てくると，しだいに濃度が小さくなる。ただし，濃度は0にはならない。

[8] 100gの水に60gの硝酸カリウムが溶けて，100(g)+60(g)=160(g)の水溶液になるので，水溶液の濃度は，$\frac{60(\mathrm{g})}{160(\mathrm{g})}\times100=37.5(\%)$より，約38%である。

[9] 20℃の水100gに硝酸カリウムは31.6g溶けるので，60℃の水200gに硝酸カリウムを90g溶かし，20℃まで下げたときに出てくる硝酸カリウムは，90(g)−31.6(g)×2=26.8(g)より，約27gである。

やや難 [10] (ア) 40℃の水50gに溶ける硝酸カリウムは，63.9(g)÷2=31.95(g)，塩化ナトリウムは，36.3(g)÷2=18.15(g)なので，40℃まで下げると，硝酸カリウムは，35(g)−31.95(g)=3.05(g)出てくるが，18g溶かした塩化ナトリウムは出てこない。 (イ) 20℃の水50gに溶ける硝酸カリウムは，31.6(g)÷2=15.8(g)，塩化ナトリウムは，35.8(g)÷2=17.9(g)なので，20℃まで下げると，硝酸カリウムは，35(g)−15.8(g)=19.2(g)出てくるが，塩化ナトリウムは，18(g)−17.9(g)=0.1(g)しか出てこない。 (ウ) 60℃の水50gに溶ける塩化ナトリウムは，37.1(g)÷2=18.55(g)なので，飽和水溶液ではない。 (エ) 60℃の水50gに溶ける硝酸カリウムは，109.2(g)÷2=54.6(g)なので，さらに，54.6(g)－35(g)＝19.6(g)以上溶かすことはできない。（オ）この水溶液を加熱すると，硝酸カリウムと塩化ナトリウムの結晶が残る。

〔3〕（植物の種類とその生活—植物の分類）

やや難 [11]（ア）雄株で精子，雌株で卵がつくられる。精子が水の中を泳いで卵に届くと，受精が行われ，受精卵ができる。（イ）受精卵は，細胞分裂を始め，やがて胞子体になる。（ウ）胞子体の中で胞子が熟し，これが地面に落ちて発芽する。（エ）胞子が発芽し(原糸体になり)，成長すると，雄株と雌株になる。（オ）コケ植物には，根・茎・葉の区別がなく，維管束もない。

スギゴケの生活

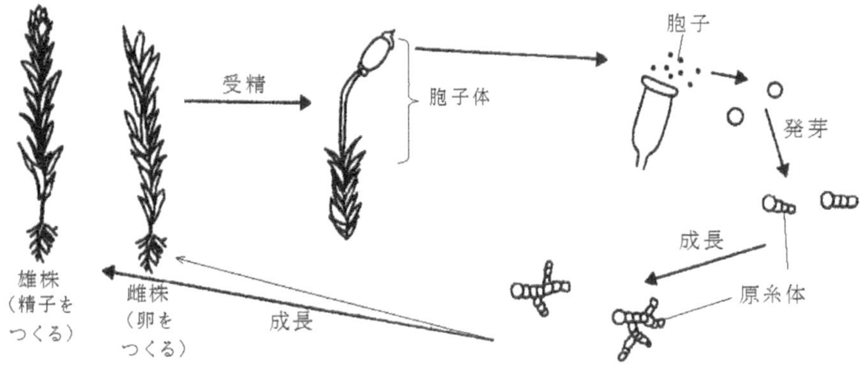

やや難 [12]（ア）シダ植物もコケ植物も光合成を行う。（イ）胞子のうから出た胞子が発芽して前葉体になる。（ウ）・（エ）前葉体でつくられた卵と精子が受精する。（オ）受精卵は前葉体についたまま成長し，幼いシダになる。

やや難 [13] ①・② 裸子植物は，子房がなく，胚珠がむき出しになっている。

③ 裸子植物は花弁がなく，雄花と雌花に分かれている。

④ エンドウは雌しべ全体が花弁に包まれているが，リンゴの子房は，がくよりも下にある。

⑤ 受精すると，種子は胚珠，子房は果実になる。

⑥ 種子植物には被子植物と裸子植物がある。

重要 [14] Dのムギは被子植物の単子葉類，Eのヒマワリは被子植物の双子葉類の仲間である。なお，Aのゼニゴケはコケ植物，Bのイヌワラビはシダ植物，Cのイチョウは裸子植物である。

[15] スギゴケはコケ植物，ゼンマイはシダ植物，アカマツは裸子植物，ユリは被子植物の単子葉類，タンポポは被子植物の双子葉類である。

〔4〕（天気の変化—天気図と季節）

[16] 低気圧は，1日で1000km移動しているので，速さは，1000(km)÷24(時間)＝41.6…(km/時)より，約40km/時である。

[17] 温暖前線が近づく前には，東寄りの風が吹く。また，巻雲→巻層雲→高層雲→乱層雲の順に近づく。

基本 [18] Q地点とR地点の間にあるP地点は，低気圧の中心付近にあり，最も気圧が低い。

基本 [19] 日本付近の天気は西から東に変わるので，次の日は，高気圧におおわれて晴れる。

[20]（ア）梅雨や秋雨の時期は，停滞前線が発達して，長雨が続く。（イ）春や秋は，日本付近を高気圧と低気圧が交互に通過する。（ウ）夏になると，太平洋の高気圧が発達して，南高北低の気圧配置になる。（エ）冬になると，シベリア高気圧が発達し，西高東低の気圧配置になる。（オ）台風は夏から秋にかけて，日本付近に近づく。

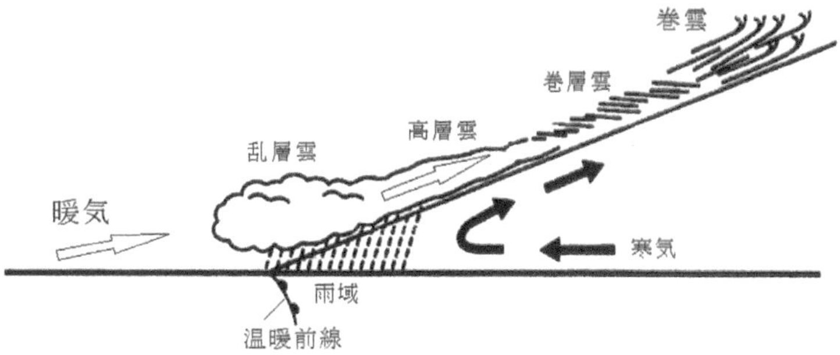

★ワンポイントアドバイス★

生物・化学・地学・物理の4分野において，基本問題に十分に慣れておくこと。その上で，化学分野と物理分野の計算問題にしっかり取り組んでおく必要がある。

＜社会解答＞

〔1〕 1 エ　2 ア　3 ウ

〔2〕 4 イ　5 イ　6 エ　7 ウ

〔3〕 8 ウ　9 エ　10 エ　11 ア　12 ウ

〔4〕 13 エ　14 ア　15 イ　16 ウ

〔5〕 17 ウ　18 イ

〔6〕 19 イ　20 ア　21 ウ　22 エ　23 ウ　24 エ　25 ア

○配点○

各4点×25　計100点

＜社会解説＞

〔1〕（地理―世界の地形，諸地域の特色：南アメリカ大陸）

1 アの北アメリカ大陸は，200m～500mの割合が1番多い。イのアフリカ大陸は，200m未満の割合が小さく，200～500mの割合が大きい。ウのオーストラリア大陸は，200～500mの割合が大きい。エの南アメリカ大陸は，4000～5000mの割合が他の大陸よりも大きい。

2 aは西経60度，bは南緯30度である。

やや難 3 Ⓐはペルーの太平洋側に面した砂丘海岸を伴う砂漠である。Ⓑはセルバと呼ばれる密林地帯でそこを流れているのはアマゾン川である。Ⓒはパンパと呼ばれる草原地帯である。Ⓓは南極大陸に近いチリ南部の海岸沿いで湖に流れ込む氷河がみられるところである。

〔2〕（日本の地理―日本の地形，諸地域の特色：東北地方）

4 冬の季節風は，大陸から海を通って日本海側に雪をもたらす。太平洋側は乾いた風が吹く。したがって，イが該当する。

5 アは長野県，イは秋田県，ウは北海道，エは富山県である。

6 説明文は，写真Bの南部鉄器についての文章である。南部鉄器は岩手県の伝統的工芸品で地図2のeの位置で生産されている。

⑦ 東北地方では，冬の厳しい寒さに対応して様々な漬物がつくられている。アのジンギスカン鍋は北海道の郷土料理，イの九条ねぎや賀茂なすは京都の特産物，エのぶり大根は富山県の郷土料理である。

〔3〕 **(日本と世界の歴史ー日本史の各時代の特色，政治・外交史，社会・経済史，日本史と世界史の関連)**

基本 ⑧ (あ)はヤマト政権の支配が全国に及んだ時期で，古墳がさかんにつくられるようになった古墳時代に該当する。

⑨ 蘇我氏の独裁的な政治に対する不満が高まる中，中大兄皇子は，645年，中臣鎌足などとともに蘇我蝦夷・入鹿の親子をたおし，鎌足や帰国した留学僧などの協力をえながら，新しい政治のしくみをつくる改革を行った。これを大化の改新という。

基本 ⑩ 天保の改革は，水野忠邦によって進められたので，エが正解となる。享保の改革は，徳川吉宗によって進められたので，アは誤り。株仲間の奨励は，田沼意次によって進められたので，イは誤り。寛政の改革は，松平定信によって進められたので，ウは誤りとなる。

⑪ 日露戦争の直前の1902年に日英同盟が結ばれている。三国同盟は，ドイツ，オーストリア，イタリアとの間で成立したので，イは誤り。三国協商はイギリス，フランス，ロシアの間で成立したので，ウは誤り。国際連合は第一次世界大戦後に発足したので，エも誤りとなる。

⑫ ア：治安維持法(1925年)→イ：満州事変(1931年)→ウ：日中戦争(1937年)→エ：日ソ中立条約(1941年)となる。

〔4〕 **(公民ー憲法，政治のしくみ)**

⑬ 選挙区によって，選出する議員一人当たりの有権者の数に違いがある。そのため，一票の持つ価値が異なるということが起こっていて，それを一票の格差という。アは「大選挙区制」，イは「すべて比例代表制」，ウは「2000年以降には投票率は下がったことはない」，それぞれの箇所が誤りである。

⑭ 自由権の中の経済活動の自由の中に職業選択の自由(憲法第22条)が認められている。移住・移転の自由は身体の自由に属するため，イは誤り。検閲制度はないので，ウは誤り。令状を発行するのは検察官ではなく，裁判官であるので，エも誤りとなる。

重要 ⑮ イラク戦争中ではなく，イラク戦争後に自衛隊は派遣されているので，イは誤りとなる。

⑯ ウの内容は憲法の前文に記されている。国民主権の原理は代表制によっているので，アは誤り。「平和を破壊しようとする諸外国に対して敵対してでも対峙する」ということは平和主義の原則にはそぐわないので，イは誤り。「他国よりも優位な立場に立つこと」は他国を無視してはならないという説明に反しているので，エも誤りとなる。

〔5〕 **(公民ー経済生活)**

⑰ 市場では，価格が上がると需要量は減り，供給量は増える。買おうとする量は需要量なので，アは誤り。売ろうとする量は供給量なので，イは誤り。供給量が需要量を上回っている場合，価格は下落するので，エも誤りとなる。

⑱ 資料を注意深く考察すると，②，③は正しいことがわかる。2006年度から，小売業販売額は増加したり，減少したりしているので，①は誤り。東日本大震災は2011年3月11日なので，④も誤りとなる。

〔6〕 **(各分野総合)**

重要 ⑲ 法律案や予算の議決，条約の承認，内閣総理大臣の指名などで衆議院の優越が認められている。さらに，予算先議権，内閣不信任の決議も衆議院だけに与えられたものである。必要に応じて開かれるのは臨時国会，衆議院総選挙後に開かれるのは特別国会であるので，アは誤り。弾劾裁判所は，過ちを犯した裁判官を裁くために国会に設置されるので，ウは誤り。政治の実際を調査するのが国政調査権であるので，エも誤りとなる。

20 山形市は山形県，甲府市は山梨県にある。ぶどうとももの生産量第1位は山梨県，さくらんぼの生産量第1位は山形県である。

21 明治天皇が神に誓うという形式で五箇条の御誓文がだされた。それ以後は，天皇一人の時代に一つの元号が付くようになり，それを一世一元の制といっている。アは桓武天皇が聖武天皇の誤り。イは足利義満が足利尊氏の誤り。エは国会が内閣の誤りである。

22 A党は最大与党の自由民主党，C党は最大野党の立憲民主党である。

やや難 23 グラフの推移を注意深く考察すると，割合と実際の金額を区別しなければならないことが分かる。地方交付税交付金の支出額は，1990年が約15兆2345億円(66兆2368億×0.23)2019年が約15兆5229億(101兆4571億×0.153)で少しの増加がみられる。したがって，ウが正解となる。アは「支出金額が2019年度は1990年度の約2倍である」というところが誤り。イは「この間の国の借金返済額がほぼ同じ」というところが誤り。エは「その途中も含めて割合はすべて減少している」というところが誤りとなる。

24 沖縄の農業は，温暖な気候を生かしたさとうきびやパイナップルの栽培が中心であるので，エは誤りとなる。

25 明治初期に自由民権運動を始めた板垣退助は首相の経験はない。

★ワンポイントアドバイス★

〔3〕8ヤマト政権の支配の広がりにともなって，前方後円墳などの古墳は，全国各地の豪族によってもつくられるようになった。〔5〕17需要量と供給量によって決まる価格を均衡価格という。

＜国語解答＞

一　問一　ア　問二　ウ　問三　イ　問四　ア　問五　エ　問六　ア　問七　イ
　問八　イ　問九　エ　問十　ウ

二　問一　エ　問二　エ　問三　イ　問四　ウ　問五　ウ　問六　エ　問七　ア
　問八　ウ　問九　ウ

三　問一　ア　問二　ア　問三　エ　問四　ウ　問五　イ

四　ウ

○配点○

一　問一　3点　問二・問六・問七　各4点×3　問五・問十　各6点×2　他　各5点×4

二　問二・問四・問六　各4点×3　問八　5点　他　各3点×5　三　各3点×5

四　6点　計100点

＜国語解説＞

一 （論説文―漢字の読み書き，脱文・脱語補充，文脈把握，接続語の問題，ことわざ，内容吟味）

問一　A「述懐」は「じゅっかい」と読み，「考えている事や過去の思い出を述べること」。B「感慨」は「物事に感じてしみじみとした気持になること」。C「爽快」は「さわやかで気持がよいこと」。

やや難 問二　空欄Ⅰの後の「学校とは…当然である」をもとに解答する。「いかにして忘れないようにするか」が重視されるということは，忘れてはいけないという感覚がしみついているということである。

問三　傍線部①「なるべく…しなおす」をもとに解答する。試験とは「なるべく原形に近い再生をする必要がある」ものなので，直前に記憶しなおせばより原形に近い形の記憶を再生できる。

問四　第四・五段落全体の内容をもとに解答する。現代ではコンピューターが「情報や知識を記憶，再生すること」が可能なのに「記憶一点張りがつづいている」という状況をまずおさえる。したがって「違った目標」とは記憶一点張りとは異なるもの，コンピューターにはできないものであると考えられる。イ・ウはどちらも「記憶一点張り」を肯定するものなので不適当。エはコンピューターにはできない「目標」に言及がないため不適当。

問五　第六段落「頭に入れたことが…歎かなくてはならない」をもとに解答する。筆者は，記憶力ではなく理解力が優秀であることを重視している。ア　人物名を一文字間違えたことで不正解になるならば，「完全な原形の再生」が求められていることになる。　イ・ウ「単語の知識」・「覚えていなかった」は「記憶力」の範囲である。

重要 問六　前後の文脈から判断する。傍線部④の前では「頭に入れたことが…歎かなくてはならない」と理解力を重視していることを示し，後では「世の中は…もてはやす」と，「微弱な消化力」つまり記憶力の良さでもって頭がいいとしている，と述べているため，この「しかるに」は逆接のはたらきを持つ。

問七　ア「猫にも小判」ということわざはそもそもなく，正しくは「猫に小判」であり，その意味は「価値の分からない人に貴重なものを与えても何の役にも立たないこと」。ウの「猫を被る」は「本性を隠して，おとなしい人格として振舞うこと」。エの「猫に鰹節」は「油断できないこと，危険であること」。イの「猫も杓子も」は「誰もかれも，なにもかも」。記憶力の良さがもてはやされるため，皆「記憶せよ」という考えを持ってしまうということである。

問八　第八段落～第十二段落の内容をもとに解答する。第九段落「原因に…困ったことだ」などの記述から，筆者は忘れることを重視していることがわかる。したがってウは不適当。「整理すべきものがとりのぞかれているからで，つまり」が傍線部⑤に続いているため，「本当に頭がよくなっている」とは「整理すべきものがとりのぞかれている」状態であると考えられる。また第十一段落によれば，睡眠とは「目をさましている間に…載せられる」ものなので，ア「あらゆる記憶が一度忘却されて」，エ「記憶が新たなものに作りかえられた」も不適当。

問九　第十二段落「睡眠は自然忘却の…すくなくない」，第十三段落「健康な…多くなってくる」をもとに解答する。寝つきが悪い，つまり睡眠を十分にとらないということは自然忘却装置がうまく機能しないということである。アは，睡眠というものについての説明が本文と矛盾するため不適当。イは「睡眠中であっても意識的に記憶を行わせる」が，ウは「外からの刺戟によって」がそれぞれ不適当。特にウ「外からの刺戟によって」は，寝つきの悪さが外からの刺戟である根拠がない。

問十　ア　筆者はたしかに忘却を重視してはいるが，「忘却第一主義」とするまでではなく，理解力を培うことと不要な記憶は忘却することの二つを重視しているため不適当。　イ「消化力・理解力を高める頭脳の訓練として」詰まったパイプをきれいにすることが述べられているわけではないため不適当。「詰まったパイプをきれいにする」は忘却のことを指しており，理解力と忘却はそれぞれ別個として重視されており，関連性はないため不適当。　エ　たしかに筆者は睡眠を重視しているが，睡眠自体が重要なのではなく睡眠によって可能になる忘却が重要と述べているため不適当。手段と目的を混同させた選択肢である。

二 （古文―口語訳，その他，語句の意味，情景・心情，文脈把握，内容吟味，文学史）

やや難 問一 「あはれなり」は「しみじみと趣深い，すばらしい，気の毒だ，もの悲しい」などの意味を持つ多義語であり，文脈から意味を判断することが重要である。(a) 直前に乳母が亡くなったことに言及があるため，イは不適当。(b) 姉の話全体から考えると，猫が亡くなった姫君の生まれ変わりであり，このごろ作者と会えず寂しがっているということからア・ウは不適当。また，(c) 直前に猫の様子について「一見したところ…理解しているよう」とあることから，ネガティブな感情になることは考えにくい。

基本 問二 ア・イ 「もう散ってしまいましたね」・「庭一面に落ちた桜の花びら」が不適当。現代語訳を参照すると，和歌の直前に「まだ散らない木々もある」とあることから，桜が散っていない様子について詠んだ和歌だと思われる。 ウ 「まだ春が始まってさえいないのに」が不適当。現代語訳を参照すると，和歌の直前に「春も終わりというのに」とある。

問三 「手」には体の部位の「手」という意味のほかに，「筆跡」という意味もある。侍従の大納言の姫君はすでに亡くなっているため，ア・ウは不可能。エは「手」の意味にない。

問四 現代語訳「どなたのもとからやってきた猫だろう」，「尋ねる人はいるだろうか」より，猫はおそらく誰かの飼い猫であり，探している人がいるだろうから隠そうとしたことがわかる。

問五 現代語訳「と言って」以降は姉が感想を述べているので，その直前までが会話文である。またこの発言の主は猫。

問六 「かくなりたるなり」は現代語訳では「このようになっているのです」であり，直前に「私は侍従の大納言の姫君で，かりに」とあるのでア・エに絞られるが，アは「死の間際に」とする根拠が本文中にないため不適当。

重要 問七 現代語訳「こちらの中の君が私のことをしきりに，いとおしんで思い出してくださる」をもとに解答する。「私」とは猫に生まれ変わった侍従の大納言の姫君のことであり，筆者は侍従の大納言の姫君の「手＝筆跡」を「取り出して眺めながら，何とはなしにもの悲しくなっている」ので，「私のことをしきりに，いとおしんで思い出してくださる」中の君とは作者のことである。

問八 ア 「姫君の好きだった猫のことを思い出す」が不適当。作者は実際に猫を飼っており，それは侍従の大納言の姫君の生まれ変わりかもしれないということである。 イ 「作者にはなかなかなついてくれなかった」が不適当。現代語訳「私たち姉妹の間にぴったりついてまわる」とあるので，作者にもなついている。 エ 「その後は身分の低いものにもなつくようになり」が不適当。現代語訳を参照すると，姉の夢の話のあと「猫を北向きの部屋には出さず」とあり，「北向きの部屋」とは猫が姉が夢を見る前まで一時的に置かれていた場所で，猫の「身分の低い者の中にいて」という発言からもわかる通り，身分の低い者の部屋である。

やや難 問九 『源氏物語』と『更級日記』はともに平安時代中期の作品であるが，『更級日記』は『源氏物語』よりも後の成立とされている。『平家物語』は鎌倉時代初期，『徒然草』は鎌倉時代後期，『奥の細道』は江戸時代の成立である。

三 （品詞・用法，熟語，語句の意味）

問一 傍線部の「と」は，「と」一語の接続助詞である。 イ 接続詞「すると」の一部。
ウ 引用を表す格助詞「と」。 エ 副詞「ごまんと」の一部。

問二 「供給―需要」は「供給」が「与えること」，「需要」が「欲しがること」という対義語の組み合わせである。 イ 似たような意味の語の組み合わせ。 ウ 誤答が多いと思われるが，「創造」の対義語は「模倣」の方が適切だろう。「創造」とは自力で無から生み出すことであり，「模倣」は既にあるものをまねることである。 エ 「小説」は「書籍」の中の一種。

問三　湯桶読みとは，訓読み＋音読みの組み合わせのことである。　ア　訓読み＋訓読み。　イ　訓読み＋訓読み。　ウ　漢字ではなく，熟語単位で読みをあてたもの。このようなものを「熟字訓」という。熟字訓はほかに「田舎」「明日」など。エの「本」の訓読みは「もと」。

問四　①―Ⅶ，②―Ⅳ，③―Ⅰ，④―Ⅵ，⑤―Ⅱ。②の「濡れ手で粟《あわ》」は，濡れた手で粟をつかむとたくさん付くことからきている。

問五　B・Cの意味に誤答が多いと思われる。B「プロフィール」は「横顔」がもとの意味。誤答が多いと思われる「自己紹介」は誤り。C「キャラクター」を略した「～のようなキャラ」，「キャラ変」という使われ方からもわかる通り，「性格」のことである。誤答が多いと思われる「人物」は，アニメの登場人物紹介や「イメージキャラクター」といった言葉などで使われて広まったものと思われる。

四　（内容吟味）

主に第六段落以降の内容をもとに解答する。最終段落に明記されている通り，筆者は「オンラインは…ではない」と，オンライン授業について否定的な見方を示している。　ア・イ　「オンラインでの授業にも慣れていくべき」・「積極的にオンライン授業を取り入れるべき」が不適当。筆者はオンライン授業に否定的な見方を示しており，また第八段落でも「世界をもっと…意味はない」としている通り，オンライン授業は学びの意味をなさないと考えている。　エ　「ノートの郵送など」が不適当。第六・第七段落にもある通り，「キャンパスに足を…ふれたこともない」のは「気の毒」なことであり，「『先生』といわれる…手っ取り早い」のだから，物理的に直接先生や仲間と触れ合える環境に身をおくことが重要だと筆者は考えているが，「ノートの郵送など」では結局物理的な触れ合いは発生しない。

★ワンポイントアドバイス★

論説文は，キーワードをもとに筆者の主張を正確に把握しよう。キーワードが複数ある場合は，それぞれについて筆者がどのような意見を持っているのか，関連性はあるのか，差異はあるのかということについてもおさえよう。古文は，省略された語や代名詞に注意して内容を読み取ろう。

2020年度

★★★★★★★★★★★★★★★★★★★★★★★

入　試　問　題

2020年度

中部大学春日丘高等学校入試問題

【数　学】（40分）　＜満点：100点＞

【注意】 解答の記入方法は，たとえば，$\boxed{\text{ア}}$と表示のある問いに対して３と解答する場合には，次のように解答番号アの解答欄にマークしなさい。また，計算結果が分数になる場合はこれ以上約分できない形にして答えなさい。

（例）

解答番号	解　答　欄
ア	⊖　±　⓪　①　②　●　④　⑤　⑥　⑦　⑧　⑨

次の$\boxed{\text{ア}}$～$\boxed{\text{リ}}$の中に適する数，符号を１つずつ入れなさい。

［１］ ⑴　$-3^2\times\dfrac{1}{4}+(-2)^2\div\dfrac{4}{3}=\dfrac{\boxed{\text{ア}}}{\boxed{\text{イ}}}$

⑵　$(\sqrt{3}-1)^2(\sqrt{3}+1)^2-\dfrac{18}{\sqrt{27}}=\boxed{\text{ウ}}-\boxed{\text{エ}}\sqrt{3}$

⑶　$(3a^2b^3)^2\times\dfrac{a}{3b}\div\dfrac{ab^2}{2}=\boxed{\text{オ}}\,a^{\boxed{\text{カ}}}\,b^{\boxed{\text{キ}}}$

⑷　赤玉２個と白玉２個と青玉２個入った袋から同時に２個の球を取り出すとき，取り出された球の色が同じである確率は$\dfrac{\boxed{\text{ク}}}{\boxed{\text{ケ}}}$である。

⑸　下の表は，ある中学生20人について，握力を測定し，その結果を度数分布表に表したものである。表の空欄$\boxed{\text{D}}$に当てはまる相対度数は$\boxed{\text{コ}}$であり，中央値の階級値は$\boxed{\text{サ}}$である。
$\boxed{\text{コ}}$，$\boxed{\text{サ}}$に適するものを＜語群＞の中から選び，番号で答えよ。

＜語群＞

⓪0.20　①0.30
②0.33　③0.60
④17.5　⑤20
⑥22.5　⑦25
⑧27.5　⑨30

握力（kg） 以上　未満	度数（人）	相対度数
0 ～ 15	$\boxed{\text{A}}$	0.10
15 ～ 20	6	$\boxed{\text{D}}$
20 ～ 25	$\boxed{\text{B}}$	0.25
25 ～ 30	$\boxed{\text{C}}$	0.25
30 ～ 35	2	$\boxed{\text{E}}$
計	20	1

［２］ ⑴　１次方程式 $\dfrac{6x-4}{5}-\dfrac{3x+1}{3}=\dfrac{1-x}{2}$ を解くと，$x=\dfrac{\boxed{\text{シ}}}{\boxed{\text{ス}}}$ である。

⑵　２次方程式 $x^2-2x=3(x+4)$ の２つの解の和は，$\boxed{\text{セ}}$である。

⑶　サンドイッチを１個100円で100個仕入れ，150円の定価で売った。午前中に売れ残ったものを２割引きで売ったら全部売り切れ，4160円の利益がでた。午前中に売れたサンドイッチの個数は$\boxed{\text{ソ}}\boxed{\text{タ}}$個である。

⑷ 円Oと直線ABおよび直線ACはそれぞれ点Bと点Cで接している。右の図のように，$\angle BDC=110^\circ$ となるような点Dを円周上にとったとき，$x=\boxed{\text{チツ}}^\circ$ である。

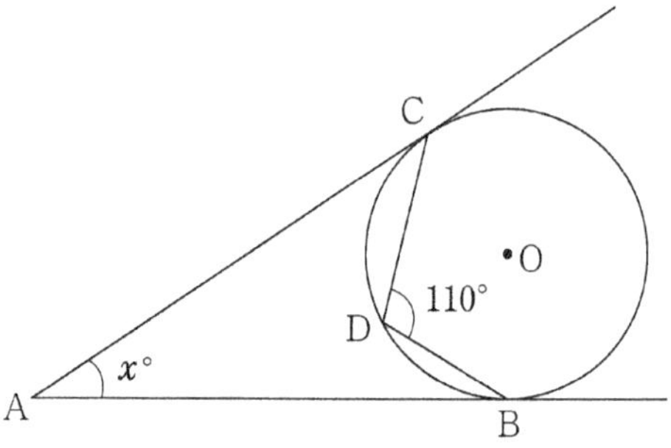

［3］ 図のように，規則にしたがって自然数を1から順に並べる。

	第1列	第2列	第3列	第4列	第5列	第6列	…
第1行	1	2	5	10	17	26	・
第2行	4	3	6	11	18	27	・
第3行	9	8	7	12	19	28	・
第4行	16	15	14	13	20	・	・
第5行	25	24	23	22	21	・	・
第6行	・	・	・	・	・	・	・
⋮	・	・	・	・	・	・	・

⑴ 第7行，第1列の自然数は，$\boxed{\text{テト}}$ である。

⑵ 第4行，第10列の自然数は，$\boxed{\text{ナニ}}$ である。

⑶ 自然数77は，第$\boxed{\text{ヌ}}$行，第$\boxed{\text{ネ}}$列である。

［4］ 次のページの図のように，2つの関数

$y=ax^2\ (a>0)$ ……①

$y=2x-\dfrac{3}{2}$ ………②

のグラフが2点A，Bで交わっており，点Aのx座標は1，点Bのx座標は3である。

また，x軸上の $1<x<3$ の範囲を動く点をPとし，そのx座標をtとする。

⑴ $a=\dfrac{\boxed{\text{ノ}}}{\boxed{\text{ハ}}}$ である。

⑵ 2つの線分の長さの和 AP+BP が最小となるときのtの値は$\dfrac{\boxed{\text{ヒ}}}{\boxed{\text{フ}}}$である。

⑶ 直線ABとy軸との交点をCとするとき，△OBCの面積と△PABの面積が同じになるようなtの値は$\dfrac{\boxed{\text{ヘホ}}}{\boxed{\text{マ}}}$である。

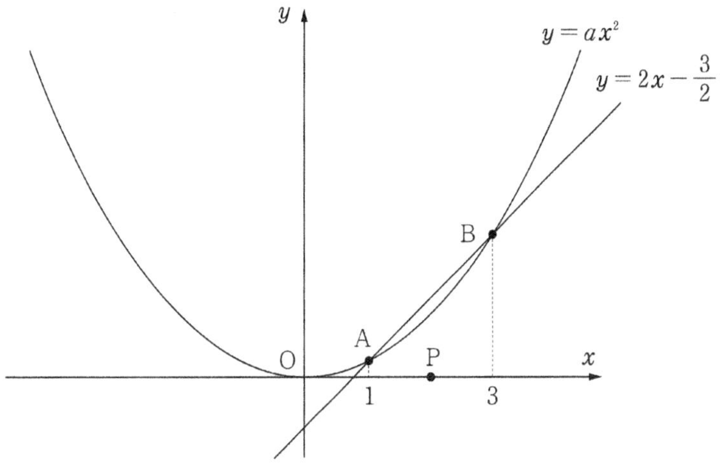

〔5〕 図のように，1辺の長さが2の立方体ABCD - EFGHがある。

⑴ この立方体を頂点A，E，G，Cを通る平面で切ったときにできる断面積は$\boxed{\text{ミ}}\sqrt{\boxed{\text{ム}}}$である。

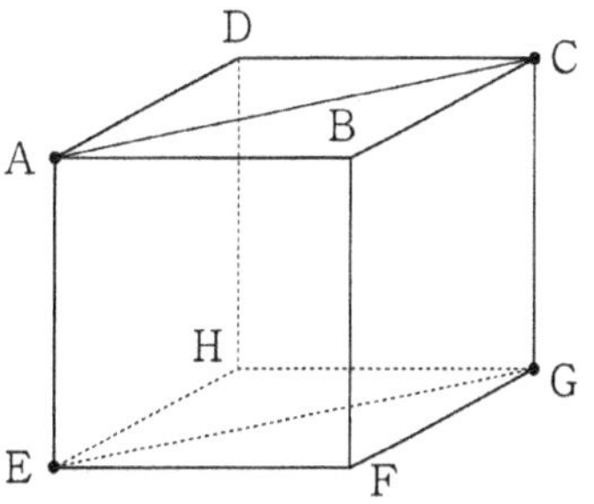

⑵ この立方体を頂点E，GおよびAB，BCの中点を通る平面で切ったとき，点Bを含む方の立体の体積は$\dfrac{\boxed{\text{メ}}}{\boxed{\text{モ}}}$である。

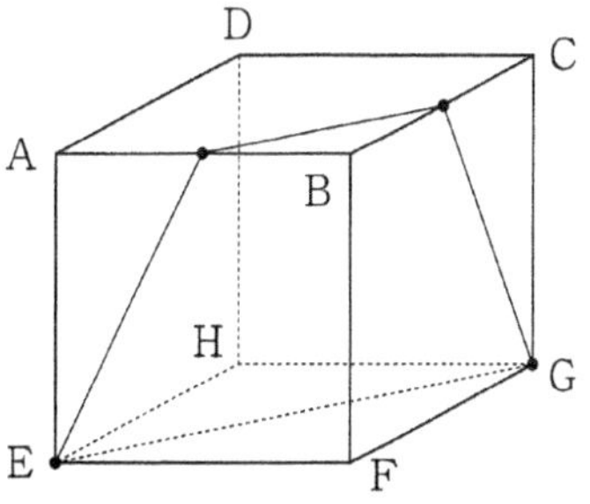

⑶ この立体を頂点A，Gおよび辺CDの中点を通る平面で切ったときにできる断面積は$\boxed{\text{ヤ}}\sqrt{\boxed{\text{ユ}}}$である。

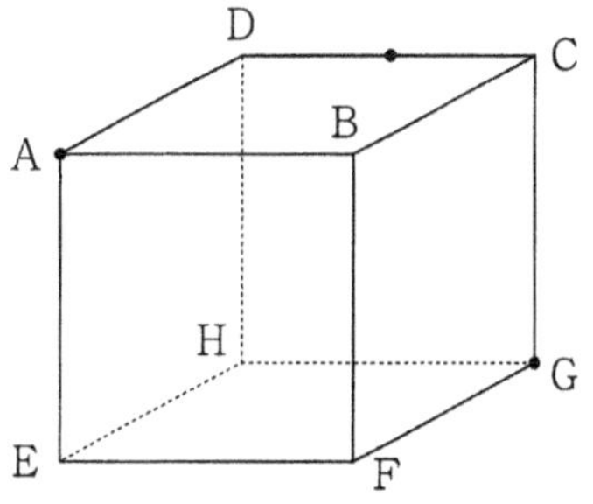

［6］ 正三角形ABCにおいて，辺AB，辺BC上にそれぞれ頂点と異なる点D，Eをとり，線分AEと線分CDの交点を点Fとする。∠AFD＝60°であるとき，AE＝CD となることを，次のように証明した。

空欄ヨ～リに適するものを＜語群＞の中から選び，番号で答えよ。

証明

△CAEと△BCDにおいて

△ABCは正三角形であるから，　CA＝BC ……………………………①

∠ACE＝∠ヨ＝60°　　……②

△CAEの内角と外角の性質から　∠CAE＝∠AEB－∠ACE

＝∠AEB－60°　　……③

△ECFの内角と外角の性質から　∠ECF＝∠FEB－∠ラ

＝∠FEB－60°

＝∠AEB－60°　　……④

③，④より，　∠CAE＝∠ECF＝∠BCD　…⑤

①，②，⑤より，リがそれぞれ等しいから

△CAE≡△BCD

よって，合同な図形の対応する辺の長さは等しいから

AE＝CD　　終

＜語群＞

⓪BCD　①CBD　②CFE　③EAB　④ACD

⑤1組の辺とその両端の角　⑥2組の辺とその間の角　⑦3組の辺

【英　語】（40分）　＜満点：100点＞　　※リスニングテストの音声は弊社HPにアクセスの上，音声データをダウンロードしてご利用ください。

（解答番号1～30）

〔1〕 リスニングテスト

A．それぞれの対話についての問いを聞き，答えとして最も適当なものを４つの選択肢ア～エの中からそれぞれ１つずつ選びなさい。会話と質問文はそれぞれ２回ずつ読まれます。

1 Where did Mr. Gordon leave his bag?

ア At the City Hall.　イ At the station.
ウ On the train.　エ At the library.

2 What subject does Masao like the best?

ア Japanese.　イ History.
ウ Science.　エ Math, Japanese and science.

3 What time are Nick and Chie going to meet at school?

ア At nine thirty.　イ At ten.
ウ At eleven.　エ At twelve.

B．これから流れる英語は，今年から新しく英会話の授業を行うことになったグリーン先生の自己紹介です。内容をよく聞き，質問文の答えとして最も適当なものを４つの選択肢ア～エの中からそれぞれ１つずつ選びなさい。質問は２つあります。自己紹介と質問文はそれぞれ２回ずつ読まれます。

4 When did Ms. Green go to Higashiyama Zoo?

ア She went there a week ago.
イ She went there two days ago.
ウ She went there yesterday.
エ She went there last year.

5 What is Ms. Green going to do in her class?

ア She is going to make chopsticks.
イ She is going to wear some kimonos.
ウ She is going to sing Japanese songs with her students.
エ She is going to sing English songs with her students.

〔2〕 次の英文を読んで，設問に答えなさい。

The long summer vacation began at the end of June. The old *minister left the church, and a new minister came. His name was Mr. Allan. He brought his pretty young wife with him.

One day, Jane Cuthbert was busy in the kitchen. She was a tall woman with gray hair. She wasn't young and pretty, but she had a kind heart. "I'll invite Mr. and Mrs. Allan and have a tea party on Wednesday," Jane said to her pretty daughter, Anne. "Oh, really?" Anne said *excitedly. "Can I make a cake?" "All right, Anne," Jane said.

On Wednesday morning, Anne got up early and made her cake. It looked very good. In the afternoon, Anne put flowers around the table. Then Mr. and Mrs. Allan arrived. "The table looks beautiful," they said. (A) Anne felt very happy. She sat at the table with Jane. Jane wore her best clothes. "I made this cake for you. Would you like some, Mrs. Allan?" Anne asked. "Yes, please," Mrs. Allan said, and she smiled. Anne cut some cake for Mrs. Allan. Mrs. Allan put the cake in her mouth and started to eat it. But she didn't look very happy. "Is anything wrong?" Jane said. "It tastes a little bitter for me." Mrs. Allan said. Then Jane tried some cake, too. "Anne!" she cried. "What did you put in this?" "Only *vanilla," Anne answered. She went to the kitchen and brought back a small bottle. On the front of the bottle, it said "Best Vanilla." Jane opened the bottle. "This isn't vanilla," she said. "It's (B). Last week I broke its bottle. I put it into this old vanilla bottle."

"Oh, no!" Anne said. She ran upstairs to her room. She cried and cried. A little later, somebody came to her room, but she didn't look up. "I'm very unhappy," she said. "If everybody hears about my cake, they'll laugh at me. I can't go downstairs. I can't look at Mrs. Allan again."

"Don't cry, Anne." (C) Anne was surprised and looked up. "Mrs. Allan!" she said in surprise. "Yes, it's me," Mrs. Allan said, and laughed. "The (B) in the cake was a very funny mistake." "I'm very sorry, Mrs. Allan," Anne said. "I wanted to make a nice cake for you." "I know," Mrs. Allan said. "Now please come down and show me your flowers. (D) Nothing is as beautiful as your flowers."

Anne felt happy again. She went downstairs with Mrs. Allan and nobody said anything about the cake.

(出典) *Anne of Green Gables* ; written by L. M. Montgomery 一部改訂

(注) minister：牧師 excitedly：興奮気味に vanilla：バニラ

6 下線部(A)の理由として最も適当なものをア～エの中から１つ選びなさい。

ア アラン夫妻が花で飾りつけされたテーブルを見てほめてくれたから。

イ アラン夫人がケーキをおいしいと言ってくれたから。

ウ ジェーンが隣に座っており，素敵に着飾っていたから。

エ アンがケーキを作りたいといった申し出をジェーンが承諾したから。

7 本文中の（B）に共通して入る語をア～エの中から１つ選びなさい。

ア vanilla イ honey ウ medicine エ sugar

8 下線部(C)の理由として最も適当なものをア～エの中から１つ選びなさい。

ア アラン夫人が花を気に入ってくれていたから。

イ アラン夫人がケーキを気に入ってくれていたから。

ウ　階段を上がってきたのが母親だとは思わなかったから。

エ　階段を上がってきたのがアラン夫人だとは思わなかったから。

9　下線部(D)を日本語にする際に最も適当なものをア～エの中から１つ選びなさい。

ア　あなたの花ほど美しいものは他にありません。

イ　あなたの花と同じぐらいあなたは美しい。

ウ　あなたの花以外に美しいものはありません。

エ　あなたの花が美しいと誰もが思う。

10　次の英文の中で本文の内容と一致する文をア～エの中から１つ選びなさい。

ア　Mrs. Allan wasn't young and pretty.

イ　Anne made a cake for Mr. and Mrs. Allan and it was delicious.

ウ　Anne broke the vanilla bottle when she was making a cake.

エ　Mrs. Allan didn't get angry when she ate the cake Anne made.

［3］ 次の英文を読んで，設問に答えなさい。

When I was on the bus in Hawaii, an American woman said to me "Japanese *tourists are so *rude!" I didn't understand why she said so. Most people think Japanese people are *polite. Then I heard her story.

"It always happens when I get on an elevator here," she said. "The elevator is already full and Japanese people always push others to get on the elevator. It's so rude!"

Ah-ha. Then I understood. This woman has never been to Japan and has never got on an elevator in big cities like Tokyo or Nagoya. When Japanese get on elevators, it is usual to push someone because elevators in Japan are usually crowded. However, Americans don't push other people because they don't need to do it. So when Americans are pushed in the elevators, they feel "It's rude." So who's really wrong in this kind of situation? You can say no one and everyone.

No one was wrong, because the Japanese tourists were just doing *as they always do at home, and the American woman didn't understand why they did so. It was a simple difference about culture. However, everyone was also wrong because a little more *tolerance was necessary. When we visit a foreign country, we're *expected to watch people in that country and do the same things that they do, as the *proverb "When in Rome, do as the Romans do" says. However, we can't expect foreign visitors to do everything like us. We should have a little tolerance for differences about culture.

（出典） *Tokyo Wonderland And Other Essays on Life in America and Japan* : by Kay Hetherly NHK Publishing（2006）　一部改訂

（注） tourist：旅行者　rude：失礼な　polite：礼儀正しい　as：～のように　tolerance：寛容さ
expect A to ～：Aが～するのを期待する　proverb：ことわざ

[11] Why did the American woman say "Japanese tourists are so rude?"

ア Because they pushed people when they got on a bus.

イ Because they were talking when they were on an elevator.

ウ Because they pushed people when they got on an elevator.

エ Because they tried to run into a bus.

[12] Where was the American woman pushed by Japanese tourists?

ア In Tokyo.　イ In Rome.　ウ In a bus.　エ In Hawaii.

[13] Why did the writer understand that Japanese tourists were not rude?

ア Because they were just doing as they always do in Japan.

イ Because they were just doing as they always do in America.

ウ Because they just tried to be like Americans.

エ Because they just tried to be like foreign people.

[14] What does the proverb "When in Rome, do as the Romans do" mean?

ア When you go to a foreign country, you should learn foreign languages.

イ When you go to a foreign country, you should talk with a lot of people who live in the country.

ウ When you visit a foreign country, you should push someone who lives in the country.

エ When you visit a foreign country, you should act like people who live in the country.

[15] What should we do when we see foreign people are doing something strange?

ア We should take them to a big city like Tokyo or Nagoya.

イ We should understand differences in each other's cultures.

ウ We should enjoy having lunch together.

エ We should expect them to do everything like us.

［4］ 次の文には，それぞれ明らかに文法的な誤りが１か所ある。その誤りをア～エの中から１つずつ選びなさい。

[16] One of the boys are（ア） good at playing（イ） the（ウ） guitar because he belongs to（エ） a music club.

[17] Ken is going to visit（ア） Tokyo next（イ） March to watch soccer games which（ウ） his friend will playing（エ）.

[18] This cat is really loved（ア） by my family. She（イ） is the most（ウ） heaviest animal of（エ） all our pets.

[19] There are ア some famous people in this picture. They are all winners of イ the Nobel Peace Prize. How many ウ people in this picture have you see エ before?

[20] In my country, we study Japanese once ア a week. How イ many ウ do you study English in your エ country?

［5］ 次の各文の（　）に入る最も適当な語（句）をそれぞれア～エの中から1つずつ選びなさい。

[21] It is easy (　　) a bike.

ア for me to riding　　イ of me to riding

ウ for me to ride　　エ of me to ride

[22] We (　　) twenty years.

ア are best friend for　　イ have been best friend since

ウ have been best friends for　　エ are best friends since

[23] The man (　　) in front of the house is my father.

ア washing the car　　イ washed the car

ウ washes the car　　エ the car washing

[24] She is proud of (　　) soccer well.

ア play　　イ playing

ウ to play　　エ played

[25] You had a really good time in America, (　　)?

ア don't you　　イ didn't you

ウ aren't you　　エ weren't you

［6］ 示された語句を並べかえて，次の日本語の内容の英文を作るとき，＿(1)＿ と ＿(2)＿ に入る最も適当な語句の組み合わせをそれぞれア～エの中から1つずつ選びなさい。なお，文頭に来るべき語も小文字で始めてあります。

[26] その家はあなたの祖父によって建てられましたか。

＿＿＿ ＿＿＿ ＿(1)＿ ＿＿＿ ＿(2)＿ ＿＿＿ ＿＿＿?

[built / your / the / by / house / grandfather / was]

ア (1) built　(2) your　　イ (1) house　(2) by

ウ (1) grandfather　(2) was　　エ (1) was　(2) the

[27] 彼は姉ほど楽しそうではありませんでした。

He ＿＿＿ ＿＿＿ ＿(1)＿ ＿＿＿ ＿(2)＿ ＿＿＿ ＿＿＿ sister.

[as / not / look / happy / as / did / his]

ア (1) happy　(2) as　　イ (1) as　(2) not

ウ (1) look　(2) happy　　エ (1) not　(2) did

28 その映画を見て，彼はバスケットボールがしたくなる。

_____ _____ __(1)__ _____ _____ __(2)__ _____ .

〔 him / will / to / encourage / the movie / basketball / play 〕

ア (1) encourage (2) play イ (1) him (2) will

ウ (1) to (2) encourage エ (1) basketball (2) him

29 彼はとても親切で私に駅への行き方を教えてくれました。

He _____ __(1)__ _____ _____ __(2)__ _____ _____ _____ to the station.

〔 me / was / so / he / kind / that / showed / the way 〕

ア (1) so (2) he イ (1) the way (2) he

ウ (1) me (2) showed エ (1) me (2) kind

30 夕食に何を作ったらよいかわかりません。

_____ _____ _____ __(1)__ _____ _____ __(2)__ _____ .

〔 dinner / what / I / to / know / cook / don’t / for 〕

ア (1) cook (2) dinner イ (1) what (2) for

ウ (1) I (2) for エ (1) dinner (2) don’t

【理　科】（30分）　　＜満点：100点＞

（解答番号①～⑳）

〔1〕　斜面上の物体の運動とエネルギーの移り変わりについて調べるために，次の実験を行いました。空気の抵抗を考えないものとして，次の①～⑤に答えなさい。

〈実験1〉　図1のようなBCの高さを0［m］とする滑らかな斜面AB上のある点から質量80［g］の小球を静かにはなし，粗い水平面BC上に静止している木片に衝突させたところ，木片が移動して静止した。小球をはなす高さを変えて，木片が移動する距離を調べたところ，表1のようになった。

図1

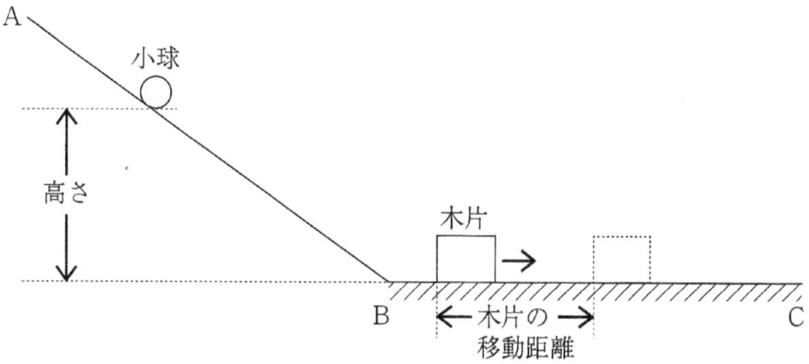

表1

小球をはなす高さ	5.0［cm］	10.0［cm］	15.0［cm］	20.0［cm］
木片の移動距離	2.4［cm］	4.8［cm］	7.2［cm］	9.6［cm］

〈実験2〉　次に，質量の異なる小球を，いずれも同じ高さから静かにはなし，木片に衝突させた。実験1と同様に木片が動く距離を調べたところ，表2のようになった。

表2

小球の質量	40［g］	80［g］	120［g］	160［g］
木片の移動距離	1.8［cm］	3.6［cm］	5.4［cm］	7.2［cm］

①　小球をはなしてから水平面に達するまでの，小球が持つ力学的エネルギーと運動エネルギーの値の変化を表すグラフはどれか。正しいものを下の（ア）～（オ）から1つ選び，記号で答えなさい。ただし，横軸は小球をはなしてからの時間，縦軸はエネルギーの値を表し，実線は力学的エネルギーを，点線は運動エネルギーの変化を表すものとする。

（ア）

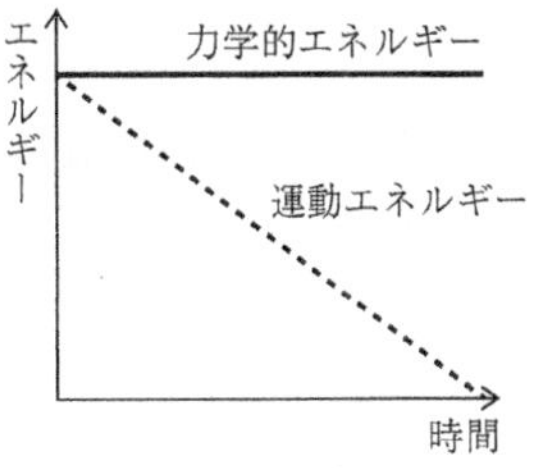

（イ）

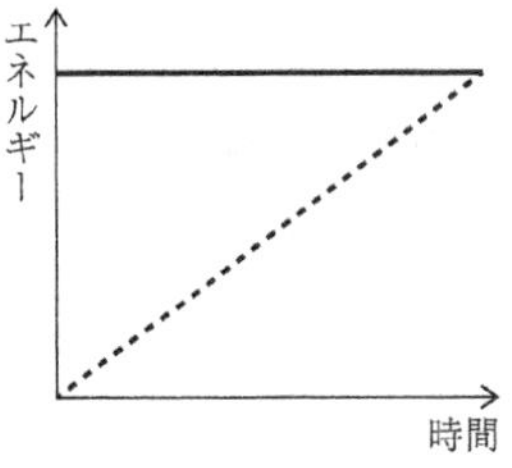

（ウ）

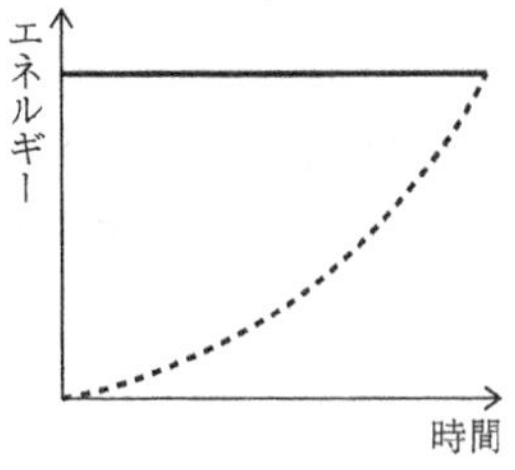

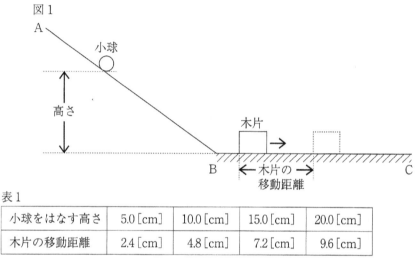

（エ）

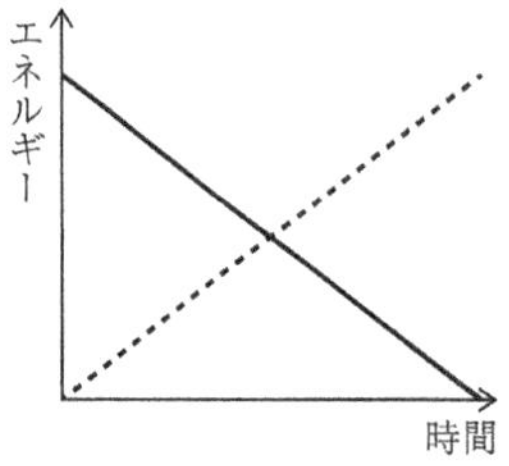

（オ）

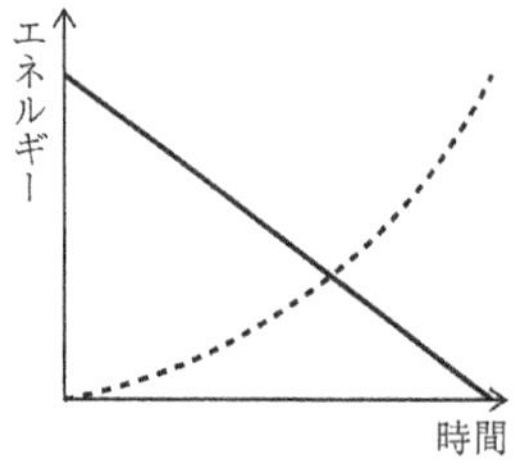

[2] 実験２において，小球をはなした高さは何[cm] か。正しいものを下の（ア）～（オ）から１つ選び，記号で答えなさい。

（ア） 5.0[cm]　（イ） 7.5[cm]　（ウ）10.0[cm]　（エ） 12.5[cm]　（オ） 15.0[cm]

[3] 斜面AB上の高さ12.5[cm] の点から質量100[g] の小球をはなした場合，木片は何[cm] 動くか。正しいものを下の（ア）～（オ）から１つ選び，記号で答えなさい。

（ア） 6.0[cm]　（イ） 7.5[cm]　（ウ）9.0[cm]　（エ）10.5[cm]　（オ）12.0[cm]

〈実験３〉 前のページの図１の装置から木片を取り除き，図２のようにレールの傾きを変えて同じ高さから小球をはなし，小球がどのような運動をするのか調べた。

図２

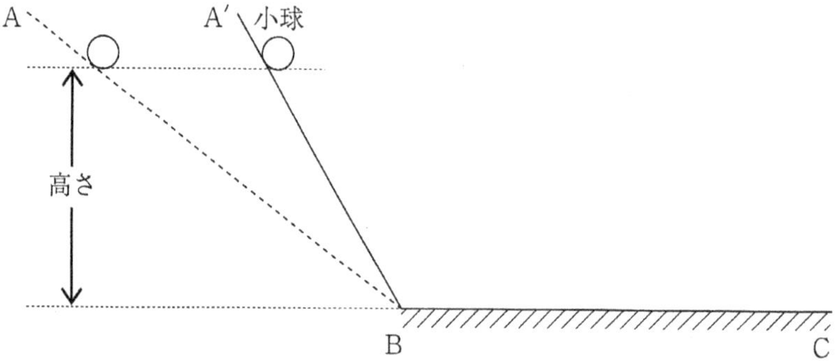

[4] 実験３において傾きを大きくするとき，水平面に達するまでの時間とそのときの速さはどうなるか。正しいものを下の（ア）～（オ）から１つ選び，記号で答えなさい。

（ア）時間は変わらないが，速さは速くなる。

（イ）短い時間ですべりおり，速さは速くなる。

（ウ）短い時間ですべりおり，速さは変わらない。

（エ）短い時間ですべりおり，速さは遅くなる。

（オ）時間も速さも変わらない。

〈実験４〉 最後に，次のページの図３のように滑らかな水平面B′C′に直流電流を流したコイルを付け，棒磁石を積んだ台車をある高さからはなし，コイルの中を通過させた。

図3

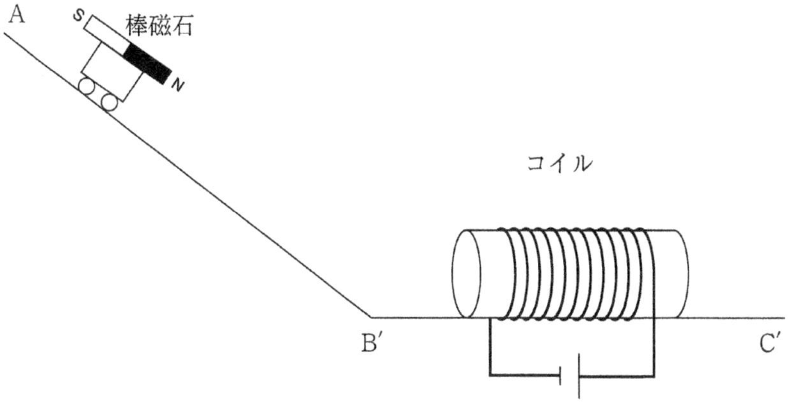

5　台車がコイルを通り抜ける前後の台車の運動はどうなるか。正しいものを右の（ア）～（オ）から1つ選び，記号で答えなさい。

	入る前の運動	出た後の運動
（ア）	だんだん速くなる	だんだん速くなる
（イ）	だんだん遅くなる	だんだん遅くなる
（ウ）	だんだん速くなる	だんだん遅くなる
（エ）	だんだん遅くなる	だんだん速くなる
（オ）	変わらない	変わらない

〔2〕 塩酸と石灰石（炭酸カルシウムを主成分とする天然石）を使って実験を行いました。これについて，次の6～10に答えなさい。

〈実験〉 ①図4のように，石灰石5.0［g］を入れたビーカーと，うすい塩酸80.0［cm^3］を入れたビーカーを合わせて質量をはかると，180［g］だった。

②この石灰石を，うすい塩酸を入れたビーカーにすべて移して反応させた。

③しばらくして完全に反応が終わってから，図5のように全体の質量をはかると179.2［g］だった。

④同様の実験を，同じ質量の石灰石を用いて同じ濃度のうすい塩酸の量を変えて行った。結果は次のページの表3のようになった。

図4

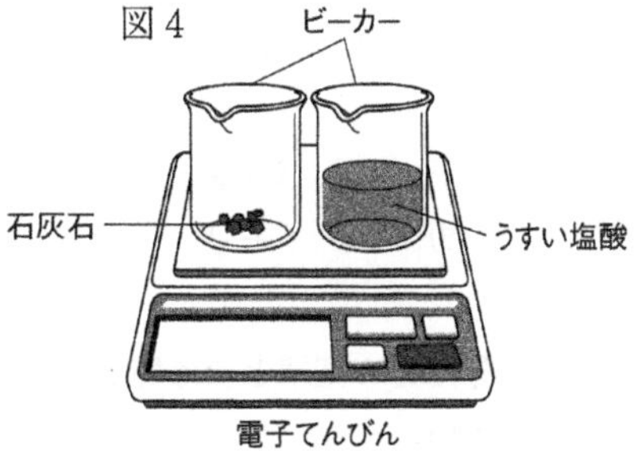

図5

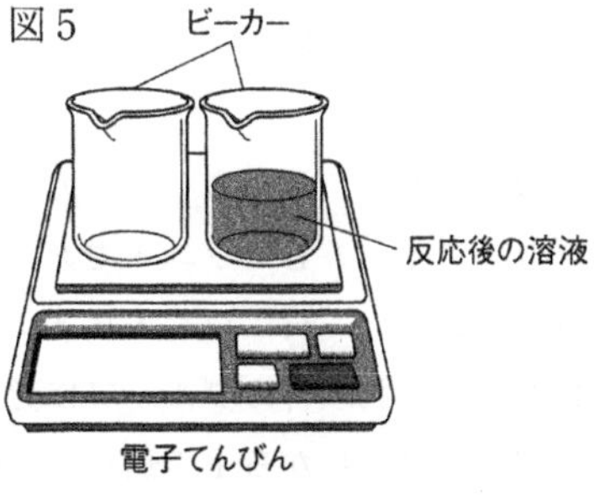

表３

うすい塩酸の量[cm^3]	80.0	120.0	160.0	200.0	240.0	280.0
反応前の質量[g]	180.0	224.0	268.0	312.0	356.0	400.0
反応後の質量[g]	179.2	222.8	266.4	310.0	354.0	398.0

6　実験で反応前と反応後で質量が変化している。理由として正しいものを下の（ア）～（オ）から１つ選び，記号で答えなさい。

（ア）塩素が発生して軽くなった。　（イ）水が蒸発して軽くなった。

（ウ）二酸化炭素が発生して軽くなった。　（エ）カルシウムが溶けて軽くなった。

（オ）水素が発生して軽くなった。

7　実験に使った塩酸の密度は何[g/cm^3]か。正しいものを下の（ア）～（オ）から１つ選び，記号で答えなさい。

（ア）0.9[g/cm^3]　（イ）1.0[g/cm^3]　（ウ）1.1[g/cm^3]

（エ）1.2[g/cm^3]　（オ）1.3[g/cm^3]

8　塩酸の量が150[cm^3]の実験を行ったとすると，反応の前後の質量の変化は何[g]か。正しいものを下の（ア）～（オ）から１つ選び，記号で答えなさい。

（ア）−1.55[g]　（イ）−1.50[g]　（ウ）−1.45[g]

（エ）−1.40[g]　（オ）−1.35[g]

9　次のＡ～Ｅの文は，実験をふまえて塩酸の量と石灰石の量の関係について述べたものである。正しい文章の組み合わせを下の（ア）～（オ）から１つ選び，記号で答えなさい。

Ａ　どれだけ多くの塩酸で実験を行っても，反応は進む。

Ｂ　石灰石5.0[g]をすべて反応させるためには，塩酸が少なくとも160.0[cm^3]必要である。

Ｃ　石灰石5.0[g]をすべて反応させるためには，塩酸が少なくとも200.0[cm^3]必要である。

Ｄ　塩酸の量が200.0[cm^3]の実験後，石灰石を追加すると，再び反応が起こる。

Ｅ　塩酸の量が240.0[cm^3]の実験後，石灰石を追加すると，再び反応が起こる。

（ア）Ｂ　（イ）Ｄ　（ウ）ＣとＥ　（エ）ＡとＣ　（オ）ＢとＥ

10　実験で使う塩酸の濃度を1.2倍にすると，120[cm^3]のときの質量の変化は何[g]か。正しいものを下の（ア）～（オ）から１つ選び，記号で答えなさい。ただし，塩酸の密度は変化しないものとする。

（ア）−1.44[g]　（イ）−1.20[g]　（ウ）−0.88[g]　（エ）−0.44[g]　（オ）0.00[g]

［３］いろいろな特徴によって，身近な生き物をＡ～Ｈに分類しました。これについて，次の11～15に答えなさい。

Ａ：イルカ・ヒト　Ｂ：カラス・カッコウ　Ｃ：チョウ・バッタ

Ｄ：マグロ・コイ　Ｅ：ワニ・カメ　Ｆ：カエル・イモリ

Ｇ：イカ・タコ　Ｈ：ウニ・ヒトデ

11　Ａ～ＨをＡとそれ以外のグループに分けたとき，分け方の基準となる特徴は何か。正しいものを下の（ア）～（オ）から１つ選び，記号で答えなさい。

（ア）卵生か胎生か

（イ）子育てをするか子育てをしないか
（ウ）えら呼吸か肺呼吸か
（エ）無セキツイ動物かセキツイ動物か
（オ）水中で産卵する動物か陸上で産卵する動物か

⑫ A～Hを（A・B・D・E・F）と（C・G・H）のグループに分けたとき，（A・B・D・E・F）のグループを表す名称は何か。正しいものを下の（ア）～（オ）から１つ選び，記号で答えなさい。
（ア）無セキツイ動物
（イ）セキツイ動物
（ウ）軟体動物
（エ）節足動物
（オ）草食動物

⑬ A～Hの中でCだけに当てはまる特徴は何か。正しいものを下の（ア）～（オ）から１つ選び，記号で答えなさい。
（ア）体が同心円状である。
（イ）体が左右対称である。
（ウ）体が湿った皮膚でおおわれている。
（エ）体が外骨格でおおわれている。
（オ）体がうろこでおおわれている。

⑭ カモノハシについての説明として，正しいものを下の（ア）～（オ）から１つ選び，記号で答えなさい。
（ア）Aと同じ繁殖方法で，子育ては行わない。
（イ）Eと同じ繁殖方法で，母乳をあげて子育てを行う。
（ウ）皮膚はEと同じ構造をしていて，恒温動物である。
（エ）皮膚はFと同じ構造をしていて，変温動物である。
（オ）皮膚はFと同じ構造をしていて，卵生である。

⑮ 下のグラフは外部の温度と動物の体温の関係を表したものである。②のような変化をするグループの中で，１回の産卵または産子の数が一般に最も多い分類はどれか。正しいものを下の（ア）～（オ）から１つ選び，記号で答えなさい。
（ア）B
（イ）C
（ウ）D
（エ）E
（オ）G

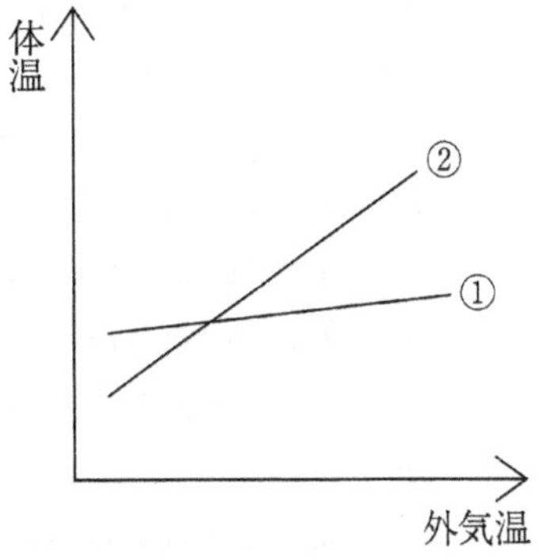

［4］ 宇宙から見た地球，月，大気の様子を考えました。これについて，次の[16]～[20]に答えなさい。

図6のように地球は太陽のまわりを1年かけて公転するが，地球の地軸が公転面に垂直な方向に対して傾いているために，地球には季節ができる。

図6

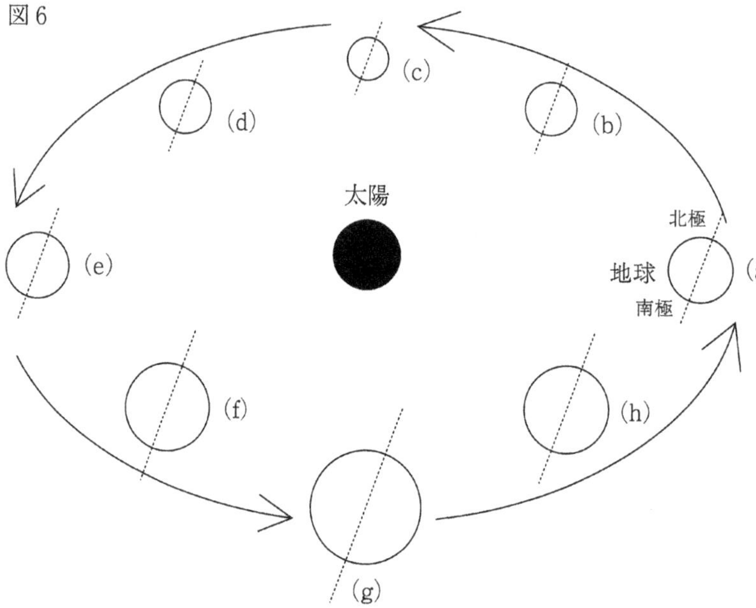

[16] 地球の季節について正しい組み合わせはどれか。正しいものを下の（ア）～（オ）から1つ選び，記号で答えなさい。

	ゴールデンウィーク	クリスマス
（ア）	(a)	(d)
（イ）	(b)	(e)
（ウ）	(d)	(g)
（エ）	(f)	(c)
（オ）	(d)	(a)

[17] 地球の地軸の傾きが現在と違っていたとする。それぞれの仮定において正しい文章はどれか。正しいものを下の（ア）～（オ）から1つ選び，記号で答えなさい。

(ア) 地球の公転面に対して地球の地軸が垂直だったと仮定すると，現在の地球より夏と冬の気温差が激しい気候になる。

(イ) 地球の公転面に対して地球の地軸が垂直だったと仮定すると，現在の地球より昼と夜の気温差が激しい気候になる。

(ウ) 地球の公転面に対して地球の地軸が垂直だったと仮定すると，常に昼の地域と常に夜の地域ができる。

(エ) 地球の公転面と地球の地軸が平行で，地軸が常に太陽の方向を向いていると仮定すると，常に昼の地域と常に夜の地域ができる。

（オ）地球の公転面と地球の地軸が平行で，地軸が常に太陽の方向を向いていると仮定すると，現在の地球より夏と冬の気温差が激しい気候になる。

図７のように月は地球のまわりを回っている衛星だが，その見え方について考える。

図７

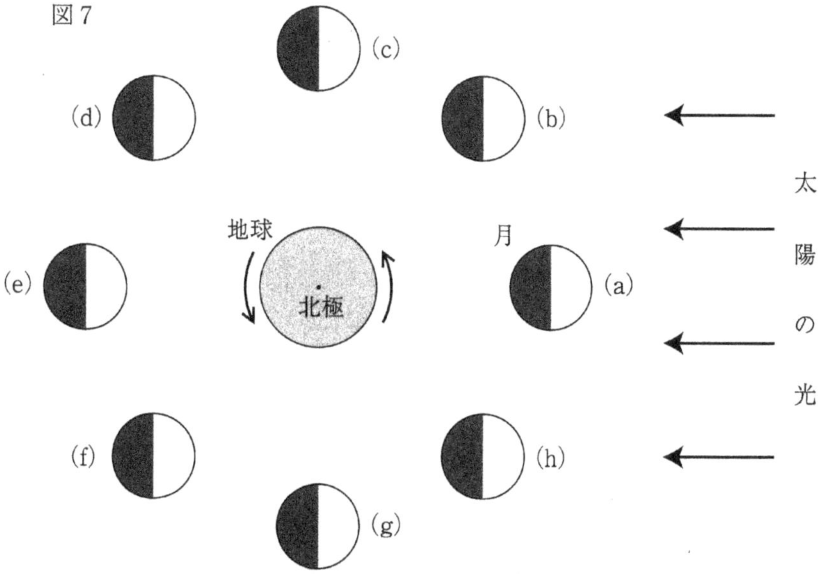

18 日本付近から見た月が，図８のように見える図７における位置と，月が真南に見える時間帯の組み合わせはどれか。正しいものを下の（ア）～（オ）から１つ選び，記号で答えなさい。

図８

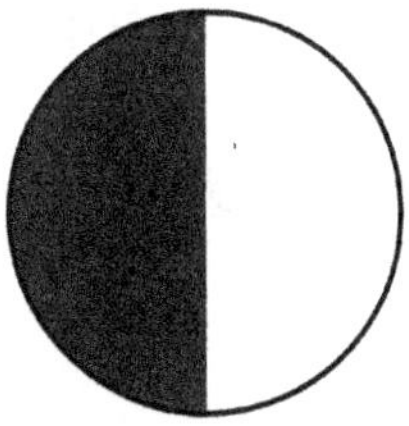

	見える場所	見える時間
（ア）	(e)	真夜中
（イ）	(g)	夕方
（ウ）	(c)	朝方
（エ）	(c)	夕方
（オ）	(g)	真夜中

19 月は自転しながら地球の周りを公転していて，お互いの地軸は同じ向きであることが知られている。しかし月の裏側は地球から見ることができない。この理由として正しい文章はどれか。正しいものを下の（ア）～（オ）から１つ選び，記号で答えなさい。

（ア）月の公転周期と地球の公転周期が一致しているから。
（イ）月の公転周期と月の自転周期が一致しているから。
（ウ）月の自転周期と地球の自転周期が一致しているから。
（エ）月の公転周期と地球の自転周期が一致しているから。
（オ）地球の公転周期と地球の自転周期が一致しているから。

20 地球の自転の様子を考えると，次のページの図９のように低緯度付近よりも，中緯度付近の方が円運動の半径が小さいのはあきらかである。このことから中緯度付近のジェット気流と呼ばれる大気の流れを考えたとき，正しい文章はどれか。正しいものを下の（ア）～（オ）から１つ選び，記号で答えなさい。

図９

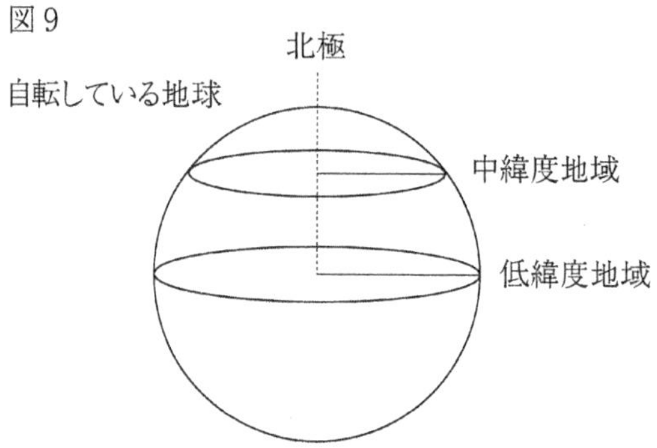

（ア）低緯度付近から中緯度付近に大気が移動したとすると，大きな半径で速い速度の円運動をしていた大気は，比較的ゆっくりとした速さで運動している中緯度付近の大地から観測すると西からの風になる。

（イ）低緯度付近から中緯度付近に大気が移動したとすると，大きな半径で速い速度の円運動をしていた大気は，比較的ゆっくりとした速さで運動している中緯度付近の大地から観測すると東からの風になる。

（ウ）中緯度付近の大気は地面に引きずられるように円運動するが，大気は気体であるので，地球の自転についていけずに遅れるので，中緯度付近では西風となる。ただし，その速度は低緯度付近の西風より穏やかである。

（エ）中緯度付近の大気は地面に引きずられるように円運動するが，大気は気体であるので，地球の自転についていけずに遅れるので，中緯度付近では東風となる。ただし，その速度は低緯度付近の東風より穏やかである。

（オ）全体に地球の大気は地面に引きずられるように円運動するが，大気は気体であるので，地球の自転についていけずに遅れるので，西風になる。ただし，低緯度付近に比べて，中緯度付近は回転半径が小さい分早く一周するので，激しい西風になりがちである。

【社　会】（30分）　＜満点：100点＞

（解答番号[1]～[25]）

〔1〕 下の地図1とグラフ1を見て，次の[1]～[3]に答えなさい。

地図1

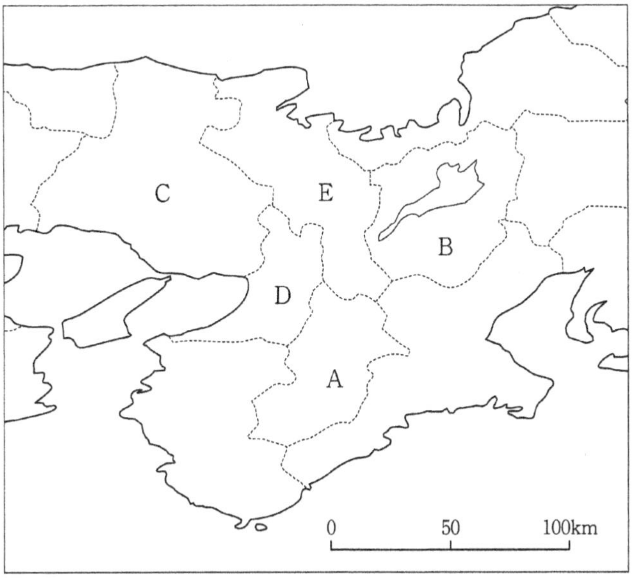

グラフ1

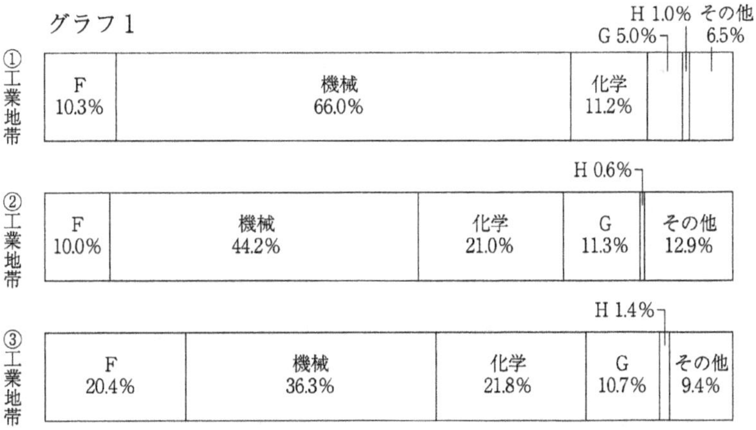

（「工業統計調査」平成24年度版から作成）

[1] 次の文は，地図1のA県についての説明文です。文中の X と Y にあてはまる語句の組み合わせとして正しいものを，次のページの（ア）～（エ）のうちから一つ選びなさい。

> A県の南部にある X 山地では，黒潮や夏の季節風の影響で，温暖で雨が多く，年間降水量が4000㎜に達するため，樹木の生長がはやく，すぎやひのきの生産が行われている。特に X 山地で生産される Y すぎは室町時代から行われている人工植林によって生産されたものであり，よく知られている。

（ア）X：紀伊　Y：熊野　（イ）X：和泉　Y：熊野

（ウ）X：紀伊　Y：吉野　（エ）X：和泉　Y：吉野

[2] 前のページの地図１のＢ県には日本最大の湖があります。この湖では1960年代以降になると産業排水や生活排水が大量に流れ込んだため，赤潮やアオコが発生しました。それ以降Ｂ県が環境保全活動として行った内容として誤っているものを，次の（ア）～（エ）のうちから一つ選びなさい。

（ア）健全な湖を次世代に引き継ぐための指針として，マザーレイク21計画が定められた。

（イ）赤潮発生の原因であるリンを排出しないよう，天然油脂を原料とした石鹸を使う運動が起こった。

（ウ）1993年にこの湖はラムサール条約の登録湿地になり，Ｂ県全体で保全活動を行うようになった。

（エ）湖の生態系を維持するために，湖付近の釣りを行うことを禁止にするルールが作られた。

[3] 地図１のＣ・Ｄの府県では阪神工業地帯が形成され，前のページのグラフ１は三大工業地帯の主な産業の割合を表したものです。阪神工業地帯のグラフとして正しいものと，グラフ１のＦ・Ｈに入る産業の組み合わせとして正しいものを，次の（ア）～（エ）のうちから一つ選びなさい。

（ア）グラフ：①　Ｆ：繊維　Ｈ：食料品

（イ）グラフ：②　Ｆ：金属　Ｈ：繊維

（ウ）グラフ：②　Ｆ：繊維　Ｈ：食料品

（エ）グラフ：③　Ｆ：金属　Ｈ：繊維

〔２〕 次のページの地図２とグラフ２を見て，あとの[4]～[7]に答えなさい。

[4] 次の文は，ヨーロッパ州の説明文です。文中の [X]・[Y]・[Z] にあてはまる語句の組み合わせとして正しいものを，下の（ア）～（エ）のうちから一つ選びなさい。

> ヨーロッパ州の特徴として，南部にはＤ国やＥ国をまたぐ [X] などの大きな山脈があり，高低差の大きい地形が特徴である。また，北部の沿岸部には氷河によって削られた [Y] と呼ばれる奥行きのある湾が多くみられる。さらに，中央部の平野ではオランダやＣ国を流れる [Z] のような国際河川があり，物資を運ぶ際に活用されている。

（ア）X：ピレネー山脈　Y：リアス式海岸　Z：ドナウ川

（イ）X：アルプス山脈　Y：フィヨルド　Z：ライン川

（ウ）X：アルプス山脈　Y：リアス式海岸　Z：ライン川

（エ）X：ピレネー山脈　Y：フィヨルド　Z：ドナウ川

[5] グラフ２は地図２のＡ～Ｅ国の都市の雨温図です。国と都市の正しい組み合わせはどれですか，次の（ア）～（エ）のうちから一つ選びなさい。

（ア）(a)：Ａ－ヘルシンキ　(b)：Ｄ－パリ

（イ）(a)：Ｃ－ベルリン　(b)：Ｅ－ローマ

（ウ）(a)：Ａ－ヘルシンキ　(b)：Ｅ－ローマ

（エ）(a)：Ｃ－ベルリン　(b)：Ｄ－パリ

地図２

グラフ２

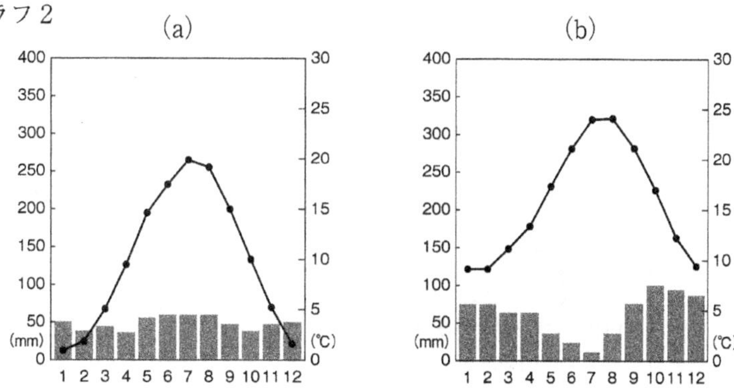

（「理科年表」平成26年から引用）

6　ヨーロッパ州では多くの人々がキリスト教を信仰しています。Ａ～Ｅ国のキリスト教の分布状況を示したものとして正しいものを，次の（ア）～（エ）のうちから一つ選びなさい。（分布状況は多いものを示している）

（ア）Ａ：カトリックとプロテスタント　　Ｂ：プロテスタント　　Ｃ：正教会

（イ）Ｂ：カトリックと正教会　　Ｃ：正教会　　Ｄ：プロテスタント

（ウ）C：カトリックとプロテスタント　D：カトリック　E：カトリック

（エ）A：カトリックと正教会　C：プロテスタント　E：正教会

7　ヨーロッパ州では，1967年に発足したヨーロッパ共同体（EC）が1993年にはヨーロッパ連合（EU）へと発展しました。これについて述べた文として，誤っているものを，次の（ア）～（エ）のうちから一つ選びなさい。

（ア）EUの発達によって，AとBを結ぶユーロスターやBの特急ICEなどの高速鉄道が建設された。

（イ）多くのEU加盟国の間では，国境の検問所などがないため，賃金の高い国へ通勤する人が近年増加している。

（ウ）西ヨーロッパでは1970年代以降に鉄鋼業などの国際競争力が低下し，1980年代以降，ハイテク産業が発達するところも出てきた。

（エ）EUによる統合が進むなかで，交通網の整備などによって近年観光業が盛んになっている。

〔3〕　下の略年表を見て，あとの8～14に答えなさい。

略年表

世紀	おもなことがら	メモ
紀元前3～ 紀元前1		①稲作がはじまる
1	小国が分立する	
2～4		
5	大和政権の統一がすすむ	渡来人がふえる
6～7	↕（あ）	
8	律令政治のしくみがととのう	
9	↕（い）	
10	摂関政治がおこなわれる	②文化の国風化がすすむ
11	↕（う）	
12	武家政治がはじまる	
13～16		新しい仏教がおこる
17	幕府と藩による政治がはじまる	
18	↕（え）	
19	自由民権運動がさかんになる	
20	↕（お） 15年にわたる戦争の時代がはじまる ↕（か） 経済の高度成長がはじまる	公害と環境破壊がすすむ

8　略年表中の下線部①について，この時期に使われた稲穂をつみとる道具として正しいものを，次の（ア）～（エ）のうちから一つ選びなさい。

（ア）骨角器　（イ）石鏃《せきぞく》（矢じり）　（ウ）石包丁　（エ）鎌

⑨ 前のページの略年表中の（あ）の時期の世界のできごととして正しいものを，次の（ア）～（エ）のうちから一つ選びなさい。

（ア）シルクロードを通じて漢と西方の交易がおこなわれた。

（イ）新羅が百済と高句麗をほろぼし，朝鮮半島を統一した。

（ウ）イギリスの植民地支配に対する，インド大反乱がおこった。

（エ）バスコ＝ダ＝ガマがアフリカの南をまわりインドに着いた。

⑩ 略年表中の（い）の時期におこなわれた日本と海外との交流として正しいものを，次の（ア）～（エ）のうちから一つ選びなさい。

（ア）遣唐使の派遣　　（イ）朝鮮通信使の来日

（ウ）南蛮貿易　　（エ）琉球王国との貿易

⑪ 略年表中の下線部②について，その内容として正しいものを，次の（ア）～（エ）のうちから一つ選びなさい。

（ア）ふすまや障子，たたみや床の間をもつ書院造がひろまった。

（イ）茶の湯がさかんになり，簡素さをとうとぶ茶の作法が大成された。

（ウ）日本の風景や風俗を柔らかな線でえがく大和絵がおこった。

（エ）日本の古典に日本人の心を見いだそうとする国学がおこった。

⑫ 略年表中の（う）の時期の武士のうごきを示すできごとを〔A群〕から，その結果を〔B群〕から選んだとき，その組み合わせとして最も適当なものを，次の（ア）～（エ）のうちから一つ選びなさい。

〔A群〕	〔B群〕
1．平治の乱	X．源頼朝が征夷大将軍になる
2．前九年合戦・後三年合戦	Y．平清盛が太政大臣になる

（ア）1－X　（イ）1－Y　（ウ）2－X　（エ）2－Y

⑬ 略年表中の（え）の時期の社会のうごきを説明した下の1～4の文を古い順に並べたとき，次の □ の文はどこの間に入りますか，下の（ア）～（エ）のうちから一つ選びなさい。

> 大塩平八郎が大阪で乱をおこしたころ，薩摩藩や長州藩などでは，有能な下級武士をとりたて，藩財政の立て直しをおこなわせた。

1．生活必需品の不足や値上がりのため，「世直し」をとなえる一揆や騒動がおこった。この時期，薩摩藩と長州藩の間に同盟が成立した。

2．裁判の基準となる公事方御定書がまとめられ，目安箱が設けられた。この時期，年貢が引き上げられ新田開発がすすんだ。

3．株仲間が積極的に公認され，長崎貿易では銅や海産物の輸出が奨励された。この時期，天明のききんがおこり百姓一揆が急増した。

4．日本人の海外渡航や帰国，ポルトガル船の来航が禁止された。この時期，九州ではキリスト教徒を中心に農民が大規模な一揆をおこした。

（ア）4と2の間　（イ）2と3の間　（ウ）3と1の間　（エ）4と3の間

[14] 次の［　　］の文のできごとは，22ページの略年表中の（う）～（か）のどの時期のものですか，下の（ア）～（エ）のうちから一つ選びなさい。

> イギリスでは，商工業者や地主らが議会を足場に国王とはげしく対立し，清教徒革命や名誉革命とよばれる市民革命がおこった。

（ア）（う）の時期　（イ）（え）の時期　（ウ）（お）の時期　（エ）（か）の時期

［4］ 下の文章を読み，あとの[15]～[17]に答えなさい。

> 第4次①エネルギー基本計画の策定から4年，今一度，我が国がエネルギー選択を構想すべき時期に来ている。第5次に当たる今回のエネルギー基本計画では，2030年のエネルギーミックスの確実な実現へ向けた取り組みの更なる強化を行うとともに，新たなエネルギー選択として2050年のエネルギー転換・脱炭素化に向けた挑戦を掲げる。こうした方針とそれに臨む姿勢が，②国・産業・③金融・個人各層の行動として結実し，日本のエネルギーの将来像の具現化につながっていくことを期待する。　（資源エネルギー庁『第5次エネルギー基本計画』より抜粋）

[15] 下線部①について，次のグラフは主な国の発電量の内訳を示したものです。A～Dに入る国名として正しいものを，下の（ア）～（エ）のうちから一つ選びなさい。

主な国の発電量の内訳（%）

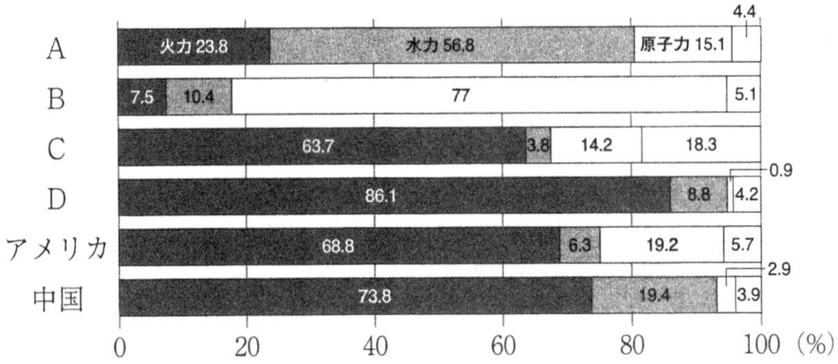

（『データブック オブ・ザ・ワールド 2019年版』二宮書店より）

（ア）A：フランス　B：カナダ　C：日本　D：ドイツ
（イ）A：カナダ　B：フランス　C：ドイツ　D：日本
（ウ）A：日本　B：ドイツ　C：カナダ　D：フランス
（エ）A：ドイツ　B：日本　C：フランス　D：カナダ

[16] 下線部②に関連して，国家の三要素として誤っているものを，次の（ア）～（エ）のうちから一つ選びなさい。

（ア）主権　（イ）国民　（ウ）法　（エ）領域

[17] 下線部③に関連して，金融政策について説明した次のページの文の（A）～（D）にあてはまる語句の組み合わせとして正しいものを，次のページの（ア）～（エ）のうちから一つ選びなさい。

好景気のときは，消費が拡大し，商品の需要量が増えます。需要量が供給量を上回ると，物価が上がり続ける（　A　）が起こります。一方で不景気になると，需要量が供給量を下回り，物価が下がり続ける（　B　）が起こることもあります。
物価の急激な変動は，家計や企業に大きな影響を与えます。そのため，日本銀行は，物価の変動をおさえ，景気の安定化を図るために，金融政策を行います。日本銀行の金融政策は，主に公開市場操作（オペレーション）という方法が採られます。この方法は，（　C　）のときには日本銀行が銀行が持つ国債などを買い上げ，（　D　）のときは日本銀行が銀行に国債などを売って，国全体で流通するお金の量を調節することで，景気の安定を図っています。

（ア）A：デフレーション　B：インフレーション　C：不景気　D：好景気
（イ）A：インフレーション　B：デフレーション　C：不景気　D：好景気
（ウ）A：デフレーション　B：インフレーション　C：好景気　D：不景気
（エ）A：インフレーション　B：デフレーション　C：好景気　D：不景気

［５］ 下の文章を読み，あとの⑱～㉑に答えなさい。

2020年は第１回帝国議会の開会から130年を迎えます。そもそも，日本における国会開設の経緯は，明治維新のころに遡《さかのぼ》ることができます。幕末の対外危機の中で，立憲政治を取り入れて国内を改革しようとする考えが芽生えるようになりました。明治の初めには，民撰議員設立の建白書が政府に提出をされると，自由民権運動や①政党の設立など，国会開設に向けた機運が高まりました。
政府も，伊藤博文らをヨーロッパへ派遣し，憲法制定への準備を進め，1885年には②内閣制度を制定し，国会開設に向けた準備を進めました。そして，国会開設に先立って1889年には大日本帝国憲法が制定され，翌1890年には最初の衆議院議員総③選挙が行われ，第１回帝国議会が開会されました。
以来，太平洋戦争の最中も国会は途切れることなく，現在は④日本国憲法のもとで，国権の最高機関と位置付けられています。これからも国会には，日本国憲法の三つの原理の一つである国民主権に基づく役割が期待されています。

⑱ 下線部①について説明した文として，誤っているものを，次の（ア）～（エ）のうちから一つ選びなさい。
（ア）政党とは，政治で実現したい理念や達成しようとする方針について同じ考えを持つ人々が作る団体である。
（イ）政党には，議席数などに応じて，国から政党交付金が交付されている。
（ウ）日本では，1955年から二大政党制が定着し，1990年代はじめにかけて政権交代がたびたび起こった。
（エ）国民の中で，特に支持する政党を持たない人々を，無党派層という。

⑲ 下線部②について説明した文として，正しいものを，次の（ア）～（エ）のうちから一つ選びなさい。
（ア）内閣は天皇の国事行為に対して，助言と承認を行う。

（イ）内閣総理大臣と国務大臣は全て国会議員でなければならない。

（ウ）内閣総理大臣は，国会の指名に基づき，議長によって任命される。

（エ）行政の運営に関しては，全て内閣総理大臣の決定により行われる。

[20] 下線部③について，次の表は，ある比例代表制の選挙における各党の得票数を示したものである。この選挙における各党の獲得議席数として正しいものを，下の（ア）～（エ）のうちから一つ選びなさい。なお，選挙は次の条件で行われたものとする。

〈条件〉・この選挙における定数は６である。
　　　　・各党の候補者はそれぞれ６名である。
　　　　・議席の配分はドント式で行う。

政党名	A党	B党	C党
得票数	12,000票	8,400票	4,800票

（ア）A党：４議席　B党：２議席　C党：０議席

（イ）A党：４議席　B党：１議席　C党：１議席

（ウ）A党：３議席　B党：２議席　C党：１議席

（エ）A党：２議席　B党：２議席　C党：２議席

[21] 下線部④について，日本国憲法の公布と施行の年月日の組合せとして正しいものを，次の（ア）～（エ）のうちから一つ選びなさい。

	公布された年月日	施行された年月日
（ア）	1945年11月３日	1946年５月３日
（イ）	1946年５月３日	1946年11月３日
（ウ）	1946年11月３日	1947年５月３日
（エ）	1947年５月３日	1947年11月３日

［６］ 下の絵１と次のページの絵２をみて，あとの[22]～[25]に答えなさい。

絵１

開港後の横浜のにぎわい（神奈川県立歴史博物館蔵）

絵2

大日本帝国憲法の発布式(憲政記念館蔵)

㉒ 前のページの絵1に関連して，次の(1)～(4)のグラフのうち，横浜港の開港当時（1865年）の輸出と，現在（2013年）の輸出を示しているグラフの組み合わせとして正しいものを，下の（ア）～（エ）のうちから一つ選びなさい。

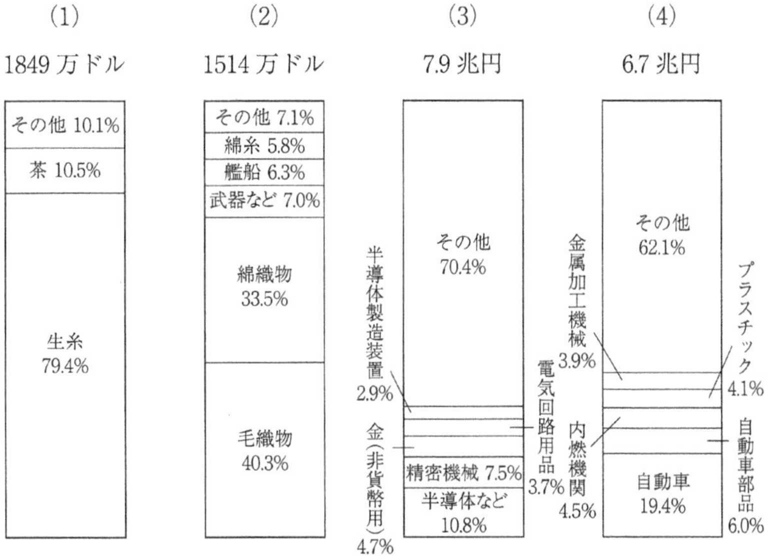

(『図説日本文化史大系』 などより)

（ア）開港当時－(1)　現在－(4)　（イ）開港当時－(2)　現在－(3)

（ウ）開港当時－(3)　現在－(2)　（エ）開港当時－(4)　現在－(1)

㉓ 絵1の横浜港がある県について述べた文として正しいものを，次の（ア）～（エ）のうちから一つ選びなさい。

（ア）平清盛が，武士として初めて政治の実権を握り，幕府を開いた。

（イ）戦国時代に起こった一向一揆によって，守護大名が倒され，信者たちが100年近くも自治を続けた。

（ウ）アメリカから開国を求めて，ペリーが来航した。

（エ）戊辰戦争の最後の戦いとなった，五稜郭の戦いが行われた。

㉔ 貿易について述べた次の⑴～⑷の文のうち，正しいものはいくつありますか，下の（ア）～（エ）のうちから一つ選びなさい。

⑴ 一般的に，円高になると日本の輸出企業にとって不利になる。

⑵ 近年では，日本企業は，工場の海外移転や部品調達先の海外企業への切りかえを進めた。地域別では，特にアフリカへの進出が多く，全体の50％を占めている。

⑶ 自由貿易を進めるために，第二次世界大戦後には，「関税と貿易に関する一般協定」(GATT)が発足した。

⑷ 世界貿易機関（WTO）は，ヨーロッパ連合（EU）と北米自由貿易協定（NAFTA）を統合し，1995年に設立された。

（ア）1つ　（イ）2つ　（ウ）3つ　（エ）4つ

㉕ 前のページの絵2に関連して，大日本帝国憲法制定の際に参考とした国について述べている文を，次の（ア）～（エ）のうちから一つ選びなさい。

（ア）世界で最初に産業革命が起こり，19世紀の中ごろには「世界の工場」とよばれるようになった。

（イ）第一次世界大戦で敗れると，革命が勃発し，史上初の社会主義国家となった。

（ウ）オランダやベルギー，フランスなどと国境を接しており，ゲルマン系の民族が多い国である。

（エ）日露戦争の講和を仲介して，ポーツマス条約を結ばせた。

価の基準が《優しさ》で一致していることだった。頻繁《ひんぱん》に《優しさ》を口にする。「あの先輩は優しい人だよ」と言い、「あのコーチはちっとも優しくないんだよ」と言う。あたかも優しさがすべてでもあるかのような言い方をする。

気持ちのわるい連中だ、と私は思った。男のくせに何という恥知らずな言葉をつかうのか、と胸のうちで呟《つぶや》いた。《優しい》という言葉が好きなのは、むかしから女と相場がきまっていたものだ。たとえば、「どんな男と結婚したいのか?」というアンケート的な質問に対して、彼女たちの大半はかならず「優しい人」という条件をつけたがる。ただ問題なのは、彼女たちが考えている優しさの中身で、要約すると、ありとあらゆるわがままを許してくれる男、そんな厚かましい意味がこめられているようだ。自分のことは棚《たな》にあげておいて、相手の優しさの有無にとてもこだわる。虫のいい話だ。

自分からは与えず、相手からは貪欲に奪う。これこそ《やらずぶったくり》の薄汚い根性のあらわれなのだが、それを優しさといういかにも響きのいい言葉でのべつ表現しているうちに、当人自身もよしとして、大っぴらにばらまくようになった。かくして優しさの大流行となり、学生のみならず、職場の男たちまでが唯一無二の尺度《しゃくど》として、切り札でもあるかのように優しさを連発し始めたのだ。エゴのかたまりみたいな奴に限って、それをさかんにまくしたてる。奪うがための打算的な優しさであるが故に、かれらの人間関係は次第にぎすぎす、がつがつした方向へと傾いてゆき、足の引っ張り合いばかりが目立つようになり、しまいには優しさとまったく無縁の集団となる。

(丸山健二「うさん臭い《優しさ》」『安曇野の強い風』文藝春秋社より)

問　本文をもとにAさんからDさんまでの四人が感想を述べました。筆者が言いたいことに最も近い発言をしている人物を、次のア～エの中から一つ選び、記号で答えなさい。 30

Aさん　「私は、優しさとは人に対して思いやりの気持ちを持つことだと思います。人を好きか嫌いかで見るのではなく、嫌いだなと思う人でもどこかにいいところはあるのだから、それを見つけ出せるように努力しなければならないと思います。」

Bさん　「私は『優しいという言葉が好きなのは女だ』という主張に賛成できません。現代は男女平等の世の中ですから、このように男だから、女だからという基準で『優しさ』という言葉の使い方を決めるのは、考え方としてよくないと思います。」

Cさん　「私の部活動の先生はとても厳しくて、特に練習以外のこと、あいさつをするとか、落ちているゴミは拾うとか、身だしなみをきちんとするとか、とてもうるさく注意されました。でもそれは、将来社会に出たときに困らないようにするために言われていたことだと、今では思えます。」

Dさん　「私の思う優しさは、どんなに腹が立つ相手にでも、努めて優しくすることです。そうすることで、相手の人も優しさに気づいてくれて、自分に優しさを返してくれるようになると思います。」

ア　Aさん　　イ　Bさん　　ウ　Cさん　　エ　Dさん

気持ちも湧いてこず、日々泣いて過ごした。

問十一　この作品と**同時代でない**作品を、次のア～エの中から一つ選び、記号で答えなさい。　23

ア　『徒然草』　イ　『枕草子』

ウ　『土佐日記』　エ　『竹取物語』

三　次のそれぞれの問いに答えなさい。

問一　「植木の手入れや草取りなどをして疲れた。」の「など」と文法的に同じ意味・用法に用いているものを、次のア～エの中から一つ選び、記号で答えなさい。　24

ア　君などの言うことを聞くものか。

イ　試験が近くなってから勉強すればいいなどとのんきなことを言っている。

ウ　委員会などで調査してから報告します。

エ　彼などもよく頑張っているほうだね。

問二　次の各文の中で敬語の使い方が**間違っている**ものを、次のア～エの中から一つ選び、記号で答えなさい。　25

ア　このチケットでは、本日の公演には、ご入場いただけません。

イ　突然で申し訳ございませんが、鈴木部長はいらっしゃいますか。

ウ　はい、確かに当社へのご意見を承りました。

エ　ご主人は、体調が悪く夕食をいただくことがおできにならなかった。

問三　次の①から④の四字熟語の空欄に入れるのに適切な語句の組み合わせとして最も適切なものを、次のア～エからそれぞれ一つずつ選び、記号で答えなさい。　26

①（　）直入　②　諸行（　）

③（　）雨読　④　傍若（　）

ア　①　単刀　②　無常　③　晴耕　④　無人

イ　①　単刀　②　無情　③　晴行　④　無人

ウ　①　短答　②　無情　③　晴耕　④　武人

エ　①　短答　②　無常　③　晴行　④　武人

問四　次の語句の意味として適切なものを、次のア～エの中から一つ選び、記号で答えなさい。　27

「グローバル」

ア　物事を分類する範囲・枠組み。

イ　世界的な規模であるさま。

ウ　基本的な概念、考え方。

エ　民族主義、国家主義。

問五　次の①②の熟語の中で、他のものと**なりたちの違うもの**を、次のア～エの中からそれぞれ一つずつ選び、記号で答えなさい。

①　ア　投票　イ　投書　ウ　投手　エ　投球　28

②　ア　休憩　イ　両親　ウ　外観　エ　住宅　29

四　次の文章を読んで、後の問いに答えなさい。

信州での合宿帰りらしい学生の一団が、電車の中でべちゃくちゃ喋《しゃべ》っていた。ごつい体と話の内容からしてどうやらラグビー部に属しているらしいのだが、やがてかれらはコーチや先輩たちの欠席裁判を始めた。耳を傾けていた私は、あることに気がついた。それは、かれらの人物評らなかったから。

イ　『源氏物語』のうち、紫の上に関する所は読んでもあまり心に響かなかったから。

ウ　かつて父より侍従の大納言の姫君が書いた『源氏物語』の一節を書の手本としてもらったから。

エ　『源氏物語』は一部しか手に入らず、それを読んでも話の筋が理解できなかったから。

問八　傍線部⑦「后の位も何にかはせむ」における筆者の心情を説明したものとして最も適切なものを、次のア～エの中から一つ選び、記号で答えなさい。　[20]

ア　「源氏物語」を一巻から順に読むことは、后の位に就くことと同じくらい幸せである。

イ　「源氏物語」を一巻から順に読むことは実に幸せなことだが、后の位に就くことには及ばない。

ウ　「源氏物語」を一巻から順に読むことは、后の位に就くことよりもはるかに幸せである。

エ　「源氏物語」を一巻から順に読むことは、将来后の位に就くためには必要なことである。

問九　傍線部⑧「『法華経の五の巻をとく習へ』と言ふを見れど、人にも語らず、習はむとも思ひかけず」について、後年の作者はどのように思っているか。その説明として最も適切なものを、次のア～エの中から一つ選び、記号で答えなさい。　[21]

ア　夢で「法華経の五の巻を習え」と言われたが、そのお告げには特別な意味などないと判断し、また、多くの女君が登場する『源氏物語』を読みふけったのは子どもであれば当然の行為であったと思っている。

イ　夢のお告げで仏の導きがあったにも関わらず、それを無視して物語ばかり読みふけり、『源氏物語』の登場人物のような美しい女性に成長できると思い込んでいたことを、子どもっぽいあきれた行為だと思っている。

ウ　夢で「法華経の五の巻を習え」と言われたが、子どもが仏教の経典に興味など持てるはずがないため、そのようなお告げを無視し、『源氏物語』に出て来る女君にもっと思いをはせるべきだったとあきれている。

エ　夢のお告げで仏の導きがあったが、自分は将来すばらしく美しい姫君になるだろうから、出家して仏にすがるよりは高い教養を持った人間になるよう努力をしていたものだ、と懐かしく思っている。

問十　文の内容に**合致しないもの**を、次のア～エの中から一つ選び、記号で答えなさい。　[22]

ア　作者がおばに当たる人を訪問した際、おばは、実用的な物を差し上げてもつまらないから、と言ってたくさんの物語を渡してくれた。

イ　作者は「源氏物語」を一の巻から読みすすめるうちに、自分も光源氏や美しい姫君たちを登場人物にした物語を書きたいと思うようになった。

ウ　母が手に入れてくれた「源氏物語」を読んで続きが見たいと思ったが、葬儀の慌ただしさや疫病の流行で探すことができなかった。

エ　作者は乳母が亡くなったことを思い嘆き、物語を読みたいという

ウ　乳母と姫君が立て続きに亡くなり、自分の身も危ぶまれているから。

エ　乳母が三月一日に死んでしまい、落ち込んでしまっているから。

問二　和歌《Ａ》の解釈として最も適切なものを、次のア～エの中から一つ選び、記号で答えなさい。[14]

ア　散ってしまった花でも、また来年には春が来て見ることもできるはずです。しかし、出会ったのも束の間ですぐに別れがやってきてしまった侍従の大納言の姫君が恋しいことです。

イ　散ってしまった花は、春にはまた美しい姿を見せるでしょうか、いえそれは別の花にすぎません。また松里で会ってすぐさま別れてしまった乳母も、二度と会うことができないと思うと恋しさがつのります。

ウ　散りゆく花は、再びめぐりくる春には見ることもできるでしょう。しかし、再会を望みながら松里で別れたきり、永遠の別れとなってしまった乳母のことは無性に恋しくてならないことです。

エ　散りゆく花は、また春がめぐりこようとも再び見ることはできないものです。人もまた出会っては別れる愛別離苦の定めから逃れることができないことが、しみじみと悲しく思われるのです。

問三　傍線部②「この姫君の御手」とあるが、そこからは姫君のどのような心情が読み取れるか。最も適切なものを、次のア～エの中から一つ選び、記号で答えなさい。[15]

ア　自分はもう先が長くないという悲観した気持ち。

イ　自分がいつまでも相手を慕い続けるという決意の気持ち。

ウ　自分のことを忘れてほしいという願望の気持ち。

エ　早く生まれ変わってしまいたいという羨望の気持ち。

問四　傍線部③「いとど涙を添へまさる」について、作者がそのようになった要因として最も適切なものを、次のア～エの中から一つ選び、記号で答えなさい。[16]

ア　父から渡された侍従の大納言の姫君の書いた和歌などの内容から、姫君自身が死んでしまうのではないかと思ったから。

イ　侍従の大納言の姫君の死が、姫君から贈られた和歌などの思い出と重なって悲しみをより深いものにしたから。

ウ　乳母を亡くした悲しみと、侍従の大納言の姫君が死んでしまったという知らせとが重なってやるせなく辛く感じたから。

エ　父が習字の手本にくれた亡き侍従の大納言の姫君の和歌の文字があまりに素晴らしいことに悔しさを覚えたから。

問五　傍線部④「母、物語などもとめて見せたまふに、げにおのづからなぐさみゆく」とあるが、本文中に登場する物語はいくつあるか。最も適切なものを、次のア～エの中から一つ選び、記号で答えなさい。[17]

ア　五つ　　イ　六つ　　ウ　七つ　　エ　八つ

問六　傍線部⑤「源氏の物語」は『源氏物語』をさすが、その作者を次のア～エの中から一つ選び、記号で答えなさい。[18]

ア　小野小町　　イ　紫式部　　ウ　清少納言　　エ　和泉式部

問七　傍線部⑥「『一の巻よりしてみな見せたまへ』」と作者が思ったのはなぜか。その説明として最も適切なものを、次のア～エの中から一つ選び、記号で答えなさい。[19]

ア　様々な物語を母が探し求めてくれたが、『源氏物語』だけは手に入時、父が「これを手本にしなさい」と言って、この姫君の御筆跡をくださったが、それには「もし、夜がふけてから目が覚めないでいたら」などと古歌が書いてあって、また「鳥辺山の谷に煙が燃え立ったならば、日ごろから弱々しく見えた私の身の果てだと知ってほしい」と、なんともいえないほど美しくお書きになっている。それを取り出して見ると、いよいよ涙をそそられるのだった。

　このようにふさぎ込んでばかりいる私を、なんとか慰めてもやろうと気の毒に思って、母が物語などを探し求めて見せてくださったところ、母の考え通り、心も自然と晴れやかになっていく。『源氏物語』の紫の上にまつわるところを読んで、その続きが見たいと思ったが、人に依頼することなどできない。家の者は皆まだ都になじみが浅くて、それを探すことなど、とてもできはしない。たいそうもどかしく、ただもう見たくてたまらないので、「この『源氏物語』を、一の巻から終わりまですべてお見せください」と心の中で祈っていた。親が太秦にお籠りなさるときにも、ほかのことは何も願わず、このことばかりをお願いして、すぐにでもこの物語を全部通読したいとは思うものの、そう簡単に見ることはできなかった。たいそう残念に思い嘆いていたところ、ある日のこと母が、おばにあたる人で地方から上京して来た人の家に私を連れて行ったところ、そのおばが、「たいそうかわいらしく成長されたこと」などと、なつかしがり珍しがって、帰る際に、「何を差し上げましょう。実用的なものはつまらないでしょう。欲しがっておいでとお聞きした物を差し上げましょう」と言って、『源氏物語』の五十余巻を箱に入ったままそっくり、さらに『在中将』『とほざみ』『せり河』『しらら』『あさうづ』などという物語をひと袋に入れてくださった、それをいただいて帰るときのうれしさは天にも昇る心地だった。今までとびとびに読まざるを得ず、話の筋も納得がいかず、じれったく思っていた『源氏物語』を一の巻から読み始めて、ほかの人と交際することなくたった一人で几帳の内に伏せて、箱から一巻ずつ取り出しては読む気持ち、この幸福感の前には后の位も何になろう。昼は明るい限り、夜は目のさめている限り、灯火を近くにともして、この『源氏物語』を読むことのほかは、何もしないので、しぜんとその文章がそらでも浮かんでくるのを、われながらまことにすばらしいことと悦に入っていると、ある夜の夢に、たいへんすっきりと清らかな感じのお坊様で黄色地の袈裟を着た人が立ち現れて、「法華経の五の巻を早く習いなさい」と言ったと見たけれども、人にも話さず、そんなものを習おうなどとは思いもせず、ただ物語のことばかりを思いつめて、私は今のところ器量も良くないけれども、年ごろになったら、顔だちもこのうえなく美しく、髪もずいぶんと長くなるだろう。そして、『源氏物語』に登場する、光源氏によって愛された夕顔、宇治の大将の思い人である浮舟の女君のようになるだろう、と思っていた私の心は、いま考えてみると、実にたわいのない、あきれはてたものだった。

問一　傍線部①「物語のゆかしさもおぼえずなりぬ」とあるが、その原因として最も適切なものを、次のア～エの中から一つ選び、記号で答えなさい。　13

ア　疫病が大流行し、物語のことよりも世の中の様子のほうが気がかりだから。

イ　物語よりも月の光に照らされた美しい乳母の姿を再び見たいと思うから。

なむ」と、いひ知らずをかしげに、めでたく書きたまへるを見て、③いとど涙を添へまさる。

かくのみ思ひくんじたるを、心もなぐさめむと、心苦しがりて、④母、物語などもとめて見せたまふに、げにおのづからなぐさみゆく。（注5）紫のゆかりを見て、続きの見まほしくおぼゆれど、人かたらひなどもえせず、誰もいまだ都なれぬほどにてえ見つけず。いみじく心もとなく、ゆかしくおぼゆるままに、「この⑤源氏の物語、⑥一の巻よりしてみな見せたまへ」と、心のうちにいのる。親の（注6）太秦《うずまさ》にこもりたまへるにも、ことごとなくこのことを申して、出でむままにこの物語見果てむと思へど見えず。いと口惜しく思ひ嘆かるるに、をばなる人の田舎より上りたる所にわたいたれば、「いとうつくしう生ひなりにけり」など、あはれがり、めづらしがりて、帰るに、「何をかたてまつらむ。まめまめしき物は、まさなかりなむ。ゆかしくしたまふなるものをたてまつらむ」とて、源氏の五十余巻、櫃《ひつ》に入りながら、在中将《ざいちゆうじやう》、とほぎみ、せり河、しらら、あさうづなどいふ物語ども、一ふくろとり入れて、得てかへる心地のうれしさぞいみじきや。はしるはしるわづかに見つつ、心も得ず心もとなく思ふ源氏を、一の巻よりして、人もまじらず、几帳《きちやう》の内にうち臥して、引き出でつつ見る心地、⑦后《きさき》の位も何にかはせむ。昼は日ぐらし、夜は目のさめたる限り、灯を近くともして、これを見るよりほかのことなければ、おのづからなどは、そらにおぼえ浮かぶを、いみじきことに思ふに、夢に、いと清げなる僧の、黄なる地の袈裟《けさ》着たるが来て、⑧「法華経五の巻をとく習へ」と言ふと見れど、人にも語らず、習はむとも思ひかけず、物語のことをのみ心にしめて、われはこのごろわろきぞかし、さかりにならば、かたちも限りなくよく、髪もいみじく長くなりなむ。光の源氏の夕顔、宇治の大将の浮舟の女君のやうにこそあらめと思ひける心、まづいとはかなくあさまし。

（注1）○松里の渡り＝千葉県松戸市にあったとされる渡し場。作者一行は上京の際にこの地の船着き場で一泊している。

（注2）○侍従の大納言の御むすめ＝藤原行成（九七二～一〇二七）の三女を指す。

（注3）○殿の中将＝侍従の大納言の御むすめの夫である、藤原家長のこと。

（注4）○鳥辺山＝京都市東山区の地名。鳥辺野とも称し、平安時代中期ころから火葬場、墓地となった。

（注5）○紫のゆかり＝『源氏物語』の主要な登場人物である紫の上に関連する部分。

（注6）○太秦＝ここでは京都市右京区太秦にある広隆寺のこと。

〔現代語訳〕

その年の春は、疫病《えきびょう》が世間に大流行して、かつて松里の渡し場で月の光に照らされた姿をしみじみと見たあの乳母も、三月一日に死んでしまった。やるせなく嘆き沈んでいると、物語を読みたいという気持ちもおこらなくなってしまった。ひどく泣きくらして、外を眺めていると、夕日がたいそうはなやかにさしているあたりに、桜の花が残りなく散り乱れている。

和歌《A》

また噂によると、侍従の大納言の姫君も亡くなられたとのことだ。夫である殿の中将様のお嘆きになっているご様子も、私自身も悲しみにくれているころなので、たいそう哀れに悲しいことと耳にした。上京した

知恵。

イ　障害者の「見えないこと」を理解し、手助けしてあげられるような知恵。

ウ　健常者が障害を受け止められるようなアイディアや実践を開発する知恵。

エ　健常者にとっても障害者にとっても、平等な価値観を尊重するような知恵。

問十一　傍線部⑦「『見えないこと』が触媒となるような、そういうアイディアに満ちた社会」の具体例として最も適切なものを、次のア～エの中から一つ選び、記号で答えなさい。　11

ア　身をもって知るという意味で、点字を小学校の授業の必須科目として取り入れてみること。

イ　助け合う社会の実現のために、健常者が盲導犬のような役割を果たすボランティアをすること。

ウ　障害者の活動の場を広げるために、学校が主体となって視覚障害者マラソンを企画すること。

エ　健常者がアイマスクをして、視覚障害の人たちと一緒にサッカーの試合をすること。

問十二　筆者の主張として最も適切なものを、次のア～エの中から一つ選び、記号で答えなさい。　12

ア　障害という違いをなくそうとするのではなく、その違いを生かしたりするアイディアに満ちた社会を目指すべきである。

イ　超高齢化社会を生きるためには、できないことをできるようにしていくという個人の能力を発展させていくべきである。

ウ　本当のところは個人に配慮するためにも、「しょうがいしゃ」は「障がい者」や「障碍者」のように表記すべきである。

エ　健常者の価値観で一方的に決めつけてはならず、それでも社会にある障壁を一つずつ残さずに解消していくべきである。

二　次の『更級日記』の前文と原文と現代語訳とを読んで、後の問いに答えなさい。

〔前文〕

菅原孝標女は『源氏物語』を読みたいと強く願っていたが、なかなか思うようにいかなかった。そんな折、父の仕事の都合で京へ上ることとなり、長旅の末、ついに京へたどりついた。

〔原文〕

その春、世の中いみじう騒がしうて、(注1)松里の渡りの月かげあはれに見し乳母も、三月ついたちに亡くなりぬ。せむかたなく思ひ嘆くに、①物語のゆかしさもおぼえずなりぬ。いみじく泣きくらして見いだしたれば、夕日のいとはなやかにさしたるに、桜の花のこりなく散りみだる。

《A》散る花もまた来む春は見もやせむやがて別れし人ぞこひしき

また聞けば、(注2)侍従の大納言の御むすめ亡くなりたまひぬなり。(注3)殿の中将のおぼし嘆くなるさま、わがものの悲しきをりなれば、いみじくあはれなりと聞く。上り着きたりし時、「これ手本にせよ」とて、②この姫君の御手をとらせたりしを、「さよふけてねざめざりせば」など書きて、「(注4)鳥辺山《とりべやま》たにに煙のもえ立たばはかなく見えしわれと知ら

d　聴覚的

エ　a　積極的　　b　工夫　　c　おかしみのある様子

d　視覚的

問四　二重傍線部「ゼンダイミモン」の四字熟語の意味として最も適切なものを、次のア～エまでの中から一つ選び、記号で答えなさい。[4]

ア　以前にも将来にもないと思われること。

イ　いまだかつて誰も足を踏み入れていないこと。

ウ　いまだかつて起こったことがないこと。

エ　これまでに聞いたことのないこと。

問五　傍線部①「こうした意味」とあるが、どういう意味か。その説明として最も適切なものを、次のア～エの中から一つ選び、記号で答えなさい。[5]

ア　見た目の違いはあれども、健常者と大差ないという意味。

イ　身体的、知的、精神的特徴にのみ障害が現れるという意味。

ウ　健常者と比べ、能力的に不足しているところがあるという意味。

エ　障害者は健常者にはない特別な可能性を秘めているという意味。

問六　傍線部②「障害のイメージは、産業社会の発展とともに生まれた」のは、どうしてか。最も適切なものを次のア～エの中から一つ選び、記号で答えなさい。[6]

ア　産業社会ではさまざまな労働が均一化されていく一方、障害者には障害者にできる仕事が割り当てられるようになったから。

イ　産業社会では均一な製品をいかに速くいかに大量に製造できるかが求められ、優れた商品を生み出す力が必要とされたから。

ウ　産業社会では誰が作っても同じという交換可能な労働力が必要になり、できる人ばかりがもてはやされるようになったから。

エ　産業社会では誰もが同じものを大量に生産する必要があり、周りと比べて「できない」ことが注目されるようになったから。

問七　2つの空欄【③】に共通して当てはまる語句として最も適切なものを、次のア～エの中から一つ選び、記号で答えなさい。[7]

ア　画一化　　イ　大衆化　　ウ　多様化　　エ　厳密化

問八　空欄【④】に**当てはまらない**文を、次のア～エの中から一つ選び、記号で答えなさい。[8]

ア　働き場が限定されてしまう。　　イ　早く走ることができない。

ウ　一人で旅行に行けない。　　エ　友人を作ることができない。

問九　傍線部⑤「社会の側に障害があるからといって、それを端から全部なくしていけばいいというものではない」とあるが、それはなぜか。その説明として最も適切なものを、次のア～エの中から一つ選び、記号で答えなさい。[9]

ア　全てを平等にするにはたくさんの資金が必要となってくるから。

イ　社会の側に障害があっても一方的に障害をなくすことはできないから。

ウ　障害によって得られたかも知れないメリットを奪うことになるから。

エ　超高齢化社会を見越した長期的な計画が練られていないから。

問十　傍線部⑥「違いをなくそうとするのではなく、違いを生かしたり楽しんだりする知恵」とあるが、どのようなことか。最も適切なものを、次のア～エの中から一つ選び、記号で答えなさい。[10]

ア　健常者が見えない人の価値観を一方的に決めつけないようにする

きだ、と述べました。私がそう考える理由はもうお分かりでしょう。「障がい者」や「障碍者《しょうがいしゃ》」と表記をずらすことは、問題の先送りにすぎません。そうした「配慮」の背後にあるのは、「個人モデル」でとらえられた障害であるように見えるからです。（　3　）「障害」と表記してそのaネガティブさを社会が自覚するほうが大切ではないか、というのが私の考えです。

　もっとも、法律の定義が変わったからといって、それはあくまでお題目にすぎません。障害の社会モデルがまだまだ浸透《しんとう》していないのは、障害を受け止めるbアイディアや実践が不足しているからでしょう。第3章の終わりで述べたように、障害は高齢化と密接な関係があります。高齢になると、誰でも多かれ少なかれ障害を抱えるからです。障害を受け止める方法を開発することは、日本がこれから経験するゼンダイミモンの超高齢化社会を生きるためのヒントを探すためにも必要です。

　ただ、注意しなければならないのは、⑤社会の側に障害があるからといって、それを端から全部なくしていけばいいというものではない、ということです。「パスタソースを選べないこと」は社会モデルの定義にしたがえば「障害」です。しかしこの障害をなくすことは、見えない人のcユーモラスな視点やそれが社会に与えたかもしれないメリットを奪うことでもあります。

　もちろん味を選べたほうがいいのは当然です。しかし、見えない人と見える人の経験が一〇〇パーセント同じになることはありません。見える人がパックのdビジュアルから想像する「味」と、見えない人がたとえばパックの切り込みで理解する「味」は、決して同じものにはならないでしょう。⑥違いをなくそうとするのではなく、違いを生かしたり楽しんだりする知恵の方が大切である場合もあります。

　いずれにせよ、「味が分かるようにするのがいいだろう」と健常者が見えない人の価値観を一方的に決めつけるのが一番よくないことです。言葉による美術鑑賞の実践がそうであったように、⑦「見えないこと」が触《しょく》媒《ばい》となるような、そういうアイディアに満ちた社会を目指す必要があるのではないでしょうか。

（伊藤亜紗「目の見えない人は世界をどう見ているのか」光文社新書より）

問一　空欄【X】、【Y】の語句の組み合わせとして最も適切なものを、次のア～エの中から一つ選び、記号で答えなさい。　1

ア【X】社会　【Y】個人　　イ【X】個人　【Y】社会

ウ【X】障害　【Y】高齢　　エ【X】高齢　【Y】障害

問二　（1）～（3）に入る言葉の組み合わせとして最も適切なものを、次のア～エの中から一つ選び、記号で答えなさい。　2

ア（1）ところが　（2）したがって　（3）だから

イ（1）ところが　（2）つまり　（3）むしろ

ウ（1）だから　（2）つまり　（3）だから

エ（1）だから　（2）したがって　（3）むしろ

問三　波線部a～dの外来語の意味の組み合わせとして最も適切なものを、次のア～エの中から一つ選び、記号で答えなさい。　3

ア　a　消極的　b　着想　c　おかしみのある様子
　　d　視覚的

イ　a　積極的　b　着眼　c　笑える様子
　　d　聴覚的

ウ　a　消極的　b　着想　c　風刺の効いた様子

【国　語】（四〇分）　〈満点：一〇〇点〉

〈解答番号[1]～[30]〉

一　次の文章を読んで、後の問いに答えなさい。

最後にあらためて考えてみたくなります。そもそも障害とは何でしょうか。

「障害者」というと「障害を持っている人」だと一般には思われています。つまり「目が見えない」とか「足が不自由である」とか「注意が持続しない」とかいった、その人の身体的、知的、精神的特徴が「障害」だと思われている。

しかし、実際に障害を抱えた人と接していると、いまだ根強いこの障害のイメージに対しては、強烈に違和感を覚えます。端的にいって、①こうした意味での障害は、その人個人の「できなさ」「能力の欠如《けつじょ》」を指し示すものです。「できなさ」や「能力の欠如」だから、触れてはいけないものと感じられる。

何人もの研究者が指摘していますが、こうした個人の「できなさ」「能力の欠如」としての②障害のイメージは、産業社会の発展とともに生まれたとされています。現代まで通じる大量生産、大量消費の時代が始まる時期、均一な製品をいかに速くいかに大量に製造できるかが求められるようになりました。その結果、労働の内容も【　③　】されていきます。車を作るのに、Aさんが作ったのとBさんが作ったので出来上がりが違うのでは困る。「誰が作っても同じ」であることが必要であり、それは「交換可能な労働力」を意味します。

こうして労働が【　③　】したことで、障害者は「それができない人」ということになってしまった。それ以前の社会では、障害者には障害者にできる仕事が割り当てられていました。（　1　）「見えないからできること」ではなく「見えないからできないこと」に注目が集まるようになってしまったのです。

こうした障害のイメージに対しては、一九八〇年ころから、世界各国で疑問がつきつけられるようになります。さまざまな論争や事件の詳細な歴史はここでは記しませんが、「個人のできなさ」とは違う形で障害をとらえる考え方が模索されました。こうした運動は「障害学」という新しい学問をも生みだしました。

そして約三十年を経て二〇一一年に公布・施行《しこう》された我が国の改正障害者基本法では、障害者はこう定義されています。「障害及び社会的障壁により継続的に日常生活又は社会生活に相当な制限を受ける状態にあるもの」。（　2　）、社会の側にある壁によって日常生活や社会生活上の不自由さを強いられることが、障害者の定義に盛り込まれるようになったのです。

従来の考え方では、障害は個人に属していました。ところが、新しい考えでは、障害の原因は社会の側にあるとされた。見えないことが障害なのではなく、見えないから何かができなくなる、そのことが障害だと言うわけです。障害学の言葉でいえば、「【　X　】モデル」から「【　Y　】モデル」の転換が起こったのです。

「足が不自由である」ことが障害なのではなく、「足が不自由だから【　④　】」ことや「足が不自由なために望んだ職を得られず、経済的に余裕がない」ことが障害なのです。

先に「しょうがいしゃ」の表記は、旧来どおりの「障害者」であるべ

2020年度

解　答　と　解　説

《2020年度の配点は解答欄に掲載してあります。》

＜数学解答＞

〔1〕 (1) ア 3　イ 4　(2) ウ 4　エ 2　(3) オ 6　カ 4　キ 3
(4) ク 1　ケ 5　(5) コ 1　サ 6
〔2〕 (1) シ 7　ス 3　(2) セ 5　(3) ソ 7　タ 2　(4) チ 4　ツ 0
〔3〕 (1) テ 4　ト 9　(2) ナ 8　ニ 5　(3) ヌ 9　ネ 5
〔4〕 (1) ノ 1　ハ 2　(2) ヒ 6　フ 5　(3) ヘ 1　ホ 5　マ 8
〔5〕 (1) ミ 4　ム 2　(2) メ 7　モ 3　(3) ヤ 2　ユ 6
〔6〕 ヨ 1　ラ 2　リ 5

○配点○
〔1〕 (3) オ 1点　他 各2点×2　(5) コ 2点　サ 3点　他 各5点×3
〔2〕 各5点×4　〔3〕 各5点×3　〔4〕 各5点×3
〔5〕 (1) 5点　他 各4点×2　〔6〕 各4点×3　計100点

＜数学解説＞

〔1〕 (数・式の計算，平方根，確率，統計・標本調査)

(1) $-3^2\times\frac{1}{4}+(-2)^2\div\frac{4}{3}=(-9)\times\frac{1}{4}+4\times\frac{3}{4}=-\frac{9}{4}+\frac{12}{4}=\frac{3}{4}$

(2) $(\sqrt{3}-1)^2(\sqrt{3}+1)^2-\frac{18}{\sqrt{27}}=\{(\sqrt{3}-1)(\sqrt{3}+1)\}^2-\frac{18}{3\sqrt{3}}=(3-1)^2-2\sqrt{3}=4-2\sqrt{3}$

(3) $(3a^2b^3)^2\times\frac{a}{3b}\div\frac{ab^2}{2}=9a^4b^6\times\frac{a}{3b}\times\frac{2}{ab^2}=6a^4b^3$

(4) 赤玉2個，白玉2個，青玉2個から2個を取り出すときの取り出し方は，$\frac{6\times5}{2\times1}=15$(通り)　このうち，球の色が同じになるのは，赤・赤，白・白，青・青の3通りなので，その確率は，$\frac{3}{15}=\frac{1}{5}$

基本 (5) 度数の合計は20，15kg以上20kg未満の階級の度数は6だから，15kg以上20kg未満の階級の相対度数は$\boxed{\text{D}}=\frac{6}{20}=0.30$　また，$\boxed{\text{A}}=20\times0.10=2$，$\boxed{\text{B}}=20\times0.25=5$　生徒の人数は20人で偶数だから，握力の小さい方から10番目と11番目の生徒が入っている階級が，中央値の入っている階級。20kg未満の階級には生徒が$2+6=8$(人)入っていて，25kg未満の階級には生徒が$8+5=13$(人)入っているから，握力の小さい方から10番目と11番目の生徒が入っている階級は20kg以上25kg未満で，その階級値は22.5kg

〔2〕 (1次方程式，2次方程式，方程式の応用，角度)

(1) $\frac{6x-4}{5}-\frac{3x+1}{3}=\frac{1-x}{2}$　両辺に30をかけて，$6(6x-4)-10(3x+1)=15(1-x)$　$36x-24-$

$30x-10=15-15x$　$36x-30x+15x=15+24+10$　$21x=49$　$x=\frac{7}{3}$

(2)　$x^2-2x=3(x+4)$　右辺を展開して整理すると，$x^2-5x-12=0$　2次方程式の解の公式を用いて，$x=\frac{-(-5)\pm\sqrt{(-5)^2-4\times1\times(-12)}}{2\times1}=\frac{5\pm\sqrt{25+48}}{2}=\frac{5\pm\sqrt{73}}{2}$　よって，2つの解の和は，$\frac{5+\sqrt{73}}{2}+\frac{5-\sqrt{73}}{2}=\frac{5+\sqrt{73}+5-\sqrt{73}}{2}=5$

(3)　午前中に売れたサンドイッチの個数をx個とすると，午前中に売れ残ったサンドイッチの個数は$(100-x)$個。売上高と利益の関係から，$150x+120(100-x)-10000=4160$　これを解いて，$x=72$

基本　(4)　点Dを含まない方の弧BCに対する中心角を$y°$とすると，中心角と円周角の関係から，$y°=2\angle BDC=2\times110°=220°$　よって，弧BDCに対する中心角は，$\angle BOC=360°-y°=360°-220°=140°$　接線と接点を通る半径は垂直に交わるので，$\angle ABO=\angle ACO=90°$　四角形ABOCの内角の和は360°だから，$x°=360°-\angle BOC-\angle ABO-\angle ACO=360°-140°-90°-90°=40°$

〔3〕（規則性）

(1)　第1列目は上から，1，4，9，16，25となっていることから，第n行の二乗の数だとわかる。よって，第7行目は，$7^2=49$

(2)　第1行・第10列は，第9行・第1列より1大きいから，$9^2+1=82$　第4行，第10列は，それより3大きいから，$82+3=85$

やや難　(3)　第1行・第9列は，$8^2+1=65$より，第9行・第9列は，$65+8=73$　また$77-73=4$より，$9-4=5$　よって，第9行・第5列となる。

〔4〕（図形と関数・グラフ）

(1)　点A，Bは$y=2x-\frac{3}{2}$上にあるから，そのy座標はそれぞれ$y=2\times1-\frac{3}{2}=\frac{1}{2}$，$y=2\times3-\frac{3}{2}=\frac{9}{2}$　よって，$A\left(1,\ \frac{1}{2}\right)$，$B\left(3,\ \frac{9}{2}\right)$　$y=ax^2$は点Aを通るから，$\frac{1}{2}=a\times1^2$より，$a=\frac{1}{2}$

(2)　x軸に関して点Aと対称な点Dをとると，$D\left(1,\ -\frac{1}{2}\right)$　2つの線分の長さの和AP＋BPが最小となるのは，点Pが線分BD上にあるとき，つまり直線BDとx軸との交点がPであるときである。直線BDの傾き$=\frac{\frac{9}{2}-\left(-\frac{1}{2}\right)}{3-1}=\frac{5}{2}$　よって，直線BDの式を$y=\frac{5}{2}x+b$とおくと，点Bを通るから，$\frac{9}{2}=\frac{5}{2}\times3+b$　$b=-3$　直線BDの式は$y=\frac{5}{2}x-3$…①　よって，2つの線分の長さの和AP＋BPが最小となるときの点Pのx座標tの値は，①に$y=0$を代入して$0=\frac{5}{2}t-3$　$t=\frac{6}{5}$

やや難　(3)　直線$y=2x-\frac{3}{2}$とy軸との交点がCだから$C\left(0,\ -\frac{3}{2}\right)$　$\triangle OBC=\frac{1}{2}\times OC\times$(点Bの$x$座標)$=\frac{1}{2}\times\left\{0-\left(-\frac{3}{2}\right)\right\}\times3=\frac{9}{4}$…②　点Pを通り$y$軸に平行な直線と直線ABとの交点をEとすると，$E\left(t,\ 2t-\frac{3}{2}\right)$　$\triangle PAB=\triangle PAE+\triangle PBE=\frac{1}{2}\times EP\times$(点Bの$x$座標－点Aの$x$座標)$=\frac{1}{2}\times\left(2t-\frac{3}{2}\right)\times(3-1)=2t-\frac{3}{2}$…③　△OBCの面積と△PABの面積が同じになるのは，②，③より，$2t-\frac{3}{2}=\frac{9}{4}$　よって，$t=\frac{15}{8}$

〔5〕（空間図形，断面積，体積）

(1)　△ABCは直角二等辺三角形で，3辺の比は1：1：$\sqrt{2}$ だから，AC＝AB×$\sqrt{2}$＝2$\sqrt{2}$　　四角形AEGCは長方形だから，その面積は，AE×AC＝2×2$\sqrt{2}$＝4$\sqrt{2}$

重要　(2)　辺AB，BCの中点をそれぞれP，Qとし，直線BF，PE，QGの交点をRとする。三角錐R－EFGと三角錐R－PBQの相似比は，PB：EF＝BQ：FG＝PQ：EG＝1：2　　相似な立体では，体積比は相似比の3乗だから，$1^3：2^3$＝1：8　　よって，(点Bを含む方の立体の体積)：(三角錐R－EFGの体積)＝(三角錐R－EFGの体積－三角錐R－PBQの体積)：(三角錐R－EFGの体積)＝(8－1)：8＝7：8　　以上より，点Bを含む方の立体の体積は，(三角錐R－EFGの体積)×$\frac{7}{8}=\left(\frac{1}{3}\times\triangle \mathrm{EFG}\times \mathrm{RF}\right)\times\frac{7}{8}=\left\{\frac{1}{3}\times\left(\frac{1}{2}\times \mathrm{EF}\times \mathrm{FG}\right)\times 2\mathrm{BF}\right\}\times\frac{7}{8}=\left\{\frac{1}{3}\times\left(\frac{1}{2}\times 2\times 2\right)\times 2\times 2\right\}\times\frac{7}{8}=\frac{7}{3}$

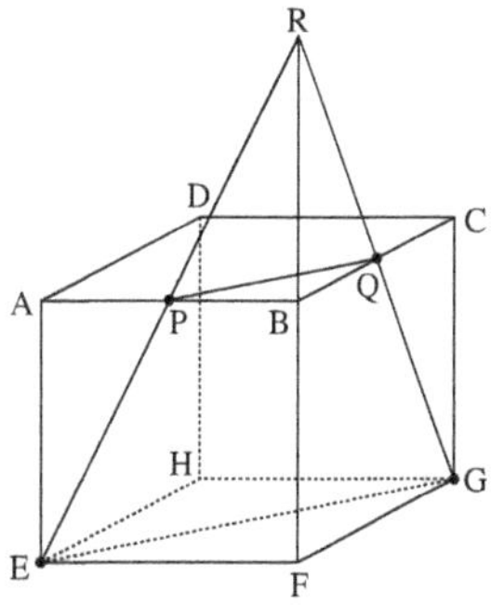

(3)　辺CDの中点をSとし，立方体ABCD－EFGHを3点A，G，Sを通る平面で切ったときにできる断面は，右図に示す四角形ATGSである。ここで，AS//TG…①　　AT//SG…②　　また，△ADSと△GCSで，AD＝GC…③　　DS＝CS…④　　∠ADS＝∠GCS＝90°…⑤　　③，④，⑤より，2組の辺とその間の角がそれぞれ等しいから，△ADS≡△GCS　　よって，AS＝SG…⑥　　①，②，⑥より，2組の向かいあう辺がそれぞれ平行で，隣り合う辺の長さが等しいから，四角形ATGSはひし形である。ST＝CF＝CG×$\sqrt{2}$＝2$\sqrt{2}$　　AG＝$\sqrt{\mathrm{AE}^2+\mathrm{EG}^2}=\sqrt{\mathrm{AE}^2+(\mathrm{EF}^2+\mathrm{FG}^2)}=\sqrt{2^2+(2^2+2^2)}=2\sqrt{3}$　　以上より，断面ATGSの面積は$\frac{1}{2}\times \mathrm{ST}\times \mathrm{AG}=\frac{1}{2}\times 2\sqrt{2}\times 2\sqrt{3}=2\sqrt{6}$

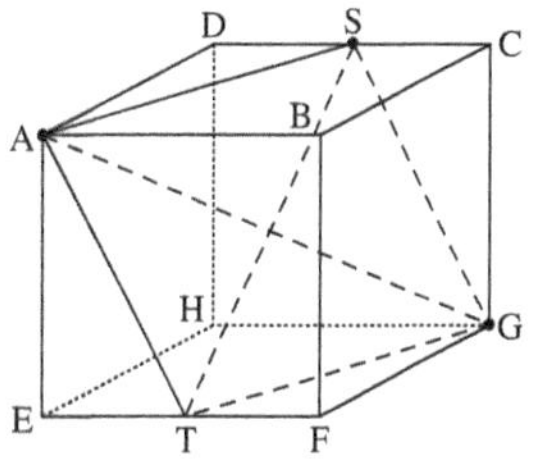

重要

〔6〕（図形の証明）

本証明は，△CAE≡△BCDを証明し，合同な図形の対応する辺の長さは等しいことから，AE＝CDを証明する。△CAEと△BCDにおいて，△ABCが正三角形であるという仮定から，CA＝BC…①　∠ACE＝∠CBD＝60°…②　　△CAEの内角と外角の性質から，∠CAE＝∠AEB－∠ACE＝∠AEB－60°…③　　△ECFの内角と外角の性質から，∠ECF＝∠FEB－∠CFE＝∠FEB－60°＝∠AEB－60°…④　　③，④より，∠CAE＝∠ECF＝∠BCD…⑤　　①，②，⑤より，1組の辺とその両端の角がそれぞれ等しいから，△CAE≡△BCD

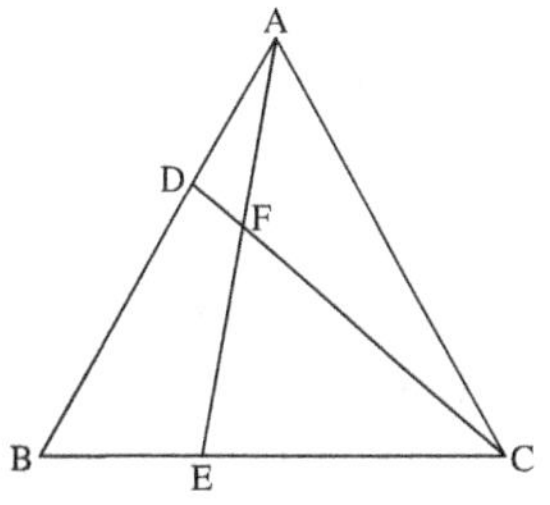

★ワンポイントアドバイス★

〔3〕は第m行，第1列の自然数がm^2であることに気が付くことがポイントである。
〔4〕(3)は点Pを通りy軸に平行な直線を引いて，△PABを2つの三角形に分けて考えてみよう。

＜英語解答＞

〔1〕	1 ウ	2 イ	3 ウ	4 イ	5 エ
〔2〕	6 ア	7 ウ	8 エ	9 ア	10 エ
〔3〕	11 ウ	12 エ	13 ア	14 エ	15 イ
〔4〕	16 ア	17 エ	18 ウ	19 エ	20 ウ
〔5〕	21 ウ	22 ウ	23 ア	24 イ	25 イ
〔6〕	26 イ	27 ウ	28 ア	29 ア	30 イ

○配点○

〔1〕 各2点×5　〔2〕・〔3〕 各4点×10　〔4〕 各2点×5　〔5〕・〔6〕 各4点×10

計100点

＜英語解説＞

〔1〕（リスニング）

A. [1] Woman : Haruhi Station.

Mr. Gordon : Hello. I left my bag somewhere when I was on my way to the City Hall, and now I am looking for it.

Woman : Oh, do you remember where you left it?

Mr. Gordon : I left the library and got on the train at Haruhi Station at two o'clock. But I'm not sure where I left it.

Woman : OK. What color is it?

Mr. Gordon : It's a blue and white one, and my name is written on it.

Woman : May I have your name, please?

Mr. Gordon : Gordon, Ken Gordon.

Woman : All right. Wait a minute, please.... Mr. Gordon, your bag is here. We found it on the train.

Mr. Gordon : Oh, thank you very much! May I come to the station now?

Woman : Sure.

[2] Masao : Oh, our next class is math. I don't like it.

Kate : Oh really? I like it. What subject do you like best, Masao?

Masao : I like history. How about you, Kate? What subject do you like best?

Kate : I like Japanese the best.

Masao : I see. You are good at speaking Japanese.

Kate : Thank you, Masao. I'm glad to hear that. I'm interested in learning languages.

Masao : What other subjects are you interested in, Kate?

Kate : Well, I like science.

Masao : Wow, you like math, Japanese and science. That's great!

[3] Nick : Why don't we go to see a soccer game tomorrow, Chie?

Chie : What game, Nick?

Nick : Our school's team is going to have a game. Yuta is going to play.

Chie : That's good. What time is the game going to begin?

Nick : At twelve. Can we meet at school at ten?

Chie：Well, I have to go shopping with my mother at nine thirty. How about eleven?
Nick：OK. See you then.

（全訳） [1] 女性　　　：春日駅です。
ゴードン氏：もしもし。私は市役所へ向かう途中のどこかでカバンを置き忘れて，今，探しています。
女性　　　：なるほど，どこに置き忘れになったか，覚えておられますか。
ゴードン氏：図書館を出て，2時に春日駅で電車に乗りました。でも，どこに忘れたかは，はっきりしません。
女性　　　：わかりました。そのカバンは何色でしょうか。
ゴードン氏：青と白で，カバンには名前が書かれています。
女性　　　：お名前をお伺いしてもよろしいでしょうか。
ゴードン氏：ゴードン，ケン・ゴードンです。
女性　　　：わかりました。しばらくお待ちください…。ゴードンさん，あなたのカバンはここにございます。電車にあったのを見つけました。
ゴードン氏：ああ，どうもありがとうございます！　今，駅に行っても良いですか。
女性　　　：もちろんでございます。
質問：どこにゴードン氏は彼のカバンを置き忘れたか。
　ア　市役所に。　　イ　駅に。　　ウ　電車に。　　エ　図書館に。
[2] マサオ：あっ，僕らの次の授業は数学だよ。僕は数学が好きじゃない。
ケイト：えっ，本当に？　私は好きだなあ。マサオ，あなたはどの科目が一番好きなの？
マサオ：歴史が好きだよ。ケイト，君はどう？　どの科目が最も好き？
ケイト：私は国語[日本語]が一番好きよ。
マサオ：なるほど。君は日本語を話すのが上手だからね。
ケイト：ありがとう，マサオ。それを聞いてうれしいわ。私は言語を学ぶことに興味があるのよ。
マサオ：ケイト，他に何の科目に興味があるの？
ケイト：そうね。科学が好きだわ。
マサオ：わあ，君は数学，国語[日本語]，科学が好きなんだね。それは，すごいなあ。
質問：どの科目がマサオは一番好きか。
　ア　国語。　　イ　歴史。　　ウ　科学。　　エ　数学，国語，そして，科学。
[3] ニック：チエ，明日，サッカーの試合を一緒に見に行かないかい？
チエ　：どんな試合かしら，ニック。
ニック：我が校のチームが試合をすることになっている。ユウタが試合に出るよ。
チエ　：それは良いわね。試合は何時に始まる予定なの？
ニック：12時だよ。10時に学校で会えるかな？
チエ　：そうね，9時30分に母と買い物に行かなければならないの。11時でどうかしら？
ニック：良いよ。じゃあ，その時にね。
質問：何時にニックとチエは学校で待ち合わせをする予定か。
　ア　9時30分。　　イ　10時。　　ウ　11時。　　エ　12時。

B. [4]・[5] Hello everyone. Nice to meet you. My name is Ann Green. I'm from Kelowna in Canada. I came to Japan a week ago. This is my first time to come to Japan, and everything is new to me. I went to Higashiyama Zoo to see koalas two days ago. And I went to Sakae yesterday with your homeroom teacher, Ms. Tanaka. We enjoyed shopping there. I bought chopsticks and tennis shoes. At the department store, I saw kimonos. They were really beautiful. If I can, I want to buy some for my family someday.

I am going to teach you English this year. I know many English songs. Let's enjoy singing them together in English. I hope you will like English better than last year! Thank you.

（全訳） こんにちは，みなさん。みなさんにお会いできてうれしいです。私の名前はアン・グリーンです。カナダのケロウナから来ました。1週間前に日本に来ました。今回が私にとって初来日なので，すべてが新しいことだらけです。2日前にコアラを見に，東山動物園に行きました。そして，昨日，みなさんの担任のタナカ先生と一緒に栄へ行きました。そこで私たちは買い物を楽しみました。私は箸とテニスシューズを買いました。デパートでは，着物を見ました。着物は本当に美しかったです。できれば，いつか私の家族のために着物を買いたいと思います。

今年度，私はみなさんに英語を教えることになっています。私は多くの英語の歌を知っています。英語で一緒に歌って楽しみましょうね。昨年よりも，みなさんが一層英語を好きになってくれることを願っています。ありがとうございます。

4 質問：いつグリーン先生は東山動物園へ行ったか。

ア 彼女はそこへ1週間前に行った。

イ 彼女はそこへ2日前に行った。

ウ 彼女はそこへ昨日行った。

エ 彼女はそこへ去年行った。

5 質問：グリーン先生は自分の授業で何を(しようと)予定しているか。

ア 彼女は箸を作ろうとしている。

イ 彼女は着物を着ようとしている。

ウ 彼女は担当する生徒と一緒に日本語の歌を歌おうとしている。

エ 彼女は担当する生徒と一緒に英語の歌を歌おうとしている。

〔2〕 (長文読解問題・物語文：語句解釈，語句補充・選択，内容吟味，英文和訳・選択，要旨把握，受動態，比較，進行形，接続詞，関係代名詞)

（全訳） 長い夏休みが6月末に始まった。年を老いた牧師が教会を去り，新しい牧師がやって来た。彼の名前はアラン氏だった。彼は可愛くて若い妻を連れてきた。

ある日，ジェーン・カスバートは台所で忙しく働いていた。彼女は白髪の交った頭髪の高身長の女性だった。彼女は若さも可憐さも持ち合わせていなかったが，優しい心の持ち主だった。「私は水曜日にアラン夫妻を茶会に招待しようと思うのよ」とジェーンは彼女の可愛らしい娘，アンに向かって言った。「えっ，本当に？」アンは興奮気味に言った。「ケーキを作っても良いかしら」「良いわよ，アン」ジェーンは答えた。

水曜日の朝，アンは早く起きて，(彼女の)ケーキを作った。それは見た目がとても美味しそうだった。午後，アンはテーブルの周りに花を飾った。そして，アラン夫婦が到着した。「テーブルが美しいですね」彼らは言った。(A)<u>アンはとてもうれしかった</u>。彼女はジェーンと一緒にテーブルについた。ジェーンは彼女の持ちうる最良の服を着ていた。「私はあなた(方)のためにケーキを作りました。アラン夫人，少しいかがですか」アンはケーキを勧めた。「ええ，頂くわ。お願いします」とアラン夫人は答えて，笑みを浮かべた。アンはアラン夫人のためにケーキを少し切り分けた。アラン夫人はケーキを口の中に入れて，食べ始めた。でも，彼女はとても喜んでいるようには見えなかった。「何かおかしいですか」ジェーンは尋ねた。「私には少し苦い感じがします」アラン夫人は答えた。そこで，ジェーンも少しケーキを食べてみた。「アン！」彼女は声をあげた。「あなたはこれに何を入れたの？」「バニラを入れただけよ」とアンは答えた。彼女は台所へ行き，小さなびんを持って戻ってきた。びんの正面には‘最高級のバニラ’と書かれていた。ジェーンはびんを開けた。「これはバニラではないわ」彼女は言った。「これは(B)薬よ」先週，私が薬のびんを割ってしまったの。私は薬をこの古いバニラのびんに入れたのよ」

「えーっ，そんなぁ！」アンは叫んだ。彼女は階上にある自分の部屋へと走っていった。彼女は泣き続けた。しばらくして，誰かが彼女の部屋へと入ってきたが，彼女は顔をあげなかった。「私はとても不幸だわ」と彼女は言った。「誰もが私のケーキの話を聞けば，私のことを笑うでしょう。私は階下に降りていけない。二度とアラン夫人に顔を合わすことはないわ」

「泣かないで，アン」(C)アンは驚いて，顔をあげた。「アラン夫人！」彼女は驚いて言った。「ええ，私よ」アラン夫人は言って，笑った。「ケーキに入った(B)薬はとてもおもしろい過ちだったわね」「本当にごめんなさい，アラン夫人」アンは言った。「私はあなたに美味しいケーキを作りたかったのです」「わかっているわ」アラン夫人は言った。「さあ，下に降りて，私にあなたの(用意した)花をよく見せてね」(D)あなたの花ほど美しいものはないわ。

再びアンは楽しい気分になった。彼女はアラン夫人と階下へ行き，そして，ケーキのことを話題にする人は誰もいなかった。

基本 ⑥ (A)「アンは非常にうれしく思った」直前の3文を参考に考えること。〈feel ＋形容詞〉「～の感じがする／気分が～である」 look C「Cのように見える」

やや難 ⑦ ケーキを食べたアラン夫人が，「少し苦い味がする」と述べていることから考えること。正解は，ウ「薬」。〈taste ＋形容詞〉「～の味がする」，bitter「苦い」他の選択肢は次の通り。ア「バニラ」 イ「蜂蜜」 エ「砂糖」いずれも苦くはないので，不適。

やや難 ⑧ 下線部(C)は「アンが驚いた」の意。後続文で「アラン夫人！」と目前のアラン夫人を見て驚いていることから判断すること。まさかアラン夫人が目の前に立っていようとは思わなかったのである。〈be動詞＋ surprised〉「驚いて」

重要 ⑨ 〈A＋ as ＋形容詞／副詞＋ as ＋B〉「AはBと同じくらい～」→〈nothing ＋動詞＋ as ＋形容詞／副詞＋ as ＋A〉「Aほど～のものはない／Aが最も～だ」

重要 ⑩ ア「アラン夫人は若くなくて，可愛くもなかった」(×) 第1段落最終文の内容に反しているので，不一致。 イ「アンはアラン夫妻のために作り，それは美味しかった」(×) ケーキを作る際，アンは知らずに誤って薬を入れてしまい，苦くなってしまった，との記述があるので，不適。(第3段落後半参照) ウ「ケーキを作っていた時に，アンはバニラのびんを割った」(×) びんを割ったのはジェーンであり，しかも，ケーキを作っている時に割ったわけではない。第3段落最後のジェーンのせりふを参照すること。was making ←〈be動詞＋現在分詞[doing]〉進行形「～しているところだ」，接続詞 when「～するときに」 エ「アンの作ったケーキを食べた際に，アラン夫人は怒らなかった」(○) ケーキを食べた時にアラン夫人が怒ったという記述はない。(第3段落参照)また，ケーキを食べた時のことを思い起こして，笑いながら「おもしろい過ちだったわね」とアラン夫人は述べている。(第5段落第5文)以上から，本文の内容に一致していると判断できる。〈get ＋形容詞〉「～になる」，angry「怒った」，the cake ▼ Anne made「アンの作ったケーキ」←〈先行詞＋(目的格の関係代名詞＋)主語＋動詞〉「主語が動詞する先行詞」目的格の関係代名詞は省略することが可能。〈名詞＋名詞＋動詞〉の場合には，このパターンであることが多い。

〔3〕 **(長文読解・エッセイ：英問英答・選択，語句解釈，内容吟味，要旨把握，接続詞，不定詞，進行形，受動態，前置詞，助動詞，関係代名詞，動名詞)**

(全訳) ハワイでバスに乗車している時に，一人のアメリカ人女性が私に『日本人旅行者はとても失礼です』と話かけてきた。私には，彼女がなぜそのようなことを言うのかが理解できなかった。日本人は礼儀正しいと考えている人が大多数だからだ。そして，私は(以下に記す)彼女の話を聞くことになった。

『ここでエレベーターに乗ると，いつも起こるのです』と彼女は言った。『エレベーターはすでに一杯なのに，エレベーターに乗り込もうと日本人はいつも他の人たちを押すのです。とても失礼です！』

なるほど。それで私は納得した。この女性は，日本に行ったことがなくて，東京や名古屋のような大都市でエレベーターを利用したことがないのだ。日本人がエレベーターに乗ると，日本のエレベーターは通常混んでいるので，誰かに触れて押し進むのが普通だ。でも，そうする必要がないので，アメリカ人は他人を押したりしない。だから，アメリカ人がエレベーターで押されると，彼らは『それは失礼だ』と感じるのである。そこで，この種の状況下で，誰が実際に悪いのだろうか。誰も悪くないとも，みんなに責任があるとも言える。

誰も悪くはなかった(とも言える)というのは，日本人旅行者は，いつも自国で行っている通りに単に振る舞っていただけで，当該のアメリカ女性は，なぜ日本人がそのような行動をするのかが理解できなかったからだ。それは文化に関する単純な相違だった。でも，みんなが過ちを犯していた(とも言える)。もう少し寛容さが必要だったからだ。私たちが外国を訪問すると，『郷に入っては，郷に従え』ということわざにあるように，その国の人々を観察して，彼らと全く同じように行動することがふさわしい，とされる。しかしながら，外国からの訪問者がすべてを私たちのように行うことを期待するのは不可能だ。文化に関する相違に関して，私たちは少し寛容さを持つべきなのだ。

基本 11 質問「なぜそのアメリカ人女性は『日本人旅行者はとても無礼だ』と発言したか」 正解はウ「エレベーターに乗った時に，人を押したから」。第2段落に一致。接続詞 when 「～する時に」，get on「～に乗る」 to get on the elevator「エレベーターに乗るために」← 不定詞の目的を表す副詞的用法「～するために」，others = other people 他の選択肢は次の通り。ア「バスの乗車時に，人を押したから」(×) バスの乗車時に当該のアメリカ人と会話を交わしたが，日本人が人を押すは，エレベーターの利用時である。 イ「エレベーター内にいた際，話をしていたから」(×) 話をしていたことが問題ではない。were talking ← 進行形〈be動詞＋現在分詞[doing]〉「～しているところだ」 エ「バスに走り込もうとしたから」(×) 言及なし。〈try ＋不定詞[to do]〉「～しようとする」

やや難 12 質問「どこでアメリカ人女性は日本人旅行者に押されたか」 正解はエ「ハワイにて」。ハワイに作者が行った際，バスに同乗していたアメリカ人から話しかけられて(第1段落)，『ここで[here／ハワイ]でエレベーターに乗るといつも起こる』(第2段落最初の文)と前置きしたうえで，エレベーターで日本人旅行者に押される(第2段落第2文)，という話を聞かされたことから考える。was pushed 「押された」← 〈be動詞＋過去分詞〉受動態「～される」 他の選択肢は次の通り。ア「東京で」 イ「ローマで」 ウ「バスで」

やや難 13 質問「なぜ筆者は日本人旅行者が無礼ではないということを理解したか」 正解はア「日本人は日本でいつも行っているようにしていただけだから」。第4段落第1文に一致。were doing ← 進行形〈be動詞＋現在分詞[doing]〉「～しているところだ」，接続詞 as 「(～が…する)ように／時に／～なので」 他の選択肢は次の通り。イ「日本人はいつもアメリカでするようにしているだけだったから」(×) ウ「日本人はアメリカ人のようになろうと試みただけだったから」(×) 選択肢イ・ウのように振る舞っていれば，そもそも相手が無礼と感じるような事態にはなっていないので，共に不適。〈try ＋不定詞[to do]〉「～しようとする」，前置詞 like 「～のように／な」 エ「日本人は外国人のようになろうと試みただけだったから」(×) 筆者の説明(第4段落第1文)

と異なる。

やや難 14 質問「ことわざ『ローマでは，ローマ人がするようにしなさい[郷に入っては，郷に従え]』はどういう意味か」本文におけることわざを含む文は，「外国を訪問すると，『郷に入っては，郷に従え』ということわざにあるように，その国の人々を見て，彼らと全く同じように行動することがふさわしいとされる」の意。下線部に意味が近いエ「外国を訪問した時に，その国に住む人々のように振る舞うべきだ」が正解。should「～すべきである／するはずだ」，people who live「住む人々」← 〈先行詞[人]＋ who ＋動詞〉「～[動詞]する先行詞[人]」 who 主格の関係代名詞，接続詞 as「(～が…する)ように／時に／～なので」，the same things that they do「彼らがするのと同じこと」 that は目的格の関係代名詞。 選択肢は次の通り。ア「外国へ行った際に，外国語を学ぶべきだ」(×) 言語に限定したことではない。 イ「外国へ行った際に，その国に住む多くの人々と話すべきだ」(×) ウ「外国を訪問する際に，その国に住む人々を押すべきだ」(×) 正解エの説明を参照。people who live／someone who lives いずれも主格の関係代名詞。

やや難 15 質問「外国の人が何か変わったことをしているのを見た時に，私たちは何をするべきか」最終段落の最後の2文(「外国人がすべてを私たちのように振る舞うことを期待するのは無理だ。文化に関する相違には寛容であるべきだ」)を参考にすること。正解は，イ「互いの文化における相違を理解するべきだ」。should「～すべきである／するはずだ」，each other「互い」 他の選択肢は以下の通り。ア「東京や名古屋のような大都市へ外国人を連れていくべきだ」(×) take A to B「AをBへ連れて行く」／ウ「一緒に昼食を食べるのを楽しむべきだ」(×) 〈enjoy ＋動名詞[doing]〉「～することを楽しむ」いずれも本文で言及もないし，質問に対する解答としても文脈的に不適。 エ「外国人が私たちのようにすべてを行うことを期待すべきだ」(×) 最終段落最後から2文目の筆者の考えに反する。前置詞 like「～のように／な」

〔4〕 **(文法問題：正誤問題，動名詞，助動詞，関係代名詞，比較，受動態，現在完了)**

基本 16 「音楽部に所属しているので，それらの少年の一人はギターを演奏するのが上手い」 one of the boys は単数扱いなので，アの箇所のbe動詞は are は誤りで，is でなければならない。〈be動詞＋ good at〉「～上手だ」，at playing ← 〈前置詞＋動名詞[doing]〉，belong to「～に所属する」

基本 17 「ケンは彼の友達が出場するサッカーの試合を見るために，今度の3月に，東京を訪れる予定だ」未来を表す助動詞 will の後は原形でなくてはいけないので，エの will playing は誤りで，正しくは will play にしなくてはならない。〈助動詞＋原形〉〈be動詞＋ going ＋不定詞[to do]〉「～するつもりだ／する予定だ」，soccer games which his friend will play ← 目的格の関係代名詞〈先行詞[もの]＋ which ＋主語＋動詞〉「主語が動詞する先行詞」

重要 18 「この猫は私の家族に本当に愛されている。彼女はわたしたちのすべてのペットの中で最も体重が重い動物だ」 heavy「重い」の最上級は heaviest なので，ウの most は取る。最上級；規則変化 → 〈原級＋ -est〉ただし，〈子音字＋ y〉の場合は y を i に変えて -est をつける。また，長い語の場合は〈most ＋原級〉となる。is loved「愛されている」← 〈be動詞＋過去分詞〉 受動態「～される／されている」

重要 19 「この写真には何人かの有名な人々が映っている。彼らはすべてノーベル平和賞の受賞者だ。この写真の何名の人を見かけたことがあるか」第3文は，文脈上，経験を表していると考えられるので，エの see は，過去分詞の seen が正しい。現在完了(完了・経験・継続・結果)〈have[has]＋過去分詞〉〈There ＋be動詞＋S＋場所〉「Sが～にいる[ある]」，〈How many ＋複数名詞〉数を尋ねる表現「いくつ」

重要 20 「祖国で私たちは週に1回日本語を勉強している。あなたの国ではどのくらい英語を勉強するか」第2の文は文脈上「どのくらいひんぱんに勉強をするか」を表していると考えられるので，How may を How often にするのが正しい。How often ～?「どのくらいの頻度で[ひんぱんに]～するか」 once a week「週に1回」← 〈once [twice／X times]＋ a ＋期間〉「～[期間]につき1[2／X]回」

〔5〕（文法問題：語句補充・選択，不定詞，現在完了，分詞，動名詞）

重要 21 正解は It is easy for me to ride a bike.「私にとって自転車に乗ることは簡単だ」〈It ＋be動詞＋形容詞＋ for ＋S＋不定詞[to do]〉「Sにとって～[不定詞]することは…[形容詞]だ」

重要 22 正解は We have been best friends for twenty years.「私たちは20年間親友だ[であり続けている]」現在完了(継続)〈have[has]＋過去分詞＋ for[since]…〉「…の間[以来]（ずっと)～し続けている」 for「～の間」は期間，since「～から[以来](ずっと)」は起点を表す。been は be動詞の過去分詞。

重要 23 正解は The man washing the car in front of the house is my father.「家の前で車を洗っている人は私の父だ」 現在分詞の形容詞的用法〈名詞＋現在分詞[doing]＋他の語句〉「～している名詞」，過去分詞の形容詞的用法〈名詞＋過去分詞[規則動詞；原形＋ -ed]＋他の語句〉「～された名詞」，in front of「～の前に」

重要 24 She is proud of playing soccer well(.)「彼女はサッカーを上手くできることを誇りに思っている」前置詞の後に動詞がくる場合には動名詞[doing]にすること。原形・不定詞・過去分詞形等は不可。〈be動詞＋ proud of〉「～を誇りとする」

基本 25 You had a really good time in America, didn't you?「あなたはアメリカで本当に充実した時間を過ごしたのですね」「～ですね」付加疑問文〈肯定形，否定疑問文短縮形？〉または〈否定形，肯定疑問文？〉

〔6〕（文法：語句整序，受動態，比較，不定詞）

基本 26 Was the house built by your grandfather(?) 受動態の疑問文〈be動詞＋主語＋過去分詞＋by ＋行為者？〉

重要 27 (He) did not look as happy as his (sister.) 〈A＋ as ＋原級＋ as ＋B〉の否定文「AはBほど～ではない」〈look ＋形容詞〉「～のように見える」

やや難 28 The movie will encourage him to play basketball(.) will 未来を表す助動詞「～するでしょう／するつもりだ」〈encourage ＋人＋不定詞[to do]〉「人が～[不定詞]することを促す／励ます」

重要 29 (He) was so hind that he showed me the way (to the station.) 〈so ＋形容詞[副詞]＋that …〉「とても～[形容詞・副詞]なので…だ」 show ＋人＋ the way「人に道案内をする」

基本 30 I don't know what to cook for dinner(.) 〈what ＋不定詞[to do]〉「何を～したらよいか」

★ワンポイントアドバイス★

〔4〕では正誤問題が5題出題された。4つある選択肢から，1か所の文法的な誤りを指摘する問題である。正誤問題では，誤りやすい項目が設問になっていることが多いので，正誤問題の類題に取り組むことが最善の対策になる。

＜理科解答＞

〔1〕	[1] ウ	[2] イ	[3] イ	[4] ウ	[5] エ
〔2〕	[6] ウ	[7] ウ	[8] イ	[9] ウ	[10] ア
〔3〕	[11] ア	[12] イ	[13] エ	[14] イ	[15] ウ
〔4〕	[16] オ	[17] エ	[18] エ	[19] イ	[20] ア

○配点○

各5点×20　　計100点

＜理科解説＞

〔1〕（運動とエネルギー―斜面上の小球が持つエネルギー）

やや難 [1] 斜面に摩擦がなかったり，空気抵抗がない場合，斜面上を転がる小球の力学的エネルギーは一定である。また，運動エネルギーは斜面を下るにつれて大きくなるが，小球の速さは時間に比例して増加する。また，小球の運動エネルギーは速さの2乗に比例するので，時間の2乗に比例する。

[2] 実験1で，80gの小球の高さを5.0cmにすると木片は2.4cm動く。したがって，実験2で，小球が80gのとき，木片は3.6cm動くので，小球をはなした高さは，$5.0\times\frac{3.6}{2.4}=7.5$(cm)である。

[3] 100gの小球を12.5cmの高さからはなした場合，木片が動く距離は，$2.4\times\frac{100}{80}\times\frac{12.5}{5.0}=7.5$(cm)である。

[4] 斜面の傾きを大きくすると，小球に働く斜面方向の力が大きくなるので，小球は速くなり，短い時間ですべりおりる。ただし，同じ高さからすべり降りるので，水平面での速さは変わらない。

[5] コイルに電流を流すと，コイルの中に左向きの磁力線が生じる。台車がコイルに入る前は，棒磁石のN極が近づくので，左向きの力が働き，台車は遅くなる。また，台車がコイルを出た後は，棒磁石のS極が遠ざかるので，右向きの力が働き，台車は速くなる。

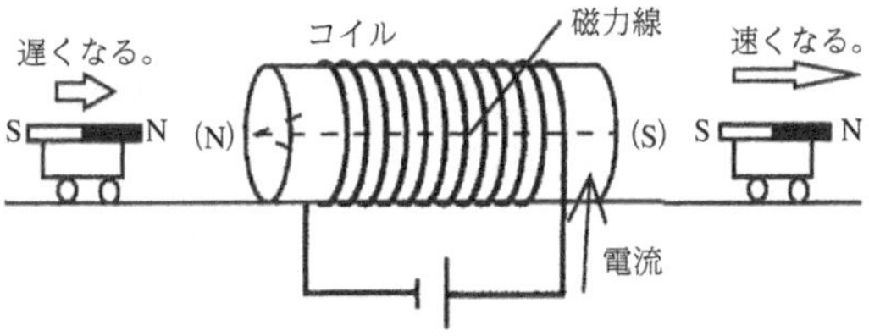

〔2〕（化学変化と質量―塩酸と石灰石の反応）

[6] 塩酸と石灰石の反応を化学反応式で表すと，次のようになる。

$2HCl+CaCO_3 \rightarrow CaCl_2+H_2O+CO_2$

やや難 [7] 表3から，80.0cm^{3}の塩酸を入れたときの質量が180.0g，120.0cm^{3}の塩酸を入れたときの質量が224.0gなので，塩酸の密度は，$\frac{224.0-180.0}{120.0-80.0}=1.1$(g/cm^3)である。

[8] 表3から，塩酸の量を変えたときに発生した二酸化炭素の質量は，次のようになる。

80.0cm^3…$180.0-179.2=0.8$(g)　120.0cm^3…$224.0-222.8=1.2$(g)
160.0cm^3…$268.0-266.4=1.6$(g)　200.0cm^3…$312.0-310.0=2.0$(g)
240.0cm^3…$356.0-354.0=2.0$(g)　280.0cm^3…$400.0-398.0=2.0$(g)

塩酸が150cm^{3}のとき，発生した二酸化炭素は，$0.8\times\frac{150.0}{80.0}=1.5$(g)である。

重要 [9] [8]の結果からもわかるように，石灰石5.0gと塩酸200.0cm^{3}が過不足なく反応して2.0gの二酸化炭素が発生したことがわかる。したがって，240.0cm^{3}の塩酸は5.0gよりも多くの石灰石をとかすことができる。

[10]　濃度が1.2倍の塩酸120cm^{3}は，もとの塩酸の120×1.2＝144(cm^3)に相当する。したがって，発生した二酸化炭素は，$0.8\times\frac{144}{80.0}=1.44$(g)である。

［3］（動物の種類とその生活―セキツイ動物と無セキツイ動物）

重要 [11]～[13]　A～Hは，次のように分類される。

A：イルカ・ヒトはホ乳類　　B：カラス・カッコウは鳥類

C：チョウ・バッタは節足動物・昆虫類　　D：マグロ・コイは魚類

E：ワニ・カメはハ虫類　　F：カエル・イモリは両生類

G：イカ・タコは軟体動物　　H：ウニ・ヒトデは棘皮《きょくひ》動物

重要 [14]　カモノハシはホ乳類の仲間であるが，卵生で，子を乳で育てる。

[15]　①は恒温動物で鳥類とホ乳類が当てはまる。また，②は変温動物であるが，1回の産卵数最も多いのは魚類である。

［4］（地球と太陽系―地球と月）

[16]　(a)は冬至，(c)は春分，(e)は夏至，(g)は秋分の地球の位置である。したがって，ゴールデンウィークは5月初め頃なので，春分と夏至の間の(d)である。また，クリスマスは12月下旬の頃なので，冬至の(a)である。

[17]　地球の公転面に対して地球の地軸が垂直だったら，世界中どこでも昼と夜の長さが12時間ずつになる。また，地球の公転面と地球の地軸が平行だったら，常に昼の地域と常に夜の地域ができる。

重要 [18]　図8の上弦の月は，夕方に南中する。

重要 [19]　月の公転周期も月の自転周期も27.3日で同じである。また，自転と公転の向きも同じなので，地球からは月の裏側を見ることができない。

[20]　ジェット気流は偏西風の中でも特に狭い幅で強く吹く西風である。このような西風が起こる理由は，次のようになる。図aのように，赤道付近の低緯度での自転の速さが最も速く，緯度が高くなると，自転の速さは遅くなる。したがって，図bのように，空気が低緯度から高緯度に移動すると，東にずれるので，中緯度付近では西からの風になる。

図a　図b

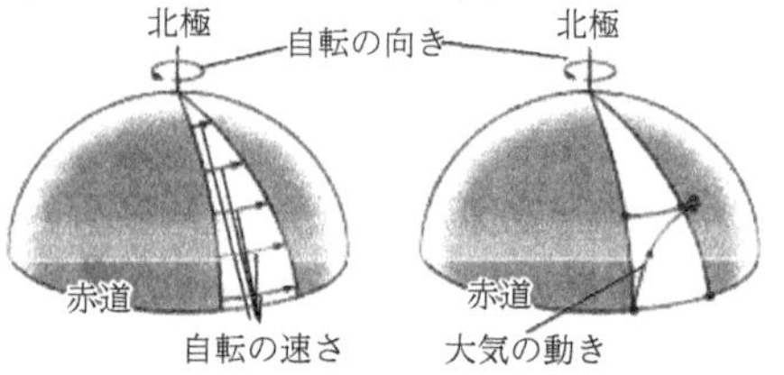

★ワンポイントアドバイス★

生物・化学・地学・物理の4分野において，基本問題に十分に慣れておくこと。その上で，化学分野と物理分野の計算問題にしっかり取り組んでおく必要がある。

＜社会解答＞

〔1〕 [1] ウ　[2] エ　[3] エ

〔2〕 [4] イ　[5] イ　[6] ウ　[7] ア

〔3〕 [8] ウ　[9] イ　[10] ア　[11] ウ　[12] イ　[13] ウ　[14] イ

〔4〕 [15] イ　[16] ウ　[17] イ

〔5〕 [18] ウ　[19] ア　[20] ウ　[21] ウ

〔6〕 [22] ア　[23] ウ　[24] イ　[25] ウ

○配点○

各4点×25

＜社会解説＞

〔1〕（地理―近畿地方に関する問題）

[1] Aは奈良県である。南部には紀伊山地が連なり，人工の三大美林のひとつに数えられる吉野すぎが有名である。

やや難 [2] Bは滋賀県，日本最大の湖は琵琶湖である。湖の生態系を守るために，ブラックバス・ブルーギルといった外来魚のリリース(放流)を条例で禁止しているが，釣りそのものを禁止してはいないことから，エは誤りである。

重要 [3] Cは兵庫県，Dは大阪府である。機械工業の割合が全体の3分の2を占めていることから，①が中京工業地帯であることがわかる。Fは機械工業・化学工業に次ぐ割合があることから金属工業であることがわかる。阪神工業地帯は金属工業の割合が他より高い特徴があるので，③が該当することになる。

〔2〕（地理―ヨーロッパの地形・気候などに関する問題）

重要 [4] A国がノルウェー，B国がイギリス，C国がドイツ，D国がフランス，E国がイタリアである。ピレネー山脈はヨーロッパ西部，フランスとスペインの境界に位置していることから，ヨーロッパ南部に位置する山脈であるXは，アルプス山脈であることがわかる。リアス式海岸は山地が海に沈んでできた沈降海岸であることから，ノルウェーの西にある氷河の浸食作用で出来た地形であるYは，フィヨルドであることがわかる。ドナウ川はドイツ南部から東欧を流れて黒海に注ぐ川であることから，オランダ・ドイツを流れるZはライン川であることがわかる。

[5] ヘルシンキはフィンランドの首都であることから，気候は亜寒帯湿潤気候に分類され，冬場の月別平均気温が0℃を大きく下回る特徴がある。ベルリンはドイツの首都であることから，西岸海洋性気候に分類され，冬場の月別平均気温が0℃を少し下回る特徴がある。パリはフランスの首都であることから，ベルリンと同じ西岸海洋性気候に分類されることがわかる。ローマはイタリアの首都であることから，地中海性気候に分類され，温暖で降水量が少ない特徴がある。

やや難 [6] B国はイギリスであることから，キリスト教の中でもイングランド国教会を信仰している。正教会の中心はロシア正教会である。

基本 [7] ユーロスターはドーバー海峡に造られた，英仏海峡トンネルを通ってB国イギリスとD国フランスを結ぶ鉄道であることから，アは誤りである。

〔3〕（歴史―各時代の日本・世界の様子に関する問題）

基本 [8] 稲作が始まったころは，石包丁を利用した穂首刈りが行われていたこと。

[9] 新羅による朝鮮半島の統一は676年，7世紀である。漢があったのは紀元前206年から紀元前8年であることから，アは誤りである。インド大反乱は1857年から1858年であることから，ウは誤り

である。バスコ＝ダ＝ガマがインドに到達したのは1498年であることから，エは誤りである。

重要 10 遣唐使の派遣は，630年に始まり，894年に停止された。朝鮮通信使は室町時代の15世紀から始まり，秀吉の朝鮮侵略により国交断絶となるが，1607年には対馬藩の宗氏の仲立ちで復活したことから，イは誤りである。南蛮貿易は，1540年代からおよそ1世紀に渡って行われた貿易であることから，ウは誤りである。琉球王国は，1429年から1879年にかけてあった国であることから，エは誤りである。

11 国風文化は10世紀初め頃から11世紀の摂関政治期を中心とする文化で，大和絵はこの時期の代表的な絵画である。書院造は室町文化であることから，アは誤りである。茶の湯は桃山文化であることから，イは誤りである。国学は江戸時代中期から後期にかけて成立したものであることから，エは誤りである。

12 1の平治の乱は1159年の出来事である。2の前九年合戦は1051年から1062年にかけての出来事，後三年合戦は1083年から1087年の出来事である。Xは1192年，Yは1167年のことである。

やや難 13 大塩平八郎の乱は1837年のことである。1は1866年，2は18世紀前半，3は18世紀後半，4は17世紀半ばのことである。これらを並べ替えると，4→2→3→1となる。

14 清教徒革命は1640年から1660年にかけての出来事，名誉革命は1688年から1689年にかけての出来事である。いずれも17世紀の出来事である。

〔4〕（公民―エネルギー・国家・経済に関する問題）

15 原子力発電の割合に注目すると，4分の3を占めるのがフランス，圧倒的に低いのが東日本大震災時の原子力発電所の事故で依存度を下げることになった日本であることがわかる。

重要 16 国家の三要素とは，存在するための空間にあたる「領域」，そこに住む「国民」，その国民が自ら領域内のことを決定できる力である「主権」が必要であることから判断する。

やや難 17 物価が上昇するインフレーションは好景気時に，物価が下落するデフレーションは不景気時に発生する。

〔5〕（公民―政党・内閣・選挙・憲法に関する問題）

やや難 18 1955年に自由民主党結党以来，非自由民主党政権の誕生，すなわち政権交代は，1993年の細川護熙政権が最初の例であることから，たびたび起きてはいないので，ウは誤りである。

重要 19 日本国憲法第7条の内容である。内閣総理大臣は国会議員でなくてはならないと日本国憲法第67条にあることから，イは誤りである。内閣総理大臣の任命は天皇が行うと日本国憲法第6条にあることから，ウは誤りである。行政権は内閣総理大臣個人ではなく内閣が一体となって行使すると日本国憲法第65条にあることから，エは誤りである。

20 ドント式とは，各政党の得票数を整数で割った商を比較して，定数を満たすまで大きい順に割り振る方法である。各政党の得票を整数で割った商は，A党が12000，6000，4000，3000…，B党が8400，4200，2800，2100…，C党が4800，2400，800，600…である。したがって，商は大きい順に12000，8400，6000，4800，4200，4000となることから，A党は3議席，B党は2議席，C党は1議席であることになる。

基本 21 日本国憲法の公布は1946(昭和21)年11月3日，現在の文化の日である。施行は1947(昭和22)年5月3日，現在の憲法記念日である。

〔6〕（総合問題―横浜港・憲法を切り口にした問題）

22 開港当時は工業原料を輸出し工業製品を輸入していたので，(1)は開港当時の輸出品，(2)は開港当時の輸入品である。現在は，工業製品，特に自動車の輸出が増えていることから，(3)は現在の輸入品，(4)は現在の輸出品である。これらを併せて判断する。

基本 23 1854年にペリーが2回目の来航を果たした際に上陸した場所が，現在の神奈川県に位置する横浜である。平清盛は太政大臣の位に就いたが幕府は開いていないので，アは誤りである。一向一揆勢力による100年近くの自治が行われたのは現在の石川県である加賀国であることから，イは誤りである。五稜郭は現在の北海道に位置する函館市にあることから，エは誤りである。

重要 24 円高は輸入にプラス，輸出にマイナスに働くことから，(1)は正しい。日本企業の海外進出の中心はアジアであることから，(2)は誤りである。GATTは1947年に条約への署名が行われたことから，(3)は正しい。WTOはGATTが発展して設立されたものであることから，(4)は誤りである。これらを併せて判断する。

やや難 25 大日本帝国憲法は，君主の権利が強く認められたプロシア(現在のドイツ)の憲法を手本にした。ドイツはゲルマン民族の国であることから，ウは正しい。世界の工場と呼ばれたのはイギリスであることから，アは誤りである。史上初の社会主義国家はソビエト連邦であることから，イは誤りである。日露戦争の講和条約の仲介をしたのはアメリカのセオドア・ルーズベルト大統領であることから，エは誤りである。

★ワンポイントアドバイス★

各分野の基本知識を習得することは大切であるが，解答方式がマークシート方式であることから，選択肢を絞り込むためには消去法を活用することが重要である。

＜国語解答＞

一 問一 イ　問二 イ　問三 ア　問四 エ　問五 ウ　問六 エ　問七 ア
　問八 イ　問九 ウ　問十 ウ　問十一 エ　問十二 ア

二 問一 エ　問二 ウ　問三 ア　問四 ウ　問五 イ　問六 イ　問七 エ
　問八 ウ　問九 イ　問十 イ　問十一 ア

三 問一 ウ　問二 エ　問三 ア　問四 イ　問五 ① ウ　② ア

四 問 ウ

○推定配点○

一 問一～問三・問七 各2点×4　問八 3点　他 各4点×7

二 問二・問四・問九・問十 各4点×4　他 各3点×7

三 問一 4点　他 各3点×5　四 5点　計100点

＜国語解説＞

一 (論説文－大意・要旨，内容吟味，文脈把握，接続語の問題，脱文・脱語補充，語句の意味，熟語)

基本 問一 同じ段落の「従来の考え方では，障害は個人に属していました。ところが，新しい考えでは，障害の原因は社会の側にあるとされた」を，「『【 X 】モデル』から『【 Y 】モデル』の転換」と言い換えている。

問二 (1) 前の「それ以前の社会では，障害者には障害者にできる仕事が割り当てられていました」に対して，後の文で「『見えないからできないこと』に注目が集まるようになってしまった」と相反する内容を述べているので，逆接の意味を表す言葉が入る。 (2) 前の「障害及び社会的障壁により継続的に日常生活又は社会生活に相当な制限を受ける状態にあるもの」を，後で

「社会の側にある壁によって日常生活や社会生活上の不自由さを強いられる」とわかりやすく言い換えているので，説明の意味を表す言葉が入る。　(3)　同じ段落の「『障がい者』や『障碍者』と表記をずらすこと」より，後の「『障害』と表記してそのネガティブさを社会が自覚するほうが大切ではないか」という文脈なので，二つのうちこちらを選ぶという意味を表す言葉が入る。

基本　問三　a　対義語は「ポジティブ」。　b　良い結果を生み出す思いつきのこと。　c　「ユーモア」で人の心を和ませるようなおもしろみという意味。　d　目に見える様子を意味する。

問四　「前代」はこれまで，「未聞」は聞いたことがない，という意味であることから考える。

やや難　問五　同じ文の「その人個人の『できなさ』『能力の欠如』」に通じる「障害」とは，どのようなものかを考える。

問六　「産業社会」について，直後の文で「大量生産，大量消費の時代が始まる時期，均一な製品をいかに速くいかに大量に製造できるかが求められる」と説明している。さらに，直後の段落で「障害者は『それができない人』ということになってしまった……『見えないからできないこと』に注目が集まるようになってしまった」と続けて説明しており，この内容を述べているものを選ぶ。

問七　一つ目の【　③　】を含む文の一つ後の文「『誰が作っても同じ』であることが必要」に着目する。誰が作っても同じになるという意味を表す語句が入る。

やや難　問八　直前の段落の「従来の考え方では，障害は個人に属していました。ところが，新しい考えでは，障害の原因は社会の側にあるとされた」ことを，例を挙げて説明している部分である。「足が不自由である」が個人に属していることであるのに対し，「足が不自由だから【　④　】」には社会的な内容が入ると判断できる。したがって，個人に属するイが当てはまらない。

問九　一つ後の文「この障害をなくすことは，見えない人のユーモラスな視点やそれが社会に与えたかもしれないメリットを奪うことでもあります」から理由を読み取る。

やや難　問十　傍線部⑥「違いを生かしたり楽しんだりする知恵」の例を，直後の段落で「言葉による美術鑑賞の実践」と挙げ，「『見えないこと』が触媒となるような，そういうアイディア」と説明している。「言葉による美術鑑賞」は，健常者が視覚を使わず言葉によって美術を鑑賞することなので，健常者が障害を実感として受け止められるようなアイディアを促す知恵だとわかる。

問十一　「触媒」は，比喩的に他のものに変化を起こさせるものという意味で用いられている。同じ段落に挙げられた「言葉による美術鑑賞」の例のように，健常者が障害者の立場に立つことによって，健常者の意識に変化を起こさせるようなアイディアにあたるものを選ぶ。

重要　問十二　最終段落の内容に，アが合致する。

二　（古文—大意・要旨，情景・心情，内容吟味，文脈把握，口語訳，文学史）

問一　菅原孝標女が，物語を読みたいという気持ちもおこらなくなってしまった原因を考える。傍線部①の直前「乳母も，三月ついたちに亡くなりぬ。せむかたなく思ひ嘆くに」が原因になる。

やや難　問二　乳母が死んでしまったのを嘆き沈み「桜の花のこりなく散りみだる」のを見たときの和歌である。「見もやせむ」は，見ることもできましょう，という意味になる。

問三　同じ文の「さよふけてねざめざりせば」「鳥辺山たにに煙のもえ立たばはかなく見えしわれと知らなむ」と書かれた「姫君の御筆跡」の意味を〔現代語訳〕から読み取る。後の(注)にあるように，鳥辺山が火葬場であったとあることも確認する。

やや難　問四　作者がいよいよ涙をそそられたのは，乳母が亡くなった上に，「侍従の大納言の御むすめ」も亡くなったと知ったことが要因である。イは「姫君から送られた和歌」の部分が適切でない。

問五　同じ段落に「源氏の物語」とあり，後に「源氏の五十余巻，櫃に入りながら，在中将，とほぎみ，せり河，しらら，あさうづなどいふ物語ども」とあるのに着目する。「在中将」は在原業平のことで『伊勢物語』だと思われる。『とほぎみ』以下の物語は，現代までに失われている。

基本 問六　アは『古今和歌集』の代表的歌人，ウは『枕草子』の作者，エは『和泉式部日記』の作者。

問七　直前の「紫のゆかりを見て，続きの見まほしくおぼゆれど……いみじく心もとなく，ゆかしくおぼゆるままに」が理由にあたる。〔現代語訳〕と照らし合わせて，作者が『源氏物語』を一の巻から終わりまですべて読みたがった理由を読み取る。

重要 問八　〔現代語訳〕で，「何にかはせむ」は，何になろう，何にもならないという意味だと確認する。作者は，「后の位」よりも『源氏物語』を読むことの方に価値があると思っている。

問九　直後の文以降の内容を〔現代語訳〕で確認する。〔原文〕最後の「まづいとはかなくあさまし」は，いま考えてみると実にたわいのない，あきれはてたものだったという意味で，後年の作者が振り返って述べている部分である。

問十　作者は「物語を書きたい」とは言っていないので，イが合致しない。

問十一　『更級日記』は平安時代の作品なので，鎌倉時代の『徒然草』が同時代ではない。

三　**（語句の意味，熟語，品詞・用法，敬語・その他）**

問一　「植木の手入れや草取りなど」の「など」は例を挙げる意味・用法で，同じ意味・用法のものはウ。アは軽蔑の気持ちを表す，イは強調する，エは表現をやわらげる意味・用法。

問二　エの「いただく」は謙譲語なので，「ご主人」の動作に用いるのは間違っている。正しくは「召し上がる」。

問三　①はすぐに本題に入る，②はこの世のものはすべて絶え間なく移り変わり不変のものはない，③は晴れた日には田畑を耕し雨の日には読書をするような悠々自適の生活，④は他人にかまわず自分勝手にふるまうという意味の四字熟語になる。

基本 問四　アは「カテゴリー」，ウは「コンセプト」，エは「ナショナリズム」。

問五　①　ウは上の漢字が下の漢字を修飾する，他は下の漢字が上の漢字の目的語というなりたち。
②　アは意味が似ている漢字を重ねる，他は上の漢字が下の漢字を修飾するなりたち。

四　**（随筆－大意・要旨）**

問　筆者は，よく耳にする《優しさ》という言葉について，「自分からは与えず，相手からは貪欲に奪う」ものだと非難している。筆者は，本当の「優しさ」というものは，相手からの愛情を期待せず自分から与えるものだと言っている。部活動の先生が，たとえ生徒に嫌われたとしても，生徒が「将来社会に出たときに困らないように」注意してくれたというCさんの感想が，筆者が言いたいことに最も近い。

★ワンポイントアドバイス★

古文は長文だが，〔現代語訳〕が付されている。限られた時間の中で，〔原文〕の傍線部を〔現代語訳〕で確認し，その前後を読んで解答するというような工夫が大切だ。

MEMO

大切なことはメモしておこうネ！

解答用紙集

○月×日　△曜日　天気（合格日和）

◆ご利用のみなさまへ
＊解答用紙の公表を行っていない学校につきましては、弊社の責任において、解答用紙を制作いたしました。
＊編集上の理由により一部縮小掲載した解答用紙がございます。
＊編集上の理由により一部実物と異なる形式の解答用紙がございます。

人間の最も偉大な力とは、その一番の弱点を克服したところから生まれてくるものである。 ——カール・ヒルティ——

東京学参株式会社

中部大学春日丘高等学校　　2024年度

◇数学◇

※ 128%に拡大していただくと，解答欄は実物大になります。

解答番号	解答欄	解答番号	解答欄	解答番号	解答欄	解答番号	解答欄
ア	⊖ ± ⓪ ① ② ③ ④ ⑤ ⑥ ⑦ ⑧ ⑨	サ	⊖ ± ⓪ ① ② ③ ④ ⑤ ⑥ ⑦ ⑧ ⑨	ナ	⊖ ± ⓪ ① ② ③ ④ ⑤ ⑥ ⑦ ⑧ ⑨	マ	⊖ ± ⓪ ① ② ③ ④ ⑤ ⑥ ⑦ ⑧ ⑨
イ	⊖ ± ⓪ ① ② ③ ④ ⑤ ⑥ ⑦ ⑧ ⑨	シ	⊖ ± ⓪ ① ② ③ ④ ⑤ ⑥ ⑦ ⑧ ⑨	ニ	⊖ ± ⓪ ① ② ③ ④ ⑤ ⑥ ⑦ ⑧ ⑨	ミ	⊖ ± ⓪ ① ② ③ ④ ⑤ ⑥ ⑦ ⑧ ⑨
ウ	⊖ ± ⓪ ① ② ③ ④ ⑤ ⑥ ⑦ ⑧ ⑨	ス	⊖ ± ⓪ ① ② ③ ④ ⑤ ⑥ ⑦ ⑧ ⑨	ヌ	⊖ ± ⓪ ① ② ③ ④ ⑤ ⑥ ⑦ ⑧ ⑨	ム	⊖ ± ⓪ ① ② ③ ④ ⑤ ⑥ ⑦ ⑧ ⑨
エ	⊖ ± ⓪ ① ② ③ ④ ⑤ ⑥ ⑦ ⑧ ⑨	セ	⊖ ± ⓪ ① ② ③ ④ ⑤ ⑥ ⑦ ⑧ ⑨	ネ	⊖ ± ⓪ ① ② ③ ④ ⑤ ⑥ ⑦ ⑧ ⑨	メ	⊖ ± ⓪ ① ② ③ ④ ⑤ ⑥ ⑦ ⑧ ⑨
オ	⊖ ± ⓪ ① ② ③ ④ ⑤ ⑥ ⑦ ⑧ ⑨	ソ	⊖ ± ⓪ ① ② ③ ④ ⑤ ⑥ ⑦ ⑧ ⑨	ノ	⊖ ± ⓪ ① ② ③ ④ ⑤ ⑥ ⑦ ⑧ ⑨	モ	⊖ ± ⓪ ① ② ③ ④ ⑤ ⑥ ⑦ ⑧ ⑨
カ	⊖ ± ⓪ ① ② ③ ④ ⑤ ⑥ ⑦ ⑧ ⑨	タ	⊖ ± ⓪ ① ② ③ ④ ⑤ ⑥ ⑦ ⑧ ⑨	ハ	⊖ ± ⓪ ① ② ③ ④ ⑤ ⑥ ⑦ ⑧ ⑨	ヤ	⊖ ± ⓪ ① ② ③ ④ ⑤ ⑥ ⑦ ⑧ ⑨
キ	⊖ ± ⓪ ① ② ③ ④ ⑤ ⑥ ⑦ ⑧ ⑨	チ	⊖ ± ⓪ ① ② ③ ④ ⑤ ⑥ ⑦ ⑧ ⑨	ヒ	⊖ ± ⓪ ① ② ③ ④ ⑤ ⑥ ⑦ ⑧ ⑨	ユ	⊖ ± ⓪ ① ② ③ ④ ⑤ ⑥ ⑦ ⑧ ⑨
ク	⊖ ± ⓪ ① ② ③ ④ ⑤ ⑥ ⑦ ⑧ ⑨	ツ	⊖ ± ⓪ ① ② ③ ④ ⑤ ⑥ ⑦ ⑧ ⑨	フ	⊖ ± ⓪ ① ② ③ ④ ⑤ ⑥ ⑦ ⑧ ⑨	ヨ	⊖ ± ⓪ ① ② ③ ④ ⑤ ⑥ ⑦ ⑧ ⑨
ケ	⊖ ± ⓪ ① ② ③ ④ ⑤ ⑥ ⑦ ⑧ ⑨	テ	⊖ ± ⓪ ① ② ③ ④ ⑤ ⑥ ⑦ ⑧ ⑨	ヘ	⊖ ± ⓪ ① ② ③ ④ ⑤ ⑥ ⑦ ⑧ ⑨	ラ	⊖ ± ⓪ ① ② ③ ④ ⑤ ⑥ ⑦ ⑧ ⑨
コ	⊖ ± ⓪ ① ② ③ ④ ⑤ ⑥ ⑦ ⑧ ⑨	ト	⊖ ± ⓪ ① ② ③ ④ ⑤ ⑥ ⑦ ⑧ ⑨	ホ	⊖ ± ⓪ ① ② ③ ④ ⑤ ⑥ ⑦ ⑧ ⑨	リ	⊖ ± ⓪ ① ② ③ ④ ⑤ ⑥ ⑦ ⑧ ⑨

★マークする上の注意

- ●折り曲げたり汚したりしないこと。
- ●訂正するときは、消しゴムで完全に消すこと。
- ●受験番号は、数字で記入してから間違いないようマークすること。
- ●マークは ◯ を鉛筆（ＨＢ）で黒くぬりつぶすこと。

マークの例

中部大学春日丘高等学校　2024年度

◇英語◇

※ 110%に拡大していただくと，解答欄は実物大になります。

解答番号	解答欄				解答番号	解答欄				解答番号	解答欄			
1	㋐	㋑	㋒	㋓	11	㋐	㋑	㋒	㋓	21	㋐	㋑	㋒	㋓
2	㋐	㋑	㋒	㋓	12	㋐	㋑	㋒	㋓	22	㋐	㋑	㋒	㋓
3	㋐	㋑	㋒	㋓	13	㋐	㋑	㋒	㋓	23	㋐	㋑	㋒	㋓
4	㋐	㋑	㋒	㋓	14	㋐	㋑	㋒	㋓	24	㋐	㋑	㋒	㋓
5	㋐	㋑	㋒	㋓	15	㋐	㋑	㋒	㋓	25	㋐	㋑	㋒	㋓
6	㋐	㋑	㋒	㋓	16	㋐	㋑	㋒	㋓	26	㋐	㋑	㋒	㋓
7	㋐	㋑	㋒	㋓	17	㋐	㋑	㋒	㋓	27	㋐	㋑	㋒	㋓
8	㋐	㋑	㋒	㋓	18	㋐	㋑	㋒	㋓	28	㋐	㋑	㋒	㋓
9	㋐	㋑	㋒	㋓	19	㋐	㋑	㋒	㋓	29	㋐	㋑	㋒	㋓
10	㋐	㋑	㋒	㋓	20	㋐	㋑	㋒	㋓	30	㋐	㋑	㋒	㋓

★マークする上の注意
- 折り曲げたり汚したりしないこと。
- 訂正するときは、消しゴムで完全に消すこと。
- 受験番号は、数字で記入してから間違いないようマークすること。
- マークは ⬭ を鉛筆（ＨＢ）で黒くぬりつぶすこと。

マークの例

中部大学春日丘高等学校　2024年度

◇理科◇

※解答欄は実物大になります。

解答番号	解答欄					解答番号	解答欄				
1	㋐	㋑	㋒	㋓	㋔	11	㋐	㋑	㋒	㋓	㋔
2	㋐	㋑	㋒	㋓	㋔	12	㋐	㋑	㋒	㋓	㋔
3	㋐	㋑	㋒	㋓	㋔	13	㋐	㋑	㋒	㋓	㋔
4	㋐	㋑	㋒	㋓	㋔	14	㋐	㋑	㋒	㋓	㋔
5	㋐	㋑	㋒	㋓	㋔	15	㋐	㋑	㋒	㋓	㋔
6	㋐	㋑	㋒	㋓	㋔	16	㋐	㋑	㋒	㋓	㋔
7	㋐	㋑	㋒	㋓	㋔	17	㋐	㋑	㋒	㋓	㋔
8	㋐	㋑	㋒	㋓	㋔	18	㋐	㋑	㋒	㋓	㋔
9	㋐	㋑	㋒	㋓	㋔	19	㋐	㋑	㋒	㋓	㋔
10	㋐	㋑	㋒	㋓	㋔	20	㋐	㋑	㋒	㋓	㋔

★マーク する上の注意

●折り曲げたり汚したりしないこと。
●訂正するときは、消しゴムで完全に消すこと。
●受験番号は、数字で記入してから間違いないようマークすること。
●マークは ◯ を鉛筆（ＨＢ）で黒くぬりつぶすこと。

マークの例

中部大学春日丘高等学校　2024年度

◇社会◇

※ 110%に拡大していただくと，解答欄は実物大になります。

解答番号	解答欄				解答番号	解答欄				解答番号	解答欄			
1	㋐	㋑	㋒	㋓	11	㋐	㋑	㋒	㋓	21	㋐	㋑	㋒	㋓
2	㋐	㋑	㋒	㋓	12	㋐	㋑	㋒	㋓	22	㋐	㋑	㋒	㋓
3	㋐	㋑	㋒	㋓	13	㋐	㋑	㋒	㋓	23	㋐	㋑	㋒	㋓
4	㋐	㋑	㋒	㋓	14	㋐	㋑	㋒	㋓	24	㋐	㋑	㋒	㋓
5	㋐	㋑	㋒	㋓	15	㋐	㋑	㋒	㋓	25	㋐	㋑	㋒	㋓
6	㋐	㋑	㋒	㋓	16	㋐	㋑	㋒	㋓					
7	㋐	㋑	㋒	㋓	17	㋐	㋑	㋒	㋓					
8	㋐	㋑	㋒	㋓	18	㋐	㋑	㋒	㋓					
9	㋐	㋑	㋒	㋓	19	㋐	㋑	㋒	㋓					
10	㋐	㋑	㋒	㋓	20	㋐	㋑	㋒	㋓					

★マーク する上の注意

- ●折り曲げたり汚したりしないこと。
- ●訂正するときは、消しゴムで完全に消すこと。
- ●受験番号は、数字で記入してから間違いないようマークすること。
- ●マークは ⬯ を鉛筆（ＨＢ）で黒くぬりつぶすこと。

マークの例

中部大学春日丘高等学校　2024年度

◇国語◇

※ 111％に拡大していただくと，解答欄は実物大になります。

解答番号	解答欄				解答番号	解答欄				解答番号	解答欄			
1	㋐	㋑	㋒	㋓	11	㋐	㋑	㋒	㋓	21	㋐	㋑	㋒	㋓
2	㋐	㋑	㋒	㋓	12	㋐	㋑	㋒	㋓	22	㋐	㋑	㋒	㋓
3	㋐	㋑	㋒	㋓	13	㋐	㋑	㋒	㋓	23	㋐	㋑	㋒	㋓
4	㋐	㋑	㋒	㋓	14	㋐	㋑	㋒	㋓	24	㋐	㋑	㋒	㋓
5	㋐	㋑	㋒	㋓	15	㋐	㋑	㋒	㋓	25	㋐	㋑	㋒	㋓
6	㋐	㋑	㋒	㋓	16	㋐	㋑	㋒	㋓					
7	㋐	㋑	㋒	㋓	17	㋐	㋑	㋒	㋓					
8	㋐	㋑	㋒	㋓	18	㋐	㋑	㋒	㋓					
9	㋐	㋑	㋒	㋓	19	㋐	㋑	㋒	㋓					
10	㋐	㋑	㋒	㋓	20	㋐	㋑	㋒	㋓					

★マークする上の注意
- ●折り曲げたり汚したりしないこと。
- ●訂正するときは、消しゴムで完全に消すこと。
- ●受験番号は、数字で記入してから間違いないようマークすること。
- ●マークは ◯ を鉛筆（ＨＢ）で黒くぬりつぶすこと。

マークの例

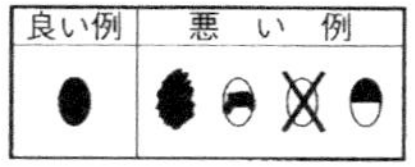

中部大学春日丘高等学校　2023年度

◇数学◇

※ 130%に拡大していただくと，解答欄は実物大になります。

解答番号	解答欄	解答番号	解答欄	解答番号	解答欄	解答番号	解答欄
ア	− ± 0 1 2 3 4 5 6 7 8 9	サ	− ± 0 1 2 3 4 5 6 7 8 9	ナ	− ± 0 1 2 3 4 5 6 7 8 9	マ	− ± 0 1 2 3 4 5 6 7 8 9
イ	− ± 0 1 2 3 4 5 6 7 8 9	シ	− ± 0 1 2 3 4 5 6 7 8 9	ニ	− ± 0 1 2 3 4 5 6 7 8 9	ミ	− ± 0 1 2 3 4 5 6 7 8 9
ウ	− ± 0 1 2 3 4 5 6 7 8 9	ス	− ± 0 1 2 3 4 5 6 7 8 9	ヌ	− ± 0 1 2 3 4 5 6 7 8 9	ム	− ± 0 1 2 3 4 5 6 7 8 9
エ	− ± 0 1 2 3 4 5 6 7 8 9	セ	− ± 0 1 2 3 4 5 6 7 8 9	ネ	− ± 0 1 2 3 4 5 6 7 8 9	メ	− ± 0 1 2 3 4 5 6 7 8 9
オ	− ± 0 1 2 3 4 5 6 7 8 9	ソ	− ± 0 1 2 3 4 5 6 7 8 9	ノ	− ± 0 1 2 3 4 5 6 7 8 9	モ	− ± 0 1 2 3 4 5 6 7 8 9
カ	− ± 0 1 2 3 4 5 6 7 8 9	タ	− ± 0 1 2 3 4 5 6 7 8 9	ハ	− ± 0 1 2 3 4 5 6 7 8 9	ヤ	− ± 0 1 2 3 4 5 6 7 8 9
キ	− ± 0 1 2 3 4 5 6 7 8 9	チ	− ± 0 1 2 3 4 5 6 7 8 9	ヒ	− ± 0 1 2 3 4 5 6 7 8 9	ユ	− ± 0 1 2 3 4 5 6 7 8 9
ク	− ± 0 1 2 3 4 5 6 7 8 9	ツ	− ± 0 1 2 3 4 5 6 7 8 9	フ	− ± 0 1 2 3 4 5 6 7 8 9	ヨ	− ± 0 1 2 3 4 5 6 7 8 9
ケ	− ± 0 1 2 3 4 5 6 7 8 9	テ	− ± 0 1 2 3 4 5 6 7 8 9	ヘ	− ± 0 1 2 3 4 5 6 7 8 9	ラ	− ± 0 1 2 3 4 5 6 7 8 9
コ	− ± 0 1 2 3 4 5 6 7 8 9	ト	− ± 0 1 2 3 4 5 6 7 8 9	ホ	− ± 0 1 2 3 4 5 6 7 8 9	リ	− ± 0 1 2 3 4 5 6 7 8 9

★マーク する 上の注意

- ●折り曲げたり汚したりしないこと。
- ●訂正するときは、消しゴムで完全に消すこと。
- ●受験番号は、数字で記入してから間違いないようマークすること。
- ●マークは ⬯ を鉛筆（ＨＢ）で黒くぬりつぶすこと。

マークの例

良い例	悪い例

中部大学春日丘高等学校　2023年度

◇英語◇

※ 111％に拡大していただくと，解答欄は実物大になります。

解答番号	解答欄				解答番号	解答欄				解答番号	解答欄			
1	㋐	㋑	㋒	㋓	11	㋐	㋑	㋒	㋓	21	㋐	㋑	㋒	㋓
2	㋐	㋑	㋒	㋓	12	㋐	㋑	㋒	㋓	22	㋐	㋑	㋒	㋓
3	㋐	㋑	㋒	㋓	13	㋐	㋑	㋒	㋓	23	㋐	㋑	㋒	㋓
4	㋐	㋑	㋒	㋓	14	㋐	㋑	㋒	㋓	24	㋐	㋑	㋒	㋓
5	㋐	㋑	㋒	㋓	15	㋐	㋑	㋒	㋓	25	㋐	㋑	㋒	㋓
6	㋐	㋑	㋒	㋓	16	㋐	㋑	㋒	㋓	26	㋐	㋑	㋒	㋓
7	㋐	㋑	㋒	㋓	17	㋐	㋑	㋒	㋓	27	㋐	㋑	㋒	㋓
8	㋐	㋑	㋒	㋓	18	㋐	㋑	㋒	㋓	28	㋐	㋑	㋒	㋓
9	㋐	㋑	㋒	㋓	19	㋐	㋑	㋒	㋓	29	㋐	㋑	㋒	㋓
10	㋐	㋑	㋒	㋓	20	㋐	㋑	㋒	㋓	30	㋐	㋑	㋒	㋓

★マークする上の注意
- ●折り曲げたり汚したりしないこと。
- ●訂正するときは、消しゴムで完全に消すこと。
- ●受験番号は、数字で記入してから間違いないようマークすること。
- ●マークは ◯ を鉛筆（ＨＢ）で黒くぬりつぶすこと。

マークの例

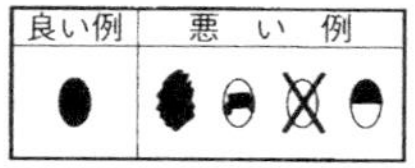

中部大学春日丘高等学校　2023年度

◇理科◇

※解答欄は実物大になります。

解答番号	解答欄					解答番号	解答欄				
1	㋐	㋑	㋒	㋓	㋔	11	㋐	㋑	㋒	㋓	㋔
2	㋐	㋑	㋒	㋓	㋔	12	㋐	㋑	㋒	㋓	㋔
3	㋐	㋑	㋒	㋓	㋔	13	㋐	㋑	㋒	㋓	㋔
4	㋐	㋑	㋒	㋓	㋔	14	㋐	㋑	㋒	㋓	㋔
5	㋐	㋑	㋒	㋓	㋔	15	㋐	㋑	㋒	㋓	㋔
6	㋐	㋑	㋒	㋓	㋔	16	㋐	㋑	㋒	㋓	㋔
7	㋐	㋑	㋒	㋓	㋔	17	㋐	㋑	㋒	㋓	㋔
8	㋐	㋑	㋒	㋓	㋔	18	㋐	㋑	㋒	㋓	㋔
9	㋐	㋑	㋒	㋓	㋔	19	㋐	㋑	㋒	㋓	㋔
10	㋐	㋑	㋒	㋓	㋔	20	㋐	㋑	㋒	㋓	㋔

★マーク する上の注意
- 折り曲げたり汚したりしないこと。
- 訂正するときは、消しゴムで完全に消すこと。
- 受験番号は、数字で記入してから間違いないようマークすること。
- マークは ◯ を鉛筆（HB）で黒くぬりつぶすこと。

マークの例

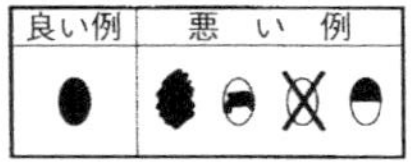

中部大学春日丘高等学校　　2023年度

◇社会◇

※ 111％に拡大していただくと，解答欄は実物大になります。

解答番号	解答欄				解答番号	解答欄				解答番号	解答欄			
1	㋐	㋑	㋒	㋓	11	㋐	㋑	㋒	㋓	21	㋐	㋑	㋒	㋓
2	㋐	㋑	㋒	㋓	12	㋐	㋑	㋒	㋓	22	㋐	㋑	㋒	㋓
3	㋐	㋑	㋒	㋓	13	㋐	㋑	㋒	㋓	23	㋐	㋑	㋒	㋓
4	㋐	㋑	㋒	㋓	14	㋐	㋑	㋒	㋓	24	㋐	㋑	㋒	㋓
5	㋐	㋑	㋒	㋓	15	㋐	㋑	㋒	㋓	25	㋐	㋑	㋒	㋓
6	㋐	㋑	㋒	㋓	16	㋐	㋑	㋒	㋓					
7	㋐	㋑	㋒	㋓	17	㋐	㋑	㋒	㋓					
8	㋐	㋑	㋒	㋓	18	㋐	㋑	㋒	㋓					
9	㋐	㋑	㋒	㋓	19	㋐	㋑	㋒	㋓					
10	㋐	㋑	㋒	㋓	20	㋐	㋑	㋒	㋓					

★マークする上の注意
- 折り曲げたり汚したりしないこと。
- 訂正するときは、消しゴムで完全に消すこと。
- 受験番号は、数字で記入してから間違いないようマークすること。
- マークは ◯ を鉛筆（ＨＢ）で黒くぬりつぶすこと。

マークの例

中部大学春日丘高等学校　　2023年度

◇国語◇

※ 111％に拡大していただくと，解答欄は実物大になります。

解答番号	解	答	欄		解答番号	解	答	欄		解答番号	解	答	欄	
1	㋐	㋑	㋒	㋓	11	㋐	㋑	㋒	㋓	21	㋐	㋑	㋒	㋓
2	㋐	㋑	㋒	㋓	12	㋐	㋑	㋒	㋓	22	㋐	㋑	㋒	㋓
3	㋐	㋑	㋒	㋓	13	㋐	㋑	㋒	㋓	23	㋐	㋑	㋒	㋓
4	㋐	㋑	㋒	㋓	14	㋐	㋑	㋒	㋓	24	㋐	㋑	㋒	㋓
5	㋐	㋑	㋒	㋓	15	㋐	㋑	㋒	㋓	25	㋐	㋑	㋒	㋓
6	㋐	㋑	㋒	㋓	16	㋐	㋑	㋒	㋓					
7	㋐	㋑	㋒	㋓	17	㋐	㋑	㋒	㋓					
8	㋐	㋑	㋒	㋓	18	㋐	㋑	㋒	㋓					
9	㋐	㋑	㋒	㋓	19	㋐	㋑	㋒	㋓					
10	㋐	㋑	㋒	㋓	20	㋐	㋑	㋒	㋓					

★マークする上の注意
- 折り曲げたり汚したりしないこと。
- 訂正するときは、消しゴムで完全に消すこと。
- 受験番号は、数字で記入してから間違いないようマークすること。
- マークは ◯ を鉛筆（HB）で黒くぬりつぶすこと。

マークの例

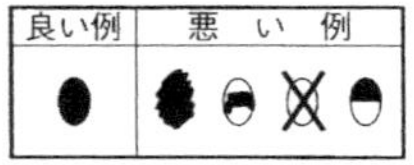

中部大学春日丘高等学校　2022年度

◇数学◇

※ 130%に拡大していただくと，解答欄は実物大になります。

解答番号	解答欄	解答番号	解答欄	解答番号	解答欄	解答番号	解答欄
ア	⊖ ⊕ ⓪ ① ② ③ ④ ⑤ ⑥ ⑦ ⑧ ⑨	サ	⊖ ⊕ ⓪ ① ② ③ ④ ⑤ ⑥ ⑦ ⑧ ⑨	ナ	⊖ ⊕ ⓪ ① ② ③ ④ ⑤ ⑥ ⑦ ⑧ ⑨	マ	⊖ ⊕ ⓪ ① ② ③ ④ ⑤ ⑥ ⑦ ⑧ ⑨
イ	⊖ ⊕ ⓪ ① ② ③ ④ ⑤ ⑥ ⑦ ⑧ ⑨	シ	⊖ ⊕ ⓪ ① ② ③ ④ ⑤ ⑥ ⑦ ⑧ ⑨	ニ	⊖ ⊕ ⓪ ① ② ③ ④ ⑤ ⑥ ⑦ ⑧ ⑨	ミ	⊖ ⊕ ⓪ ① ② ③ ④ ⑤ ⑥ ⑦ ⑧ ⑨
ウ	⊖ ⊕ ⓪ ① ② ③ ④ ⑤ ⑥ ⑦ ⑧ ⑨	ス	⊖ ⊕ ⓪ ① ② ③ ④ ⑤ ⑥ ⑦ ⑧ ⑨	ヌ	⊖ ⊕ ⓪ ① ② ③ ④ ⑤ ⑥ ⑦ ⑧ ⑨	ム	⊖ ⊕ ⓪ ① ② ③ ④ ⑤ ⑥ ⑦ ⑧ ⑨
エ	⊖ ⊕ ⓪ ① ② ③ ④ ⑤ ⑥ ⑦ ⑧ ⑨	セ	⊖ ⊕ ⓪ ① ② ③ ④ ⑤ ⑥ ⑦ ⑧ ⑨	ネ	⊖ ⊕ ⓪ ① ② ③ ④ ⑤ ⑥ ⑦ ⑧ ⑨	メ	⊖ ⊕ ⓪ ① ② ③ ④ ⑤ ⑥ ⑦ ⑧ ⑨
オ	⊖ ⊕ ⓪ ① ② ③ ④ ⑤ ⑥ ⑦ ⑧ ⑨	ソ	⊖ ⊕ ⓪ ① ② ③ ④ ⑤ ⑥ ⑦ ⑧ ⑨	ノ	⊖ ⊕ ⓪ ① ② ③ ④ ⑤ ⑥ ⑦ ⑧ ⑨	モ	⊖ ⊕ ⓪ ① ② ③ ④ ⑤ ⑥ ⑦ ⑧ ⑨
カ	⊖ ⊕ ⓪ ① ② ③ ④ ⑤ ⑥ ⑦ ⑧ ⑨	タ	⊖ ⊕ ⓪ ① ② ③ ④ ⑤ ⑥ ⑦ ⑧ ⑨	ハ	⊖ ⊕ ⓪ ① ② ③ ④ ⑤ ⑥ ⑦ ⑧ ⑨	ヤ	⊖ ⊕ ⓪ ① ② ③ ④ ⑤ ⑥ ⑦ ⑧ ⑨
キ	⊖ ⊕ ⓪ ① ② ③ ④ ⑤ ⑥ ⑦ ⑧ ⑨	チ	⊖ ⊕ ⓪ ① ② ③ ④ ⑤ ⑥ ⑦ ⑧ ⑨	ヒ	⊖ ⊕ ⓪ ① ② ③ ④ ⑤ ⑥ ⑦ ⑧ ⑨	ユ	⊖ ⊕ ⓪ ① ② ③ ④ ⑤ ⑥ ⑦ ⑧ ⑨
ク	⊖ ⊕ ⓪ ① ② ③ ④ ⑤ ⑥ ⑦ ⑧ ⑨	ツ	⊖ ⊕ ⓪ ① ② ③ ④ ⑤ ⑥ ⑦ ⑧ ⑨	フ	⊖ ⊕ ⓪ ① ② ③ ④ ⑤ ⑥ ⑦ ⑧ ⑨	ヨ	⊖ ⊕ ⓪ ① ② ③ ④ ⑤ ⑥ ⑦ ⑧ ⑨
ケ	⊖ ⊕ ⓪ ① ② ③ ④ ⑤ ⑥ ⑦ ⑧ ⑨	テ	⊖ ⊕ ⓪ ① ② ③ ④ ⑤ ⑥ ⑦ ⑧ ⑨	ヘ	⊖ ⊕ ⓪ ① ② ③ ④ ⑤ ⑥ ⑦ ⑧ ⑨	ラ	⊖ ⊕ ⓪ ① ② ③ ④ ⑤ ⑥ ⑦ ⑧ ⑨
コ	⊖ ⊕ ⓪ ① ② ③ ④ ⑤ ⑥ ⑦ ⑧ ⑨	ト	⊖ ⊕ ⓪ ① ② ③ ④ ⑤ ⑥ ⑦ ⑧ ⑨	ホ	⊖ ⊕ ⓪ ① ② ③ ④ ⑤ ⑥ ⑦ ⑧ ⑨	リ	⊖ ⊕ ⓪ ① ② ③ ④ ⑤ ⑥ ⑦ ⑧ ⑨

★マーク する上の注意

- 折り曲げたり汚したりしないこと。
- 訂正するときは、消しゴムで完全に消すこと。
- 受験番号は、数字で記入してから間違いないようマークすること。
- マークは ⬯ を鉛筆（ＨＢ）で黒くぬりつぶすこと。

マークの例

中部大学春日丘高等学校　2022年度

◇英語◇

※ 111％に拡大していただくと，解答欄は実物大になります。

解答番号	解答欄				解答番号	解答欄				解答番号	解答欄			
1	㋐	㋑	㋒	㋓	11	㋐	㋑	㋒	㋓	21	㋐	㋑	㋒	㋓
2	㋐	㋑	㋒	㋓	12	㋐	㋑	㋒	㋓	22	㋐	㋑	㋒	㋓
3	㋐	㋑	㋒	㋓	13	㋐	㋑	㋒	㋓	23	㋐	㋑	㋒	㋓
4	㋐	㋑	㋒	㋓	14	㋐	㋑	㋒	㋓	24	㋐	㋑	㋒	㋓
5	㋐	㋑	㋒	㋓	15	㋐	㋑	㋒	㋓	25	㋐	㋑	㋒	㋓
6	㋐	㋑	㋒	㋓	16	㋐	㋑	㋒	㋓	26	㋐	㋑	㋒	㋓
7	㋐	㋑	㋒	㋓	17	㋐	㋑	㋒	㋓	27	㋐	㋑	㋒	㋓
8	㋐	㋑	㋒	㋓	18	㋐	㋑	㋒	㋓	28	㋐	㋑	㋒	㋓
9	㋐	㋑	㋒	㋓	19	㋐	㋑	㋒	㋓	29	㋐	㋑	㋒	㋓
10	㋐	㋑	㋒	㋓	20	㋐	㋑	㋒	㋓	30	㋐	㋑	㋒	㋓

★マーク する上の注意

- ●折り曲げたり汚したりしないこと。
- ●訂正するときは、消しゴムで完全に消すこと。
- ●受験番号は、数字で記入してから間違いないようマークすること。
- ●マークは ◯ を鉛筆（ＨＢ）で黒くぬりつぶすこと。

マークの例

中部大学春日丘高等学校　　2022年度

◇理科◇

※解答欄は実物大になります。

解答番号	解答欄					解答番号	解答欄				
1	㋐	㋑	㋒	㋓	㋔	11	㋐	㋑	㋒	㋓	㋔
2	㋐	㋑	㋒	㋓	㋔	12	㋐	㋑	㋒	㋓	㋔
3	㋐	㋑	㋒	㋓	㋔	13	㋐	㋑	㋒	㋓	㋔
4	㋐	㋑	㋒	㋓	㋔	14	㋐	㋑	㋒	㋓	㋔
5	㋐	㋑	㋒	㋓	㋔	15	㋐	㋑	㋒	㋓	㋔
6	㋐	㋑	㋒	㋓	㋔	16	㋐	㋑	㋒	㋓	㋔
7	㋐	㋑	㋒	㋓	㋔	17	㋐	㋑	㋒	㋓	㋔
8	㋐	㋑	㋒	㋓	㋔	18	㋐	㋑	㋒	㋓	㋔
9	㋐	㋑	㋒	㋓	㋔	19	㋐	㋑	㋒	㋓	㋔
10	㋐	㋑	㋒	㋓	㋔	20	㋐	㋑	㋒	㋓	㋔

★マーク する上の注意

- ●折り曲げたり汚したりしないこと。
- ●訂正するときは、消しゴムで完全に消すこと。
- ●受験番号は、数字で記入してから間違いないようマークすること。
- ●マークは ◯ を鉛筆（ＨＢ）で黒くぬりつぶすこと。

マークの例

中部大学春日丘高等学校　2022年度

◇社会◇

※ 111％に拡大していただくと，解答欄は実物大になります。

解答番号	解答欄				解答番号	解答欄				解答番号	解答欄			
1	㋐	㋑	㋒	㋓	11	㋐	㋑	㋒	㋓	21	㋐	㋑	㋒	㋓
2	㋐	㋑	㋒	㋓	12	㋐	㋑	㋒	㋓	22	㋐	㋑	㋒	㋓
3	㋐	㋑	㋒	㋓	13	㋐	㋑	㋒	㋓	23	㋐	㋑	㋒	㋓
4	㋐	㋑	㋒	㋓	14	㋐	㋑	㋒	㋓	24	㋐	㋑	㋒	㋓
5	㋐	㋑	㋒	㋓	15	㋐	㋑	㋒	㋓	25	㋐	㋑	㋒	㋓
6	㋐	㋑	㋒	㋓	16	㋐	㋑	㋒	㋓					
7	㋐	㋑	㋒	㋓	17	㋐	㋑	㋒	㋓					
8	㋐	㋑	㋒	㋓	18	㋐	㋑	㋒	㋓					
9	㋐	㋑	㋒	㋓	19	㋐	㋑	㋒	㋓					
10	㋐	㋑	㋒	㋓	20	㋐	㋑	㋒	㋓					

★マーク する上の注意

- 折り曲げたり汚したりしないこと。
- 訂正するときは、消しゴムで完全に消すこと。
- 受験番号は、数字で記入してから間違いないようマークすること。
- マークは ⬯ を鉛筆（ＨＢ）で黒くぬりつぶすこと。

マークの例

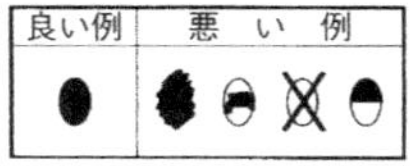

中部大学春日丘高等学校　2022年度

◇国語◇

※ 111％に拡大していただくと，解答欄は実物大になります。

解答番号	解答欄				解答番号	解答欄				解答番号	解答欄			
1	㋐	㋑	㋒	㋓	11	㋐	㋑	㋒	㋓	21	㋐	㋑	㋒	㋓
2	㋐	㋑	㋒	㋓	12	㋐	㋑	㋒	㋓	22	㋐	㋑	㋒	㋓
3	㋐	㋑	㋒	㋓	13	㋐	㋑	㋒	㋓	23	㋐	㋑	㋒	㋓
4	㋐	㋑	㋒	㋓	14	㋐	㋑	㋒	㋓	24	㋐	㋑	㋒	㋓
5	㋐	㋑	㋒	㋓	15	㋐	㋑	㋒	㋓	25	㋐	㋑	㋒	㋓
6	㋐	㋑	㋒	㋓	16	㋐	㋑	㋒	㋓					
7	㋐	㋑	㋒	㋓	17	㋐	㋑	㋒	㋓					
8	㋐	㋑	㋒	㋓	18	㋐	㋑	㋒	㋓					
9	㋐	㋑	㋒	㋓	19	㋐	㋑	㋒	㋓					
10	㋐	㋑	㋒	㋓	20	㋐	㋑	㋒	㋓					

★マークする上の注意
- 折り曲げたり汚したりしないこと。
- 訂正するときは、消しゴムで完全に消すこと。
- 受験番号は、数字で記入してから間違いないようマークすること。
- マークは ◯ を鉛筆（ＨＢ）で黒くぬりつぶすこと。

マークの例

※145%に拡大していただくと，解答欄は実物大になります。

解答番号	解答欄	解答番号	解答欄	解答番号	解答欄	解答番号	解答欄
ア	⊖ ⊕ ⓪ ① ② ③ ④ ⑤ ⑥ ⑦ ⑧ ⑨	サ	⊖ ⊕ ⓪ ① ② ③ ④ ⑤ ⑥ ⑦ ⑧ ⑨	ナ	⊖ ⊕ ⓪ ① ② ③ ④ ⑤ ⑥ ⑦ ⑧ ⑨	マ	⊖ ⊕ ⓪ ① ② ③ ④ ⑤ ⑥ ⑦ ⑧ ⑨
イ	⊖ ⊕ ⓪ ① ② ③ ④ ⑤ ⑥ ⑦ ⑧ ⑨	シ	⊖ ⊕ ⓪ ① ② ③ ④ ⑤ ⑥ ⑦ ⑧ ⑨	ニ	⊖ ⊕ ⓪ ① ② ③ ④ ⑤ ⑥ ⑦ ⑧ ⑨	ミ	⊖ ⊕ ⓪ ① ② ③ ④ ⑤ ⑥ ⑦ ⑧ ⑨
ウ	⊖ ⊕ ⓪ ① ② ③ ④ ⑤ ⑥ ⑦ ⑧ ⑨	ス	⊖ ⊕ ⓪ ① ② ③ ④ ⑤ ⑥ ⑦ ⑧ ⑨	ヌ	⊖ ⊕ ⓪ ① ② ③ ④ ⑤ ⑥ ⑦ ⑧ ⑨	ム	⊖ ⊕ ⓪ ① ② ③ ④ ⑤ ⑥ ⑦ ⑧ ⑨
エ	⊖ ⊕ ⓪ ① ② ③ ④ ⑤ ⑥ ⑦ ⑧ ⑨	セ	⊖ ⊕ ⓪ ① ② ③ ④ ⑤ ⑥ ⑦ ⑧ ⑨	ネ	⊖ ⊕ ⓪ ① ② ③ ④ ⑤ ⑥ ⑦ ⑧ ⑨	メ	⊖ ⊕ ⓪ ① ② ③ ④ ⑤ ⑥ ⑦ ⑧ ⑨
オ	⊖ ⊕ ⓪ ① ② ③ ④ ⑤ ⑥ ⑦ ⑧ ⑨	ソ	⊖ ⊕ ⓪ ① ② ③ ④ ⑤ ⑥ ⑦ ⑧ ⑨	ノ	⊖ ⊕ ⓪ ① ② ③ ④ ⑤ ⑥ ⑦ ⑧ ⑨	モ	⊖ ⊕ ⓪ ① ② ③ ④ ⑤ ⑥ ⑦ ⑧ ⑨
カ	⊖ ⊕ ⓪ ① ② ③ ④ ⑤ ⑥ ⑦ ⑧ ⑨	タ	⊖ ⊕ ⓪ ① ② ③ ④ ⑤ ⑥ ⑦ ⑧ ⑨	ハ	⊖ ⊕ ⓪ ① ② ③ ④ ⑤ ⑥ ⑦ ⑧ ⑨	ヤ	⊖ ⊕ ⓪ ① ② ③ ④ ⑤ ⑥ ⑦ ⑧ ⑨
キ	⊖ ⊕ ⓪ ① ② ③ ④ ⑤ ⑥ ⑦ ⑧ ⑨	チ	⊖ ⊕ ⓪ ① ② ③ ④ ⑤ ⑥ ⑦ ⑧ ⑨	ヒ	⊖ ⊕ ⓪ ① ② ③ ④ ⑤ ⑥ ⑦ ⑧ ⑨	ユ	⊖ ⊕ ⓪ ① ② ③ ④ ⑤ ⑥ ⑦ ⑧ ⑨
ク	⊖ ⊕ ⓪ ① ② ③ ④ ⑤ ⑥ ⑦ ⑧ ⑨	ツ	⊖ ⊕ ⓪ ① ② ③ ④ ⑤ ⑥ ⑦ ⑧ ⑨	フ	⊖ ⊕ ⓪ ① ② ③ ④ ⑤ ⑥ ⑦ ⑧ ⑨	ヨ	⊖ ⊕ ⓪ ① ② ③ ④ ⑤ ⑥ ⑦ ⑧ ⑨
ケ	⊖ ⊕ ⓪ ① ② ③ ④ ⑤ ⑥ ⑦ ⑧ ⑨	テ	⊖ ⊕ ⓪ ① ② ③ ④ ⑤ ⑥ ⑦ ⑧ ⑨	ヘ	⊖ ⊕ ⓪ ① ② ③ ④ ⑤ ⑥ ⑦ ⑧ ⑨	ラ	⊖ ⊕ ⓪ ① ② ③ ④ ⑤ ⑥ ⑦ ⑧ ⑨
コ	⊖ ⊕ ⓪ ① ② ③ ④ ⑤ ⑥ ⑦ ⑧ ⑨	ト	⊖ ⊕ ⓪ ① ② ③ ④ ⑤ ⑥ ⑦ ⑧ ⑨	ホ	⊖ ⊕ ⓪ ① ② ③ ④ ⑤ ⑥ ⑦ ⑧ ⑨	リ	⊖ ⊕ ⓪ ① ② ③ ④ ⑤ ⑥ ⑦ ⑧ ⑨

★マークする上の注意

- ●折り曲げたり汚したりしないこと。
- ●訂正するときは、消しゴムで完全に消すこと。
- ●受験番号は、数字で記入してから間違いないようマークすること。
- ●マークは ◯ を鉛筆（ＨＢ）で黒くぬりつぶすこと。

マークの例

中部大学春日丘高等学校　2021年度

◇英語◇

※123％に拡大していただくと，解答欄は実物大になります。

解答番号	解答欄				解答番号	解答欄				解答番号	解答欄			
1	㋐	㋑	㋒	㋓	11	㋐	㋑	㋒	㋓	21	㋐	㋑	㋒	㋓
2	㋐	㋑	㋒	㋓	12	㋐	㋑	㋒	㋓	22	㋐	㋑	㋒	㋓
3	㋐	㋑	㋒	㋓	13	㋐	㋑	㋒	㋓	23	㋐	㋑	㋒	㋓
4	㋐	㋑	㋒	㋓	14	㋐	㋑	㋒	㋓	24	㋐	㋑	㋒	㋓
5	㋐	㋑	㋒	㋓	15	㋐	㋑	㋒	㋓	25	㋐	㋑	㋒	㋓
6	㋐	㋑	㋒	㋓	16	㋐	㋑	㋒	㋓	26	㋐	㋑	㋒	㋓
7	㋐	㋑	㋒	㋓	17	㋐	㋑	㋒	㋓	27	㋐	㋑	㋒	㋓
8	㋐	㋑	㋒	㋓	18	㋐	㋑	㋒	㋓	28	㋐	㋑	㋒	㋓
9	㋐	㋑	㋒	㋓	19	㋐	㋑	㋒	㋓	29	㋐	㋑	㋒	㋓
10	㋐	㋑	㋒	㋓	20	㋐	㋑	㋒	㋓	30	㋐	㋑	㋒	㋓

★マーク する上の注意
- 折り曲げたり汚したりしないこと。
- 訂正するときは、消しゴムで完全に消すこと。
- 受験番号は、数字で記入してから間違いないようマークすること。
- マークは ⬯ を鉛筆（ＨＢ）で黒くぬりつぶすこと。

マークの例

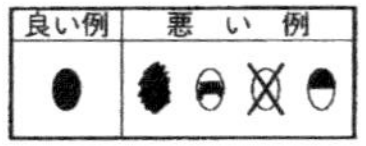

※解答欄は実物大になります。

解答番号	解答欄					解答番号	解答欄				
1	㋐	㋑	㋒	㋓	㋔	11	㋐	㋑	㋒	㋓	㋔
2	㋐	㋑	㋒	㋓	㋔	12	㋐	㋑	㋒	㋓	㋔
3	㋐	㋑	㋒	㋓	㋔	13	㋐	㋑	㋒	㋓	㋔
4	㋐	㋑	㋒	㋓	㋔	14	㋐	㋑	㋒	㋓	㋔
5	㋐	㋑	㋒	㋓	㋔	15	㋐	㋑	㋒	㋓	㋔
6	㋐	㋑	㋒	㋓	㋔	16	㋐	㋑	㋒	㋓	㋔
7	㋐	㋑	㋒	㋓	㋔	17	㋐	㋑	㋒	㋓	㋔
8	㋐	㋑	㋒	㋓	㋔	18	㋐	㋑	㋒	㋓	㋔
9	㋐	㋑	㋒	㋓	㋔	19	㋐	㋑	㋒	㋓	㋔
10	㋐	㋑	㋒	㋓	㋔	20	㋐	㋑	㋒	㋓	㋔

★マーク する上の注意
- 折り曲げたり汚したりしないこと。
- 訂正するときは、消しゴムで完全に消すこと。
- 受験番号は、数字で記入してから間違いないようマークすること。
- マークは ◯ を鉛筆（ＨＢ）で黒くぬりつぶすこと。

マークの例

中部大学春日丘高等学校　2021年度

◇社会◇

※123％に拡大していただくと，解答欄は実物大になります。

解答番号	解答欄				解答番号	解答欄				解答番号	解答欄			
1	㋐	㋑	㋒	㋓	11	㋐	㋑	㋒	㋓	21	㋐	㋑	㋒	㋓
2	㋐	㋑	㋒	㋓	12	㋐	㋑	㋒	㋓	22	㋐	㋑	㋒	㋓
3	㋐	㋑	㋒	㋓	13	㋐	㋑	㋒	㋓	23	㋐	㋑	㋒	㋓
4	㋐	㋑	㋒	㋓	14	㋐	㋑	㋒	㋓	24	㋐	㋑	㋒	㋓
5	㋐	㋑	㋒	㋓	15	㋐	㋑	㋒	㋓	25	㋐	㋑	㋒	㋓
6	㋐	㋑	㋒	㋓	16	㋐	㋑	㋒	㋓					
7	㋐	㋑	㋒	㋓	17	㋐	㋑	㋒	㋓					
8	㋐	㋑	㋒	㋓	18	㋐	㋑	㋒	㋓					
9	㋐	㋑	㋒	㋓	19	㋐	㋑	㋒	㋓					
10	㋐	㋑	㋒	㋓	20	㋐	㋑	㋒	㋓					

★マーク する上の注意
- 折り曲げたり汚したりしないこと。
- 訂正するときは、消しゴムで完全に消すこと。
- 受験番号は、数字で記入してから間違いないようマークすること。
- マークは ⬯ を鉛筆（ＨＢ）で黒くぬりつぶすこと。

マークの例

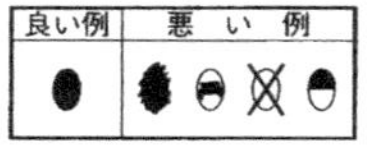

※123％に拡大していただくと，解答欄は実物大になります。

解答番号	解答欄				解答番号	解答欄				解答番号	解答欄			
1	㋐	㋑	㋒	㋓	11	㋐	㋑	㋒	㋓	21	㋐	㋑	㋒	㋓
2	㋐	㋑	㋒	㋓	12	㋐	㋑	㋒	㋓	22	㋐	㋑	㋒	㋓
3	㋐	㋑	㋒	㋓	13	㋐	㋑	㋒	㋓	23	㋐	㋑	㋒	㋓
4	㋐	㋑	㋒	㋓	14	㋐	㋑	㋒	㋓	24	㋐	㋑	㋒	㋓
5	㋐	㋑	㋒	㋓	15	㋐	㋑	㋒	㋓	25	㋐	㋑	㋒	㋓
6	㋐	㋑	㋒	㋓	16	㋐	㋑	㋒	㋓	26	㋐	㋑	㋒	㋓
7	㋐	㋑	㋒	㋓	17	㋐	㋑	㋒	㋓	27	㋐	㋑	㋒	㋓
8	㋐	㋑	㋒	㋓	18	㋐	㋑	㋒	㋓	28	㋐	㋑	㋒	㋓
9	㋐	㋑	㋒	㋓	19	㋐	㋑	㋒	㋓	29	㋐	㋑	㋒	㋓
10	㋐	㋑	㋒	㋓	20	㋐	㋑	㋒	㋓	30	㋐	㋑	㋒	㋓

★マーク する上の注意
- ●折り曲げたり汚したりしないこと。
- ●訂正するときは、消しゴムで完全に消すこと。
- ●受験番号は、数字で記入してから間違いないようマークすること。
- ●マークは ◯ を鉛筆（ＨＢ）で黒くぬりつぶすこと。

マークの例

中部大学春日丘高等学校　2020年度

◇数学◇

※147%に拡大していただくと，解答欄は実物大になります。

解答番号	解答欄	解答番号	解答欄	解答番号	解答欄	解答番号	解答欄
ア	⊖ ⊕ ⓪ ① ② ③ ④ ⑤ ⑥ ⑦ ⑧ ⑨	サ	⊖ ⊕ ⓪ ① ② ③ ④ ⑤ ⑥ ⑦ ⑧ ⑨	ナ	⊖ ⊕ ⓪ ① ② ③ ④ ⑤ ⑥ ⑦ ⑧ ⑨	マ	⊖ ⊕ ⓪ ① ② ③ ④ ⑤ ⑥ ⑦ ⑧ ⑨
イ	⊖ ⊕ ⓪ ① ② ③ ④ ⑤ ⑥ ⑦ ⑧ ⑨	シ	⊖ ⊕ ⓪ ① ② ③ ④ ⑤ ⑥ ⑦ ⑧ ⑨	ニ	⊖ ⊕ ⓪ ① ② ③ ④ ⑤ ⑥ ⑦ ⑧ ⑨	ミ	⊖ ⊕ ⓪ ① ② ③ ④ ⑤ ⑥ ⑦ ⑧ ⑨
ウ	⊖ ⊕ ⓪ ① ② ③ ④ ⑤ ⑥ ⑦ ⑧ ⑨	ス	⊖ ⊕ ⓪ ① ② ③ ④ ⑤ ⑥ ⑦ ⑧ ⑨	ヌ	⊖ ⊕ ⓪ ① ② ③ ④ ⑤ ⑥ ⑦ ⑧ ⑨	ム	⊖ ⊕ ⓪ ① ② ③ ④ ⑤ ⑥ ⑦ ⑧ ⑨
エ	⊖ ⊕ ⓪ ① ② ③ ④ ⑤ ⑥ ⑦ ⑧ ⑨	セ	⊖ ⊕ ⓪ ① ② ③ ④ ⑤ ⑥ ⑦ ⑧ ⑨	ネ	⊖ ⊕ ⓪ ① ② ③ ④ ⑤ ⑥ ⑦ ⑧ ⑨	メ	⊖ ⊕ ⓪ ① ② ③ ④ ⑤ ⑥ ⑦ ⑧ ⑨
オ	⊖ ⊕ ⓪ ① ② ③ ④ ⑤ ⑥ ⑦ ⑧ ⑨	ソ	⊖ ⊕ ⓪ ① ② ③ ④ ⑤ ⑥ ⑦ ⑧ ⑨	ノ	⊖ ⊕ ⓪ ① ② ③ ④ ⑤ ⑥ ⑦ ⑧ ⑨	モ	⊖ ⊕ ⓪ ① ② ③ ④ ⑤ ⑥ ⑦ ⑧ ⑨
カ	⊖ ⊕ ⓪ ① ② ③ ④ ⑤ ⑥ ⑦ ⑧ ⑨	タ	⊖ ⊕ ⓪ ① ② ③ ④ ⑤ ⑥ ⑦ ⑧ ⑨	ハ	⊖ ⊕ ⓪ ① ② ③ ④ ⑤ ⑥ ⑦ ⑧ ⑨	ヤ	⊖ ⊕ ⓪ ① ② ③ ④ ⑤ ⑥ ⑦ ⑧ ⑨
キ	⊖ ⊕ ⓪ ① ② ③ ④ ⑤ ⑥ ⑦ ⑧ ⑨	チ	⊖ ⊕ ⓪ ① ② ③ ④ ⑤ ⑥ ⑦ ⑧ ⑨	ヒ	⊖ ⊕ ⓪ ① ② ③ ④ ⑤ ⑥ ⑦ ⑧ ⑨	ユ	⊖ ⊕ ⓪ ① ② ③ ④ ⑤ ⑥ ⑦ ⑧ ⑨
ク	⊖ ⊕ ⓪ ① ② ③ ④ ⑤ ⑥ ⑦ ⑧ ⑨	ツ	⊖ ⊕ ⓪ ① ② ③ ④ ⑤ ⑥ ⑦ ⑧ ⑨	フ	⊖ ⊕ ⓪ ① ② ③ ④ ⑤ ⑥ ⑦ ⑧ ⑨	ヨ	⊖ ⊕ ⓪ ① ② ③ ④ ⑤ ⑥ ⑦ ⑧ ⑨
ケ	⊖ ⊕ ⓪ ① ② ③ ④ ⑤ ⑥ ⑦ ⑧ ⑨	テ	⊖ ⊕ ⓪ ① ② ③ ④ ⑤ ⑥ ⑦ ⑧ ⑨	ヘ	⊖ ⊕ ⓪ ① ② ③ ④ ⑤ ⑥ ⑦ ⑧ ⑨	ラ	⊖ ⊕ ⓪ ① ② ③ ④ ⑤ ⑥ ⑦ ⑧ ⑨
コ	⊖ ⊕ ⓪ ① ② ③ ④ ⑤ ⑥ ⑦ ⑧ ⑨	ト	⊖ ⊕ ⓪ ① ② ③ ④ ⑤ ⑥ ⑦ ⑧ ⑨	ホ	⊖ ⊕ ⓪ ① ② ③ ④ ⑤ ⑥ ⑦ ⑧ ⑨	リ	⊖ ⊕ ⓪ ① ② ③ ④ ⑤ ⑥ ⑦ ⑧ ⑨

マークの例

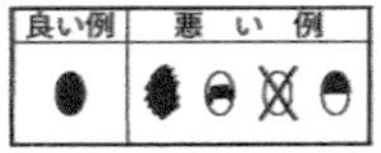

★マーク する上の注意

- ●折り曲げたり汚したりしないこと。
- ●訂正するときは、消しゴムで完全に消すこと。
- ●受験番号は、数字で記入してから間違いないようマークすること。
- ●マークは ◯ を鉛筆（ＨＢ）で黒くぬりつぶすこと。

中部大学春日丘高等学校　2020年度　◇英語◇

※123％に拡大していただくと，解答欄は実物大になります。

解答番号	解答欄	解答番号	解答欄	解答番号	解答欄
1	㋐ ㋑ ㋒ ㋓	11	㋐ ㋑ ㋒ ㋓	21	㋐ ㋑ ㋒ ㋓
2	㋐ ㋑ ㋒ ㋓	12	㋐ ㋑ ㋒ ㋓	22	㋐ ㋑ ㋒ ㋓
3	㋐ ㋑ ㋒ ㋓	13	㋐ ㋑ ㋒ ㋓	23	㋐ ㋑ ㋒ ㋓
4	㋐ ㋑ ㋒ ㋓	14	㋐ ㋑ ㋒ ㋓	24	㋐ ㋑ ㋒ ㋓
5	㋐ ㋑ ㋒ ㋓	15	㋐ ㋑ ㋒ ㋓	25	㋐ ㋑ ㋒ ㋓
6	㋐ ㋑ ㋒ ㋓	16	㋐ ㋑ ㋒ ㋓	26	㋐ ㋑ ㋒ ㋓
7	㋐ ㋑ ㋒ ㋓	17	㋐ ㋑ ㋒ ㋓	27	㋐ ㋑ ㋒ ㋓
8	㋐ ㋑ ㋒ ㋓	18	㋐ ㋑ ㋒ ㋓	28	㋐ ㋑ ㋒ ㋓
9	㋐ ㋑ ㋒ ㋓	19	㋐ ㋑ ㋒ ㋓	29	㋐ ㋑ ㋒ ㋓
10	㋐ ㋑ ㋒ ㋓	20	㋐ ㋑ ㋒ ㋓	30	㋐ ㋑ ㋒ ㋓

マークの例

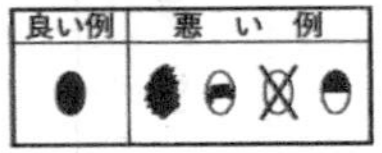

★マークする上の注意
- ●折り曲げたり汚したりしないこと。
- ●訂正するときは、消しゴムで完全に消すこと。
- ●受験番号は、数字で記入してから間違いないようマークすること。
- ●マークは ◯ を鉛筆（HB）で黒くぬりつぶすこと。

中部大学春日丘高等学校　　2020年度

◇理科◇

※解答欄は実物大になります。

解答番号	解答欄					解答番号	解答欄				
1	㋐	㋑	㋒	㋓	㋔	11	㋐	㋑	㋒	㋓	㋔
2	㋐	㋑	㋒	㋓	㋔	12	㋐	㋑	㋒	㋓	㋔
3	㋐	㋑	㋒	㋓	㋔	13	㋐	㋑	㋒	㋓	㋔
4	㋐	㋑	㋒	㋓	㋔	14	㋐	㋑	㋒	㋓	㋔
5	㋐	㋑	㋒	㋓	㋔	15	㋐	㋑	㋒	㋓	㋔
6	㋐	㋑	㋒	㋓	㋔	16	㋐	㋑	㋒	㋓	㋔
7	㋐	㋑	㋒	㋓	㋔	17	㋐	㋑	㋒	㋓	㋔
8	㋐	㋑	㋒	㋓	㋔	18	㋐	㋑	㋒	㋓	㋔
9	㋐	㋑	㋒	㋓	㋔	19	㋐	㋑	㋒	㋓	㋔
10	㋐	㋑	㋒	㋓	㋔	20	㋐	㋑	㋒	㋓	㋔

マークの例

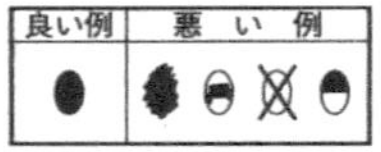

★マークする上の注意

- 折り曲げたり汚したりしないこと。
- 訂正するときは、消しゴムで完全に消すこと。
- 受験番号は、数字で記入してから間違いないようマークすること。
- マークは ⬯ を鉛筆（ＨＢ）で黒くぬりつぶすこと。

中部大学春日丘高等学校　2020年度

◇社会◇

※123％に拡大していただくと，解答欄は実物大になります。

解答番号	解答欄	解答番号	解答欄	解答番号	解答欄
1	㋐ ㋑ ㋒ ㋓	11	㋐ ㋑ ㋒ ㋓	21	㋐ ㋑ ㋒ ㋓
2	㋐ ㋑ ㋒ ㋓	12	㋐ ㋑ ㋒ ㋓	22	㋐ ㋑ ㋒ ㋓
3	㋐ ㋑ ㋒ ㋓	13	㋐ ㋑ ㋒ ㋓	23	㋐ ㋑ ㋒ ㋓
4	㋐ ㋑ ㋒ ㋓	14	㋐ ㋑ ㋒ ㋓	24	㋐ ㋑ ㋒ ㋓
5	㋐ ㋑ ㋒ ㋓	15	㋐ ㋑ ㋒ ㋓	25	㋐ ㋑ ㋒ ㋓
6	㋐ ㋑ ㋒ ㋓	16	㋐ ㋑ ㋒ ㋓		
7	㋐ ㋑ ㋒ ㋓	17	㋐ ㋑ ㋒ ㋓		
8	㋐ ㋑ ㋒ ㋓	18	㋐ ㋑ ㋒ ㋓		
9	㋐ ㋑ ㋒ ㋓	19	㋐ ㋑ ㋒ ㋓		
10	㋐ ㋑ ㋒ ㋓	20	㋐ ㋑ ㋒ ㋓		

マークの例

★マークする上の注意
- ●折り曲げたり汚したりしないこと。
- ●訂正するときは、消しゴムで完全に消すこと。
- ●受験番号は、数字で記入してから間違いないようマークすること。
- ●マークは ◯ を鉛筆（ＨＢ）で黒くぬりつぶすこと。

<u>中部大学春日丘高等学校　　2020年度</u>

◇国語◇

※123％に拡大していただくと，解答欄は実物大になります。

解答番号	解答欄	解答番号	解答欄	解答番号	解答欄
1	㋐ ㋑ ㋒ ㋓	11	㋐ ㋑ ㋒ ㋓	21	㋐ ㋑ ㋒ ㋓
2	㋐ ㋑ ㋒ ㋓	12	㋐ ㋑ ㋒ ㋓	22	㋐ ㋑ ㋒ ㋓
3	㋐ ㋑ ㋒ ㋓	13	㋐ ㋑ ㋒ ㋓	23	㋐ ㋑ ㋒ ㋓
4	㋐ ㋑ ㋒ ㋓	14	㋐ ㋑ ㋒ ㋓	24	㋐ ㋑ ㋒ ㋓
5	㋐ ㋑ ㋒ ㋓	15	㋐ ㋑ ㋒ ㋓	25	㋐ ㋑ ㋒ ㋓
6	㋐ ㋑ ㋒ ㋓	16	㋐ ㋑ ㋒ ㋓	26	㋐ ㋑ ㋒ ㋓
7	㋐ ㋑ ㋒ ㋓	17	㋐ ㋑ ㋒ ㋓	27	㋐ ㋑ ㋒ ㋓
8	㋐ ㋑ ㋒ ㋓	18	㋐ ㋑ ㋒ ㋓	28	㋐ ㋑ ㋒ ㋓
9	㋐ ㋑ ㋒ ㋓	19	㋐ ㋑ ㋒ ㋓	29	㋐ ㋑ ㋒ ㋓
10	㋐ ㋑ ㋒ ㋓	20	㋐ ㋑ ㋒ ㋓	30	㋐ ㋑ ㋒ ㋓

マークの例

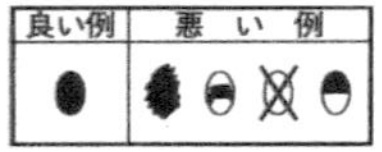

★マークする上の注意
- ●折り曲げたり汚したりしないこと。
- ●訂正するときは、消しゴムで完全に消すこと。
- ●受験番号は、数字で記入してから間違いないようマークすること。
- ●マークは ⬯ を鉛筆（ＨＢ）で黒くぬりつぶすこと。

MEMO

大切なことはメモしておこうネ！

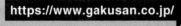

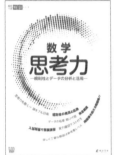

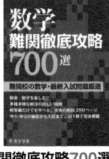

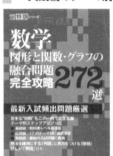

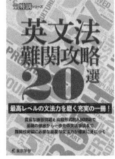

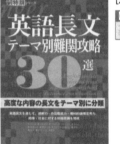

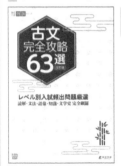

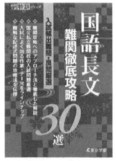

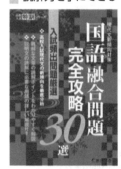

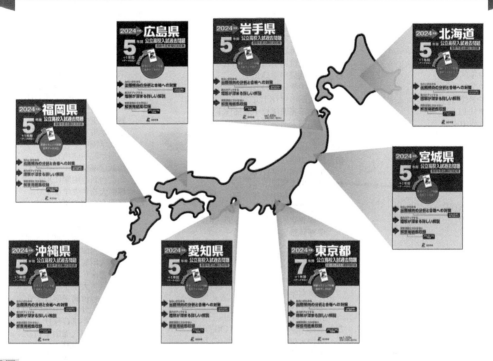

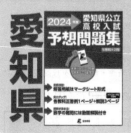

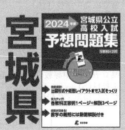

〈ダウンロードコンテンツについて〉

本問題集のダウンロードコンテンツ、弊社ホームページで配信しております。現在ご利用いただけるのは「2025年度受験用」に対応したもので、**2025年3月末日**までダウンロード可能です。弊社ホームページにアクセスの上、ご利用ください。
※配信期間が終了いたしますと、ご利用いただけませんのでご了承ください。

高校別入試過去問題シリーズ

中部大学春日丘高等学校　2025年度

ISBN978-4-8141-3059-7

[発行所] 東京学参株式会社
〒153-0043　東京都目黒区東山2-6-4

書籍の内容についてのお問い合わせは右のQRコードから　⇒

※書籍の内容についてのお電話でのお問い合わせ、本書の内容を超えたご質問には対応できませんのでご了承ください。

2024年7月4日　初版